慶應の英語

［第11版］

古田淳哉 編著

教学社

はしがき

本書は，慶應義塾大学の過去15年間（2009～2023年度）の入試問題を研究し，出題分野別に全体を5つの章に分類したものです。**第1章　文法・語彙**（9題），**第2章　会話文**（8題），**第3章　英作文**（8題），**第4章　長文読解**（24題），**第5章　超長文読解**（7題）の5部構成（計56題）です。さらにそれぞれの章で設問形式別に分類した上で，受験生に役立つであろう問題を選んでいます。また，記述問題では複数の解答例をつけるとともに，解説中では解答作成上のポイントを明示しています。このように，学習する皆さんの視点に立って，便宜を第一にした内容構成をとっています。

本書の活用については，自分の不得意分野を集中して学習するのが効果的でしょう。一定期間を置いて，少なくとも3度は反復して学習してほしいと思います。1度目に間違えた問題はマークしておき，2度目の解き直しの際にはその問題だけに取り組み，再度間違えた問題にはまた別のマークをつけ，3度目の仕上げ学習のとき，これをつぶしていくという学習法をとってもらいたいと思います。こうすることで，皆さんの学力はゆるぎないものとなっていくことでしょう。特に，**第4章**と**第5章**の読解問題は大量の過去問の中から，英語学習の視点からだけでなく，背景知識の充実という観点からも，学習効果の高い長文を精選していますので，繰り返し声に出して味読してほしいと思います。英文の一節が口をついて出てくるほどに読み込んでもらえれば，学習効果が絶大であることは請け合えます。

最後に，本書執筆にあたり，教学社編集部の方には貴重なご意見をいただくとともに，大変お世話になりました。また，ややもすると忘れがちになる，生徒の視点の重要性に気づかせてくれた生徒の皆さんに心からの謝意を表したいと思います。

古田淳哉しるす

CONTENTS

第1章　文法・語彙

第２章　会話文

第３章　英作文

第４章　長文読解

第 5 章　超長文読解

（編集部注）本書に掲載されている入試問題の解答・解説は，出題校が公表したものではありません。

本書の活用法

1 学部別対策の強化

慶應大における英語入試問題の最大の特徴は，やはり学部間の出題内容・形式の多様さであろう。2022 年 1 月時点では，大学 HP にて，大学入学共通テストや民間の英語 4 技能試験の結果を利用して出願することはできないとの旨が公表されていたが，2025 年度以降の文学部の入試選抜において英検の CSE 総合スコアを外国語の得点に換算することが可能になることが，2022 年 10 月に新たに発表された。とはいえ，他学部志望の受験生や外部試験利用を考えていない文学部志望者にとって，英語入試突破のカギは，やはり**過去問演習**にあるといえるだろう。そこで，本書では，慶應大を受験する皆さんが最も効率よく学習に取り組めるよう，学部別対策に工夫を凝らした。もう志望学部が決まっているなら，右ページの表を頼りにさらなる対策の強化を，まだなら，実際の問題にあたり，各自の得意な出題内容・形式を見極め，受験学部決定の指針にするとよい。さらに本書は，複数学部を併願する受験生にも役立つよう工夫をしてある。各学部の出題内容を容易に確認・演習できるようにしてあるので，無駄のない学習ができるだろう。その際，**右ページの表の右端は問題編の各章・各セクションのインデックスと対応している**のでぜひ活用してもらいたい。なお，詳細な傾向および対策については次に続く「**慶應大の傾向分析**」を参考にしてほしい。

2 効率のよい実力チェックを

各問題の冒頭に実力チェック欄を設けた。設定された**難易度**，**目標制限時間**，**目標ライン**の下に実際に**かかった時間**，**自己採点結果**を記入し，各自の学力を知る目安としてほしい。ここでチェックした結果を表にまとめたり，目次の余白に記入したりすれば，自分の実力が現在どれくらいか，あるいは得意・不得意な分野はどこなのかが一目で確認できるだろう。自分なりに活用して合格への道しるべとしてもらいたい。

学部名の略称について

略称	学部	略称	学部
法	法学部	経済	経済学部
商	商学部	理工	理工学部
医	医学部	薬	薬学部
看医	看護医療学部	文	文学部
SFC	総合政策学部・環境情報学部		

●学部・出題内容対照表（2019～2023 年度）

法	経済	商	理工	医	薬	看医	文	SFC	学部／出題内容	章
○						◎			i．アクセント・発音・スペリング	第1章 文法・語彙
○		◎	◎			◎			ii．空所補充	第1章 文法・語彙
●(淡)									i．空所補充・組合せ	第2章 会話文
			◎						ii．会話文総合	第2章 会話文
	◎		○						i．和文英訳	第3章 英作文
	◎			◎		○			ii．テーマ作文・意見論述	第3章 英作文
	○	●(黒)	○			●(灰)			i．空所補充・欠文挿入箇所	第4章 長文読解
◎									ii．語の定義	第4章 長文読解
						●(淡)			iii．文・語句整序	第4章 長文読解
○						○			iv．誤り指摘・訂正	第4章 長文読解
		◎							v．複数短英文	第4章 長文読解
◎	●(灰)	●(黒)	●(灰)	●(灰)	●(黒)	○		●(黒)	vi．長文読解総合（1000 語未満）	第4章 長文読解
					○		◎		i．記述式総合	第5章 超長文読解
								●(灰)	ii．マーク式総合	第5章 超長文読解

○＝1～3 題出題，◎＝4～6 題出題，●(淡)＝7～9 題出題，●(灰)＝10～14 題出題，●(黒)＝15 題以上出題

慶應大の傾向分析

慶應大は学部による出題傾向に大きな違いが見られる。以下，近年の各学部の傾向を比較分析する。慶應大を目指す皆さんの受験勉強の指針として活用してもらいたい。

1 学部別傾向と対策

法学部 Faculty of Law

出題形式

大問数は4，5題。**全問記号選択による客観テスト形式でマークシート法が採用**されている。設問の指示文も含め，**問題はすべて英語**である。

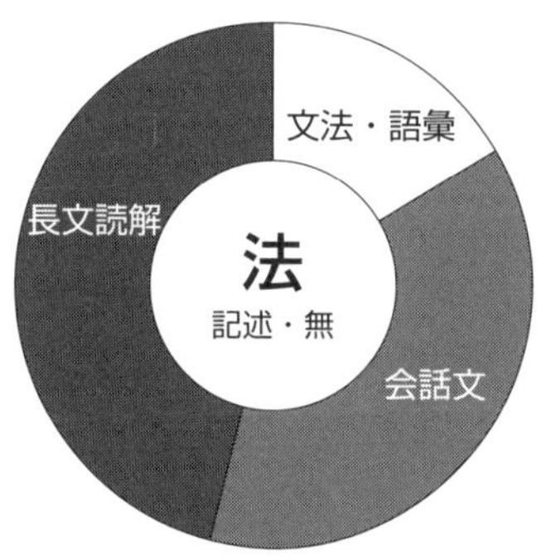

大問別出題内容
(2019～2023年度)

出題内容

読解問題は，難度の高い英文も見られる。いずれも直読直解方式の速読力を要する問題で，設問の処理に注意を要する問題が多い。英文のテーマは，社会論・小説・芸術論などが中心である。会話文問題は，会話の流れを正確にたどらなければ正解の得られないものも多く，会話文形式の読解問題ともいえる問題である。2020～2023年度には，インタビューを題材に質問や発言に対して適切な応答を選ぶ組合せ問題が続けて出題されている。アクセント・発音・スペリング問題は，2017・2020年度に大問として，2019年度に会話文問題の一部としての出題があったが，近年は出題されていない。また，2021～2023年度に単語を完成させる文法・語彙問題（空所補充），2012～2023年度に語の定義に関する問題が連続して出題されている。

難易度

試験時間が80分と短く，しかも読解問題の語彙・熟語レベルが高い上に，設問の選択肢にも紛らわしいものが多いことから，中途半端な英語力では最後の設問までたどり着くことさえできないかもしれない。設問は易化傾向にあるものの，総合的には高度な英語力の必要な，難度の高い問題といえよう。

経済学部

Faculty of Economics

出題形式

大問数は5題。読解問題はすべてマークシート法による選択式で，記述式問題として出題されているのは**英作文**である。また，**採点方式に特色がある**。A方式で受験する場合には一部の大問が最初に採点され，それ（近年は，数学の問題の一部との合計）が一定の基準点に達しないと，あとの大問は採点してもらえない，という厳しい方式である。

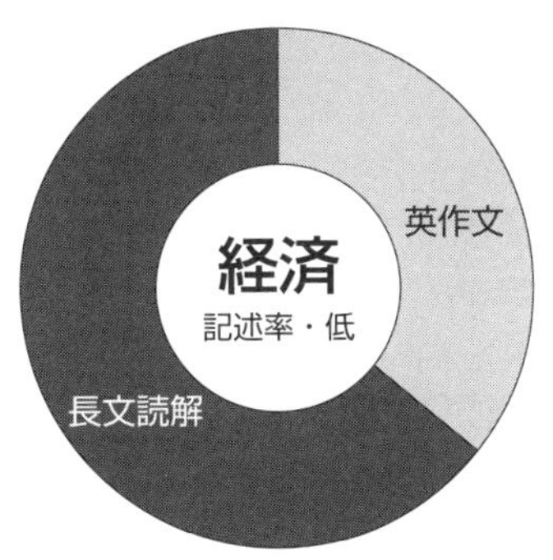

大問別出題内容
（2019～2023年度）

出題内容

読解問題の英文は，最新の話題を含み，考えさせられる内容のものが多い。2011年度まで出題されていた会話文は日常会話のレベル以上のものを含んでいて，むしろ討論に近いものであった。このような会話文は2012年度に姿を消したが，代わりに長文読解で，あるテーマをめぐって賛成の立場からの英文と反対の立場からの英文がそれぞれ独立した大問として出題されるようになり，最後の**テーマ作文でそれらの英文の内容を踏まえて自分の意見を述べる**という形式になっている。このテーマ作文は，与えられたテーマのもとで論点を選択してそれについての説明をするもので，複数の条件が付されており，かなり難度が高い。2012～2022年度は読解問題を踏まえたテーマ作文に加えて，会話文の和文英訳も出題されている。2023年度は，和文英訳に代わって，他の大問の英文に関する日本語の論評を読んで英語の設問に選択式で答える問題が出題された。文法・語彙問題は，独立した大問としては出題されていないが，読解問題中でアクセント・発音，空所補充，同意表現，語句整序という形で問われている。

難易度

かなり高度なレベルである。テーマ作文が時間を要するものとなっており，試験時間が100分であることを考えると，合格点をとるには相当の英語力が必要である。文法・語彙・語法の基礎をしっかり固めた上で，高度な読解力と英作文力の養成に努めよう。

商学部

Faculty of Business and Commerce

出題形式

例年，大問7，８題の出題である。文法・語彙問題が１題で，あとはすべて読解問題が占めることが多い。**一部の問題が英単語を書かせる記述式**で，残りはすべて選択式でマークシート法が採用されている。記述量が少ないのが特徴である。

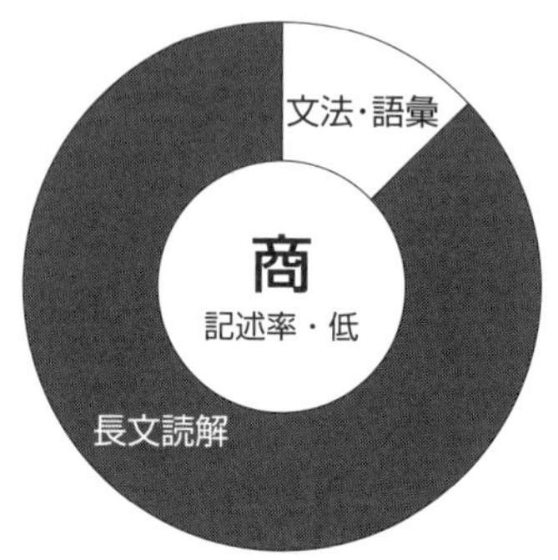

大問別出題内容
(2019～2023 年度)

出題内容

圧倒的に**長文読解問題のウエートが高い**。英文のテーマは多岐にわたるが，商学部という学部の性格を反映した社会問題やビジネスに関わるものが頻出している。そのほか，科学論など新聞やテレビなどのマスコミでよく取り上げられている今日的な問題に関する情報をもっていると比較的取り組みやすいものも出題されているので，平素から英語の学習だけでなく，幅広い知識を身につけるように努めることが必要である。また，「本文の内容から推測できるもの」，「本文の内容から導かれる結論」を問うという，本文で述べられた内容から一歩踏み込んで考える必要のある設問も出題されている。2020～2023 年度には，数種類の短い英文を読んで内容に関する設問に答えるという，小問集合形式の読解問題が出題された。また，最後の大問２題は，短めの英文の空所補充形式が定番化しており，与えられた語を語形変化させたり，派生語を記述することが求められている。

難 易 度

設問は標準レベルの問題が中心であるが，そのぶん合格ラインは上昇していると思われる。英文量が多く，試験時間が 90 分であることを考えても，かなりの英語力を要求されていると考えてよいだろう。

理工学部 Faculty of Science and Technology

出題形式

以前は大問6題の出題が続いていたが，2018～2021・2023年度は大問4題となった。2022年度のみ大問5題。試験時間は90分。解答形式は，2020年度以前は選択式と記述式の併用だったが，2021・2022年度は全問題でマークシート法が採用された。2023年度は再びマークシート法による選択式と記述式の併用となっている。

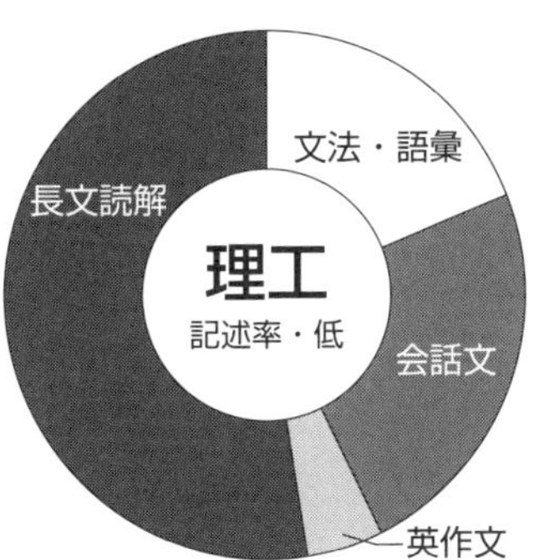

大問別出題内容
(2019～2023年度)

出題内容

長文読解問題，文法・語彙問題，会話文問題，英作文問題のうち，長文読解問題が半分以上を占める。長文読解問題は，論旨の明快な論説文風のものが中心で，理工学部らしく自然科学関係の題材が選ばれることが多いので，自然科学分野の英文を読み慣れておきたい。近年は，読解問題の一部として要約英文中の空所を補う形式が定番化していたが，2023年度はそれに加えて，英文の主旨を日本語で要約する記述問題が単独で出題された。会話文問題は，日常会話形式のものが1題出題されることが多い。文法・語彙問題は，近年では選択式の空所補充がよく出題されている。発音問題は小問で出題されることが多いが，2022・2023年度は出題されていない。2020年度以前の記述式の問題は，和文対照英文の空所補充や，語形変化を伴う空所補充が出題されていた。さらに，2018～2020年度は会話文問題において，書き出し指定に続く英文を書いて答える形式の同意表現・内容説明問題も出題された。2023年度は英文の日本語要約と和文英訳が出題されている。

難易度

過去には特に語彙問題で難問が多かったが，ここ数年は易しくなっている。会話文問題，長文読解問題の英文は語彙・内容面でやや高度で，特に2023年度の読解では日本語での要約もあり，かなりの読解力が必要である。2023年度は和文英訳も加わったので，全体的にやや難化傾向といえる。

医学部

School of Medicine

出題形式

例年，英文和訳，内容説明，和文英訳，語形変化を含む空所補充，テーマ作文などを中心とした**記述式に**，空所補充，内容説明，内容真偽などの**選択式が加わった形式が主流**である。近年，大問数は3，4題で，英作文問題が1題（2018年度のみ長文問題の中に組み込まれる形）のほかはすべて読解問題であり，読解問題のうち1題は設問文・選択肢ともに英語の問題となっている。出題形式は毎年のように少しずつ変更が加えられており，語句整序は，2019・2020年度に記述式，2023年度は選択式で出題されている。2019年度は，英文中の省略語句や代名詞を元の表現に復元させる新傾向の設問が出題された。過去には絵による内容説明，絵や漫画に基づく英語による意見論述といった設問も見られた。

大問別出題内容
（2019〜2023年度）

出題内容

全体的には**長文読解問題中心**である。扱われている英文の内容はそれほど特殊なものではなく，社会論・科学論など全般に標準的で読みやすいものが多いが，語彙に関しては意識的と思われるくらい難しいものも出されている（ただし，前後関係から類推しても見当がつかないようなものには，〔注〕が英英辞書形式で載せられている）。例年，長文読解の一部として和文英訳の出題があり，それに加えて単独の大問（2018年度のみ長文問題の中に組み込まれる形）で意見論述を中心とする**語数制限（80〜100語）つきのテーマ作文**も出題されている。

難易度

全体としてはかなり難の部類に入る。意表を突くような問題や，文の形では明確に示されていないことを推定する，いわゆる「行間を読む」力まで試されるような難問が出題されている。なお，例年，設問間での難易の差がはっきりしているのも特徴である。試験時間（90分）の割に問題量が多いので，時間配分には十分な注意が必要である。

薬学部　Faculty of Pharmacy

出題形式

大問数は３，４題。全問読解問題ということが多いが，過去には文法・語彙問題が１題出題されたこともある。解答形式は 2008 年度全問マークシート法→2009 年度全問記述式→2010 年度全問マークシート法→2011〜2014 年度両者併用→2015〜2018 年度全問マークシート法→2019〜2023 年度両者併用というように変化がある。試験時間は 80 分である。

大問別出題内容
(2019〜2023 年度)

出題内容

内容説明・内容真偽や，前後関係から判断して語句を補充する問題，（段落の）主題，要約文の完成など，読解重視の傾向が見られる。国際・政治論や社会論に関するものも出題されることがあるが，近年は科学，医学，心理，生物学などの自然科学や医療に関するものが多い。読解問題の本文の語句や文の整序問題が出題されることもある。また，2019・2021〜2023 年度には，英文の内容にもとづいて表を完成させる問題も出題されている。加えて，2019〜2022 年度は，共通のテーマに沿った長文が３題出題され，３題に共通する内容を選択させる１問のみで構成される大問が最後に出題された。独立した大問としての文法・語彙問題の出題は近年ではあまり見られないが，読解問題の一部として，アクセント問題の出題が続いている。また，過去には専門的な用語も含む医学・医療関係の単語の定義を選択する問題が出されたこともあった。

難易度

かなり長めの読解問題が出題されており，これに選択肢の英文量を含めると，80 分という試験時間に対して分量は多いといえるだろう。語彙のレベルも高く，解答のポイントとなる部分に，かなり難解な語が登場する設問もある。全体として，相当に難しいレベルである。

看護医療学部 Faculty of Nursing and Medical Care

出題形式

大問 7 題の出題で，2020 年度までは**前半は選択式，後半は選択式と記述式の併用**であったが，**2021〜2023 年度は選択式のみの出題**となった。選択式はマークシート法ではなく，記号を○で囲む，あるいは書き記す形式となっている。2011〜2013 年度は読解問題と英作文のみであったが，2014〜2017 年度は英文を完成させる形式の文法・語彙問題が出題され，2018〜2023 年度には，与えられた品詞名と意味から単語のスペリングを答えさせる語彙問題が出題されている。なお，2007 年度までの英作文は，英文を読み，その内容に関連する問いに答える形式だったが，2008〜2020 年度は英文がなく，問いのみが与えられている。試験時間は 90 分。

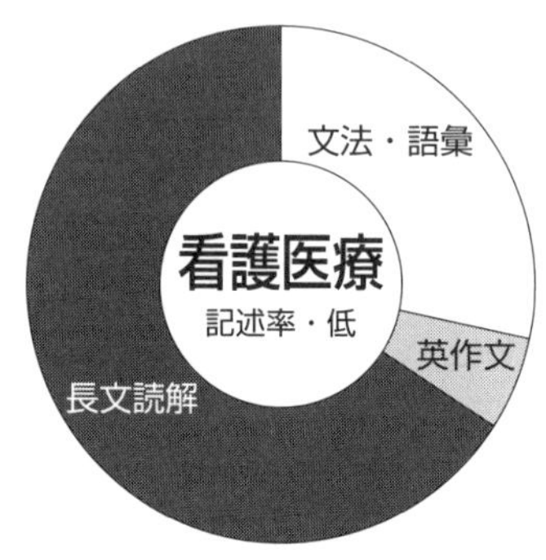

大問別出題内容
(2019〜2023 年度)

出題内容

大問での文法・語彙問題に加えて，長文読解問題の中でも語彙・語法の知識が問われている。かつての長文読解問題の主題は医療・健康に関するものが中心であったが，近年はそれらにとどまらず，さまざまなテーマが見られる。設問は，選択式では，空所補充，欠文挿入箇所，語句・文整序，誤り指摘・訂正の出題が多く見られる。2020 年度まで出題されていた記述式では英文和訳とテーマ作文があり，英文和訳は入試頻出構文が問われる場合が多く，ほとんどが標準レベルの出題であり，**テーマ作文は 100〜150 語とかなりの分量を書くことが要求されていた**。

難易度

文法・語彙，長文読解問題自体はおおむね標準レベルである。しかし，全体の問題量と試験時間のバランスを考慮すると，全体としてはやや難である。

文学部

Faculty of Letters

出題形式

2010年度までは，超長文読解問題1題のみの出題が続いていたが，2011〜2013年度は長文読解問題2題，英作文問題1題という形式となり，2014年度以降は再び**超長文読解問題1題のみの出題**に戻っている。ただし，総設問数や全体的な設問の種類が例年ほぼ同様である点を考えると，あまり大きな変化とはいえない。試験時間は120分。空所補充，内容説明の一部や同意語・同意表現などを問う小問は選択式となっているものの，英文和訳，内容説明，和文英訳，筆者の考えについての説明など多くの問題で記述式を採用しており，私立大学としては相当高度な記述力を要求されている。語彙レベルの高い長文だが，**英語辞書2冊の使用が許可されている**ため，解答にはあまり無理のない出題である。ただし，普段辞書を使わずにいると本番で思うように調べられず，試験時間を浪費するおそれがある。平素の学習から辞書に親しんでおくことが大切なのはいうまでもない。

大問別出題内容
(2019〜2023年度)

出題内容

例年，含蓄のある論説文が出題されている。英文和訳問題はだいたい2〜4問であり，比較的短いものが多い。ただし，直訳では意味不明になってしまうような箇所もあり，英文の内容を正確に把握する英語力もさることながら，日本語で簡潔にまとめるという国語力が求められる問題となっている。同意語句問題はいざとなれば辞書が利用でき，和文英訳もごく標準的な問題であることからも，出題者の主眼は受験生の思考力，豊かな文章力を見ることにあるといってよいだろう。英文のテーマは文学に関わるものもあるが，社会論，心理，言語，文化や芸術の意味を考えるものなど多岐にわたる。

難易度

英文の内容，語彙レベルが非常に高い上，辞書の語義をそのまま利用したのでは意味の通じにくい箇所も多く，あくまでも受験生の英語力，思考力，文章力が多角的に問われる問題である。和文英訳は標準的な問題であるが，総合的に判断すると，標準レベルよりやや難度の高い出題である。

Shonan Fujisawa Campus
総合政策学部　Faculty of Policy Management
環境情報学部　Faculty of Environment and Information Studies

出題形式

2015年度までは超長文読解問題2題のみの出題であったが，2016年度以降は長文読解問題2題と超長文読解問題1題の3題構成に変わった。ただし，総英文量はほぼ同じである。**解答形式はすべてマークシート法による選択式**で，空所補充と内容説明，内容真偽，主題などが出題されている。空所補充以外の設問は，すべて英語なので，読まなければならない英文量は極めて多い。

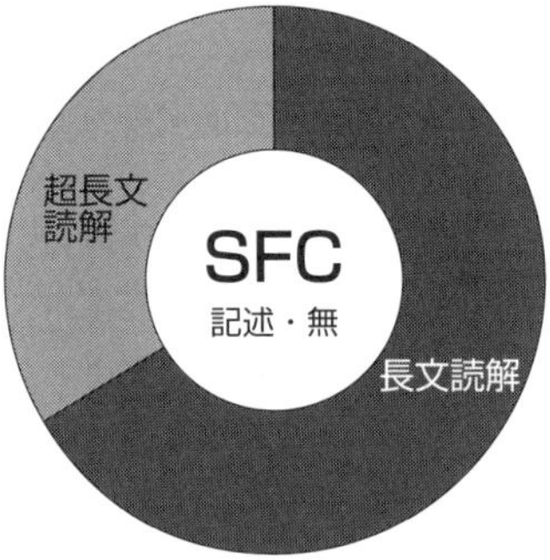

大問別出題内容
(2019～2023年度)

出題内容

2015年度までは大問2題で，英文量はそれぞれ約1000～1500語であったが，2016年度以降は600～700語程度の長文読解問題2題と，1200語程度の超長文読解問題1題となっている。内容は，文章が長いもののよくまとまっていて，全体をきちんと読み通せば十分に理解できるレベルである。空所補充については，語彙力・熟語力・文法力・構文把握力などを問うものが多い。しかし，英文の論旨の流れに関するものも含まれていることから，総合的な実力が試されているといえよう。空所補充以外の設問は，ほぼ英文の内容順に配列されているが，中には英文の主題を問うものなど，文章全体の内容に関するものもある。また，この設問の中に空所補充のヒントが出てくることがある一方，空所補充がうまく解けないと，内容理解に影響が及ぶこともある。

難易度

試験時間120分で2500語程度の英文量を読みこなすのは，それだけでかなり難しいだろう。内容になじみがなければ，困難さは一層増すことになる。構文・文法については，特に難解なものはなく，平常の学習で十分対応可能であるが，単語・熟語となると，相当な高レベルである。

2 出題形式別傾向と対策

[1] 文法・語彙問題

出題形式別に見ると，

▶アクセント・発音・スペリング：法・看医

▶空所補充：法・商・理工・看医

で出題されている（2019～2023年度）。

出題のいかんにかかわらず，文法・語彙の知識は英語学習の基本であるから，すべての学部の受験生が充実を図っておくべき分野である。なぜなら読解力と文法・語彙力は切り離せないからである。市販の単語集（長文の中でその意味を確認できる『速読英単語』（Z会）などがよいだろう。その際，発音，アクセント，スペリング，派生語，同〔反〕意語，前置詞とのつながりにも配慮した学習を心がけること）および熟語集を1冊マスターすることが合格の最低条件である。同時に，同意語句・同意文に関する設問に強くなるために，平素から英英辞典を利用するのも有効である。また，文法事項については，本書第1章の「空所補充」の解説をしっかり読み込んで文法知識の確認・拡充を図る一方で，**『即戦ゼミ8 大学入試基礎英語頻出問題総演習』**（桐原書店）などを使って，一通りの知識を身につけておこう。なお，英文を読む際には，冠詞の有無や単数形・複数形といった細かな点にまで配慮し，気がついた点は何でもメモを取り，覚えていくことが有効な対策となるだろう。語彙力の増強には「まめな手作業」が欠かせない！

[2] 会話文問題

法・理工で出題されている（2019～2023年度）。

出題形式別では，大きく分けて次の2種類がある。

▶空所補充・組合せ　　▶会話文総合

空所補充・組合せでは，会話の流れをたどれば解答できる問題が多く，会話特有の表現を問う設問は少ない。しかし，会話文総合では，状況がつかみにくいレベルの高い出題もある。日頃の学習では，テレビやラジオの英会話番組を見たり聴いたりして会話表現に慣れるよう心がけよう。仕上げに，**実用英語技能検定2級～準1級の教本・問題集**や，**TOEIC対策本（入門レベル）**をやってみることで，実戦的な練習ができる。

［3］ 英作文問題

英作文対策の基本は，例文の暗唱である。それに語彙力や，文法・構文・イディオム面での知識があいまって，英作文力は着実に向上していくものである。

▶**和文英訳**は**経済**・**理工**で出題されている（2019～2023年度）。

「和文英訳」型英作文対策としては，必ず自力で解答を作成し，解答例と照らし合わせて添削し，その際，間違えた箇所を訂正し確実に記憶することである。

▶**テーマ作文・意見論述**は**経済**・**医**・**看医**で出題されている（2019～2023年度）。

「テーマ作文・意見論述」型英作文は柔軟性と即応性のあるコミュニケーション力を見る問題なので，英語力以前の発想力が決め手となる。こうした問題の対策としては，平易な語彙や表現でよいから，文法的に破綻なく，しかも論理的に展開する文章表現の練習が欠かせない。英文で日記をつけるのも効果大である。書いたものは，**学校や塾の先生に添削してもらう**のが理想的である。

［4］ 読解問題

読解問題は入試問題の中心で，ここでの出来映えが合否に大きな影響を及ぼす。したがって，**この対策はすべてに優先する**。速読・精読両面の読解力の養成が必須である。まず英文の量的な多さを克服するためには平易な英文をたくさん読んで速読力を身につけることが大切である。一方で，内容真偽，空所補充などの設問は正確な内容把握を求められるので，きめ細かな読解を心がけなければいけない。この時，たとえ未知の語句に出くわしても，文脈をしっかりたどり，大まかに内容を捉えていく習慣をつけておくことが大切である。パラグラフごとに内容を要約しながら直読直解方式で読み進んでいく速読練習を繰り返しておこう。その際，英文の主旨や，数字に関わる箇所など設問の代表的なパターンを念頭において，設問で問われそうな箇所を想定しながら読むことも大いに有効である。

医・**看医**・**文**で出題されている**英文和訳**対策としては，自力で和訳文を作成し，解答例と照合し，その際，間違えた箇所を確実に把握して和訳上でのコツを体得していくことである（2019～2023年度）。

法で出題されている**語の定義**，**看医**で出題されている**語句整序**，**法**・**看医**の**誤り指摘・訂正**などは，文脈だけでなく文法・語彙の知識も必要になる（2019～2023年度）。

① 主な出題形式（2019～2023年度）

▶空所補充・欠文挿入箇所：**経済**・**商**・**理工**・**看医**

▶語の定義：**法**

▶文・語句整序：看医
▶誤り指摘・訂正：法・看医
▶複数短英文：商
▶長文読解総合(1000 語未満)：法・経済・商・理工・医・薬・看医・SFC
▶超長文読解総合（1000 語以上）：薬・文・SFC

② 英文の長さ

読解問題の英文の長さを見てみよう。下の表は 2019〜2023 年度の 5 年間の，各学部の出題数と英文の総語数をまとめたものである。

読解問題の出題数と総語数

学　部	平均出題数	総語数の平均	最多総語数	最少総語数	1 題の平均語数
法学部	2.2	1190	1380	910	540
経済学部	3	2480	2550	2430	830
商学部	6.8	3020	3200	2650	440
理工学部	2.4	1520	1720	1160	630
医学部	2.6	1840	2210	1510	710
薬学部	3	2690	3050	2420	900
看護医療学部	4.6	1580	1810	1430	340
文学部	1	2000	2160	1870	2000
総合政策学部	3	2550	2660	2450	850
環境情報学部	3	2570	2730	2410	860

※語数は 10 語未満を四捨五入したものである。

上表から，学部によって語数にかなりの差があることがわかる。総語数の平均を見てみると，法が 1200 語程度，理工・医・看医・文が 1500〜2000 語程度である。常に 2000 語を超える学部といえばかつてはSFCのみであったが，近年は経済・商・薬でも平均総語数が 2000 語を超える。もっとも，問題の難易は英文の語数のみで決まるわけではなく，英文の内容・設問数はもちろん，試験時間も重要になってくる。試験時間は以下の通りである（2023 年度入試）。時間配分は，各問題の冒頭の「目標制限時間」を参考にしてもらいたい。

学部	法	経済	商	理工	医	薬	看護医療	文	SFC
試験時間	80 分	100 分	90 分	90 分	90 分	80 分	90 分	120 分	120 分

③　英文のテーマ

次に，読解問題のテーマを見てみよう。下の表は 2019〜2023 年度の 5 年間の，各学部の読解問題の出題数をテーマ別にまとめたものである。

読解問題のテーマ別出題数

	法	経済	商	理工	医	薬	看医	文	総政	環情	計
社会論	7	14	24	1	10	1	4	1	12	11	85
科学論			3	7	3	4				4	21
心理						3	2	2	3		10
生物学・人間						2	6				8
医学・医療						4	4				8
言語論						1	4	1			6
文化論				4				1			5
ビジネス			3								3
小説	3										3
随筆							2				2
経済論		1									1
環境論							1				1
芸術論	1										1

上表からわかるように，全体的に社会論が多く，次いで科学論が多い。**商**は科学論とビジネス，**薬**は科学論と医学・医療，**SFC**（総政）と**文**は心理に関するもの，といったおおまかな出題傾向は見られるが，テーマ別に当て込んだ読解対策などは行わず，どのテーマの英文も読みこなすだけの幅広い読解力（英語の知識と英語以前の背景知識）を養成しておきたい。そのためには，日頃から英文・和文を問わず，新聞・雑誌も含めて幅広い読書に努めるとよい。

第１章　文法・語彙

第1章　文法・語彙　傾向と対策

ⅰ. アクセント・発音・スペリング ―― 法・看医

普段の学習で，少しでも不安を感じた単語は面倒がらずに辞書で確認し，それを声に出して読み，手で書くといった地道な努力がものをいう分野である。入試直前になって慌ててアクセント・発音・スペリング対策用の問題集を買ってきて，そこに紹介してあるルールやパターンを覚えるといった泥縄式学習では太刀打ちできない。

ⅱ. 空所補充 ―― 法・商・理工・看医

主に，短文の空所に適切な語句を補充する形式が出題されている。理工学部では，与えられた語を適切な形に直して補充することが求められたこともある（2014年度〔5〕)。また，法学部で2021〜2023年度に出題されている，単語を完成させる形式では，複合名詞の完成が求められる場合も多い。単語・イディオムの知識はもちろんのこと，総合的な語法力・文法力が問われている。**①特定の動詞と前置詞の結びつき　②同一の語から派生する複数の形容詞の区別　③意味の類似した語の使い分け**　を中心にして，イディオム集などで知識の拡充を図る一方で，語法・文法問題集で実戦練習を積んでスピード感も養いたい。

①特定の動詞と前置詞の結びつき　頻出語句

●動詞＋前置詞＝他動詞

agree to 〜「〜（物事）に同意する」　agree with 〜「〜（人・意見）に同意する」
call at 〜「〜（場所）を訪問する」　call on 〜「〜（人）を訪問する」
hear from 〜「〜から便りがある」　hear of 〜「〜の噂を聞く」
look for 〜「〜を探す」　look into 〜「〜を調べる」　look after 〜「〜の世話をする」
ask for 〜「〜を求める」
answer for 〜「〜を請け負う，〜の責任を取る」

●動詞＋副詞＋前置詞＝他動詞

catch up with 〜「〜に追いつく」　keep up with 〜「〜に遅れずについていく」
look down on 〜「〜を軽蔑する」　look up to 〜「〜を尊敬する」

●動詞＋名詞＋前置詞＝他動詞

catch sight of 〜「〜を見つける」　lose sight of 〜「〜を見失う」
make the best of 〜「（不利な条件を）最大限に利用する」
make the most of 〜「（有利な条件を）最大限に利用する」

②同一の語から派生する複数の形容詞の区別　頻出語句

economic「経済の」　economical「経済的な，無駄のない」
imaginary「想像上の」　imaginative「想像力のたくましい」　imaginable「想像できる，考えうる」
respectful「丁重な」　respectable「ちゃんとした，立派な」　respective「それぞれの」

social「社会の」 sociable「社交的な」
successful「成功した」 successive「連続的な」
historic「歴史上有名な」 historical「歴史の」
considerable「かなりの，考慮すべき」 considerate「思いやりのある」
childlike「子供らしい，無邪気な」 childish「子供じみた，大人げない」
sensible「良識のある」 sensitive「敏感な」 sensory「感覚の」
literal「文字どおりの」 literary「文学の」 literate「読み書きのできる」
valuable「高価な」 valueless「価値のない」 invaluable「計り知れない価値のある」

③意味の類似した語の使い分け　頻出語句

lie「横になる」（自動詞） lay「～を横たえる」（他動詞）
rise「上がる」（自動詞） raise「～を上げる」（他動詞）
arise「起こる，生じる」（自動詞） arouse「～を引き起こす」（他動詞）
borrow「（無料で）～を借りる」 rent「（有料で）～を借りる」
excuse「（大目に見て）～を許してやる」 permit「～を許可する，可能にする」
nearly・almost「ほとんど（～するところだ）」 barely・narrowly「かろうじて，やっと（～する）」
lately・of late「最近（現在完了形とともに用いる）」 recently「最近（過去形・現在完了形とともに用いる）」 nowadays・these days「最近（現在形動詞とともに用いる）」
price「価格」 fee「（専門職への謝礼や入場料など，実体のないものに対する）謝礼，料金，手数料」 fare「運賃」 charge「（サービスに対する）料金」 fine「罰金」

i．アクセント・発音・スペリング

1 2023年度 看護医療学部〔5〕

難易度	目標制限時間	5 分	目標ライン	（全20問中） 15 問正解
標 準	かかった時間	分	自己採点結果	（全20問中） 問正解

以下の各組の _ にアルファベット各1文字を入れると，【 】内に示す品詞および後に続く日本語と合致する英単語1語になる。各語の1文字目として最も適切なアルファベット1文字を選び，解答欄のその記号を○で囲みなさい。

《例》_ u r _ _ 【名詞】 看護師 正解：N

1. _ o t _ _ _ _ _ _ _ _ _ _ _ _ 【前置詞】 ～にも拘わらず，～でも
2. _ o i _ _ 【動詞】 意見を表明する，言葉に出して言う
3. _ e g _ _ _ 【名詞】 遺贈，過去の遺物
4. _ a r _ _ 【名詞】 一行，政党
5. _ w e _ _ _ _ 【形容詞】 畏怖の念を呼ぶ，荘厳な
6. _ x e _ _ _ _ _ 【動詞】 鍛錬する，行使する
7. _ u n _ _ _ _ 【形容詞】 狡猾な，悪賢い
8. _ h e _ _ 【副詞】 先に，前もって，リードして
9. _ i n _ _ _ 【形容詞】 些細な，取るに足りない
10. _ o t _ _ 【名詞】 座右の銘，金言，処世訓
11. _ h e _ _ _ _ _ 【名詞】 修辞学，美辞麗句，巧言
12. _ e t _ _ _ _ _ _ _ 【名詞】 新陳代謝，代謝作用
13. _ l m _ _ _ _ _ 【形容詞】 全能の，圧倒的な影響力を持つ
14. _ i c _ _ _ _ 【動詞】 想像する，心に描く
15. _ e l _ _ _ _ _ _ _ 【副詞】 相対的に
16. _ e a _ _ 【動詞】 停止する，中止する
17. _ u t _ _ _ 【名詞】 はけ口，コンセント
18. _ o u _ _ _ _ 【名詞】 花束

19. _ r a _ _ 【名詞】 憤怒，天罰

20. _ e n _ _ _ _ 【名詞】 年金，恩給

解説

1 notwithstanding「～にもかかわらず」(=in spite of ～, despite, with all ～, for all ～) 通常，前置詞で用いるが，目的語の後ろに置かれて，後置詞としても使われる一方，文頭・文尾に置かれ副詞として用いられることもある。

2 voice は「声」という意味の名詞としてだけでなく「(考えなど) を (はっきり) 言葉に表す〔表明する〕」の意で，他動詞としても用いられる。

3 legacy「遺産，過去からの遺物」(≒inheritance, heritage)

4 party は「①パーティー ②政党 ③一行，一団 ④当事者」の意の多義語であることに注意。特に④は要注意で both parties は「当事者双方」，party concerned は「関係当事者」である。

5 awesome「畏怖の念を呼ぶ，荘厳な，すさまじい」 名詞は awe「畏怖の念」で，よく使われるもう一つの形容詞 awful は「恐ろしい，ものすごい」の意である。

6 exercise「①～を実行する〔遂行／行使する〕 ②遂行 ③運動する ④運動 ⑤～を鍛える〔鍛錬する〕 ⑥練習，鍛錬」 多義語であることに注意。名詞だけでなく自動詞，他動詞としても用いられる。

7 cunning「狡猾な，ずる賢い」 発音は［kʌ́niŋ］であり，「カンニング」ではない。なお，日本語の「カンニング」は cheating。

8 ahead「前方へ，前もって」 空間だけでなく時間的にも用いられることに注意。

9 minute「微細な，些細な，取るに足りない」 発音［maɪn(j)úːt］に注意。なお，時間単位の minute「分」は，元来「小さく刻まれた部分」という意味であったものが「小さい〔短い〕時間，分」という意味で使われるようになり，発音も［mínət］となったものである。

10 motto「モットー，座右の銘，標語，金言」 状況に応じて epigram「警句」，maxim「格言，金言」，slogan「標語」などに書き換えられる。

11 rhetoric「修辞学，美辞麗句」 アクセントの位置は第1音節。

12 metabolism「代謝」 meta- は after, beyond, with, change などの意を表す接頭辞である。

13 almighty「全能の」(=all-powerful, omnipotent) might は「力」を表す。

14 picture「①絵 ②写真 ③画像，映像 ④～を想像する〔心に描く〕」 名詞だけでなく他動詞としても用いられる。pict- は「描く」ことを表す。

15 relatively「相対的に，比較して」 名詞は relativity。theory of relativity は「相対性理論」(=relativity theory, relativism)。

16 cease「終わる，～を終える，(活動など) を停止する」 名詞は cessation。cease(-)fire は「休戦，停戦」。

17 outlet「はけ口，コンセント」 日本語の「コンセント」は和製英語。英語の consent は「同意，意見の一致」の意。

18 bouquet「花束，ブーケ」 発音［boukéɪ］に注意。

19 wrath「憤怒，天罰」 使用頻度は高くないので難単語。

20 pension「年金，恩給」 日本語の「ペンション（宿泊施設）」は元々フランス語で別単語。

解答

1. N 2. V 3. L 4. P 5. A 6. E 7. C 8. A 9. M 10. M 11. R 12. M 13. A 14. P 15. R 16. C 17. O 18. B 19. W 20. P

2 2018年度 看護医療学部〔5〕

難易度	目標制限時間	5 分	目標ライン	（全20問中） 14 問正解
標 準	かかった時間	分	自己採点結果	（全20問中） 問正解

以下の各組の _ にアルファベット各1文字を入れると，【 】に示す品詞および後に続く日本語と合致する英単語1語になる。各語の1文字目として最も適切なアルファベット1文字を，ブロック体大文字（A－Z）で解答欄の所定の位置に記しなさい。ただし1つの解答欄に2文字以上記入した場合や，ブロック体の大文字以外（例：小文字や筆記体）で記入した場合には，その解答を無効とする。

《例》 _ u r _ _ 【名詞】 看護師 正解：N

1. _ a n _ _ _ _ _ _ 【形容詞】 命令の・命令的な・必須な
2. _ a y _ _ _ 【名詞】 諺・格言・言い習わし
3. _ i l _ _ _ _ 【名詞】 100万
4. _ e m _ _ _ _ _ _ _ 【名詞】 半球・球体の半分
5. _ e n _ _ 【形容詞】 密集した・高密度の
6. _ o y _ _ 【形容詞】 王室の
7. _ i n _ 【名詞】 罰金
8. _ h y _ _ _ _ _ _ 【名詞】 医師・内科医
9. _ e r _ _ _ 【前置詞】 ～対～
10. _ a r _ _ _ _ _ 【名詞】 寄生生物・寄生虫
11. _ f f _ _ _ 【動詞】 ～に影響を与える・～に作用する
12. _ r i _ _ _ 【形容詞】 利発な・頭脳明晰である
13. _ i n 【名詞】 親族・親類・一族
14. _ a i _ _ 【形容詞】 未熟で世慣れていない・純真な
15. _ o l _ _ _ 【形容詞】 空虚な・中が空洞の
16. _ e i _ _ _ _ 【名詞】 余暇・暇
17. _ y n _ _ _ _ _ _ 【形容詞】 作り物の・合成の・人工の
18. _ a m _ 【名詞】 名声・有名なこと・高名
19. _ r i _ _ 【名詞】 悲嘆・苦悩・心痛
20. _ r e _ _ _ _ 【形容詞】 出席している・存在している・そこにある

解 説

1 mandatory「命令の，命令的な，必須な」（≒essential） 動詞は mandate「命令する，要求する」。

2 saying「諺，格言，言い習わし」（≒proverb, maxim）

3 million「100 万」 billion「10 億」，trillion「1 兆」，zillion「無数」 それぞれ綴りに注意。

4 hemisphere「半球，球体の半分」 sphere は「球体」という意味。hemi- は接頭辞で「半～」という意味。（例）hemicycle「半円」

5 dense「密集した，高密度の」 名詞は density「密度」。

6 royal「王室の」 loyal「忠実な」と綴りを間違えやすいので注意。

7 fine「罰金」（≒penalty）「～に罰金を課す」という他動詞にもなる。なお，綴りが同じ形容詞の fine は「素晴らしい，晴れた，元気な，微細な」等の意がある。

8 physician「医師，内科医」 surgeon は「外科医」。ともに綴りに注意を要する。

9 versus「～対～」（＝against）

10 parasite「寄生生物，寄生虫」 para- は接頭辞で「近所，側，周辺」を表す。（例）paramedic「準医療従事者」，parallel「平行な（線），類似した（点）」，paragraph「段落」

11 affect「～に影響を与える，～に作用する」 effect「影響，効果」は名詞。

12 bright「利発な，頭脳明晰である」（≒clever，smart）

13 kin「親族，親類，一族」（≒relative, relation）

14 naive「未熟で世慣れていない，純真な」 日本語と異なり，悪い意味で使われることもある。なお，日本語の「ナイーブ」に相当する英語は sensitive，pure である。

15 hollow「空虚な，中が空洞の」 hole と語源は同じ。

16 leisure「余暇，暇」 綴りに注意。日本語の「レジャー」は「余暇に行う遊びや娯楽」の意で使われることが多く，英語では recreation，recreational activities，pastime で表すことが多い。

17 synthetic「作り物の，合成の，人工の」 動詞は synthesize「～を総合する，合成する」。反意語は analyze「分解する，分析する」である。

18 fame「名声，有名なこと，高名」 形容詞は famous。

19 grief「悲嘆，苦悩，心痛」 動詞は grieve「（死／死者を）深く悲しむ」。

20 present「出席している，存在している，そこにある」 反意語は absent。名詞は「現在」という意味。

解答

1．M 2．S 3．M 4．H 5．D 6．R 7．F 8．P 9．V
10．P 11．A 12．B 13．K 14．N 15．H 16．L 17．S 18．F
19．G 20．P

3 2017年度 法学部〔1〕

難易度	目標制限時間	2 分	目標ライン	(全6問中) 4 問正解
標 準	かかった時間	分	自己採点結果	(全6問中) 問正解

Questions (1)—(6) below are concerned with how words sound.

Questions (1)—(3) are concerned with rhyming pairs (same-sounding word endings). In the following examples, pair 1 does rhyme, but pair 2 **does not**: 1. dear—fear, 2. gear—wear.

In each of the following groups (1)—(3) one of the five pairs **does not** rhyme. Mark the number of that pair on your answer sheet.

(1) 1. beard—heard 2. child—wild 3. fight—sight
4. rough—tough 5. sleigh—weigh

(2) 1. caught—taught 2. chew—flew 3. climb—limb
4. factor—tractor 5. puff—stuff

(3) 1. bowel—towel 2. brow—crow 3. chalk—walk
4. claw—flaw 5. fumble—tumble

Questions (4)—(6) are concerned with words that sound exactly the same. In each of the following groups (4)—(6) one of the five pairs contains words that are pronounced **differently**. Mark the number of that pair on your answer sheet.

(4) 1. flour—flower 2. foul—fowl 3. haul—howl
4. tail—tale 5. waist—waste

(5) 1. board—bored 2. groan—grown 3. role—roll
4. warm—worm 5. warn—worn

(6) 1. flea—flee 2. law—low 3. loan—lone
4. soar—sore 5. stair—stare

解説

(1)〜(3)のそれぞれ5組の語で，最後の音節の部分の発音が異なる組の番号を答える問題。それぞれの語の発音は以下の通り。

(1)
1．beard[bíərd]—heard[hə́:rd]　2．child[tʃáild]—wild[wáild]
3．fight[fáit]—sight[sáit]　4．rough[rʌ́f]—tough[tʌ́f]
5．sleigh[sléi]—weigh[wéi]
異なる組は1である。

(2)
1．caught[kɔ́:t]—taught[tɔ́:t]　2．chew[tʃú:]—flew[flú:]
3．climb[kláim]—limb[lím]　4．factor[fǽktər]—tractor[trǽktər]
5．puff[pʌ́f]—stuff[stʌ́f]
異なる組は3である。

(3)
1．bowel[báuəl]—towel[táuəl]　2．brow[bráu]—crow[króu]
3．chalk[tʃɔ́:k]—walk[wɔ́:k]　4．claw[klɔ́:]—flaw[flɔ́:]
5．fumble[fʌ́mbl]—tumble[tʌ́mbl]
異なる組は2である。

(4)〜(6)のそれぞれ5組の語で，発音が異なる組の番号を答える問題。それぞれの語の発音は以下の通り。

(4)
1．flour[fláuər]—flower[fláuər]　2．foul[fául]—fowl[fául]
3．haul[hɔ́:l]—howl[hául]　4．tail[téil]—tale[téil]
5．waist[wéist]—waste[wéist]
異なる組は3である。

(5)
1．board[bɔ́:rd]—bored[bɔ́:rd]　2．groan[gróun]—grown[gróun]
3．role[róul]—roll[róul]　4．warm[wɔ́:rm]—worm[wə́:rm]
5．warn[wɔ́:rn]—worn[wɔ́:rn]
異なる組は4である。

(6)
1．flea[flí:]—flee[flí:]　2．law[lɔ́:]—low[lóu]
3．loan[lóun]—lone[lóun]　4．soar[sɔ́:r]—sore[sɔ́:r]
5．stair[stéər]—stare[stéər]
異なる組は2である。

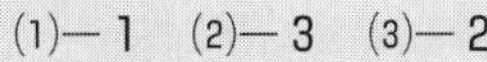
(1)—1　(2)—3　(3)—2
(4)—3　(5)—4　(6)—2

ii．空所補充

2023年度 法学部〔1〕

難易度	目標制限時間	5 分	目標ライン	（全10問中） 8 問正解
標 準	かかった時間	分	自己採点結果	（全10問中） 問正解

Questions (1)—(10) below contain ten pairs of words. In each case, choose a word from the list (0−9) in the box below them to insert into the underlined space in order to create two single words, and mark the appropriate number on your answer sheet. For example, in the case of the pair "candle ______ house," the word "light" can be inserted to form "candlelight" and "lighthouse." All choices must be used.

(1) battle______work
(2) court______hold
(3) fairy______lady
(4) foot______book
(5) fore______date
(6) home______robe
(7) law______case
(8) letter______line
(9) ship______stick
(10) war______well

0. fare
1. ground
2. head
3. house
4. land

5. man
6. note
7. suit
8. ward
9. yard

解説

(1)～(10)には空所を挟んで２つの単語が書かれており，下の枠内の０～９までの単語のいずれかを入れ，他の２語とそれぞれ組み合わせることで別の単語を作る問題。解答は(1)～(10)のそれぞれの空所に入れる語を，枠内の０～９の番号で答える。問題文に具体例があり，設問の意味はわかるだろう。できあがる単語が浮かびやすい組み合わせもあるので，見つかったものから候補として解答していき，残りの語で調整するとよい。

(1) 1の ground が正解。battleground「戦場」と groundwork「基礎，土台」という２語ができる。

(2) 3の house が正解。courthouse「裁判所」と household「家庭，世帯」という２語ができる。

(3) 4の land が正解。fairyland「おとぎの国，理想郷」と landlady「女主人，おかみ」という２語ができる。

(4) 6の note が正解。footnote「脚注」と notebook「ノート」という２語ができる。

(5) 5の man が正解。foreman「親方，監督，職長」と mandate「権限（を～に与える），委任統治」という２語ができる。

(6) 8の ward が正解。homeward「帰途の」と wardrobe「洋服だんす」という２語ができる。

(7) 7の suit が正解。lawsuit「訴訟」と suitcase「スーツケース」という２語ができる。

(8) 2の head が正解。letterhead「レターヘッド（手紙などの文書の上部に書かれた人名・会社名・住所など）」と headline「見出し」という２語ができる。

(9) 9の yard が正解。shipyard「造船所」と yardstick「物差し，尺度」という２語ができる。

(10) 0の fare が正解。warfare「戦争」と farewell「別れ，さようなら」の２語ができる。

解答

(1)－1　(2)－3　(3)－4　(4)－6　(5)－5　(6)－8　(7)－7　(8)－2　(9)－9　(10)－0

5

2021 年度 理工学部〔4〕

難易度	目標制限時間	5　分	目標ライン	（全８問中）　５　問正解
標　準	かかった時間	分	自己採点結果	（全８問中）　　問正解

(1)～(8)の各文の空所に入る語として最も適切なものを選択肢１～６の中から選び，マークシートの解答欄にマークしなさい。

(1) Newton's second law states that the acceleration of an object is directly (　　　) to the net force acting on it.

1．equilibrant　　2．exponential　　3．integral
4．parallel　　5．perpendicular　　6．proportional

(2) Albert Einstein's theory of general (　　　) predicted the existence of black holes.

1．correlation　　2．differentiation　　3．gravitation
4．quantum　　5．relativity　　6．symmetry

(3) A rainbow in the sky is created in seven colors by the (　　　) and internal reflection of light in water droplets in the atmosphere.

1．absorption　　2．collision　　3．dispersion
4．elasticity　　5．evaporation　　6．variance

(4) Dr. Hideki Shirakawa won the Nobel Prize in Chemistry in 2000 for the discovery and development of (　　　) polymers, which are used in touchscreens and organic light-emitting devices.

1．conductive　　2．fluorescent　　3．hydrophilic
4．hydrosoluble　　5．resistive　　6．thermosensitive

(5) The (　　　) table of elements is an array organized in order of increasing number of protons in the atomic nucleus where elements in the same column have similar properties.

1. atomic 2. characteristic 3. ionic
4. molecular 5. periodic 6. substance

(6) ^{14}C, one of the carbon (　　　), has a half-life of 5,730 years and is used for dating objects from the past.

1. aggregates 2. allotropes 3. complexes
4. derivatives 5. isomers 6. radioisotopes

(7) Enzymes are proteins that (　　　) a chemical reaction by lowering the activation energy required for that reaction.

1. catalyze 2. moderate 3. perpetuate
4. reverse 5. substitute 6. terminate

(8) (　　　) is a reaction in which glucose and O_2 are produced from H_2O and CO_2 by light energy.

1. Luminescence 2. Neutralization 3. Oxidation
4. Photosynthesis 5. Respiration 6. Scattering

解説

(1) 「ニュートンの第二法則は，物体の加速度はその物体に作用する合力に直接比例することを示している」

net force は「合力（＝total force)」の意。ニュートンの第二法則は運動方程式とも呼ばれ，$F=ma$（F は物体に加わる力，m は物体の質量，a は物体の加速度）で表される。物体に作用する力と物体の加速度は比例関係にあるので，**6．proportional「比例して」が正解**。1．「平衡力」 2．「急速な」 3．「不可欠な」 4．「並行の」 5．「垂直の」

(2) 「アルバート=アインシュタインの一般相対性理論は，ブラックホールの存在を予測した」

アインシュタインの一般相対性理論はよく知られているが，「相対性」に当たる語を考えると，**5．relativity「相対性」が正解**。1．「相互関係」 2．「区別」 3．「重力，万有引力」 4．「量子」 6．「対称」

(3) 「空の虹は，大気中の水滴に当たった光の分散と内部反射によって7色に作り出される」

虹が起こる原理は光がプリズムによって分散されるのと同じなので，**3．dispersion「分散」が正解**。dispersion は難単語だが，他の選択肢は1．「吸収」，2．「衝突」，4．「弾性」，5．「蒸発」，6．「相違」なので，消去法で正解が導ける。ちなみに，虹の色の数は7色が世界の標準ではなく，2～8色と様々である。

(4) 「白川英樹博士は，タッチスクリーンと有機発光素子に使われる導電性ポリマーの発見と開発で，2000年にノーベル化学賞を受賞した」

タッチスクリーンに使われるとあるので，押すことで通電するポリマーが考えられる。よって，**1．conductive「伝導性の」が正解**。2．「蛍光性の」 3．「親水性の」 4．「水溶性の」 5．「抵抗性の」 6．「感熱性の」 専門的な選択肢ばかりだが，物理履修者は伝導体（コンダクター）を学習したことがヒントになる。

(5) 「元素の周期表は原子核の陽子の数が増える順番で体系化された配列で，同一の縦の列にある元素は同じ性質を持つ」

「原子核の陽子の数が増える順番で体系化された配列」は元素の周期表と考えられるので，**5．periodic「周期的な」が正解**。1．「原子の」 2．「特有の」 3．「イオンの」 4．「分子の」 6．「物質」

(6) 「炭素の放射性同位体の1つである炭素14は半減期が5,730年で，過去の物体の年代を測定するのに使われる」

文の後半は放射性炭素年代測定法について言及しているので，**6．radioisotopes「放射性同位体」が正解**だが，原子物理の学習経験がある物理履修者以外にとっては難問だろう。1．「集合体」 2．「同素体」 3．「複合体」 4．「誘導体」 5．「異性体」

(7) 「酵素は，反応に必要とされる活性化エネルギーを下げることによって，化学反応に触媒作用を及ぼすタンパク質である」

酵素の働きを考えれば，**1．catalyze「触媒作用を及ぼす」が正解**。酵素の話は化学・生物履修者にとっては有利だろう。2．「節制する」 3．「永続させる」 4．「逆転させる」 5．「代用する」 6．「終わらせる」

(8) 「光合成は，光のエネルギーによって水と二酸化炭素からブドウ糖と酸素が作られる反応である」

in which 以下の記述から，**4．Photosynthesis「光合成」が正解**。photo- が「光の」の意味で，synthesis が「合成」の意味であることもヒントになる。1．「冷光」 2．「中和」 3．「酸化」 5．「呼吸」 6．「散乱」

解答

(1)—6 (2)—5 (3)—3 (4)—1 (5)—5 (6)—6 (7)—1 (8)—4

2016年度 商学部〔4〕

難易度	目標制限時間	3　分	目標ライン	（全5問中）　4	問正解
標　準	かかった時間	分	自己採点結果	（全5問中）	問正解

次の英文(1)〜(5)の空所に入る最も適切なものを選択肢1〜4から選び，その番号を解答用紙A（マークシート）の解答欄にマークしなさい。

(1) He works hard ______ for his own success as for his employees' welfare.

1 so as not　　2 still watching
3 as opposed　　4 not so much

(2) Nowadays, many people telecommute, or work at home, while ______ to the office by ______ of their computer.

1 being linked … means　　2 having attachment … channel
3 being commutable … way　　4 having connected … wire

(3) If I had known you were already here waiting, I ______ earlier.

1 could not come　　2 would have come
3 should not come　　4 had come

(4) My daughter hates bugs and she screams whenever she sees one, ______ she is screaming a lot, now that we've moved near the park.

1 since then　　2 that sounds
3 and ever　　4 which means

(5) The museum was, as expected, extremely crowded with tourists ______ the *Mona Lisa.*

1 struggled with seeing　　2 struggling to see
3 to struggle seeing　　4 struggle for seeing

解 説

(1) 「彼は自分自身の成功のためというより，むしろ従業員の幸福のために一生懸命働いている」

後方にある as に着目し，not so much *A* as *B*「*A* というよりはむしろ *B*」の形にすれば文意が通じる。したがって，**4 が正解**。*A* および *B* の部分は名詞表現だけではなく，問題のように副詞句などをとることも可能。さらには，She didn't so much dislike me as hate me.「彼女は私を嫌うというよりもむしろ憎んだ」のように動詞句，Actually, my mother is not so much stingy as thrifty.「実は，私の母はケチというよりもむしろ倹約家なのだ」のように形容詞，People visited this church not so much to see the tomb itself as to see the famous object beside it.「人々がこの教会を訪問する目的は，その墓自体を見るためというよりもむしろその横にある有名な物を見るためであった」のように to 不定詞句，Dante's poem was not so much about the misery of hell as about the power of the human spirit to endure any challenge.「ダンテの詩のテーマは，地獄の悲惨というよりもむしろ，どんな課題にも耐えうる人間の精神力であった」のように前置詞句などをとることも可能。

(2) 「最近，少なからざる人々が，コンピュータを使って仕事場とつながり，テレコミュート，すなわち在宅勤務をしている」

or「すなわち」に後続する work at home「在宅勤務をしている」は，直前の telecommute を説明する同格表現である。while「～しながら」は付帯状況を表し，在宅勤務がどのような状態で行われているかを説明している。選択肢はすべて ing 形になっているので，主語と be 動詞 they〔many people〕are が省略されていることがわかる。2 の have attachment to ～「～に愛着をもつ」，3 の commutable「通勤可能な」は文脈に合わず，4 は省略されているはずの they are を補ってみると，they are having connected となり，文法上あり得ない語順となっている（正しくは they have been connected としなければならない）。したがって，**1 が正解**となる。by means of ～「（手段として）～を用いて」

(3) 「あなたがすでにここで待っていることを知っていたら，もっと早く来たのに」

if 節の動詞が had known という過去完了形になっているので，仮定法過去完了だと判断できる。したがって，帰結節には過去の事柄を推量する「過去形助動詞＋have＋過去分詞」の形をもつ **2 が適する**。

(4) 「私の娘は虫が嫌いで，虫を見るといつも悲鳴をあげるのだが，最近は悲鳴をあげることが多くなっている，というのも公園の近くに引っ越してきたからだ」

空所直後は文構造が続いているため，接続詞，関係詞，疑問詞といった文を接続する機能をもつ語句が必要となるので，1と2は不可（since then は「それ以来」という副詞句。that sounds は主格関係代名詞＋動詞だが，他動詞の sound に that 節を後続させることはできない）。また ever は一部の慣用表現や if 節での使用を除き，疑問文や否定文で「これまで」という意味で使うので，ここでは後続の内容とそぐわず，3も不適。したがって，**4が正解**となる。この which は主格の関係代名詞で前文の内容を先行詞とする非制限用法として機能している。

(5)「その美術館は，予想通り，モナリザを見ようともみ合う観光客で非常に混雑していた」

空所から文末の the *Mona Lisa* の部分は直前の tourists を修飾する形容詞句なので，現在分詞の**2が正解**となる。なお，struggle は自動詞なので，to see の部分は不定詞の副詞用法として機能しており，3のように動名詞を目的語にとることはできない。struggle to *do* で「〜しようと努力する」の意。また，4のように for *doing* を「〜するために」の意で用いることは原則として認められない。for the purpose of *doing*，with the view of *doing*，with a view to *doing* などの表現を用いる。

解答

(1)—4　(2)—1　(3)—2　(4)—4　(5)—2

7 2014年度 理工学部〔5〕

難易度	目標制限時間	3 分	目標ライン	(全5問中) 4 問正解
易	かかった時間	分	自己採点結果	(全5問中) 問正解

次の(1)~(5)の文の（　　）内の語を最も適切な語形に書き直しなさい。ただし，語尾に“-ed”と“-ing”の付くものは不可とします。解答は解答用紙（記述式）に記入しなさい。判読が困難であったり，枠外にはみ出したりした場合は，採点されません。

(1) Try to minimize (expose) to strong sunlight as much as possible during the hot summer months.

(2) He looks quiet, but he has an (explode) personality.

(3) Many old people in society today live in (isolate) and poverty.

(4) It is now possible to (identification) entire strands of DNA.

(5) How much of your intelligence is (genetic) determined ?

解説

⑴「暑い夏の期間は，強い太陽光を浴びるのはできるだけ最小限に抑えるように」
minimize の目的語になるので派生名詞にする。

⑵「彼は物静かに見えるけれど，激しやすい性格です」
personality を修飾するので派生形容詞にする。

⑶「今日の社会では孤独と貧困の中で生きている老人が多い」
前置詞 in の後ろに来て，名詞 poverty と and でつながるので，派生名詞にする。

⑷「DNA の構造全体を今では突きとめることができる」
真主語になる不定詞を作り，後ろに目的語となる名詞があるので，原形の動詞にする。strand は「(DNA の) らせん構造」の意。

⑸「知能のどのくらいが遺伝的に決まるのだろう」
後ろの過去分詞を修飾するので派生副詞にする。

解答

⑴ exposure ⑵ explosive ⑶ isolation ⑷ identify ⑸ genetically

8

2013年度 商学部〔4〕

難易度	目標制限時間	7 分	目標ライン	(全12問中) 8	問正解
標 準	かかった時間	分	自己採点結果	(全12問中)	問正解

次の英文(1)〜(12)の空所に入る最も適切なものを選択肢①〜④から選び，その番号を解答用紙A（マークシート）の解答欄にマークしなさい。

(1) The truly remarkable decreases in crime in the 2nd half of the 20th century are ______ significant for having occurred in a period when one would expect rising crime.

① all the more ② even less ③ less than ④ more or less

(2) It is not always easy to write a news article that delivers ______ information in ______ of space.

① many … a small amount ② many … a small number
③ much … a small amount ④ much … a small number

(3) Mental training, such as visualization and meditation, ______ athletes over the years.

① has practiced ② has been practiced by
③ has been practicing ④ has been practice among

(4) Most decisions corporate leaders make are not political. You would be insane to seek an average executive ______ you thought might be acceptable politically, as opposed to a first-class business expert about ______ politics you are unclear.

① who … whose ② who … which
③ whom … whose ④ whom … which

(5) One difference between Japan and Korea on the one hand and the United States and ______ Western developed countries on ______ is that women tend

to drop out of the labor force while raising children in the two Asian countries.

① other … other ② other … the other
③ another … another ④ another … one another

(6) The compelling success story, amply ______ over fifty photographs, is enlivened by sketches of notable politicians of the era.

① illustrates by ② illustration of
③ illustrated with ④ illustrating for

(7) I was certain that it would be enormously profitable for our company to build a new production base but my colleagues ______.

① disagreed with ② unconvinced
③ didn't support ④ didn't think so

(8) He revised the badly written essay extensively. It is still not perfect, but it is certainly ______ imperfect.

① much less ② much more ③ not less ④ even more

(9) She and I were closest collaborators. When her name is spoken by future generations, my name will come up in the talk, and if my name is spoken first, her name will come in ______ turn, because of the years ______ worked together.

① her … they ② their … we ③ our … they ④ its … we

(10) While the rebellion might have been a needless sacrifice, it ______ promoted democracy in the nation a great deal.

① whatever ② nonetheless ③ moreover ④ nothing

(11) ______ knowledge of the poet's life and thought ______ helpful for understanding his poems.

① A few … is ② A few … are ③ Some … is ④ Some … are

(12) ______ writing to an irritable man, I would have tried harder than I did to find expressions more suitable to his character.

① As I am ② If I am ③ I had been ④ Had I been

解説

⑴「20 世紀後半において犯罪が実に著しく減少したことは，犯罪が増加すると予想されていた期間でのことなので，いっそう大きな意味がある」

空所後方の for 以下には，「犯罪が増加すると予想された期間に（犯罪の減少が）起こった」という内容が続いているので，significant「重大な」を修飾するものとしては，all the＋比較級＋for ～で「～のためにそれだけいっそう…」という意味になる**①が最も適切**。②「なおさら～ない」 ④「多少」

⑵「小さなスペースに多くの情報を伝えるニュース記事を書くことは必ずしも簡単なことではない」

information は不可算名詞なので many …となっている①・②は不可。また，a small number of ～「わずかな（数の）～」の～には複数名詞が入る。問題文では複数形の s が語尾にない space が続いているので④も不可。よって，**③が正解**。small amount of ～「少量の～」

⑶「ビジュアライゼーションや瞑想といったメンタルトレーニングは，長年にわたり，スポーツ選手たちによって行われている」

主語が mental training で，述語動詞が practice であることを考えると，受動態になっている**②が正解**となる。

⑷「企業のリーダーが下す大半の決定は政治的なものではない。その政見がはっきりとはわからない一流のビジネスエキスパートではなくてむしろ，政治的に受け入れられると思う，並みの経営者を求めるようなら正気とは言えないだろう」

最初の空所は〈関係代名詞＋関係節以外の節（I know，we think など）〉を見抜く問題。空所直後は you thought might be acceptable politically となっており，might be acceptable の主語が欠けているので，主格の関係代名詞 who が入る。who (you thought) might be acceptable politically のように you thought は（　　）にくくって考えるとよい。

後ろの空所は a first-class business expert を先行詞とする関係詞節の一部で，空所直後に politics があるので，所有格の関係代名詞が入る。you are unclear about his or her politics の his or her が所有格の関係代名詞 whose に変わり，さらに前置詞 about とともに節の先頭に置かれた形となっている。よって，**①が正解**。

⑸「日本と韓国に対し，アメリカやその他の西洋先進国を比較すると，両者の違いの一つには，アジアの 2 カ国では子育て中，女性は仕事をやめる傾向があるという点がある」

最初の空所は直後に Western developed countries という複数名詞が続いてい

るので other が入る。another＝〈an＋other〉なので次には単数名詞がくる。後ろの空所は，前方の on the one hand と対応する on the other (hand) にすればよい。よって，②**が正解**。

(6)「人を引きつけるその成功物語は，50 枚を超える写真がたっぷりと載せられ，その時代の有名な政治家を描いたスケッチによって生き生きとしたものになっている」

空所を含む部分は挿入部分なので述語動詞の①は不可。また空所直前に amply「十分に」という副詞があるので名詞の illustration を続けることはできない。残った選択肢から，分詞構文であることがわかるが，意味上の主語が the compelling success story であることを考慮すると受け身の関係が成立するので，③**が正解**。being illustrated with の being が省略されている。

(7)「私は新しい生産拠点を構築することが私たちの会社にとって大きな利益をもたらすと確信していたが，私の同僚たちはそう思っていなかった」

④**が正解**。so は that 節の代用。①の「～に反対する」は前置詞の目的語がないので不可。②の unconvinced は「納得していない」という形容詞なので be 動詞が必要。③の support は他動詞で目的語がないので不可。

(8)「彼はそのひどいエッセーを大幅に修正した。まだ完璧ではないが，ずっとましなものになっていることは間違いない」

空所を含む部分は but に続く部分なので，「(エッセーは完璧ではないが，) よくなっている」という意味になるようにしなければならない。①**の much less が正解**。直後に imperfect「不十分な」という形容詞があるので，①以外の選択肢はすべて「より不十分な」という意味になってしまう。

(9)「彼女と私は非常に親密な共同制作者である。私たちが一緒に取り組んできた年月のおかげで，未来の世代によって彼女の名前が語られるときには，そこには私の名前が出てくるだろうし，最初に私の名前が語られれば，次は彼女の名前が出てくるだろう」

「彼女」と「私」のことを述べた文章なので，後ろの空所に they は不可。最初の空所は主語が her name なので，対応する所有代名詞は its となる。よって，④**が正解**。in *one's* turn「～ (自分) の番になって，順番に当たって」

(10)「その反乱は不必要な犠牲を払ったかもしれないが，それでもやはり，その国の民主主義を大きく進めた」

空所は主語と述語動詞の間なので，文意に沿う副詞を入れる必要がある。譲歩を表す while に導かれる部分には，その反乱が犠牲を払ったかもしれないという内容が書かれ，主節では民主主義を進めたという内容が書かれていることを考慮すると，逆接の意味を表す副詞である② **nonetheless が最も適切**。① whatever は，名詞の後に置かれる場合は否定文や疑問文で no *A* whatever「少しの *A* も～ない」または any *A* whatever「*A* が少しでも」という形で用いられる。

(11) 「その詩人の人生と考え方をある程度知ることは，彼の詩を理解する手助けとなる」

最初の空所は，直後の knowledge が不可算名詞なので，可算名詞の複数形とともに用いる a few は不可。また，後ろの空所は不可算名詞に対する be 動詞の呼応で is になる。よって，**③が正解**。

(12) 「もし短気な男に手紙を書いていたのであれば，その男の性格によりふさわしい表現をもっと懸命になって見つけようとしていたかもしれない」

主節の would have tried の部分に着目すると仮定法過去完了の if 節が使われるだろうと推測できる。If I had been writing ～ の if が省略され倒置形となった**④が正解**となる。

解答

(1)―① (2)―③ (3)―② (4)―① (5)―② (6)―③ (7)―④ (8)―① (9)―④
(10)―② (11)―③ (12)―④

9 2010年度 看護医療学部 Part I〔B〕

難易度	目標制限時間	8 分	目標ライン	(全20問中) 14 問正解
標 準	かかった時間	分	自己採点結果	(全20問中) 問正解

与えられた語句から最もふさわしいものを選び，解答欄に番号で記しなさい。

1. I often (① address ② ask ③ speak ④ tell) myself that I should study more, but I never do.

2. The clerk could only reach the top shelf (① by ② for ③ from ④ with) standing on a ladder.

3. Oh, my train's arriving. I'll call you later when (① I had ② I have ③ I'll have ④ I'm having) more time.

4. I was so busy. My homework kept me at my desk (① by ② for ③ since ④ until) the whole winter break.

5. I am upset (① by ② for ③ on ④ with) Allan because he has not answered any of my recent email messages.

6. My study group at school (① did ② had ③ made ④ were) some research into the health of women in China.

7. I might pass the test, (① by that ② for that ③ in each ④ in which) case I will treat myself to a movie with friends.

8. I believed, as (① did ② got ③ have ④ were) my friends, that there would be a test on Friday, but we were mistaken.

9. I haven't seen Mikiko for nearly three months. I wish she (① was being ② were ③ would be ④ would have been) here now.

10. I am a pretty easy-going fellow, so I don't generally mind (① being kept ② by keeping ③ having kept ④ keeping) waiting.

11. I don't think that I can tell you how to get to the store, as I (① can't go ② don't go ③ haven't been ④ won't be) there before.

12. The weather report said there was likely to be rain everywhere in Japan (① apart ② aside ③ besides ④ except) Hokkaido.

13. There being only two trains a day to the village, we decided (① by driving ② driving ③ drove ④ to drive) instead of waiting.

14. I studied until one o'clock last night, but I couldn't go to sleep (① although ② despite ③ in spite ④ regardless) I was exhausted.

15. I'm surprised that you went there. (① Most of tourists ② Most the tourists ③ Most tourists ④ The most tourists) don't visit that part of town.

16. It was late when I got home and I managed to get to my room without my mother (① being seen by ② seeing ③ seeing by ④ seen) me.

17. Yoshi used to be able to play the piano well, but he can't anymore since he stopped practicing it (① after ② over ③ since ④ while) ten years ago.

18. I (① gave up for me to try ② gave up my trying ③ had to give up to try ④ have given up trying) to learn to play the flute. It's just too difficult for me.

19. "Hey. My bike's been moved." "(① So have you ② So it has ③ That's it ④ There are you). Now you won't park it in front of the station anymore."

20. I was extremely tired when I got off the plane from London. I (① had been traveling ② had traveling ③ have had travel ④ was traveled) for more than 24 hours.

解 説

1 「もっと勉強しなければいけないと自分に言い聞かせることがよくあるのだが，一度も実行したことがない」

「*A*（人）に～と言う」は第4文型の tell *A* that ～ で表せるから，**④の tell を用いて** tell myself that ～「～と自分に言い聞かせる」とするのが適切。なお，①の address は「～に演説する，～に取り組む」の意，②の ask は ask *A* if〔whether〕～ で「*A*（人）に～かどうかと尋ねる」の意，③の speak は speak to ～（人）/ speak with ～（人）のように用いる。

2 「その店員ははしごを使ってやっと一番上の棚に手を伸ばすことができた」

手段を表す前置詞 **by を用いて**，by standing on a ladder とする。

3 「ああ，列車が来ます。後ほどもっと時間のあるときに，電話します」

主節が未来形で，when 以下が時を表す副詞節だから，未来のことを現在形で表現する形 when **I have** more time にするのが適切。

4 「私はとても忙しかった。冬休み中ずっと，宿題のために机に向かっていた」

期間を表す前置詞 **for を用いて** for the whole winter break「冬休み中ずっと」とするのが適切。My homework kept me at my desk「私の宿題が私を机の前に居続けさせた」→「宿題のために机に向かい続けなければならなかった」の意。

5 「アランが私の最近のメールのどれにも返信しないので私は頭にきている」
be upset with ～「～（人）に腹を立てている（＝be angry〔indignant〕with ～）」より，④の with が適切。

6 「学校の私の研究班は，中国における女性の健康についての調査を行った」
「～について調査を行う」は do research into ～ で表す。よって，①の did が適切。

7 「私は試験に受かるかもしれない。そのときには，自分への褒美に友人たちと一緒に映画に行くつもりだ」
…, and in that case ～「…，そしてその場合には～」の and と that を which を用いて書き表すと，…, in which case ～ となる。treat *oneself* to ～「～(旅行・衣服など)を楽しむ」

8 「私は友人たちと同じように金曜日に試験があるだろうと思っていたが，間違っていた」
接続詞 as を用いた倒置構文 as do〔does / did〕S「Sと同様に」であるので，as did my friends とするのが適切。

9 「3カ月近くミキコに会っていない。彼女がここにいてくれたらいいのに」
wish＋仮定法過去で現在の事実に反する願望を表す表現になるので，I wish she were here now. とするのが適切。

10 「私はとてものんびりした人間だ。だから，待たされることをたいていは気にしない」
mind *doing*「～を気にする」と，keep *A* waiting「*A*（人）を待たせておく」の受動態 *A* is kept waiting をあわせた表現。したがって，I don't generally mind being kept waiting とするのが適切。

11 「その店への行き方を説明することができないと思います。なぜなら，以前そこに行ったことがないからです」
経験を表す現在完了の用法より，I haven't been there before とするのが適切。

12 「天気予報によると，北海道を除く日本のすべての地域で雨が降る可能性があるとのことだ」
「～を除いて」は except で表すので，④が適切。なお，①は apart from ～，②は aside from ～ とすれば正しい用法。③の besides は「～に加えて（＝in addition to ～）」の意味だから，ここでは不適。

13 「その村まで1日に2本しか列車がなかったので，我々は待っていないで車で行こうと決心した」
decide は不定詞と結合する動詞だから，④の to drive が適切。There being only … to the village は独立分詞構文。

14「昨夜私は1時まで勉強したが，疲れ果てていたにもかかわらず眠れなかった」
直後にI was exhaustedと文が続いているので，接続詞が入る。よって，①の**although が適切**。②のdespiteは前置詞なので不適。また，③はin spite of ～，④はregardless of ～という形で，群前置詞として働く。

15「君がそこへ行ったことに僕は驚いている。ほとんどの旅行者は町のそのあたりには行かない」
「ほとんどの～」はmost ～またはmost of the ～で表す。よって，③の**Most tourists が適切**。①は定冠詞を用いて，②は前置詞ofを用いて，いずれもMost of the touristsとすれば正しい用法。

16「私が帰宅したときは遅く，母に見られずにどうにか自分の部屋へたどり着いた」
「母に見られずに」は意味上の主語（my mother）を動名詞の直前に置いてwithout my mother **seeing** meとする。

17「昔ヨシはピアノを上手に弾くことができたが，10年以上前にピアノの練習をやめてから，もううまくピアノが弾けない」
「10年以上前に」は**over** ten years ago（＝more than ten years ago）で表す。

18「私はフルートの演奏を学ぼうとするのをあきらめた。私には本当に難しすぎる」
「～するのをあきらめる」はgive up *doing*で表す。よって，④の**have given up trying が適切**。なお，②はmyを削除してgave up tryingであれば正しい用法。

19「ねえ，僕の自転車が移動されたよ」「移動されたね。もうこれからは駅前にとめてはいけないよ」
My bike's been moved.は現在完了の受動態を短縮したものだから，短縮しなければMy bike has been moved.となる。この発言を受けて，「そうだね」と言うときは，So S Vの構文を用いる。よって，現在完了形を示す助動詞hasを受けた②の**So it has. が適切**。なお，③のThat's it.は相手の発言に賛成して「まさにその通りだ」と言うときに用いるから，ここでは不適。

20「ロンドンからの飛行機を降りたとき，私は本当に疲れていた。24時間以上旅してきたのだから」
「過去のある時点まである動作をずっと～し（続け）ていた」という表現は，過去完了進行形を用いて表す。よって，①の**had been traveling が適切**。

解答

1—④　2—①　3—②　4—②　5—④　6—①　7—④　8—①　9—②
10—①　11—③　12—④　13—④　14—①　15—③　16—②　17—②　18—④
19—②　20—①

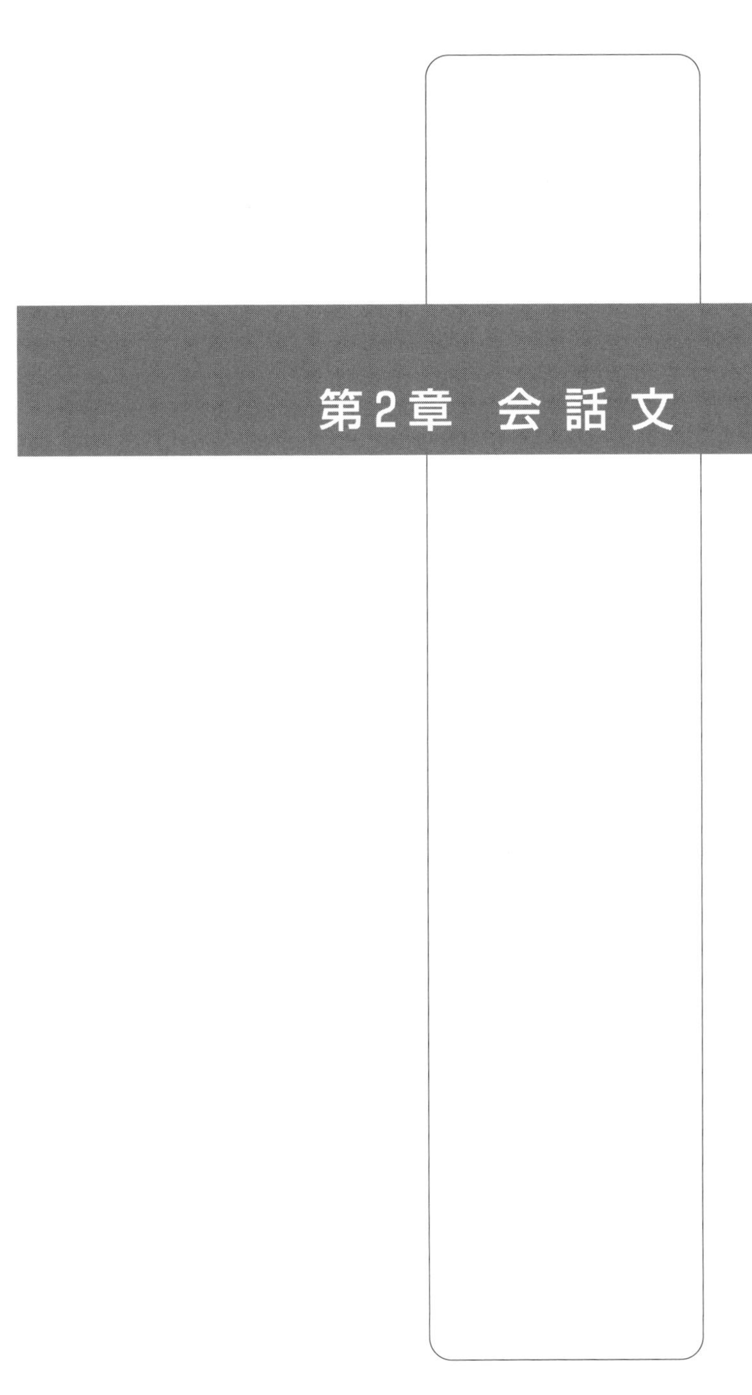

第2章　会話文

第2章　会話文　傾向と対策

ⅰ．空所補充・組合せ　法

空所補充は，会話文の空所に，①単語を記入させる問題，②語句を選択補充させる問題，③文を選択補充させる問題の3種類がある。欠文補充の場合はもちろん，単語や語句補充の場合にも，文法・語法の知識を問う問題があるが（問題番号12），前後のコンテクスト（文脈）に合ったものを選ばせる問題がほとんどである。組合せは，インタビュアーの質問に対する適切な応答を選ぶ形式の問題である。

会話特有の表現に関する知識を問う問題はあまり多くはないので，特別に構える必要はなく普通の長文読解に対する読み方で取り組めばよい。ただし，会話特有の表現の知識も充実させておくに越したことはないので，初歩的会話例文集の暗唱にも時間を割いた勉強をしておくことが望ましい。

ⅱ．会話文総合　理工

ⅰの空所補充に，①語彙力を試す知識問題，②会話の内容や文脈の理解を問う問題が加えられている。①の対策としては，日頃の学習で単語力・熟語力の充実を心がけることである。②は素材は会話文ではあるが，実質的には読解問題である。つまり，会話文特有の対策といったものはないのである。

2009年度は約550語と長い会話文が出題されたが，例年は200～300語程度の短めの会話文を題材に，空所補充，同意表現，内容真偽，発言の趣旨を問う問題が出題されている。2019・2020年度は英文の質問に対し，冒頭を指定された単語や英文で答える記述式の問題が，2021～2023年度は要約文や感想文，メールを完成させる問題が出題された。イディオムの知識を必要とする問題もあるが，特に難しい表現はなく，会話の流れが押さえられれば正解が得られ，高得点が狙える。

自分の現在の英語力からみて若干易しめの英文をできるだけたくさん，浴びるように読むことが，英文読解力養成の鍵である。これは，受験だけではなく，大学入学後にも当てはまる英語学習の実効性ある心がけである。

i．空所補充・組合せ

10

2021 年度 法学部〔3〕

難易度	目標制限時間	6　分	目標ライン	（全 8 問中）　5　問正解
標　準	かかった時間	分	自己採点結果	（全 8 問中）　問正解

In the dialogue that follows, words have been removed and replaced by spaces numbered (1)—(8). From the boxed lists［A］and［B］below, choose the most appropriate word to fill each of the numbered spaces.

Donald : Look who is early at work today!

Amy : Well, I'm no longer quite the night ___(1)___ that I used to be.

Donald : That's good! As they say, the early ___(2)___ catches the worm.

Amy : You said it! I haven't seen you for a while. How have you been?

Donald : I've actually been as busy as a ___(3)___. I've started taking an online course in veterinary medicine.

Amy : Why?

Donald : Haven't I told you? I'm getting sick and tired of this job, so I'm quitting and pursuing my dream.

Amy : Seriously?

Donald : Please don't tell anybody else just yet. I don't want to let the ___(4)___ out of the bag too soon.

Amy : It will be a pity if you leave. I've actually just overheard our boss say that he was thinking of putting you in charge of an upcoming project.

Donald : When and where did you hear that? Even so, I'm leaving. I feel like a ___(5)___ out of water in this office.

Amy : If that's what you think, I won't try to dissuade you.

Donald : Actually, I have a hunch that you will be the one to oversee the project.

Amy : Why do you think that?

Donald : You know, one customer after another comes to you like a ___(6)___ to a flame.

Amy : I don't know about that.

Donald : It's true, you are so sociable. I, on the other hand, have always been more of a lone ___(7)___. That's why I can't stand our boss. He is so nosy!

Amy : I think you've got a ___(8)___ in your bonnet about the boss. Mike is not that bad.

Donald : Well, you may be right, but people are just too complicated in my opinion! Animals are so much easier to communicate with. They don't lie or hide their true feelings!

Amy : You can say that again!

［A］ Spaces (1)—(4)

1. bat	2. bee	3. bird	4. cat	5. dog
6. fish	7. mouse	8. owl	9. snake	

［B］ Spaces (5)—(8)

1. beaver	2. bee	3. cat	4. fish	5. fox
6. horse	7. moth	8. whale	9. wolf	

全訳

≪職場で出会った２人の会話≫

ドナルド（以下Ｄ）：おや，今日は誰が早くから仕事をしてるかと思ったら！

エイミー（以下Ａ）：あら，私はもう以前のような夜更かしじゃ全くないのよ。

Ｄ：それはよかった！　よく言われているように，早起きは三文の得だからね。

Ａ：その通りよ！　ずいぶん久しぶりね。どうしてたの？

Ｄ：実は目が回るほど忙しくしてたんだ。獣医学のオンライン講座を取り始めてね。

Ａ：どうして？

Ｄ：君に言わなかったっけ？　この仕事にうんざりしていて，それで仕事をやめて，夢を追いかけようとしてるんだ。

Ａ：本気なの？

Ｄ：まだ他の誰にも言わないで。あまり早いうちからうっかり秘密を漏らしたくないからね。

Ａ：あなたがやめたら残念でしょうに。実は社長があなたを今度の事業計画の責任者にしようかと思うって言ってるのを小耳にはさんだばかりなの。

Ｄ：君はいつどこでそれを耳にしたの？　だとしても僕はやめるよ。この会社にいると，自分が水からあげられた魚みたいな気がするんだ。

Ａ：それがあなたの思いなら，私もあなたを引き留めようとするのはやめておくわ。

Ｄ：実は，僕はなんだか，君がその計画の責任者になるような気がするよ。

Ａ：どうしてそう思うの？

Ｄ：それはほら，お客さんは，炎に飛び込む蛾のように次々に君のところにやってくるからさ。

Ａ：それはどうかしら。

Ｄ：ほんとだよ，君ってほんとに人当たりがいいからね。それに比べて僕はこれまでずっと，どちらかというと一匹狼だった。そのせいもあって，僕は社長に我慢ならないんだ。何にでも首を突っ込んでくるからね！

Ａ：あなたは社長の話となるとどうかしてるんじゃないかと思うの。マイクはそれほど悪い人じゃないわよ。

Ｄ：まあ，君の言うことが正しいかもしれないけど，僕の考えでは，人ってほんとにわけがわかんないんだもの！　動物の方がずっと話が通じやすいよ。あいつらは嘘をついたり，自分の本心を隠したりしないもの！

Ａ：それはその通りね！

解説

空所(1)〜(4)については［Ａ］の選択肢から，空所(5)〜(8)については［Ｂ］の選択肢から，最も適した語を１つずつ選ぶ問題。

［Ａ］ (1)　night owl は「夜のフクロウ（フクロウは夜行性で夕方から夜に活動する）」から転じて「夜更かしをする人」という意味であり，**８の owl が正解。**

⑵ the early bird catches the worm は「早起きをする鳥は虫を捕らえる」から転じて「早起きは三文の得」という意味の諺であり，3 の bird が正解。

⑶ as busy as a bee は直訳すると「ミツバチのように忙しい」だが，働きバチが蜜をせわしなく集める様子から，「目が回るほど忙しい」という意味になり，2 の bee が正解。また，bee には「働き者」の意味もある。

⑷ let the cat out of the bag「袋からネコを出す」は，袋に入れたネコを豚だと言って売ろうとしたが，袋を開けられて中からネコが出てしまったという昔話から，「うっかり秘密を漏らす」という意味の表現になっており，4 の cat が正解。

［B］⑸ like a fish out of water「水からあげられた魚のように」は，このままでもある程度意味は通じるが，「場違いな，勝手が違って」という意味で用いられる。4 の fish が正解。like a fish to water は「水を得た魚のように」という逆の意味になる。

⑹ like a moth to a flame は直訳すると「炎に引きつけられる蛾のように」だが，日本語の表現では「飛んで火に入る夏の虫」にあたり，自ら進んで災いの中に飛び込むことのたとえに用いられる。7 の moth が正解。

⑺ a lone wolf の lone は「周りに誰もいない，孤立した」という意味。lone wolf は「一匹狼」という意味であり，9 の wolf が正解。なお，lone は alone から作られた派生語であるが混同しないように。

⑻ get a bee in *one's* bonnet の bonnet はここでは「婦人用の帽子」のことで，帽子にハチが入ると動揺してそれを追い払うのに頭が一杯になることから，「奇妙な考えに取りつかれている，頭がどうかしている」という意味になり，2 の bee が正解。

●語句・構文

以下，ドナルドの１つ目の発言に関する項目は（D1），エイミーの１つ目の発言に関する項目は（A1）などと示す。

(D1)　□ Look who is ～! は「おや，誰が～しているかと思ったら！」という意味で，意外な人物が意外なことをしているのを見つけたときの慣用表現。　□ at work「仕事中で」

(D2)　□ As they say「よく言われるように，諺に言うように」

(A2)　□ You said it!「全くその通り！」　□ I haven't seen you for a while.「久しぶりだね」は Long time no see. と同じく，しばらく会っていない知人に出会ったときの慣用表現。

(D3)　□ start *doing*「～し始めている」　□ veterinary medicine「獣医学」

(D4)　□ get sick and tired of ～「～にうんざりする，飽き飽きする」　□ quit「（活動な

どを）途中でやめる」

(A5) □ overhear「たまたま耳にする，小耳にはさむ」 □ put *A* in charge of～「*A* を～の担当にする」 charge に the をつけ in **the** charge of～とすると「～に担当される」という受動の意味になるので注意が必要。

(A6) □ dissuade は「～に思いとどまらせる」の意で，反意語は persuade「説得して～させる」である。

(D7) □ have a hunch that～「～という気がする，予感がする」 □ oversee「～を監督する」

(A8) □ I don't know about that.「それはどうでしょう」

(D9) □ more of～「どちらかというと～」 □ That's why～「そういうわけで～」 □ stand「～を我慢する」 □ nosy「おせっかいな，詮索好き」

(A9) □ that bad の that は「それほど」という意味の副詞で，so よりは口語的。

(D10) □ complicated「複雑な，わかりにくい」 □ Animals are so much easier to communicate with. はいわゆる"tough 移動構文"で，It is so much easier to communicate with animals (than with people).「（人間より）動物との方がはるかに意思疎通しやすい」と書き直せる。

(A10) □ You can say that again!「全くその通りだ！」

解答

[A] (1)－8 (2)－3 (3)－2 (4)－4
[B] (5)－4 (6)－7 (7)－9 (8)－2

11

2019年度 法学部 〔1〕

難易度	目標制限時間	15 分	目標ライン	(全24問中) 16 問正解
標 準	かかった時間	分	自己採点結果	(全24問中) 問正解

［A］ In the dialogue that follows, some words or sentences have been removed at the places marked (1)—(20). From the lists ［a］ and ［b］ below, choose the most appropriate word or sentence to fill in each of the numbered spaces and boxes. In both lists, **all choices must be used** ; and the choices should be made to produce **the most natural conversation overall**.

Amy : Hey, what's new ?

Carol : Not much. How about you ?

Amy : ＿(1)＿

Carol : You are always full of energy, aren't you ? I guess you are ready for the new academic year. Which courses are you taking this semester ?

Amy : ＿(2)＿ I'm still undecided. What about you ?

Carol : ＿(3)＿ I'll probably take Professor Chang's course called "Introduction to Southeast Asian Studies," though.

Amy : I've heard great things about her. They say she is both brilliant and funny !

Carol : That's exactly why I'm fired ［(11)］ about taking it. A friend told me her lectures last year made the students laugh so hard that they could barely take notes ! I wonder where she got her unique sense of humor.

Amy : She is a sociologist(21) ［(12)］ training, isn't she ? Perhaps she could have been a successful comedian if she hadn't become an academic.

Carol : ＿(4)＿ Joking ［(13)］, they say she is a leading scholar in her field. She really knows her subject inside ［(14)］.

Amy : I wish there were more teachers like her.

Carol : Entertaining and insightful ! ＿(5)＿ But, seriously, we'd better start making up our minds ! There is little time before the registration period ends.

Amy : Well, there are just so many courses to choose from. I don't even know where to begin. Any other suggestions?

Carol : Well, [(15)] the top of my head, Professor Hayashi's "Gender in Modern Japanese Culture" sounds fascinating.

Amy : Did I tell you that I practically grew up [(16)] Japanese *anime* and *manga*?

Carol : ___(6)___ Your room is full of things Japanese!

Amy : I'm not going to lie. I'm still in love with Japanese pop culture [(17)] this day.

Carol : Is that why you've decided to study in Japan next summer?

Amy : Yes. I've studied Japanese for 7 years, and now I want to see how good I am! [(18)], I can't get enough of *anime* and *manga*!

Carol : You are always combining pleasure and learning! ___(7)___

Amy : Thanks! Oh, wait, I just remembered! There *is* a class I really want to take.

Carol : ___(8)___

Amy : It's called "The Deterioration(22) of Democracy in the Digital World."

Carol : ___(9)___ Who's teaching it?

Amy : Professor Johnson. He joined this university last year, and he is awesome! I ran [(19)] his "Social Media and the Future of Digital Democracy" last semester. ___(10)___

Carol : Well, that's a start!

Amy : Yep. I just need to think of at least three more. In the meantime, I also have to clean up my room!

Carol : It's about time. To tell you the truth, your room is full of cute stuff, but it's magnificently(23) disorganized. Really, your untidiness is [(20)] belief!

Amy : If you feel that way, your help would be phenomenally(24) appreciated!

i. 空所補充・組合せ

［a］ To fill in each of the **spaces** (1)—(10), choose a **sentence** from the list below:

0. Go on, I'm all ears.
1. I couldn't be better.
2. I wouldn't be surprised!
3. Well, I guessed as much.
4. Well, you know me.
5. It's mostly up in the air.
6. It was a total eye-opener!
7. That's a rare combination.
8. That sounds rather depressing.
9. That's what I admire about you.

［b］ To fill in each of the **boxes** (11)—(20), choose a **word** from the list below, **ignoring capitalization**:

0. across
1. aside
2. besides
3. beyond
4. by
5. off
6. on
7. out
8. to
9. up

［B］ For each of the underlined words (21)—(24), mark the number of the syllable pronounced **most strongly** on your answer sheet.

(21) so_1 $-ci_2$ $-ol_3$ $-o_4$ $-gist_5$

(22) de_1 $-te_2$ $-ri_3$ $-o_4$ $-ra_5$ $-tion_6$

(23) mag_1 $-nif_2$ $-i_3$ $-cent_4$ $-ly_5$

(24) phe_1 $-nom_2$ $-e_3$ $-nal_4$ $-ly_5$

全訳

≪新学期を迎える大学生同士の会話≫

エイミー（以下A）：あら，最近，どう？

キャロル（以下C）：相変わらずよ。あなたはどうなの？

A：私は絶好調よ。

C：あなたって，いつも元気いっぱいじゃない？　もう新学年の準備はできてるんでしょうね。今学期はどの講座をとることにしてるの？

A：あら，私のことはわかってるくせに。まだ決めてないの。あなたはどう？

C：大部分は未定なの。でもおそらく，チャン教授の「東南アジア研究入門」っていう講座はとるつもりよ。

A：彼女についてはすごい話を耳にしてるの。彼女は頭脳明晰，しかもおもしろい人なんですって！

C：ずばりそれで私も彼女の授業をとる気満々になってるの。友達の話だと，去年の彼女の講義では，学生が大笑いしすぎて，ほとんどノートをとれないくらいだったんですって！　彼女はどこでそんな独特なユーモアのセンスを手に入れたのかしら。

A：彼女は社会学者としての教育を受けているのよね？　ことによると彼女なら，学者にならなかったとしても，コメディアンとして成功できたでしょうに。

C：だとしても何の不思議もないわね！　冗談はさておき，彼女はその分野では一流の学者だそうよ。実際，自分の研究分野は隅から隅まで熟知してるって。

A：彼女のような先生がもっと大勢いるといいわね。

C：おもしろくてしかも物事の本質を見抜くっていう！　それってめったにない組み合わせよね。でもまじめな話，私たち，そろそろ決めにかかった方がいいわよ！　登録期間の終了までほとんど時間がないし。

A：でも，選べる講座が多すぎるのよ。私，どこから手をつけていいのかすらわからないの。他に何かお勧めは？

C：そうね，ぱっと頭に浮かんだところだと，林教授の「近代日本文化におけるジェンダー」がおもしろそうよ。

A：私は実際，日本のアニメとマンガを見て育ったようなものだって，あなたに言ったっけ？

C：まあ，そんなことじゃないかなと思ってたの。あなたの部屋は日本のものでいっぱいだもの！

A：嘘なんか言うつもりはないわよ。私は今日にいたるまでまだ日本の大衆文化に心を奪われてるの。

C：それで来年の夏に日本に留学することにしたの？

A：そうよ。私は７年間，日本語を勉強してきたし，今，どのくらいうまくなっているのか知りたいの！　それに，私，アニメとマンガには目がないの！

C：あなたはいつも娯楽と学習を結びつけるのよね！　私があなたのことで感心するのはそこよ。

A：ありがとう！　あら，ちょっと待って，思い出した！　私が本当にとりたいと思う授業があるの。
C：続けて，興味津々だわ。
A：「デジタル世界における民主主義の荒廃」っていうの。
C：それって，かなり重い内容のようだけど。誰の授業なの？
A：ジョンソン教授よ。彼は去年，この大学に来たばかりだけど，彼ってすごいのよ！　先学期，たまたま彼の「ソーシャルメディアとデジタル民主主義の未来」をとったの。まったく目を見張る内容だったわ！
C：じゃ，それが最初ね！
A：そうね。とにかく，少なくともあと3つは考えないといけないわ。それに，自分の部屋も片付けなくちゃ！
C：そろそろ潮時よ。正直に言うと，あなたの部屋はかわいいものでいっぱいだけど，ものの見事に散らかってるわ。本当に，あなたの散らかしようときたら，信じられないほどよ！
A：もし，あなたがそんなふうに感じてるなら，手伝ってくれると，ものすごくありがたいんだけど！

解 説

［A］ 会話文の空所⑴〜⑽については［a］の会話文の選択肢から，空所⑾〜⒇については［b］の副詞または前置詞の選択肢から，それぞれ空所に最も適したものを1つずつ選ぶ問題。

選択肢［a］の訳

0.「続けて，興味津々だわ」
1.「私は絶好調よ」
2.「だとしても何の不思議もないわね！」
3.「まあ，そんなことじゃないかなと思ってたの」
4.「あら，私のことはわかってるくせに」
5.「大部分は未定なの」
6.「(それは) まったく目を見張るような内容だったわ！」
7.「それってめったにない組み合わせよね」
8.「それってかなり重い内容のようだけど」
9.「私があなたのことで感心するのはそこよ」

［a］⑴ エイミーがキャロルに what's new？「最近，どう？」と尋ねたのに対して，キャロルもエイミーに How about you？「あなたはどうなの？」と問い返しているので，エイミーは自分の最近の調子を答えたはずであり，1の I couldn't be better. が正解。これは「私はこれ以上よくなりようがないだろう」という直訳の意味から,「最高に調子がいい,絶好調だ」という意味となる。

(2) キャロルから,どの講座をとるかを尋ねられたエイミーは,空所のあと,まだ決めていないと答えている。このことから判断して,自分はさっさと準備できる人でないことはわかっているはずだということを言外に込めたと考えられ,4 の Well, you know me. が正解。

(3) どの講座をとるか尋ねられ,空所直後の,「でもおそらく,チャン教授の…講座はとるだろう」につながる,mostly up in the air「大部分は未定で」という表現を含む 5 が正解。up in the air は「宙に浮いて→未決定で,はっきりしていない」の意。

(4) キャロルは第 4 発言(That's exactly why …)でチャン教授の授業が学生を大笑いさせるおもしろさであると述べたのに対し,エイミーは彼女ならコメディアンとしても成功できただろうと述べている。キャロルはその発言を肯定するような内容を返したはずであり,2 の I wouldn't be surprised ! が正解。この表現は直訳すると「私なら驚かないだろう」だが,「そうだとしても不思議ではない」という意味になっている。

(5) キャロルは直前の Entertaining and insightful「おもしろくて,物事の本質を見抜く」という 2 つの語で,チャン教授の講義をほめており,直後の発言としては,この 2 つの語のつながりに言及している 7 の That's a rare combination. が正解。指示代名詞“That”は“Entertaining and insightful”を指している。

(6) 直前のエイミーの,日本のアニメとマンガを見て育ったという発言と,空所の直後の,彼女の部屋が日本関連のものでいっぱいだという表現とのつながりを考えると,「そんなことじゃないかと思った」という意味になる 3 の Well, I guessed as much. が正解。

(7) 空所の直前の発言で,キャロルはエイミーが娯楽と学習を結びつけている点に言及しているが,これは勉強の仕方をほめているものと判断できるので,これに続く発言としては,9 の That's what I admire about you. が正解。

(8) この直前にエイミーは自分が本当にとりたいと思っている講座を思い出しており,これに対して,キャロルはその内容を聞きたがっていると判断できるので,0 の Go on, I'm all ears. が正解。Go on は「それで?」とか「続きをどうぞ」という意味。all ears は「全身が耳である→一心に耳を傾ける」という意味の表現だが,ここでは相手が話の続きをしゃべってくれるのを待ち構える表現となっている。

(9) エイミーが挙げた講座の名称に deterioration「荒廃,悪化」という語が含まれていることから,その講座の内容についてのコメントとしては 8 の That sounds rather depressing. が正解。

⑽ エイミーは空所の直前で，自分が先学期にとったジョンソン教授の講座名を挙げているが，新学期でも彼の講座をとろうとしているのだから，それを気に入ったと判断でき，6の It was a total eye-opener ! が正解。eye-opener とは「目を見張らせるもの，驚くべきもの」という意味。

［b］⑾ 空所の前の fired に注目すると，be fired up about ～ で「～に興奮している，～にやる気満々である」という意味になる 9の up が正解。

⑿ 空所の後の training に注目すると，～ by training で「～の教育を受けた」という意味になり，直前の sociologist「社会学者」とのつながりが適切となるので，4の by が正解。

⒀ 空所の前の Joking に注目すると，joking aside で「冗談はさておき」という意味になる 1の aside が正解。なお，aside の代わりに apart も使われる。

⒁ 空所の前の inside に注目すると，inside out で「隅から隅まで，徹底的に，完全に」という意味になり，直前の knows her subject を修飾する語句としても適切なので，7の out が正解。

⒂ 空所の直後の the top of my head に注目すると，off the top of *one's* head で「思いつきだが，勘にすぎないけど」という意味になる 5の off が正解。

⒃ 空所の直前の grew up と直後の Japanese *anime* and *manga* とのつながりを考えると，grow up on ～ で「～を見て育つ」という意味になる 6の on が正解。

⒄ 空所の直後の this day に注目すると，to this day で「今日にいたるまで」という意味になる 8の to が正解。

⒅ 空所の直後のコンマに注目すると，空所には選択肢の中でも副詞として用いられる語が入るはずであり，2の besides であれば「それに，その上，おまけに」という意味の副詞で，文脈上も適切。

⒆ 空所の直前の ran に注目すると，run across ～ で「～に偶然出会う」という意味になる 0の across が正解。

⒇ 空所の直後の belief に注目すると，beyond belief で「信じられないほど（の）」という意味になる。エイミーの部屋が散らかっていることを強調する内容となり，文脈上も適切なので，3の beyond が正解。

［B］ ㉑～㉔の各語の第1アクセントの位置を音節の番号で答える問題。それぞれの語の発音とアクセントの位置は以下の通り。

㉑ sociologist［sòusiάlədʒist］ アクセントの位置は第3音節。

㉒ deterioration［ditìəriəréiʃn］ アクセントの位置は第5音節。

㉓ magnificently［mægnífəsntli］ アクセントの位置は第2音節。

㉔ phenomenally［finάmənli］ アクセントの位置は第2音節。

●語句・構文

以下，エイミーの１つ目の発言に関する項目は（A1），キャロルの１つ目の発言に関する項目は（C1）などと示す。

（C2） □ Which courses are you taking this semester? の現在進行形（are taking）は近接未来を表している。

（C4） □ barely「（否定的文脈では）ほとんど～ない，（肯定的文脈では）かろうじて～する」 □ take notes「ノート（メモ）をとる」

（C5） □ leading「一流の，優秀な」

（C6） □ seriously はここでは文全体を修飾する形で「まじめな話だが，本当のところ」という意味。 □ make up *one's* mind「決心する」 □ registration period「（履修する講座の）登録期間」

（C7） □ fascinating「興味をそそる，魅力的な」

（A9） □ in love with ～「～に恋をして，～に心を奪われて」

（A10） □ can't get enough of ～「～が大好きである，～に目がない」

（A12） □ deterioration「荒廃，崩壊，悪化，劣化」 動詞形は deteriorate。

（C14） □ It's about time. は「そろそろ～すべき時だ」という意味の表現で，この後には to 不定詞や，仮定法過去時制の文や，should を用いた文が続く。（例）「君はそろそろ部屋を片付けるべき時だ」は，It's about time for you to clean up your room. / It's about time you cleaned up your room. / It's about time you should clean up your room. となる。 □ To tell you the truth「実を言うと」 □ magnificently「最高に，素晴らしく，見事に」 本文では皮肉の意で使われている。 □ disorganized「散らかった（＝messy, untidy）」 □ untidiness「散らかしよう」

（A15） □ phenomenally「おそろしく，素晴らしく」 □ appreciated「高く評価された，喜ばれている」 Your help would be appreciated.「あなたの手助けは高く評価されることだろう→あなたが手助けしてくれるとありがたい」＝I would be thankful〔grateful〕 to you for your help.

解答

［A］ (1)－1 (2)－4 (3)－5 (4)－2 (5)－7 (6)－3 (7)－9 (8)－0 (9)－8 (10)－6 (11)－9 (12)－4 (13)－1 (14)－7 (15)－5 (16)－6 (17)－8 (18)－2 (19)－0 (20)－3

［B］ (21)－3 (22)－5 (23)－2 (24)－2

12

2013年度 法学部〔3〕

難易度	目標制限時間	8 分	目標ライン	（全15問中） 10 問正解
標 準	かかった時間	分	自己採点結果	（全15問中） 問正解

In the dialogue that follows, words have been removed and replaced by spaces numberd (1)—(15). From the boxed lists [A], [B] and [C] below, choose the most appropriate word (0 — 9) to fill each of the numbered spaces. **In each list, no word can be used more than once.**

[A] Questions (1)—(5)

0. up	1. round	2. forward	3. in	4. off
5. on	6. at	7. out	8. to	9. down

[B] Questions (6)—(10)

0. down	1. on	2. out	3. up	4. round
5. over	6. through	7. forward	8. to	9. off

[C] Questions (11)—(15)

0. back	1. for	2. into	3. off	4. forward
5. out	6. over	7. round	8. on	9. at

Steve : Hello, I was wondering when you would turn [(1)]. Didn't we say one o'clock ?

Ryutaro : We did. I'm really very sorry. As I was driving here, I somehow turned down the wrong street. I only realised I had made a mistake when I saw the road was getting narrower.

Steve : Well, I'm glad you got here in the end.

Ryutaro : Yes, although I looked at the map afterwards and it turns [(2)] that if I had kept on going I would have emerged very near your house.

Steve : Oh, I see. When I saw how late you were I blamed it [(3)] the heavy traffic on Sundays.

Ryutaro : There was that as well.

Steve : Anyway, here you are and, actually, it doesn't matter that you're late because I had quite a lot of work to do. In fact, I almost thought of phoning you this morning to put you [(4)] coming.

Ryutaro : Really ? In that case perhaps I should have got lost for longer !

Steve : Ha ha. Actually, I was just going to bring in the appetizer. Put your bag [(5)] on that table and come through.

Ryutaro : It all looks delicious. I'm starving. I've been looking [(6)] to having lunch and hearing all your news.

Steve : Same here ! Would you like a drink before we start ?

Ryutaro : Nothing alcoholic for me.

Steve : Why, have you given [(7)] ?

Ryutaro : Yes, I've turned [(8)] a new leaf ; I've stopped drinking and I'm trying to exercise every day.

Steve : Any particular reason ?

Ryutaro : Well, no—I just started to feel my age. I can't eat or drink what I like and not suffer.

Steve : So are you going to bed earlier too ?

Ryutaro : Yes, I generally get my head [(9)] before eleven o'clock.

Steve : I really envy you that. I had to work right [(10)] the night last night to finish this work for my boss.

Ryutaro : Was it worth the loss of sleep ?

Steve : Yes, thanks to your lateness I managed to finish it [(11)].

Ryutaro : That's good ; but I don't remember you being quite so hard-working before. Have you got a new boss ?

Steve : No, it's the same one, though it's true she's been keeping me [(12)] my toes recently. To let you [(13)] a secret, she is going to retire in a year from now and she's putting me [(14)] to be her successor.

Ryutaro : Good for you! Let's hope that when you are promoted your sleeping habits will take a turn [(15)] the better too!

Steve : I hope so too; but I'll tell you more about it as we eat.

全訳

≪自宅を訪れた友人との会話≫

スティーブ（以下S）：やあ，君がいったいいつ来るんだろうと思ってたところだよ。1時って話じゃなかった？

リュウタロウ（以下R）：そうだよ。ほんとにごめんね。ここまで車で来る途中，どうも曲がる道を間違えちゃって。道路がだんだん狭くなってきてようやく，間違えたことに気がついたんだ。

S：まあ，最終的にはここにたどり着いたんだからよかったよ。

R：ああ，でもあとで地図を見たら，結局，もしそのまま進んでいたら，君の家のすぐ近くに出てたんだよね。

S：へえ，そうなんだ。君がずいぶん遅れてるのに気づいたとき，日曜で道路が混んでるせいだと思ったよ。

R：それもあったけどね。

S：いずれにせよ，着いたわけだし，実は，僕もかなり仕事を抱えていたものだから，君の到着が遅れたのはどうってことはないんだ。実のところ，今朝は君に電話して，来るのをやめにしてもらおうかと思ったくらいだからね。

R：ほんと？　それならひょっとして，もっと長いこと道に迷っていた方がよかったぐらいだね！
S：あはは。実は，ちょうど前菜を出そうとしていたところなんだ。鞄はそのテーブルに置いて，奥へどうぞ。
R：どれもうまそうじゃないか。もう腹ペコだよ。昼食を食べながら君の話を聞くのをずっと楽しみにしていたんだ。
S：僕も同じだよ！　その前に一杯どうだい？
R：アルコール類は遠慮するよ。
S：あれ，お酒はやめたんだっけ？
R：そう，生活を一新したんだ。お酒を飲むのをやめたし，毎日身体を動かすようにしてる。
S：何か特別な理由でも？
R：いや，特にないけど，ただ，年齢を意識し始めただけだよ。好きなものを飲み食いしてたらひどい目に遭うからね。
S：じゃ，もっと早めに寝るというようなことも？
R：ああ，たいてい11時前には寝るね。
S：それはうらやましい限りだな。僕なんか，昨夜も徹夜で頑張ったよ。上司のためにこの仕事を仕上げなくちゃいけなくてね。
R：それって睡眠を削るのに見合う仕事だったの？
S：ああ，君が遅れたおかげでなんとか仕上げることができたよ。
R：それはよかった。でも，君が前からそんなに働き者だったという記憶はないけど。上司が変わったの？
S：いや，同じ人さ。でも確かに彼女は最近ずっと，僕が緊張感を持てるようにしてくれてる。君には秘密を明かすけど，彼女，今から1年後には退職して，僕を彼女の後任に抜擢しようとしてるんだ。
R：そりゃよかったじゃないか！　君が昇進した暁には，君の睡眠習慣も改善の方向に向かうことを願おうよ！
S：僕もそう願いたいけれど，続きは食事をしながら話すよ。

解説

[A] (1)　turn up「現れる，到着する」より，**0 の up が正解。**

(2)　it turns out that～「～ということがわかる，判明する」より，**7 の out が正解。**

(3)　リュウタロウが遅れた理由をスティーブなりに判断している。blame *A* on *B* で「*A* を *B* のせいにする」より，**5 の on が正解。**

(4)　スティーブは多くの仕事を抱えていたと述べており，リュウタロウと食事をしている場合ではなかったと考えられるので，put *A* off *doing*「*A* に～するのを思いとどまらせる」より，**4 の off が正解。**

⑸ 鞄をテーブルの上に置くという流れであり，put *A* down「*A* を下に置く」より，9 の down が正解。

［B］⑹ look forward to *doing*「～するのを楽しみにする」より，7 の forward が正解。

⑺ リュウタロウは勧められたお酒を断っていることから，スティーブは禁酒したのかと尋ねたものと考えられる。give up～「～（習慣など）を中断する，やめる」より，3 の up が正解。

⑻ turn over a new leaf「生活を一新する，心機一転する」より，5 の over が正解。

⑼ get *one's* head down「（身体を横にして）寝る」より，0 の down が正解。

⑽ through the night「徹夜で，一晩中，夜通し」より，6 の through が正解。なお，空所直前の right は副詞で through the night という副詞句を強調している。

［C］⑾ finish off～「～（仕事など）を仕上げる」より，3 の off が正解。目的語が代名詞の場合は finish と off の間に入る。

⑿ keep *A* on *A*'s toes「*A* の気を引き締める」より，8 の on が正解。

⒀ let *A* into a secret「*A* に秘密を明かす」より，2 の into が正解。この不定詞は to tell the truth「実を言うと」と同様に文全体を修飾する独立不定詞。

⒁ このあとのリュウタロウの発言から，スティーブが昇進する予定であることがわかる。put *A* forward は「*A* を前方に置く」すなわち「*A* を推薦する」という意味になるので，4 の forward が正解。現在進行形となっているのは「～することになっている，～しようとしている」という近接未来を表す用法。

⒂ take a turn for the better「（病気や事態が）快方に向かう，好転する」より，1 の for が正解。

●語句・構文

□ I only realized ～ when … は「…したときにようやく～だと気がついた」という意味。
□ in the end「結局，ついに」 □ heavy traffic「交通混雑」 □ it doesn't matter that ～「～ということは問題ではない，かまわない」 □ appetizer「前菜」 □ successor「後任」

解答

［A］⑴―0 ⑵―7 ⑶―5 ⑷―4 ⑸―9
［B］⑹―7 ⑺―3 ⑻―5 ⑼―0 ⑽―6
［C］⑾―3 ⑿―8 ⒀―2 ⒁―4 ⒂―1

13 2010年度 法学部〔4〕

難易度	目標制限時間	10 分	目標ライン	(全9問中) 6 問正解
標 準	かかった時間	分	自己採点結果	(全9問中) 問正解

Below is a sequence of remarks, numbered (1)—(9), from an interviewer to a poet, Asa Whistler. Beneath them are the poet's replies, numbered (0－8). Choose the number of the reply that most appropriately follows each remark, and mark that number (0—8) on your answer sheet. Each number can only be used once.

[Interviewer's Remarks]

(1) Today we are talking to Asa Whistler who has just published his latest collection of poetry, *The Poems*. Asa, I'm glad to see you are alive and kicking. Do you feel 100% yourself again now?

(2) Do you mind telling us exactly what did happen to you two years ago?

(3) It might be a sensitive subject, but can you tell me if that experience became a source of poetic inspiration for you?

(4) Will you tell us about your new book, *The Poems*?

(5) That's exactly how I felt when I first read your poems.

(6) But the funny thing is that you never solely describe the external world even in a poem. You somehow always end up going into your own spiritual world. Wouldn't you say so?

(7) Another funny thing is that, while your latest poems are very personal, many readers, including me, find their feelings reflected strongly in your works.

(8) Aha, that's the Asa we all know! You were always famous for your indifference to criticism and the reception of your work.

(9) Finally, why did you choose such a simple title?

[Asa Whistler's Answers]

0. I was told that, while we were driving on the highway, a huge truck traveling in the opposite lane suddenly crashed into our vehicle. That's it. I was fast asleep in the back seat and the next thing I knew I was in a hospital bed with tubes and syringes snaking around my body. I was in hospital for a whole ten months, and almost ready to pass over to the next world.
1. If that's so, I would say that it has nothing to do with my creative act. I never meant for my readers to connect with me in that way.
2. The answer is yes, but I can't say how exactly. First of all, I had plenty of time to ponder things since there wasn't much to do in hospital. For a while I couldn't move a finger and I imagined so many things just to kill the time. Now, even after my recovery, my right side remains half-paralysed. So I have acquired this new sensation and a renewed awareness of my own body. Of course it was a nuisance for a while and it still irritates me not being able to do things which I could easily do before. But now it turns out that I rather enjoy this new "me".
3. First of all you might notice that there are many "roadside" poems, as I call them. The first reaction of my friends and old-time readers seems to be one of confusion since I have never been a "nature" poet. One of my friends sarcastically remarked that she was amazed by my knowledge of all those names of plants and flowers.
4. Not really, although I *am* thankful that the world is still the same after everything that's happened.
5. That's true. All those sensations just act as triggers. They lead me to my memories, my imaginings, my secret desires—all those versions of me which I keep stored deep within. In my poems I set them free from those deep wells.
6. Are you pulling my leg? After all, here I am talking about my works on the radio. Perhaps you should say, "what a change"!
7. I don't want my readers' imaginations to be restricted by the words on the book's front cover. My poems are just lines of words. You can produce anything out of them. Read them and set your imagination free, as I did while trudging along the road on a blazing summer afternoon, sweating buckets, and still feeling contented.
8. Did you? Well, all those poems were created during my rehabilitation, at

which time my pace of life slowed considerably. I could only walk very, very slowly, and doing so allowed me to concentrate more on what was going on around me ; I smelt all those flowers and herbs by the roadside, I felt the damp in the atmosphere, I saw the small light particles dancing in the air after each spring shower, I tasted the saltiness in my mouth in the hot afternoons. Previously I had ignored all those things. I must have noticed them, but they were just "incidents", not inspirations.

全訳

≪詩人へのインタビュー≫

[インタビュアーの質問]

(1)今日は，最新の詩集『ポエム』を出版されたばかりのアサ=ウィスラーとのお話です。アサ，とてもお元気そうな様子を拝見してうれしく思います。もう 100 パーセント，元の調子に戻った感じがしますか？

(2)2 年前，いったい何があったのか，正確にお話しいただけますか？

(3)答えにくい話題かもしれませんが，その経験があなたにとっては詩作の着想を得る源となったのか，教えていただけますか？

(4)あなたの新刊本の『ポエム』についてお話しくださいますか？

(5)あなたの詩を初めて読んだときにまさしくそう感じましたよ。

(6)でもおかしなことに，あなたは詩の中でも，外の世界を描いているだけということは決してありません。どういうわけかいつも最後にはあなた自身の心の世界に入り込んでいるのです。そうは思いませんか？

(7)もうひとつおかしなことに，あなたの最近の詩はとても個人的な内容なのに，私も含め，多くの読者が，自分の感情があなたの作品の中に強く反映されているように思うのです。

(8)ああ，それでこそ私たちみんなが知っているアサですよ！　あなたはいつも自分の作品に対する批判や評価には無頓着なことで有名でしたからね。

(9)最後に，そういうシンプルな書名を選んだのはなぜですか？

[アサ=ウィスラーの応答]

0．私たちが高速道路を走行中に，反対車線を走っていた大きなトラックが突然，私たちの車に突っ込んできたのだと言われましたよ。話はそれだけです。私は後部座席でぐっすり寝込んでいて，次にわかったのは，自分が病院のベッドにいて，体中に管やら注射器やらがついているってことでした。まるまる 10 カ月入院していましたが，もう少しであの世に行ってしまうところでしたよ。

1．もしそれが事実なら，おそらくそれは私の創作行為とは無関係でしょう。私は，読者がそういうふうに私とつながることを意図したことはありませんから。
2．答えはイエスですが，どのくらい正確にそうかはわかりません。まず第一に，病院ではたいしてすることがなかったので，あれこれ考えごとをする時間は十分にありました。しばらくの間は，指を動かすこともできなくて，単に暇つぶしに多くのことに思いをめぐらせましたね。今は，回復したとはいえ，右半身に麻痺が残ったままです。だから，私はこの新たな感覚を身につけ，自身の肉体に対する意識を新たにしたのです。もちろん，しばらくは往生しましたし，いまだに，以前は簡単にできていたことができなくてイライラしますよ。でも，今は結局，この新たな「自分」をむしろ楽しむようになっているというわけです。
3．何よりまず，私の言い方では「路傍の」詩とでもいう詩が多いことに気づいておられるかもしれません。私の友人や，昔からの読者の当初の反応は，なんだか当惑してるというもののようです。私はこれまで「自然の」詩人ではなかったですからね。友人の一人は，私がそういう植物や花の名前を全部知ってたことに驚いたわ，って皮肉たっぷりに言ってましたよ。
4．そういうわけでもありません。もっとも，何もかもが起きてしまってからでも，この世は同じままで，確かに感謝していますがね。
5．その通りです。そういう感覚はすべてまさに何かを引き出すきっかけとなります。それらのおかげで私は自分の記憶や，想像，人知れぬ欲望に行きつくのですが，それはすべて内面の奥深くにずっとしまいこんでいる自分が形を変えたものなのです。詩の中で私はそれらを深い井戸から解き放ったわけですね。
6．私をからかっているんですか？　どうせ，こうやってラジオで自分の作品の話をしているわけですけどね。たぶん「すっかり変わってしまって」とでも言うべきところですよ！
7．本の表紙にある言葉で読者の想像力が制約を受けてほしくありません。私の詩は単に言葉の羅列です。あなた方はそこから何でも生み出すことができるのです。詩を読んで，想像力を自由に働かせてください。ちょうど私が，焼けつくような夏の午後，道路をとぼとぼ歩いていて，大量の汗をかき，それでも心は満たされていたとき，そうしたようにね。
8．そうですか？　まあ，あの詩はすべて，リハビリ中に生まれたもので，その間，私の生活のペースはかなりゆっくりしたものになっていました。私は本当にそろそろとしか歩けませんでしたし，ゆっくり歩くことで自分の周りで起きていることに，それまで以上に全神経を集中できるようになっていました。道端の花や草すべての香りをかぎ，大気中の湿気を感じ取り，春の夕立が降るたびに，そのあと小さな光の粒が空中を舞うさまを目にし，暑い午後には口の中のしょっぱさを味わったのです。それ以前はそういうものすべてを見過ごしていました。気づいていたはずなのに，それらは「出来事」にすぎず，着想を与えてくれるものではなかったのです。

解説

0～8の応答が，(1)～(9)のどの質問に対するものかを番号で答える問題。

(1) 100パーセント本来の調子を取り戻したか，つまり，元通りになったかどうかを質問されているので，Not really「それほどでもない」という返事で始まる**4が正解**。2の発言から，事故のあと，今も右半身に麻痺が残った状態であることがわかるので参考にできる。また，「世界が同じままである」という部分は，0の発言で，もう少しであの世に行くところだった，と述べている点から判断して，この世にいる，つまり，命が助かったという意味であることもわかる。

(2) 2年前の出来事を尋ねているので，返事としては大きな交通事故に巻き込まれて，九死に一生を得たという過去の経験を述べている**0が正解**。

(3) 交通事故の経験が，詩の着想を得る源となったのかを尋ねている。これに対しては，「答えはイエスだ」という返事で始まって，身体が不自由になった結果，新たな感覚を身につけ，自分の肉体に対する意識を新たにしたという点に言及している**2が適切**。

(4) 最新刊の詩集について尋ねられたのに対し，「路傍の」詩とでも言える作品が多いことにふれ，友人や読者の反応についても述べている**3が正解**となる。次の(5)でのインタビュアーの反応「自分もまさにそう感じた」からも，読者の反応について述べられている選択肢がよいことがわかる。

(5) インタビュアーは「自分もまさにそう感じた」と，自分の受けた印象を述べており，それに対して，Did you?「そうですか？」と返す言葉で始まる**8が正解**。8ではその後，詩の着想を得た状況を述べているが，そこで述べられている状況が，インタビュアーの(6)の質問にある external world「外の世界」につながっていると考えられる。

(6) 詩の中で外の世界を述べながら，最後には自身の内なる精神的な世界に入り込んでいるのではないか，という点に同意を求めるインタビュアーの発言に対する返事。インタビュアーの発言内容を肯定する That's true.「その通りです」で始まり，自分の内面的な世界について述べた**5が正解**。

(7) 最近の詩が個人的な内容であるにもかかわらず，読者はその詩に共感を覚える，というインタビュアーの指摘に対する返事だが，発言の後半で，「私は，読者がそんなふうに私とつながることを意図したことはない」と答えている**1が正解**。読者に合わせようという意図がないことを正直に述べる詩人の発言を受けて，インタビュアーは次の(8)の発言で，「いかにも私たちみんなの知っているアサらしい」と述べていると考えられる。

(8) インタビュアーは，詩人がこれまでも批判や読者の評価に無頓着であったことも含め，以前と変わりがないという発言をしたのに対し，自分が変わったことを繰り返し述べている詩人は「私をからかっているのか」と返したものと考えられ，**6が正解**となる。

(9) 本の書名の理由を尋ねられているので，本の表紙の言葉に読者の想像力が制約されてほしくないと述べている**7が正解**となる。

●語句・構文

(1) □ latest「最新の」 □ collection of poetry「詩集」 □ alive and kicking「とても元気で，健在で」 □ feel *oneself* again「いつもの調子を取り戻す，本調子になる」

(3) □ sensitive「扱いの難しい」

(5) □ That's exactly how I felt「それがまさに私の感じ方だ，私もまさにそう感じた」

(6) □ the funny thing is that ～「おかしなことに～」 □ end up *doing*「最後には～することになる，結局～してしまう」 □ Wouldn't you say so?「そうは思いませんか」

(8) □ be famous for ～「～で有名だ」 □ reception「反響，評価」

0 □ crash into ～「～に突っ込む，～に衝突する」 □ fast asleep「ぐっすり寝込んでいる」 □ syringe「シリンジ，注射器」 □ snake around ～「～じゅうをくねくね進む」 □ the next world「あの世」

1 □ have nothing to do with ～「～とは関係がない」 □ creative「創造的な」 □ mean (for) *A* to *do*「*A*（人）に～させるつもりだ」

2 □ first of all「まず第一に」 □ ponder「～をじっくり考える」 □ kill「～（空いた時間）をつぶす」 □ sensation「感覚」 □ nuisance「厄介，不愉快」 □ it still irritates … の it は形式主語で，not being 以下の動名詞句が真主語。 □ it turns out that ～「結局～ということになる」

3 □ one of confusion の one は a reaction を指し，「困惑しているという反応」という意味。 □ sarcastically「皮肉たっぷりに，からかうように」

5 □ act as ～「～の役目をはたす」 □ trigger「きっかけ，要因」 □ version「（原型の）異形」 □ store「～をたくわえる」 □ set *A* free「*A* を自由にする」 □ well「井戸」

6 □ pull *one's* leg「～をからかう」 □ after all「結局，どのみち」

7 □ trudge along ～「～をとぼとぼ歩く」 □ blazing「焼けつくような」 □ sweat buckets「大量に汗をかく」 buckets「大量」は bucket の複数形。

8 □ what was going on around me「身の周りで起こっていたこと」 □ damp「湿気」 □ saltiness「塩味」 □ previously「以前は」

解答

(1)—4 (2)—0 (3)—2 (4)—3 (5)—8 (6)—5 (7)—1 (8)—6 (9)—7

ii．会話文総合

14

2022年度 理工学部〔3〕

難易度	目標制限時間	6 分	目標ライン	（全12問中） 8 問正解
標 準	かかった時間	分	自己採点結果	（全12問中） 問正解

Read the following radio interview transcript between Lulu Garcia-Navarro (LGN) and Joyce Poole (JP) and answer the questions which follow.

LGN : For almost half a century, Joyce Poole has been listening to what elephants have to say and studying the way they behave and communicate. Now she and her husband, Petter Granli, have created the African Elephant Ethogram, a ①<u>comprehensive</u> audio-visual library of the animals. Tell us about these recordings. What is an ethogram, and how does it work?

JP : Well, an ethogram is really a library of all the behaviors of a species. And so this ethogram is not just the vocalizations, the calls of elephants. But it's also all their behaviors. So the way they communicate, using their ears and their trunk and also the other things they do, for instance, different techniques they use to feed. But, of course, people are—especially radio programs—would be very interested in the sounds that they make.

LGN : Indeed, we are. And I want to play a few of these. Let's listen to something called the baroo rumble.

(*soundbite of elephant rumbling*)

JP : Baroo rumbles are made when a calf or elephant is feeling ②<u>hard done by</u>. It's a kind of ③<u>woe is me</u>, and please come and make me feel better and comfort me.

LGN : All right. Let's hear now what you call a greeting ceremony.

(*soundbite of elephant trumpeting*)

LGN : Wow. Tell us about this one.

JP : Well, you know, elephants live in families. Elephants live up to 70 years old. And so members of a family stay together for life. But they're like our families. They're not always together. So the families will split up. And then when they come back together, they have greeting ceremonies. So they rumble. And they trumpet. They urinate and defecate and spin around and clank their tusks together. It's an extraordinary sight.

(Adapted from National Public Radio, "Scientist Joyce Poole on What Elephants Have to Say." May 30, 2021)

[1] Choose the most similar meaning for each underlined word or expression ① through ③. Mark your answers on the mark sheet.

① 1. broad and in-depth　2. clear and concise
　3. fixed and permanent　4. sound and sight

② 1. hardy and strong　2. strong and stroppy
　3. treated fairly but stern　4. treated harshly or unfairly

③ 1. my life is so rewarding　2. my life is so simple
　3. my life is so tough　4. my life is so wonderful

[2] Which of the three statements listed below are most strongly supported by the interview? Mark your answers on the mark sheet. Your answers may be in any order.

1. An ethogram is more than just a collection of animal sounds.
2. Elephants and calves use the baroo rumble in different ways.
3. Elephants stay together for life, never leaving each other's side.
4. Elephants urinate and defecate when they see something extraordinary.
5. Elephants use more than one part of their body to communicate.
6. Elephants will only bang their tusks with other elephants when they are upset.
7. Poole has been studying elephants for longer than an elephant can live.
8. Rumbles are used by elephants to express both pleasure and displeasure.

[3] Complete the following paragraph by filling in the blanks ((1)) through ((6)) from the options below and based on the content of the interview above. Mark your answers on the mark sheet.

I heard this interview the other day on the radio about elephants. Did you know that elephants have a special sound they make when they ((1))? They also have a sound they make when they're ((2)) after a long separation. There is this couple who have made it their life's ((3)) to record all of their calls and stuff. You know, I thought only humans had ceremonies, but it ((4)) out elephants do, too. When they see each other again after a long separation, they get all excited, start trumpeting, and ((5)) themselves. I think I might try trumpeting when I get home tonight. Who knows, maybe I will start a ((6)). I think I'd better leave the rest of the ceremony to the elephants, though.

((1)) 1. are over the hill
2. are over the moon
3. have a crush on another elephant
4. think the world's against them

((2)) 1. breaking up 2. catching up
3. keeping up 4. making up

((3)) 1. lesson 2. mission
3. savings 4. time

((4)) 1. breaks 2. finds
3. turns 4. works

((5)) 1. feed 2. pamper
3. relieve 4. wash

((6)) 1. history 2. memory
3. trend 4. war

全訳

≪ゾウの行動目録≫

LGN：ほぼ半世紀にわたり，ジョイス=プールはゾウの言いたいことを聞き，ゾウの行動の仕方とコミュニケーションの仕方を研究してきました。今，彼女と夫のペター=グランリは，アフリカゾウのエソグラム（＝行動目録），つまりその動物の包括的な視聴覚ライブラリを作成しました。これらの録音について教えてください。エソグラムとは何でしょうか，そしてどのように機能しますか？

JP　：ええ，エソグラムは実際にはある種がみせるすべての行動のライブラリです。ですから，このエソグラムはゾウの発声，つまり鳴き声だけではありません。それはゾウのすべての行動でもあるのです。だから，耳と鼻を使ってコミュニケーションを取る方法や，また彼らが行う他のこと，たとえば餌を食べるために使う様々なテクニックも入っています。しかし，もちろん，人々は ── 特にラジオ番組では ── 彼らが出す音に非常に興味を持つでしょう。

LGN：確かに，そうですね。では，これらのいくつかを再生したいと思います。バルー・ランブルと呼ばれるものを聞いてみましょう。

（ゾウが低い声で鳴く抜粋音声）

JP　：バルー・ランブルは，子ゾウやゾウが不当に扱われていると感じている時に発されます。それは言ってみれば，ああ悲しいな，こちらに来て気分を良くして元気づけて，ということです。

LGN：わかりました。次に挨拶の儀式と呼ばれるものを聞いてみましょう。

（ゾウが甲高く鳴く抜粋音声）

LGN：わあー。これについて教えてください。

JP　：えーとですね，ゾウは家族で暮らしますよね。ゾウは70歳まで生きるんですよ。それで，家族のメンバーは一生一緒にいます。しかし，彼らは私たちの家族に似ています。彼らはいつも一緒にいるわけではありません。だから，家族は別れます。それから，彼らが戻ってきて一緒になると，挨拶の儀式を行います。それで，彼らは低い声で鳴きます。そして，甲高い声で鳴きます。彼らは排尿し，排便し，ぐるぐると回って，牙を打ち合って鳴らします。それは驚くべき光景です。

解説

［1］① 下線部の comprehensive は「包括的な」という意味なので，1. broad and in-depth「広範囲で網羅的な」が正解。2.「明白で簡潔な」 3.「確固として永久的な」 なお，4.「音と視覚」は名詞なので論外。

② 下線部の hard done by は「不当な扱いを受けて」という意味なので，4. treated harshly or unfairly「厳しくあるいは不公平に扱われて」が正解。1.「頑

丈で強い」 2.「強くて怒りっぽい」 3.「公平に扱われているが厳格な」

③ 下線部の woe is me は「ああ悲しいな」とおどけて言う表現なので，同様の趣旨になるのは，**3．my life is so tough「私の人生はとてもつらい」であり，これが正解**。1.「私の人生はとてもやりがいのあるものだ」 2.「私の人生はとてもシンプルだ」 4.「私の人生はとても素晴らしい」

[2] 1.「エソグラムはただ動物の音声を集めただけのものではない」

JP の 1 番目の発言第 2 文（And so this …）に「このエソグラムはゾウの発声，つまり鳴き声だけではありません」とあるので，**一致する**。

2.「ゾウと子ゾウは異なるやり方でバルー・ランブルを使う」

JP の 2 番目の発言第 1 文（Baroo rumbles are …）に「バルー・ランブルは，子ゾウやゾウが不当に扱われていると感じている時に発されます」とあり，同じように使うので，**一致しない**。

3.「ゾウは一生一緒にいて，互いの傍らを決して離れない」

JP の最後の発言第 5・6 文（They're not always … will split up.）に「彼らはいつも一緒にいるわけではありません。だから，家族は別れます」とあるので，**一致しない**。

4.「ゾウは何か驚くべきことを見ると，排尿し排便する」

会話文中に記述がないので，**不一致となる**。JP の最後の発言第 7 文（And then when …）および同発言最終 2 文（They urinate and … an extraordinary sight.）では，本文では再会の挨拶の儀式としてゾウが排尿・排便などをすることが紹介されており，その様子について「驚くべき光景です」と JP が述べているだけであることがわかる。

5.「ゾウはコミュニケーションを取るために体の 2 つ以上の部分を使う」

JP の 1 番目の発言第 4 文（So the way …）に「耳と鼻を使ってコミュニケーションを取る」とあるので，**一致する**。

6.「ゾウは取り乱した時だけ牙を他のゾウとぶつけ合う」

JP の最後の発言第 7 ～10 文（And then when … their tusks together.）に「挨拶の儀式を行います。…牙を打ち合って鳴らします」とある。取り乱した時だけではないので，**一致しない**。

7.「プールはゾウの生涯以上に長くゾウを研究している」

LGN の 1 番目の発言第 1 文（For almost half …）に「ほぼ半世紀にわたり，ジョイス=プールはゾウ…を研究してきました」とある。研究は 50 年弱である。JP の最後の発言第 2 文（Elephants live up …）に，ゾウは 70 年生きるとあるので，**一致しない**。

8．「ランブルはゾウによって喜びと不快の両方を表すために使われる」

JPの2番目の発言第1文（Baroo rumbles are …）に「バルー・ランブルは，子ゾウやゾウが不当に扱われていると感じている時に発されます」とあり，JPの最後の発言第8・9文（So they rumble. And they trumpet）に「それで，彼らは低い声で鳴きます。そして，甲高い声で鳴きます」とある。前者が不快，後者が喜びなので，**一致する**。

［3］〔問題文の全訳〕

先日，ラジオでゾウに関するこんなインタビューを聞いた。ゾウが，世界が自分たちに敵対していると思う時に発する特別な鳴き声を持っていることをご存知だろうか？　また，長い別れを経て再会する時に発する音も持っている。ゾウの鳴き声などをすべて記録することを人生の使命としている夫婦がいる。儀式をするのは人間だけだと思っていたが，ゾウにも儀式があるとわかった。長い別れの後に再会すると，彼らは興奮して甲高い声を出し始め，排尿・排便する。今夜家に帰ったら，私も甲高い声を出してみようかなと思う。もしかしたら私が流行を生み出すかもしれない。残りの儀式は象に任せたほうがいいと思うけれども。

⑴ JPの2番目の発言第1文（Baroo rumbles are …）に「バルー・ランブルは，子ゾウやゾウが不当に扱われていると感じている時に発されます」とあるので，**4．think the world's against them「世界が自分たちに敵対していると思う」が正解**。
1．「最盛期を過ぎた」 2．「大喜びである」 3．「他のゾウに恋をしている」

⑵ JPの最後の発言第7～9文（And then when … And they trumpet.）に「彼らが戻ってきて一緒になると…，彼らは低い声で鳴きます。そして，甲高い声で鳴きます」とあるので，空所には「一緒になる」の意味に類するものが入る。**2が正解**。catch up は「遅れを取り戻す」の意味だが，ここでは「しばらく会っていなかった相手に会う〔会って交流する〕，旧交を温める」ぐらいの意味になる。1．break up「別れる」 3．keep up「遅れずについていく」 4．make up「（after を伴って）（～の後に）仲直りをする，（for を伴って）（～の）埋め合わせをする」「仲直りをする」という意味の自動詞の場合，基本的には現在進行形では用いないうえ（動名詞形は使われる），本文のゾウたちはけんか別れをしたわけではないので，不可。

⑶ LGNの1番目の発言第1・2文（For almost half … of the animals.）に「ほぼ半世紀にわたり，ゾウの言いたいことを…研究してきました。彼女と夫…は，アフリカゾウの…包括的な視聴覚ライブラリを作成しました」とある。「人生の使命」の意味になる，**2．mission「使命」が正解**。1．「教訓」 3．「貯蓄金」 4．「時間」

⑷ 空所直前の it は（that）elephants do, too を指す形式主語である。形式主語構文で使われて，意味が合うのは，**3の turns out「～だとわかる」である。** out につなげた他の選択肢の意味は以下の通り。1．break out「勃発する」 2は S find out ～「～だとSが発見する〔知る〕」の意味なので，形式主語の it と合わない。4．work out「うまくいく，～を解決する」

⑸ JP の最後の発言第10文（They urinate and …）に「彼らは排尿し，排便し」とあるので，**3が正解。** relieve *oneself* で「小便・排便をする」という意味。1．「～に食物を与える」 2．「～を甘やかす」 4．「～を洗う」

⑹ 空所を含む文の直前文に「今夜家に帰ったら，私も甲高い声を出してみようかなと思う」とあるので，**3．trend「(新しい) 流行」が正解。** start a trend「新しい流行を生み出す」 1．「歴史」 2．「記憶」 4．「戦争」

●語句・構文

(LGN 第1発言)	□ what S have to say は，S have something to say「Sには何か言いたいことがある」という文の（S have）something を関係代名詞 what を用いて名詞節化したもので，「Sが言いたいこと」の意。have to *do* というイディオムが使われているのではなく，what S have / to say という区切れになっていることに注意する。□ ethogram「行動目録（＝生物学上の種の典型的な行動パターンの目録）」
(JP 第1発言)	□ techniques they use to feed「餌を食べるために彼らが使うテクニック」
(LGN 第2発言)	□ rumble「ゴロゴロという音，ゴロゴロ鳴る，轟音を出す」
(かっこ書き)	□ soundbite「抜粋音声（＝ニュース番組などで短く引用される音声や発言）」
(JP 第2発言)	□ calf「(ゾウの) 子ども」 □ woe「悲痛，苦痛」 □ woe is me「悲しいかな（＝不公平な状況に対する悲しみや失望を表現する，過度にドラマチックで，しばしばコミカルな表現）」
(LGN 第3発言)	□ greeting ceremony「挨拶の儀式」
(かっこ書き)	□ trumpet「(ゾウが) らっぱのような甲高い声を出す」
(LGN 最終発言)	□ one は soundbite の代名詞。
(JP 最終発言)	□ up to ～「最高で～まで」 □ split up「別れる，分裂する」 □ urinate「排尿する」 □ defecate「排便する」 □ clank「ガチャガチャ鳴らす」 □ tusk「牙」

解答

[1] ①─1 ②─4 ③─3
[2]─1・5・8（順不同）
[3] ⑴─4 ⑵─2 ⑶─2 ⑷─3 ⑸─3 ⑹─3

15 2019年度 理工学部〔3〕

難易度	目標制限時間	12 分	目標ライン	(全11問中) 7	問正解
標 準	かかった時間	分	自己採点結果	(全11問中)	問正解

次の対話文を読み，設問に答えなさい。

Patrick : Morning sir ! (*energetically*).

Mr. Hiyoshi : What ? Oh, it's you. Hi. (*walks off grumpily and restlessly*).

Patrick : (*turning towards Cecilia*). Whoa ! ①Someone got out of the wrong side of the bed.

Cecilia : ②Cut him some slack ! Can't you see it's his "big" day ?

Patrick : (*looking puzzled*). Big day ? I don't know nothin' about a big day.

Cecilia : Geez, you're so naïve. Do I need ③to spell it out for you ? Well, you know how Mr. Hiyoshi looks so happy and excited when he's talking to Ms. Yagami, you know, like the other day when we watched that movie in class ? (*Patrick nods vigorously*). He was like : "I love Hachi, it's one of my favorite movies !" OK. Now do you also remember what the guys said they saw yesterday ?

Patrick : Yeah, they said he was rehearsing his Shakespeare after class all alone in the Biology Room. What was it, like "Shall I compare thee* to a summer's day ?"

Cecilia : No, no. Not that one. It was "Love is not love which alters when it alteration finds." OK, and right now, just before you said hi to him, I saw him shoving a small box into his bag. So you ④do the math, and what ?

Patrick : (*gaping*). He's gonna do it. He's gonna get down on one knee and say it. Three words, eight letters ?

Cecilia : (*rolling her eyes*). That too, but more like four words, fourteen letters with a question mark at the end ?

Patrick : You really think ?

Cecilia : Oh no, I *know* for a fact.

Ms. Yagami : (⑤*appearing out of thin air, barges in the conversation*). Enough speculating, you two! You've got it all wrong. Let me explain. (*showing her left hand*). Yes, I *am* getting married, but not to Mr. Hiyoshi. Actually, I've asked him to give a toast at the wedding party. We've been good friends—best friends.

Patrick : But I thought you said your best friend was ...

Ms. Yagami : Who ever said "best friend" had to be in the singular ?

Cecilia : But what's in the box, then ?

Ms. Yagami : (*smiling*). It's what you think it is alright, just not for me. (*showing her left hand again*). Don't tell me you haven't seen him with Ms. Mita. And by the way, it's Valentine's Day in a couple of days, you know.

*thee = you

［1］ 下線部①～⑤に関する以下の質問において最も適切なものを選択肢１～４の中から選び，マークシートの解答欄にマークしなさい。

① In the context of this dialogue, "Someone got out of the wrong side of the bed" means that Mr. Hiyoshi

1. had a sore back
2. looked stiff
3. was in a bad mood
4. was still in his pajamas

② In the context of this dialogue, "Cut him some slack" means

1. Cheer him on
2. Cut him off
3. Give him a piece of cake
4. Go easy on him

③ In the context of this dialogue, "to spell it out for you" means

1. to cast a spell on you
2. to explain it to you
3. to give you the spelling of "big day"
4. to repeat what I said to you

④ In the context of this dialogue, "do the math" does NOT mean

1. calculate the cost
2. put it all together
3. put the pieces together
4. work it out

⑤ In the context of this dialogue, "appearing out of thin air" means that Ms. Yagami

1. came down from upstairs
2. came out of nowhere
3. rang the doorbell
4. was out of breath

［2］ 対話文の内容に一致するものを選択肢1～8から3つ選び，マークシートの解答欄にマークしなさい。ただし，解答の順序は問いません。

1．According to Cecilia, Shakespeare did not write a poem with the line "Shall I compare thee to a summer's day ?"
2．Before Ms. Yagami interrupted, Cecilia believed that Mr. Hiyoshi and Ms. Yagami were in a serious relationship.
3．Cecilia thinks Patrick is clever.
4．Mr. Hiyoshi and Ms. Yagami get along with each other.
5．Mr. Hiyoshi is always mean to Patrick.
6．Mr. Hiyoshi will be bringing food to Ms. Yagami's wedding party.
7．Ms. Yagami implies that she has more than one best friend.
8．Ms. Yagami is getting married on Valentine's Day.

［3］ 対話文に関する以下の質問に答えなさい。解答は解答用紙（記述式）に英語で記入しなさい。

(1) What verb beginning with "g" best describes what Patrick and Cecilia were doing before Ms. Yagami interrupted them ? Complete the sentence provided on the answer sheet making sure that the verb is in its appropriate form.

(2) Based on the dialogue, what do you think the four words/fourteen letters are ? You may not use punctuation marks such as commas (,), apostrophes ('), and exclamation marks (!) in your answer. Write your sentence in the space provided, leaving one space blank between words.

(3) Based on the dialogue, what do you think Mr. Hiyoshi is going to do with the content of the box ? Complete the sentence provided on the answer sheet. You should use a verb beginning with "p" and also include a name of a person other than Mr. Hiyoshi.

〔解答欄〕

(1) Patrick and Cecilia were (　　　　　　　　　　　　) about Mr. Hiyoshi and Ms. Yagami.

(3) I think Mr. Hiyoshi is going to

全訳

≪先生の噂話≫

パトリック：おはようございます！（元気よく）

ヒヨシ先生：なに？　ああ，君か。おはよう。（不機嫌そうに落ち着きなく立ち去る）

パトリック：（セシリアの方を向きながら）おいおい！　朝から機嫌が悪そうだね。

セシリア　：彼を大目に見てあげなさいよ！　彼の「大切な」日だということがわからないの？

パトリック：（当惑した顔をして）大切な日だって？　僕は大切な日について何も知らないんだけど。

セシリア　：やれやれ，おめでたいのね。いちいち説明しないといけないの？　ねえ，ヤガミ先生と話しているとき，ヒヨシ先生がどんなに幸せで興奮しているように見えるか知っているでしょ，そう，授業で映画を見た先日のように。（パトリックは力強く首を縦に振る）彼は「私はハチが好きで，お気に入りの映画の一つなんです！」といった感じだったわ。そうでしょ。ところで，昨日みんなが見たと言っていたことも覚えているかしら？

パトリック：うん，彼が放課後，生物室でたった一人でシェークスピアの予行演習をしていたと言ってたな。何だったかな，「君を夏の一日と比べてみようか」のようなものだったかな？

セシリア　：いいえ。そんなんじゃないわ。それは「事情が変われば自分も変わり，相手次第で心を移す，そんな愛は愛とは言えない」だったわ。いい，たった今，あなたがおはようと言うちょっと前に，彼がバッグに小さい箱を押し込んでいるのを見かけたのよ。だから考えればわかるでしょ，どうなの？

パトリック：（口をぽかんと開けて）彼はやるつもりなんだ。片膝をついてそう言うつもりなんだ。3 語 8 文字で。

セシリア　：（目をぐるりと動かして）その通りだけど，むしろ 4 語で最後に疑問符がある 14 文字という方が近いわね。

パトリック：本当にそう思うのかい？

セシリア　：いえ，私は事実として知っているのよ。

ヤガミ先生：（どこからともなく現れて，会話に口を挟む）二人とも，憶測はもういいわ！　勘違いしているわよ。説明させてちょうだい。（彼女の左手を見せながら）そう，私は結婚することになっているけど，ヒヨシ先生とではないの。実は，彼には結婚披露宴で乾杯の音頭をとるように頼んだのよ。私たちはよい友人なの――いえ，親友なの。

パトリック：でも，あなたが言っていたと思うんだけど，親友は…

ヤガミ先生：いったい誰が「親友」は単数形でなければならないと言ったのかしら？

セシリア　：でもそれじゃ，箱の中には何か入っているの？
ヤガミ先生：(微笑みながら) それは確かにあなたの思っているものよ，私にじゃないけどね。(再び彼女の左手を見せながら) 彼がミタ先生と一緒にいるところを見たことがないなんて言わせないわよ。ところで，2，3日すればバレンタインデーよね。

解 説

［1］① 下線部の get out of the wrong side of the bed は「朝から機嫌が悪い（ベッドの間違った側，つまり，左側から起きるとその日は縁起が悪いという迷信に由来する)」という意味で使われるので，**be in a bad mood「機嫌が悪い」の3が正解**。1.「背中が痛かった」 2.「こわばっているようだった」 4.「まだパジャマを着ていた」

② 下線部の cut *A* some slack は「*A* を大目に見る，*A* をそっとしておく」という意味なので，**go easy on ～「～に寛大にする」が使われている4が正解**。1.「元気づける」 2.「関係を絶つ」 3.「ケーキを一切れあげる」

③ 下線部の spell *A* out は「*A* を詳細に説明する」という意味なので，**explain「説明する」が使われている2が正解**。1.「魔法をかける」 3.「"big day" の綴りを教える」 4.「私の言ったことを繰り返す」

④ 下線部の do the math は文字通りでは「計算する」という意味だが，転じて「(割り出した数から) 推測する，(計算して) 事の真相を探る，(状況について) 理にかなった結論を出す」という意味で使われる。この意味に近いのは2，3の put *A* together「*A*（考えや情報）をまとめ上げる，*A* をまとめて結論を出す」，4の「解明する，理解する」である。よって**1の「費用を算出する」だけが違う意味であり，これが正解**。

⑤ thin air は，目に見えない，あるいは，存在していない状態を述べる際に使われる表現で，下線部の out of thin air は「どこからともなく」という意味である。**同義の out of nowhere「どこからともなく」が使われている2が正解**。1.「階段から降りてきた」 3.「玄関のベルをならした」 4.「息を切らしていた」

［2］1.「セシリアによれば，シェークスピアは『君を夏の一日と比べてみようか』の一節がある詩を書かなかった」
セシリアの3番目の発言に否定があるが，それは直前のパトリックの発言を否定したものであり，シェークスピアがこの一節を書いたことを否定しているわけではない。よって，**一致しない**。

2.「ヤガミ先生が口を挟む前は，セシリアはヒヨシ先生とヤガミ先生がかなり親密な関係にあると信じていた」
ヤガミ先生の最初の発言の第２文（You've got it …）に「勘違いしているわよ」とあるので，**一致する**。

3.「セシリアはパトリックが頭がいいと考えている」
セシリアが２番目の発言の第１文（Geez, you're so …）で「やれやれ，おめでたいのね」と言っているので，**一致しない**。

4.「ヒヨシ先生とヤガミ先生はお互いに仲よくやっている」
ヤガミ先生が，最初の発言の最終文（We've been good …）で「私たちはよい友人なの――いえ，親友なの」と言っているので，**一致する**。

5.「ヒヨシ先生はいつもパトリックに意地が悪い」
セシリアが最初の発言で「彼を大目に見てあげなさいよ！　彼の『大切な』日だということがわからないの？」と言っているので，ヒヨシ先生がいつもパトリックに意地が悪いわけではないことがわかる。よって**不一致**。

6.「ヒヨシ先生はヤガミ先生の結婚披露宴に食べ物を持ってくることになっている」
ヤガミ先生の最初の発言の５文目（Actually, I've asked …）に toast という単語が出てくるが，ここでは食べ物の「トースト」でなく「乾杯の発声」の意味。よって**不一致**。

7.「ヤガミ先生は自分には２人以上の親友がいるとそれとなく言っている」
ヤガミ先生が２番目の発言（Who ever said …）で，「いったい誰が『親友』は単数形でなければならないと言ったのかしら？」と言っているので，**一致する**。

8.「ヤガミ先生はバレンタインデーに結婚することになっている」
ヤガミ先生の結婚披露宴の予定日は本文中に記述がないので，**不一致となる**。

[3] (1)「ヤガミ先生が口を挟む前にパトリックとセシリアが行っていたことを最もうまく表す“g”で始まる動詞は何か。動詞が適切な語形になるように気をつけながら，解答用紙に与えられた文を完成せよ」

ヤガミ先生が登場する前に，パトリックとセシリアはヒヨシ先生がヤガミ先生にプロポーズするかもしれないと推測して噂話をしていたので，“g”で始まる動詞は **guess / gossip が適当である**。解答用紙には be 動詞があるので，進行形にする。

(2)「会話に基づけば，４語 14 文字は何だと考えるか。カンマ，アポストロフィ，感嘆符のような句読点を使ってはいけない。語間にスペースを入れて，与えられた空所に文を書け」

パトリックとセシリアの前半の会話は，ヒヨシ先生がヤガミ先生にプロポーズするのだろうという内容なので，3語8文字はI love youであり，**4語14文字はWill you marry meと考えられる。**

(3)「会話に基づけば，ヒヨシ先生は箱の中身で何をするつもりだと考えるか。解答用紙に与えられた文を完成せよ。"p"で始まる動詞を使い，またヒヨシ先生以外の人物の名前を含んでいなければならない」

ヤガミ先生が最後の発言の第1文（It's what you …）で箱の中身について「それは確かにあなたの思っているものよ，私にじゃないけどね」と言っており，婚約指輪が入っているのだと推測できる。第2文（Don't tell me …）では「彼がミタ先生と一緒にいるところを見たことがないなんて言わせないわよ」と言っていることから，ヒヨシ先生とミタ先生が親しいことがわかる。以上から，**propose to Ms. Mitaが正解である。**

●語句・構文

(ヒヨシ先生の発言)　□ grumpily「不機嫌そうに，イライラして，気難しく」 □ restlessly「落ち着きなく，そわそわと」

(パトリックの2回目の発言)　□ whoa「おやおや，おっと，うわ，あらら」 驚きやあきれなどを表す間投詞である。

(パトリックの3回目の発言)　□ puzzled「戸惑った，当惑した，困惑した」

(セシリアの2回目の発言)　□ naive「世間知らずの，未熟な，純真な」 日本語の「ナイーブ」に相当する英語はsensitive / pureである。 □ nod「首を縦に振る，うなずく」 □ vigorously「元気いっぱいに，活気あふれて」

(パトリックの4回目の発言)　□ rehearse「稽古する，(繰り返し)練習する」

(セシリアの3回目の発言)　□ alter「変わる，様変わりする」 "Love is not love which alters when it alteration finds." シェークスピアのソネット116番。普通の英語に直すとLove which alters when it finds alteration is not love. となり，直訳すると「変化に気づいた時に変わってしまう愛は愛ではない」となる。 □ shove「押し込む，グイッと押す，突っ込む」

(パトリックの5回目の発言)　□ gape「口をぽかんと開ける，ぼうぜんとする」 □ gonna「～しようとしている，～するつもりだ」 going toの口語表現。

(セシリアの4回目の発言)　□ roll *one's* eyes「目をぐるりと回す」

(ヤガミ先生の1回目の発言)　□ barge in ～「(話などに)ぶしつけに割り込む，突然割り込む」 □ get it all wrong「間違った思い込みをする」 get itの形で，「理解する」の意味がある。wrongはここでは副詞。 □ give a toast「乾杯の音頭をとる」 toast はパンのトーストではなく，「乾杯，乾杯の挨拶」の意である。

(ヤガミ先生の2回目の発言) □ who ever「いったい誰が」 who の強調形。 □ singular「(文法の) 単数形」 ちなみに「複数形」は plural である。

(ヤガミ先生の3回目の発言) □ in「(時間経過を表して) ～して，～経って」 □ a couple of ～「2，3の～」

解答

[1] ①－3　②－4　③－2　④－1　⑤－2

[2]－2・4・7 (順不同)

[3] (1) (Patrick and Cecilia were) guessing / gossiping (about Mr. Hiyoshi and Ms. Yagami.)

(2) Will you marry me (?)

(3) (I think Mr. Hiyoshi is going to) propose to Ms. Mita.

16

2017年度 理工学部 〔3〕

難易度	目標制限時間	12 分	目標ライン	（全9問中） 7 問正解
標　準	かかった時間	分	自己採点結果	（全9問中） 問正解

Read the dialogue and answer the questions which follow.

Ms. Yagami : Do you have a best friend ? What would you say you like about him or her ?

Cecilia : What I like about my best friend is that we can always pick up ①things where we last left off. She lives far away and we can't get together as much as we'd like, but when we do catch up, it's like no time has passed at all. And I always feel like we're ②on the same wave length. If I didn't know any better, I would say she is telepathic.

Ms. Yagami : Sounds very sci-fi ! Anyone else ?

Patrick : What I like about my friend is that he always ③has my back. It's a loyalty thing. I know he's going to stand up for me no matter what.

Ms. Yagami : Has your friend's loyalty ever been tested ?

Patrick : A number of times ; he's always passed ④with flying colors.

Ms. Yagami : For me, I'd say what I like most about my best friend is simply her ability to put up with me. I'm not the easiest person to get along with, as some of you may have already worked out. My friend looks beyond my shortcomings and takes me for who I am. You can't ask for more than ⑤that.

［1］ Choose the answer that could best replace the corresponding underlined sections ①～⑤ in the dialogue. Mark your answers on the mark sheet.

① 1. our issues　　2. our memories
　 3. our possessions　　4. our relationship

② 1. copying each other　　2. influencing each other

3. talking past each other　4. understanding each other

③ 1. backs me up　2. backs off
3. rubs my back　4. stabs me in the back

④ 1. brightly　2. convincingly
3. quickly　4. tentatively

⑤ 1. acceptance　2. blindness
3. companionship　4. money

[2] Which of the following three statements are most strongly supported by the dialogue? Mark your answers on the mark sheet.

1. Ms. Yagami believes she is difficult to get along with.
2. Ms. Yagami suspects her friend resents her.
3. Patrick's friend has stood up for him on a number of occasions.
4. Patrick's friend is older than him.
5. Cecilia feels lonely when her friend is not with her.
6. Cecilia would like to see her friend more often.

[3] Based on the dialogue, what is the most likely reason for why Ms. Yagami says Cecilia's response sounds very sci-fi? Mark your answer on the mark sheet.

1. Cecilia believes thoughts are like waves.
2. Cecilia feels like her friend can read her mind.
3. Cecilia feels like time is not passing.
4. Cecilia's friend lives far away.

全訳

≪親友の好きなところについての会話≫

ヤガミ先生：みんな親友はいる？ その人のどこが好きかな？

セシリア：私の親友で好きなところは，私たちはいつも，いったん離れても，また元通りになれる，ということです。彼女は遠くに住んでいるので，望むほどは一緒にいられませんが，でも，やっと会えて話すと，全然時間が経っていないみたいなんです。波長が合ってるっていつも感じるんです。変なことを言うようですが，彼女にはテレパシーがあるような。

ヤガミ先生：まったくSFみたいね！ 誰かほかの人？

パトリック：僕の友人で好きなところは，彼はいつも僕を支えてくれるということです。それは誠実さの問題です。どんなことがあっても，彼は僕を擁護してくれるとわかっています。

ヤガミ先生：その友達の誠実さが試されたことはあるの？

パトリック：何度もあります。彼はいつも完璧にやり遂げました。

ヤガミ先生：私の場合はね，親友で一番好きなところは，ただ単に，彼女が私に我慢できるということね。私はとっても付き合いやすい人間，というわけではないの，あなたたちの中にはもう気づいている人もいるかもしれないけれど。友人は私の欠点ばかり見ないで，私をありのままに受け入れてくれるの。もうそれで何も言うことはないわ。

解説

[1] 下線部の語句の同意表現を選ぶ問題。

① 下線部を含む部分を直訳すると「この前終わったところで，いつも物事をまた始めることができる」。この場合は友人関係の話だから，ここでいう「物事」とは**4の「私たちの関係」のことだと捉えるのが適切**。1の「私たちの問題」，2の「私たちの思い出」，3の「私たちの所有物」は不適。

② 下線部は「波長が同じ」と言っており，後続の部分で「テレパシーがあるような」との記述があることから，**4の「お互いを理解する」が正解**。1の「お互いを真似る」，2の「お互いに影響を与える」，3の「話がかみ合っていない」は不適。

③ have *one's* back で「～を守る，～を支える」の意だから，**1の「支持する」が正解**。2の「後ずさりする」，3の「背中をこする」，4の「（だまし討ち的に）背中を刺す，裏切る」は不適。

④ with flying colors「大成功で，見事に」は難しいだろうが，always passed「いつも（検査に）合格した」を修飾するのに適したものを考える。**2の「納得のいくように」が正解**。1の「快活に」，3の「素早く」，4の「試験的に，仮に」は

不適。

⑤　すぐ前の発言の内容（takes me for who I am「私をありのままに受け入れてくれる」）を指しているので，**1の「受け入れること」が正解**。2の「盲目，無知」，3の「仲間づきあい」，4の「お金」は不適。

[2] 対話内容と合致する英文を3つ選ぶ問題。

1.「ヤガミ先生は，自分は付き合いにくい人間だと思っている」
ヤガミ先生の最後の発言第2文（I'm not the …）に**合致**。

2.「ヤガミ先生は，彼女の友人が彼女に腹を立てているのではないかと思っている」
ヤガミ先生の最後の発言第3文（My friend looks …）に，「私をありのままに受け入れてくれる」とあるので**合致しない**。

3.「パトリックの友人は，多くの場面で彼を擁護してくれた」
パトリックの最後の発言と**合致**。

4.「パトリックの友人は，彼より年上だ」
会話に年齢の話は出てこない。

5.「セシリアは，友人と一緒にいないと淋しく感じる」
望むほど頻繁に会えないとは言っているが，「淋しい」と思っていることを**裏付ける記述はない**。

6.「セシリアは，もっと友人に会いたいと思っている」
セシリアの発言第2文（She lives far …）と**合致**。

[3] セシリアの反応がSFみたいだとヤガミ先生が言った理由として最適のものを選ぶ問題。

1.「セシリアは，思考は波に似ていると思っている」
2.「セシリアは，友人が自分の心を読めるように感じている」
3.「セシリアは，時間が経過していないように感じている」
4.「セシリアの友人は，遠くに住んでいる」

SFみたいというのは，その前のテレパシーという発言を受けているので，**2が正解**。他は不適。

●語句・構文

（ヤガミ先生の1回目の発言）□ What would you say you like about him or her？は You would say that you like something about him or her. の something を疑問代名詞 what にして疑問文にしたもの。「その人に関する何が好きだと言うので

すか」が直訳。

(セシリアの発言) □catch up「取り戻す」 □it's like no time … と I always feel like … の like は接続詞で as if〔though〕と同じ機能を果たしている。 □If I didn't know any better, I would say she is telepathic.「私が分別のない人間だったら,私は彼女にテレパシーがあると言うことでしょう」が直訳。

(ヤガミ先生の2回目の発言) □Sounds very sci-fi! は文頭に It が省略されている。sci-fi は science fiction の略で,「SF(の),サイエンスフィクション(の)」の意。

(パトリックの1回目の発言) □loyalty「誠実,忠実」 □stand up for ～「～に味方する,～をかばう」 □no matter what「たとえ何があろう〔起ころう〕とも」= no matter what happens

(ヤガミ先生の最後の発言) □put up with ～「～に耐える,我慢する」 □get along with ～「～とうまくやっていく」 □work out「解決する,わかる」 □look beyond ～「～の先に視線を投げる,～ばかりを見ない」 □You can't ask for more than that.「それ以上のことは求められない」 you は一般人称だが,実は話者本人(I)を指している。

[1] ①―4 ②―4 ③―1 ④―2 ⑤―1
[2]―1・3・6(順不同)
[3]―2

17 2010年度 理工学部〔3〕

難易度	目標制限時間	12 分	目標ライン	（全9問中） 6 問正解
易	かかった時間	分	自己採点結果	（全9問中） 問正解

次の対話文を読み，設問に答えなさい。

Hi! I'm Dan Longman (DL) here at College Radio, talking today to Dr. Paul Rodrigues Young (PRY), a prominent figure in the "English for America" movement.

DL: We all know the old joke: Someone who speaks three languages is trilingual, someone who speaks two languages is bilingual, and someone who speaks one language is American. Yet with your distinguished multicultural and multilingual background, you ((1)) fit the stereotype.

PRY: Well, I don't know whether I'd call it "distinguished." I simply happen to have had parents who spoke different languages, my father Chinese and my mother Spanish, and who made ((2)) that my sister and I learned both.

DL: And yet you ((3)) making English America's official language and are a leading opponent of bilingual education in the United States. How did you come to feel as strongly as you do ((4)) the subject?

PRY: ((5)). I'm not against knowing more than one language. ((6)). But I firmly believe that it is vital to maintain a common national language and that, to the extent government gets involved in the "language business," it should promote English for all — especially for those immigrants who must learn it.

DL: But you have written about your struggle to learn English as an early adolescent. Didn't you sometimes feel at a disadvantage in the first American school you attended?

PRY: Of course. But it was all ((7)), and I'm grateful to my parents first for having brought our family to America and second for insisting that we learn the language—not the *languages*!—of this country.

DL: Why do you think the issue is so ((8))? After all, doesn't everyone want to promote the welfare of children?

PRY: Unfortunately, I'm afraid that may not be true. There are clearly ideological motives involved, along with a deep-seated resentment on the part of some toward what is—and ought to be—the mainstream culture.

DL: So would you say it's really a cultural conflict?

PRY: Yes, but it's also a case of organizational self-interest. Those in the bilingual bureaucratic establishment have spent millions and millions of dollars on their utopian <u>social-engineering schemes</u> and naturally wish to spend millions more.

［1］ 空所(1)～(8)に入る最も適切なものを1～4から選び，それぞれマークシートの解答欄 (1) から (8) にマークしなさい。

(1) 1．barely　2．clearly　3．hardly　4．surely

(2) 1．clear　2．necessary　3．possible　4．sure

(3) 1．advocate　2．claim　3．insist　4．oppose

(4) 1．at　2．in　3．off　4．on

(5) 1．Don't think so　2．Don't get me wrong　3．I think so　4．You don't get me wrong

(6) 1．Absolutely　2．Far from it　3．In fact, I am　4．Never mind

(7) 1．worth it　2．worth so　3．worthless　4．worthy

(8) 1．controversial　2．educational　3．inconvenient　4．interesting

［2］ Young氏が使う下線部 social-engineering schemes の意味として最も適切なものを1～4の中から一つ選び，マークシートの解答欄 (9) にマークしなさい。

1. positive approaches to providing language education for all school children
2. the attempt to make everyone in the United States fluent in English
3. the transformation of the United States into a genuine multicultural society
4. community restructuring, as guided by members of a governmental elite

全訳

≪多民族国家アメリカでの英語の地位≫

こんにちは。私はカレッジラジオのダン=ロングマン（以下 DL）です。今日は「アメリカに英語を」運動で重要な役割を果たしていらっしゃるポール=ロドリゲス=ヤング博士（以下 PRY）にお話をうかがいます。

DL ：「3つの言語を話す人はトライリンガル，2つの言語を話す人はバイリンガル，1つの言語を話す人はアメリカ人である」という古いジョークはおなじみのものです。でも，あなたは多文化・多言語の特別な環境で育っていらっしゃるので，この固定観念にはほぼ当てはまらないですね。

PRY：ええと，「特別」と呼べるものであるかどうかはよくわからないですが。たまたま父が中国語，母がスペイン語と異なる言語を話して，姉と私に両方の言語を身につけさせるようにしたというだけのことですから。

DL ：でもあなたは英語をアメリカの公用語にすることを支持していて，合衆国における2カ国語教育反対の急先鋒でいらっしゃる。どのような経緯でこの問題についてこれだけ強い意見をもつにいたったのでしょうか。

PRY：誤解してほしくないのですが，私は2つ以上の言語を使えるようになるのに反対しているわけではありません。そんなことはまったくないのです。でも，共通の国語があることは絶対に必要だし，政府が「言語の問題」に介入しようとするのであれば，すべての人，特に英語を新たに習得しなければならない移民が，英語を使うようにしなければならないのです。

DL ：しかしあなたは，青年期に入ったくらいの頃に英語を学ぶのに大変苦労したことを書いていらっしゃいますよね。最初にアメリカの学校に通うようになったとき，不利な立場に置かれていると感じたこともあるのではないでしょうか。

PRY：もちろんですよ。でも，苦労するだけのことは十分にあったし，まずアメリカに家族で移住してきたこと，そしてこの国の言語――ただ1つの言語！――を何としても習得するようにと言ってくれたことに対して，両親に感謝しています。

DL ：なぜこの問題がここまでの議論になるのだと思われますか。だって，子供を幸せにしたくないと思う人はいないわけですから。

PRY：残念ながら，今おっしゃったことは本当ではないと思います。一部の人の側には，現に主流である――またそうであるのが当然である――文化に対する根強い反感に加えて，明らかに主義主張の動機がからんでいます。

DL ：つまりは文化の対立だとおっしゃる？

PRY：そうであると同時に，組織が自己の利益を擁護するという問題でもあるのです。2言語使用を促進する官僚組織にいる人たちは，社会を自分の思う方向に変えようとする非現実的な計画に巨額のお金をすでにつぎ込んでいて，当然ながらさらにお金を使いたいと考えているのですから。

解説

［1］(1) 空所直後の the stereotype は前文の someone who speaks one language is American を受けている。次の発言内容から，PRY は英語に加えて中国語とスペイン語も話せることがわかるので，この stereotype には当てはまらない。よって，準否定語の **hardly「ほとんど～ない」を入れる**のが適切である。1 の barely は「かろうじて～である」と肯定の意味をもつので不可。

(2) make sure that ～で「確実に～であるようにする」という意味の表現。1 の clear は，make (it) clear that ～「～であることを明確にする」とすることは形としては可能だが，内容から考えて不適切。また，2 の necessary は make it necessary to *do*〔that〕，3 の possible は make it possible to *do* という形にする必要があるので文法的にここに入れることはできない。

(3) 動名詞を目的語としてとるのは，選択肢のうち advocate か oppose だが，PRY は英語公用語論者なので，「支持する」という意味の **advocate が適切**。advocate *doing*「～することを支持する」 なお，3 の insist は on *doing* の形で用いる。

(4) the subject は「その問題」つまり英語を公用語にすべきであるという内容を表す。「(問題など) について」という意味の前置詞は，**on** または about である。なお，直前の do は代動詞で feel strongly を指す。

(5) 「誤解しないでください」という意味を表す **Don't get me wrong が正解**。その後，2カ国語以上を知っておくことに反対なのではなく，公用語として使うものは1つにすべきである，という自身の主張を PRY がより具体的に説明している点に注目する。なお，4 の You がつく形も命令の意味になり得るが，かなり高圧的な言い方であり，こうした場面では用いられない。

(6) **正解の Far from it** は「そんなことはまったくない」という意味。直後の But が逆接の意味なので，空所の前の発言内容を受ける意味のものを選ぶとうまくつながる。3 を入れると，「実は私は 2 カ国語以上を知っておくことに反対だ」という意味になってしまい，But 以下とのつながりがおかしくなる。

(7) 1 の it は直前の DL の発言の内容，つまり PRY が英語を習得するのに苦労したことを指しており，逆接でつながっていることを考えて「苦労するだけの価値はあった」という意味にすればよい。前置詞である worth の目的語は動名詞に限られず，例えば worth the effort「努力するだけの価値がある」や worth the trouble「手間をかけるだけの価値がある」や worth while「時間をかけるだけの価値がある」や worth your time「あなたの時間をかけるだけの価値がある」などはよく用いられる表現である。空所直前の all は強調である。2 の so は副詞なので前置詞 worth の目的語にはなれない。3 の worthless は「無価値な」という意味なので文脈上正反対である。4 は worthy of it となっていれば正しい。

(8) **controversial** は「議論の的になっている」という意味の形容詞。後続の文の趣旨は「子供を幸せにしたいという点で意見の相違はないはずだ」で，これとの対比で考えるとよい。なお，後続文の先頭の After all は「なぜならば〔だって〕」という意味で，空所を含む疑問文を発する根拠を提示している。

[2] social-engineering schemes そのものの意味は「社会工学的（社会を変えていこうとする）計画」という意味である。ここではバイリンガル教育を推進する立場の人たちの活動を指しているので，それと内容が近い **3 の「アメリカ合衆国を本当の意味での多文化社会に変えること」が正解**。

●語句・構文

□ prominent「著名な」 □ distinguished「特別な，特に優れた」 □ background「背景，育った環境」 □ official language「公用語」 □ to the extent ～「～であるかぎりにおいて」 □ immigrant「(他の国から入ってくる）移民」 □ welfare「(主に生活面での）幸福」 □ There is *A* involved「*A* が関係している」 □ ideological「主義主張の」 □ deep-seated「根深い」 □ resentment「嫌悪感」 □ utopian「理想的ではあるが実現不可能な」

解答

[1] (1)―3 (2)―4 (3)―1 (4)―4 (5)―2 (6)―2 (7)―1 (8)―1
[2]―3

第3章　英作文

第3章 英作文 傾向と対策

ⅰ．和文英訳 経済・理工

経済学部では，2012～2022 年度に会話文を英訳させる問題が出題されている。理工学部では，2023 年度に和文英訳が出題されている。一般的な心得としては，与えられた和文を自分が暗唱している英文と結びつけることが第一歩。その際，文法・語法・書記法の間違いをしないようにして，自信のもてる平易な表現を心がけよう。表現できない部分は思い切って切り捨てる大胆さも必要である。枝葉末節にこだわらず，大筋で和文の内容を伝える英文を書くよう心がけたい。

なお，医学部・文学部でも，近年は大問としての出題は見られないものの，長文読解問題の中で設問の１つとして和文英訳が問われている。参考として，和文英訳が出題されている大問を，第４章の長文読解と第５章の超長文読解に載せているので，ぜひ挑戦してほしい。

ⅱ．テーマ作文・意見論述 経済・医・看医

テーマ作文では，英作文力・条件把握力，そして意見論述では，これらに加えて自説を展開する発想力が決め手となる。問題番号 24 のように英語の課題文が与えられている場合は，さらに読解力も求められる。英文は，普段から書き慣れていないと，なかなか書けるものではないので，まずは英文で日記を書くことを勧める。その際，初めは自力だけで書き，次に英和辞典・英英辞典で補足し，最後に和英辞典を使って確認しながら仕上げるのが望ましい。初めから和英辞典を引いたのでは，縦のものを横にするだけの単なる作業に堕してしまう。これでは，いつまで経っても力はつかない。また，日頃からディベートのテーマになりそうなものについて，幅広く問題意識をもち，賛否両論（プロコン：pros and cons）を展開する練習を（もちろん日本語でよい）積んでおきたい。

※第３章の各問題の得点設定は自己採点のための目安です。
解説中の（　）内は省略可能であること，〔　〕内は直前の語句と言い換え可能であることを示しています。

i．和文英訳

18　2023年度 理工学部〔4〕[2]

難易度	目標制限時間	6　分	目標ライン	(全10点中)　7　点正解
標　準	かかった時間	分	自己採点結果	(全10点中)　点正解

次の和文を読み，下線部分を英語に翻訳しなさい。

差別について，「足を踏まれた者はそのことに敏感に気付くが，踏んでいる者は気付かない」ということがよく言われる。「マジョリティー」とは，「気付かずにいられる人々」のことだという定義もある（ケイン樹里安）。自分が傷つく立場ではないからこそ気付かないでいられ，鈍感でいられる。それが「特権」だ。

女性たちの境遇を想像できない鈍感さ。地域や階層にまつわる屈折やルサンチマンを経験しないで済むことの特権性。ぼくには，ネット上で衝突し合っている両者は，互いに，自分自身には敏感だが，他者には鈍感であり，被害には過敏で，加害には無感覚なように見えた。

恐れるのは，互いに「中央のブルジョア」「女性差別主義者」といったレッテルを貼り，「敵／味方」の構図と「分断」が生じる事態だ。いったん「敵／味方」の構図ができると，人は想像や共感を麻痺（まひ）させることを正当化しやすい。

しかし，<u>様々な人が多種多様な背景，経験，個性を表現し，交流できるインターネットを，このように使うのは，もったいない。</u>

（藤田直哉，「『セレブバイト』炎上，悲しい他者への鈍感さ」，朝日デジタル 2021年6月19日より一部改変）

解説

採点の目安　文の主要構造に誤りがあり，英文が成立していない場合は，以下の区分点にかかわらず無得点とする。

Check!〔5点〕**「様々な人が多種多様な背景，経験，個性を表現し，交流できるインターネット」**

直訳であれば，(use) the Internet on which … などとするところだが，修飾部分が長くなることや，「このように」といった語も訳出する必要があることから，〔解答例〕では as や because を使って「インターネット」についての説明を加える形にした。

「様々な人」many〔various〕people / various〔different〕kinds of people 「多種多様な」は different / a wide variety of ～ / diverse など。「交流する」は interact〔communicate〕with one another〔each other〕とする。

Check!〔5点〕**「(インターネットを，) このように使うのは，もったいない」**

形式主語 It を用いた構文を使うか，少し言い換えて「インターネットをこのように使う傾向は残念だ，なぜなら…（インターネットでは様々な人が多種多様な背景，経験，個性を表現し，交流できるからだ)」などと表現してもよい。

「このように」like this / this way / in this way〔manner〕「もったいない」は a waste / wasteful だが，「残念だ」と読み替えると a pity / a shame / regrettable でも表現できる。

〔解答例1〕It is a shame to use the Internet in this way, as the Internet is a space where various kinds of people can express their wide variety of backgrounds, experiences, and personalities and interact with each other.

〔解答例2〕This tendency to use the Internet this way is regrettable, because on the Internet various people can express a wide variety of backgrounds, experiences, and personalities and interact with one another.

解答例

19 2021年度 経済学部〔4〕

難易度	目標制限時間	10 分	目標ライン	（全20点中） 14 点正解
標 準	かかった時間	分	自己採点結果	（全20点中） 点正解

以下の会話文を英語に直して，解答用紙BのⅣ．のB1，C1，B2，C2と記載されている行に書きなさい。

注意点：

日本語の表現をうまく英語にできない場合は，別の言い方に変えてから英語にしてみましょう。（例）難解 → 分かりにくい → hard to understand

会話の場面：

同じコンビニでバイトしている学生同士の会話です。

会話文：

B1：久しぶりだけど，三日連続の無断欠勤，どうしたの？
C1：色々あってさ。でも辞めさせられたら困るなー。
B2：僕が店長なら，当然首にするよ。やる気がないなら，さっさと辞めれば。
C2：いや，そんなことは親に言えないよ。今度店長に会ったら謝ってみるよ。

解説

採点の目安 文の主要構造に誤りがあり，英文が成立していない場合は，以下の区分点にかかわらず無得点とする。

B1：〔5点〕

Check! 〔1点〕**「久しぶりだけど」**

「久しぶり」はLong time no see. / It's been a long time (since I saw you last). / I haven't seen you for〔in〕a while. が決まり文句。

Check! 〔3点〕**「三日連続の無断欠勤」**

「三日連続の無断欠勤」は分けて考える。まず，「三日連続」はthree straight days / three days in a row〔in succession〕などで表す。「欠勤」は「あなたは仕事を休んだ」と考えて，You were absent from work. やYou were off work. とする。あるいはYou didn't work. やYou didn't come. でもなんとか意味がつながる。take an unexcused absenceでもよい。「無断で」は定型表現を使ってwithout leave〔(due) notice〕とするか，「私たちに何も言わないで」と考えてwithout telling us anythingとしてもよい。

Check! 〔1点〕**「どうしたの？」**

「どうしたの？」はWhat happened? / What's the matter (with you)? / What's up? / What's wrong (with you)? / What's the story? が決まり文句。

C1：〔5点〕

Check! 〔2点〕**「色々あってさ」**

「いろんなことが起こった」と考えてA lot (of stuff) happened. / Things led to things. または，「あれやこれやで忙しかった」と考えてI've been busy with this and that. としてもよい。あるいは，「いろんな理由で」for various〔a variety of〕reasons / for many reasonsという副詞語句だけで答えてもよい。

Check! 〔3点〕**「でも辞めさせられたら困るなー」**

「辞めさせる」は米国式にfireを使うのが簡単だが，英国式にsackでもよい。「辞めさせられる」はこれを受動態にしてget fired〔dismissed / sacked〕/ get fired from *one's* jobなどで表すが，「職を失う」と考えてlose *one's* jobとしてもよい。「たら」は条件のif節を用いる場合には反実仮想ではないので直説法を用いて，If I lose my job, とする。「困る」はbe in trouble〔difficulty〕とする。また，if節を用いず「辞めさせられたくない」と考えて，I don't want to lose my job. としてもよい。

B2：〔5点〕

Check! 〔3点〕「僕が店長なら，当然首にするよ」

「僕」は「店長」ではないので，仮定法の if 節を用いて，If I were the store manager, とする。「店長」は the (store) manager / the boss である。「当然首にするよ」は「私は君をまちがいなく首にするだろう」の意なので，I would fire you for sure. / I'd kick you out, no doubt. とする。

Check! 〔2点〕「やる気がないなら，さっさと辞めれば」

「やる気がないなら」は「君に働く気がないなら」の意なので，If you don't feel like working, / If you can't bring yourself to work, / If you don't like working anymore, などで表す。「さっさと辞めれば」は「さっさと辞めた方がいい」you should quit right now / you should leave this job quickly / I advise you to quit this part-time job without delay. または，「さっさと辞めるのはどうか？」How〔What〕about quitting right now? / Why don't you quit right away? などで表せる。

C2：〔5点〕

Check! 〔2点〕「いや，そんなことは親に言えないよ」

「いや」は No! / No way! だが無視してもよい。「そんなこと」はバイトを辞めることを指しているが，単に that / such a thing / things like that で表せばよい。「そんなことは親に言えない」は I can't tell my parents about that. / I can't say such a thing to my parents. とする。

Check! 〔3点〕「今度店長に会ったら謝ってみるよ」

「今度店長に会ったら」は，接続詞 When を用いて When I see the manager next time, とするか，The next time を接続詞的に用いて The next time I see the manager, とする。「謝ってみる」は「謝ろう」という意思表示なので，I'll apologize (to him〔her〕). / I'll express regret for my absence. / I'll say (to him〔her〕), "I'm sorry." などで表す。

〔解答例 1〕

B1 : Long time no see. You were absent from work without notice for three days straight. What happened?

C1 : A lot of things happened. I will be in trouble if I get fired.

B2 : If I were the shop manager, I would fire you for sure. How about quitting right now, if you don't feel like working?

C2 : Well, I can't tell my parents about that. When I see the manager next time, I'll apologize to him.

〔解答例 2〕

B1 : It's been a long time. You've been absent (from work) three days in a row without notice. What's the story?

C1 : I've been busy with this and that. But I don't want to lose my job.

B2 : If I were the store manager, I'd kick you out, no doubt. If you can't bring yourself to work, you should leave this job quickly.

C2 : No! I can't tell that to my parents. The next time I see the manager, I'll express regret for my absence.

解答例

20

2018 年度 経済学部 〔4〕

難易度	目標制限時間	10 分	目標ライン	(全20点中) 14 点正解
標 準	かかった時間	分	自己採点結果	(全20点中) 点正解

以下の問題文はAとBの会話です。英語に直して，解答用紙BのⅣ．の A1，B1，A2，B2 と記載されている行に書きなさい。

注意点：日本語の表現をうまく英語にできない場合は，別の言い方に変えてから英語にしてみましょう。(例)難解 → 分かりにくい → hard to understand

問題文：

A1：あれっ，渡辺君，顔色悪いよね。寝てないのかな。

B1：うん，夜中にロンドン出張から帰ってきたらしいよ。

A2：朝イチに会議もあったから大変だよね。

B2：仕事も大切だけど，身体をこわしたら，元も子もないよ。

解 説

採点の目安　文の主要構造に誤りがあり，英文が成立していない場合は，以下の区分点にかかわらず無得点とする。

A1：〔5点〕

Check!　〔3点〕**「あれっ，渡辺君，顔色悪いよね」**

「あれっ，」は Oh / Wow / Hey で表す。「渡辺君」は Watanabe のままでよいが，Mr を付けてもよい。「顔色が悪い」は look pale が定番表現だが，not look well と表現してもよい。

Check!　〔2点〕**「寝てないのかな」**

「寝てないのかな」の「～かな」は自問自答の表現 I wonder if ～ を使うか，maybe「ひょっとして」を使ってもよい。「寝てない」は「十分な睡眠を取っていない」he didn't get enough〔much〕sleep と考えるか，「まったく睡眠を取っていない」he didn't get any sleep と考える。

B1：〔5点〕

Check!　〔1点〕**「うん」**

「うん」は「そうだろう（睡眠を取っていないだろう）」I guess not で表すか，Yes / Yeah / Maybe で表す。

Check!　〔4点〕**「夜中にロンドン出張から帰ってきたらしいよ」**

「夜中に」は in the middle of the night が定番の表現だが，単に late (at night) でもよい。midnight は「午前零時」という時間の一点を指すので，about midnight とする。「ロンドン出張」は business trip to London とする。「～らしいよ」は伝聞表現 I hear that he came back で表す。もしくは，話者の推測 It seems that he came back / He seems to have come back で表す。また，別解として，B が渡辺君からロンドン出張から帰ってきたことを直接聞いていたとする場合は，He said that ～で表す。その際には that 以下の時制を過去完了にすることに注意。

A2：〔5点〕

Check!　〔3点〕**「朝イチに会議もあったから」**

「朝イチに」は first thing in the morning という決まり文句を使う。覚えておきたい。もしくは説明的に as his first task of the morning とするか，知らなければ，単に this morning でもよいだろう。

Check!　〔2点〕**「大変だよね」**

「大変だよね」はいろいろな訳ができる。That's (really) tough! / He must be

very tired. / He is surely exhausted〔worn-out〕. などで表すとよい。

B2 :〔5点〕

Check!〔2点〕**「仕事も大切だけど,」**

「仕事も大切」は，Work is important / Work counts〔matters〕などで表し，「だけど」は，「確かに～だけど…」～, to be sure, but … という定番表現を使ってもよいが，単に ～ but … でもよい。

Check!〔3点〕**「身体をこわしたら，元も子もないよ」**

「身体をこわす」は get sick / fall ill / lose *one's* health / destroy *one's* health などの表現を使う。「元も子もないよ」は直訳が難しい。慣用表現の you won't get anywhere「行き詰まる，困った状態になる」，will lose everything「すべてを失うだろう」，come to nothing「水の泡となる」，do more harm than good「有害無益である」でもよい。面白い表現に everything will go down the drain「すべて無駄になる」というものもある（drain は「排水口」のこと。直訳は「すべてが排水口から流れていってしまう」)。

〔解答例1〕

A1：Oh, Mr. Watanabe looks pale. I wonder if he didn't get enough sleep.

B1：I guess not. I hear he just came back from the business trip to London in the middle of the night.

A2：He also had to attend the meeting first thing in the morning. How exhausted he must be !

B2：Work is important, to be sure, but you won't get anywhere if you lose your health.

〔解答例2〕

A1：Watanabe doesn't look well. Maybe he didn't get any sleep.

B1：Yes, he said that he had come back late from a business trip to London.

A2：And he had to attend a meeting first thing in the morning. He must be worn out.

B2：Work really matters, but if he gets sick, he'll lose everything.

解答例

ii. テーマ作文・意見論述

21

2023年度 医学部〔3〕

難易度	目標制限時間	10 分	目標ライン	(全15点中) 9 点正解
標 準	かかった時間	分	自己採点結果	(全15点中) 点正解

According to a government study published in 2019 (i.e., before the Covid-19 pandemic), only 32% of young Japanese had any interest in spending time studying overseas, which was the lowest rate among the seven countries studied, namely the United States, Britain, France, Germany, Sweden, South Korea, and Japan. Write 100 words or so in English to explain some possible reasons for this result.

解説

採点の目安 使用語数が80〜120語でない場合は無得点とし，全体を15点として減点法で採点する。

設問文は「2019年（つまり，コロナ禍以前）に発表された政府による調査によれば，海外留学に関心を抱く日本の若者の割合はわずか32％であり，調査対象の7カ国，すなわちアメリカ，イギリス，フランス，ドイツ，スウェーデン，韓国，日本の中で最も低い割合であった。この結果を説明するために考えうる理由を100語程度の英語で書きなさい」である。

i.e.「すなわち，つまり」 the Covid-19 pandemic「新型コロナウイルス感染症の世界的流行，コロナ禍」 namely「すなわち，つまり」

考えられる理由としては，①語学力の不安，特に英語力が十分でない，②金銭的ハードルがあり，留学費用が工面しにくい（近年の円安傾向や日本経済の停滞，ここ20年以上可処分所得〈＝税金・社会保険料を除いた手取り収入〉の停滞が続いていること），③海外留学が就活時期とバッティングし，留学を阻害している，④留学は一部のエリートのすることだという昔ながらの意識がぬぐえない，⑤（教育の影響もあって）内向き志向が強く，異文化（共生）体験に興味がない，などが挙げられる。設問文にあるように，「コロナ禍以前」の発表であることから，コロナ禍を理由に含めないことが大切である。また，some possible reasons と設問文にあるので，説得力のある複数の理由を述べることが必要だろう。

Check! 以下の場合は減点の対象になるであろうから，気をつけよう。

〔−6点〕「日本人の若者が海外留学に興味をあまり持たない理由」（複数）が具体的に述べられていない場合。

〔−3点〕 文の主要構造に誤りがあり，英文が成立していない場合。

〔−2点〕 論理展開の誤り（接続詞の不適，相関表現や因果関係の誤りなど）。

〔−1点〕 綴り，文法・語法上の誤り。

〔解答例1〕の和訳

海外留学に興味を持つ日本の若者の割合がこれほど少ないのには，いくつかの理由が考えられる。第一に，調査対象となった他の国々と比較して，日本では，ここ20年以上可処分所得の停滞傾向が続いており，親が子供たちを海外で数年間過ごさせることが難しくなっている。第二に，英語教育に関して言えば，この国は英語で話すスキルに重点を置いていないため，言葉の壁のせいで海外留学に抵抗を感じる学生が多いということだ。最後に，多くの若者は日本での生活に満足しているため，外国文化に触れる必要性を感じていない。

〔解答例2〕の和訳

海外留学に関心を抱く日本の若者の割合が他の6カ国に比べて少ないのにはいくつかの理

由が考えられる。一つには，日本経済の停滞と，円安傾向のせいで高騰する留学費用を負担できる家庭が少なくなっていることである。もう一つの理由としては，最近多くの日本企業が，英語力のほうを，海外で教育を受けたかどうかよりも重視するようになったため，就職活動での後者の重要性は薄れつつあるということがある。さらに，日本の教育制度では，他国の価値観や風習について学ぶことにあまり時間を割かないため，その結果として，学生の留学したいという気持ちが薄れているということもある。

〔解答例 1〕There are some possible reasons why such a small percentage of young Japanese are interested in studying abroad. Firstly, compared with the rest of the countries studied, in Japan, disposable income has been stagnant for over 20 years, making it harder for parents to let their children spend multiple years overseas. Secondly, as far as English education is concerned, this country has not focused on English speaking skills, so because of the language barriers, many students feel reluctant to study overseas. Finally, many young people are satisfied with their lives in Japan, so they don't see any need to be exposed to foreign cultures. (104 words)

〔解答例 2〕There are several possible reasons why the percentage of young people in Japan who are interested in studying abroad is lower than that in the other six countries. One reason is that due to the stagnation of the Japanese economy and the weakening of the yen, fewer families are able to afford the soaring costs of studying abroad. Another reason is that many Japanese companies these days place more emphasis on English proficiency than on foreign education, so the latter is becoming less important with respect to job hunting. Furthermore, the Japanese education system does not allocate much time for learning about values and customs of other countries, as a result of which students are less motivated to study abroad. (120 words)

解答例

22

2019年度 医学部〔4〕

難易度	目標制限時間	10 分	目標ライン	(全15点中) 9 点正解
標　準	かかった時間	分	自己採点結果	(全15点中) 点正解

Give one or two examples of behavior you consider to be bad manners. How do you feel when you see people engaging in such behavior in public ? Write about 100 words in English on this topic.

解 説

採点の目安 使用語数が 80〜120 語でない場合は無得点とし，全体を 15 点として減点法で採点する。

Check! 以下の場合は減点の対象になるであろうから，気をつけよう。

〔−3 点〕 文の主要構造に誤りがあり，英文が成立していない場合。

〔−2 点〕 論理展開の誤り（接続詞の不適，相関表現や因果関係の誤りなど)。

〔−1 点〕 綴り，文法・語法上の誤り。

〔解答例 1〕の和訳

日本では電車の中でマナーが悪い人がいると思う。まず，電車の中で乗客が朝食または昼食を食べるのを目にすることがある。彼らは忙しすぎてレストランに行けないのかもしれないが，車中で匂いが強い食べ物を食べることは他の乗客を不快にさせる。第二に，一部の乗客は自分のヘッドフォンの音量が大きすぎることに気付いていないようで，これは他の人が試験のために本を読んだり勉強したりしようとしているときには本当に迷惑だ。なるほど，良い音楽を聴くことは人々を幸せにするが，他の人々に聴きたくもない音楽を無理やり聴かせてはならない。

〔解答例 2〕の和訳

非常識で自己中心的な一部の人が通りや階段でさえも歩きスマホをしているのをよく見かける。スマートフォンの画面に夢中になりすぎると，さまざまな危険にさらされる可能性がある。看板にぶつかったり，信号を見逃したり，赤信号で横断したり，駅のプラットホームから線路に落ちたりもする。これらの危険な状況は怪我や最悪の場合は死につながる可能性もある。さらに重要なことは，歩きスマホをしている注意力散漫な歩行者，いわゆる「スマートフォンゾンビ」は，自分だけでなく何の罪もない周囲の人々を巻き込む事故を引き起こす可能性があるのだ。

解答例

〔解答例 1〕I think some people on trains in Japan have bad manners. First, you sometimes see passengers having their breakfast or lunch on the train. They may be too busy to go to a restaurant, but eating strong-smelling food on the train makes other passengers uncomfortable. Second, some passengers do not seem to notice that their headphones are too loud, which is really annoying when others are trying to read or study for exams. While it is true that listening to good music makes people happy, but people should not force others to listen to music they do not want to hear.（101 words）

〔解答例 2〕I often see some senseless and selfish people using smartphones while walking on the street and even on the stairs. Much too engrossed in the screens of their smartphones, they may run into various dangers: bumping into signboards, missing traffic lights and crossing the road at a red light, and falling off the station platform onto the tracks. These dangerous situations can lead to injury and, in the worst case, death. More important still, distracted pedestrians using smartphones while walking, so-called “smartphone zombies,” may cause accidents involving not only themselves but also innocent people around them.（96 words）

23

2016 年度 看護医療学部〔7〕

難易度	目標制限時間	10 分	目 標 ラ イ ン	(全15点中) 9 点正解
やや難	かかった時間	分	自己採点結果	(全15点中) 点正解

以下の設問に答えなさい。

In 100 to 150 words in English, write a short essay in response to the following question.

More and more parents are giving their children non-traditional (so called *kira-kira*) names. What do you think of this trend ?

解説

採点の目安 使用語数が 100〜150 語でない場合は無得点とし，全体を 15 点として減点法で採点する。

Check! **以下の場合は減点の対象になるであろうから，気をつけよう。**

〔－3 点〕 文の主要構造に誤りがあり，英文が成立していない場合。

〔－2 点〕 論理展開の誤り（接続詞の不適，相関表現や因果関係の誤りなど）。

〔－1 点〕 綴り，文法・語法上の誤り。

[キラキラネームに肯定的な立場]

〔解答例 1〕の和訳

確かに，キラキラネームは読みやすくなく，変わった名前の人は出会う人ごとに名前を説明するという煩わしさがあるかもしれない。しかし同時に，変わった名前はプラスの面ももっている。他人の名前と比較して目立つので，名前が覚えやすく，その人自身も忘れられにくくなる。加えて，他人がもっていない特別な名前をもっていることで，その人は自分の名前を誇りに思うことができる。もちろん，親は，どの名前を選ぶか，そして，その名前が子供の幸福と福祉に，現在も将来も，有害でないようにすべきである。子供は独立した個人である。彼らはいつまでもかわいい赤ちゃんでいるのではなく成長して大人になる。親がこれらのことを心に留めておきさえすれば，赤ちゃんに命名する際に，他に類のない独創的な名前を選択してもよい。

〔解答例 2〕の和訳

私は，子供に非伝統的な名前をつけることそれ自体は，親が十分に注意を払ったうえでしていることであれば，悪いことではないと思う。そう思うのは，実際に日本の親の子供を名づけるやり方がここ 200〜300 年の間にずいぶん変化していて，現在それが変化をやめる理由はないからである。私たちは，この傾向が支配的になるならば，こうしたいわゆるキラキラネームがありふれたものになることさえ想像できる。しかし，この傾向が単に一時的なものだったときのために，親はこうした名前が将来どのような結果となるかを注意深く考えなければならない。子供たちは，そうした名前をおかしいとかばかばかしいと思う人たちから，からかわれたりいじめられたりすることもあり得るのだ。結論としては，親が注意深い考慮を通して自分たちの名づけた名前が子供の将来の幸福のためになると確信している限りは，親は自分の好きなように子供を名づける権利をもつのである。

[キラキラネームに否定的な立場]

〔解答例 1〕の和訳

私の意見では，親は赤ちゃんにキラキラネームをつけるべきではない。確かに，親はこれらの非伝統的な名前をかわいい，かっこいいと思い，赤ちゃんへの愛と期待を表現するためにこれらを使うのかもしれないが，そのような当て字の名前は，親以外の人が読むのも発音するのも非常に困難あるいは不可能である。これらの赤ちゃんが成長して学校に入ると，彼らは名前を読んだり発音してもらったりするのに難儀する。風変わりな名前のために，彼らはいじめの犠牲者になり，その結果，問題行動を起こしたり，対人関係を形成するのに苦労したりすることもあるかもしれない。一部の報告では，キラキラネームの人は，就職に困難を感じる場合があるとも主張している。さらに，赤ちゃんにキラキラネームをつけた親の中には，そうしたことを後悔している人もいると言われている。諺にもあるように，「後悔先に立たず」である。

〔解答例 2〕の和訳

日本の親たちが，自分の赤ん坊にいわゆるキラキラネームをつける傾向が高まっているが，私はそれに賛成しない。彼らは我が子のためによかれと思ってしているのかもしれないが，私に言わせればこれらの名前は子供の将来に悪影響を及ぼすだろう。たとえば，キラキラネームの中には，人気のあるアニメや漫画のように移ろいやすい流行を反映しているものがある。確かに，そうした名前は最初のうちは親しみやすく，伝統的な名前と比べて目立つかもしれない。しかし，流行が変化するにつれて，人はそのアニメや漫画を忘れるだろうし，もはやそうした名前がどこからとられたのかわからなくなってしまうだろう。そして将来，そうした名前をもつ子供が成長したとき，周りにいる人が自分の名前を単に奇妙で聞き慣れないものとしか思わないことに気づくだろう。さらに悪いことには，子供たち自身が自分の名前をそのように思ってしまうかもしれないのだ。したがって，私は子供に非伝統的な名前をつけるという考えには反対だし，親は子供に名前をつけるにあたっていくら注意してもしすぎることはない。

[キラキラネームに肯定的な立場]

〔解答例 1〕To be sure, a *kira-kira* name is not easy to read, and a person with an unusual name may have trouble explaining it to everyone he or she meets. At the same time, however, an unusual name can have some positive aspects. Since it stands out compared to others, the name is easy to remember and also makes the person unforgettable. In addition, with a unique name others don't have, he or she can take some pride in it. Of course, parents should give much thought to which name to choose and make sure the name is not or will not be harmful to the child's well-being and happiness. Children are independent whole individuals. They do not remain cute babies forever, but grow up into adults. As long as parents take all this into consideration, when naming their baby, they can choose a unique and original name. (147 words)

〔解答例 2〕I think giving a child non-traditional name is not a bad thing in itself, if parents are careful enough in doing so. This is because the way Japanese parents name their children has in fact changed a lot within the past few centuries, so there is no reason for it to stop changing now. We can even imagine those so called *kira-kira* names becoming common if this trend gets prevailing. However, in case the trend turns out to be just a passing one, parents have to carefully consider what will become of such names in the future. Children can be made fun of or bullied by those who find those names funny or ridiculous. In conclusion, as long as parents are sure through a careful consideration that their naming is in favor of their children's future happiness, they have the right to name their children as they like. (148 words)

[キラキラネームに否定的な立場]

〔解答例 1〕 In my opinion parents should not give their babies *kira-kira* names. To be sure, parents may regard these unconventional names as cute or cool and use them to express their love and expectation for their babies, but the phonetic equivalents of such names are very difficult or impossible for people other than the parents themselves to read and pronounce. When their babies grow older and start school, they will have difficulty getting their names read and pronounced. Owing to their bizarre names they can fall victim to bullying, and as a result, they may have behavioral problems or have trouble forming interpersonal relationships. Some reports also claim that *kira-kira*-named persons can find it more difficult to get jobs. In addition, some of those parents who gave their babies *kira-kira* names reportedly regret doing that. As a proverb goes, "A bird cries too late when it is taken." (147 words)

〔解答例 2〕 I do not agree with the growing tendency for Japanese parents to give their babies so called *kira-kira* names. They may do this for the good of their children, but in my opinion, these names can affect children's future badly. For example, some *kira-kira* names reflect a passing trend, like characters of popular *anime* or comics. Indeed, the names might at first sound friendly and stand out from traditional names. As the trend changes, however, people will forget the *anime* or comics, no longer recognizing where those names come from. Then in the future, the children of the names now grown up will discover themselves surrounded by those who see their names as merely strange and unfamiliar. Much worse, they might think of their own names that way. Therefore, I am opposed to the idea of giving children non-traditional names, and parents cannot be too careful when naming their children. (150 words)

24

2015年度 経済学部〔5〕

難易度	目標制限時間	45 分	目標ライン	(全10点中) 6 点正解
やや難	かかった時間	分	自己採点結果	(全10点中) 点正解

以下の設問(A), (B)の中から一つ選んで，問題文Ⅰ～Ⅲをもとにして，自分の意見を解答用紙に英語で書きなさい。注意点をよく読んでから書くこと。

(編集部注：問題文Ⅰ～Ⅲは読解問題として出題。設問は省略。編集の都合上，英文の空所を補うなど一部改変したところがある)

(A) Should the Japanese government introduce quotas for the number of women in government and business? Why, or why not?

(B) Should the Japanese government encourage more foreigners to settle in Japan? Why, or why not?

注意点：

(1) 箇条書きは不可。

(2) 問題文Ⅰ，Ⅱまたは Ⅲで言及されている見解やことがらを最低一つ引用して，自分の意見をまとめること。

(3) 自分の意見と異なる見解にも言及すること。

(4) 引用する際には，下の例を参考にすること。

引用例：

・In her 2010 article "Against Zoos", Malls claims, "Nature is not ours to control." However, I strongly disagree with that statement, because ...

・I agree to a certain extent with Devon Suzuki who argues, "Schools do not protect the rights of students enough." in the essay by Foane (2010).

・According to O'Werke (2012, paragraph 7), one option is indirect taxation. Although this argument ...

問題文Ⅰ.

"Modern Girls Revisited" by Eve N. Flappers (2014)

① In recent years, much coverage has been given to those women who have risen to the top. In the corporate world, for instance, Indra Yooyi at PepsiCo, Ginni Rometti at IBM and Mary Barra at General Motors have all attracted global media attention. Less celebrated, but arguably more important, has been the increasing dominance of women in higher education. Around the world, more women than men are now attending and graduating from universities. While the global average ratio in 1970 was 160 men per 100 women, in 2013 it had come down to around 93 men per 100 women. In most OECD countries today, the majority of university graduates are women, and in some, such as Estonia, Iceland and Sweden, there are more than 160 female per 100 male students. Two notable exceptions are Japan and South Korea, where the ratio remains between 40 and 50%.

② This trend ought to have led to political and economic changes. Sure enough, in the political world, change is visible. Angela Merkel, Germany's current leader, may be the most prominent female politician, but she is not alone. In Italy, for example, half of the ministers in the current government are female, while 31% of parliament members are women. Many African and Latin American nations not only have high rates of female political participation, but have chosen women as their leaders. Examples are Dilma Rousseff in Brazil, Michelle Bachelet in Chile, Aminata Toure in Senegal and Ellen Sirleaf Johnson in Liberia. However, for every encouraging example, there are more instances of progress towards gender equality slowing or stalling. In local politics, women's participation has been declining, even in developed countries.

③ However, the sphere in which women's role remains most debated remains the economy. In spite of their educational advantage, college-educated women have lower rates of employment than their male counterparts in most countries, though the gap has decreased recently. Male students tend to major in engineering and the sciences, both of which have strong, though not guaranteed, employment possibilities. Women, meanwhile, continue to lean towards degrees in arts and the humanities. The results are unsurprising. Across the OECD, employment rates among college-educated adult women are somewhat lower than for college-educated men—about 80% versus 90% on average. In some countries, including South Korea and Japan, the gap is much larger. Indeed, in the latter, women make up a mere 14% of the nation's scientists. The situation is even worse in many countries in the Middle East, such as Lebanon, Qatar and Saudi Arabia, where women make up a majority of university students but constitute a very small minority of the educated labor force.

④ Whatever views one has about contemporary gender issues, few doubt that equality in the labor force is an important goal. Solutions might require strong policies from government. Norway was the first country to try quotas, by passing a law stating that all major companies with more than nine directors must fill at least 40% of those seats with women. Elsewhere, however, few countries have followed Norway's lead. For example, the EU finally adopted a plan under which the quota is merely an objective, not a mandatory target—even though the 14% rate of female boardroom participation in Europe, excluding Sweden and Finland, is lower than the United States' 16%. Elsewhere, the situation is no better. Japan's rate stands at only 0.9% ; of the 44 nations included in a recent survey, only the UAE, Qatar and Saudi Arabia recorded a lower figure. South Korea, often compared to Japan when it comes to other female participation and employment issues, recorded a total twice as high.

⑤ In fact, it is possible to see women's absence from the workforce as a cause of chronic economic under-performance, particularly in countries where the women's levels of education have not translated directly into women's levels of employment. Kathy Matsui, a Goldman Sachs' strategist, has argued that Japan's GDP, for example, might be increased by as much as 14% if four-fifths of its women were employed full-time, the same rate as men. "We have to convince people that running a marathon with one leg is going to take a very long time," Matsui said in a recent interview. "It's still an alien concept that women might be working full-time."

⑥ Whether Norway's idea will succeed in the long run remains to be seen. One obvious disadvantage is the greatly increased workload placed on the few executive-level women at the outset. In Norway itself, a handful of women have now become known as "golden skirts", since they sit on the boards of so many different companies. Given such heavy responsibilities, many have ceased their executive functions in order to concentrate on advisory roles. In extreme cases, women have simply dropped out of corporate life. Norway's strategy may not be sustainable ; one way or another, further change is needed.

⑦ Society as a whole needs direction on this issue. Back in 1999, Matsui introduced the idea of "womenomics", arguing that equalizing roles in the workforce is a better solution to a shrinking labor force than immigration or campaigns to raise the birth rate. But, by itself, womenomics is unlikely to succeed : to do so, corporate culture first has to acknowledge the different needs of women. For example, a lack of day-care centers and caregivers forces many working women to quit their jobs and become full-time mothers. Such breaks for childcare interrupt the rise of educated women to high positions in industry, research and government. On the other hand, expectations about women's roles outside formal employment must also be changed. For example, women are far more likely than men to take time off for other family matters, such as caring for elderly relatives.

⑧ Women's educational advancement is a social sea change which cannot be held back by short-term planning or campaigns to raise the birth rate. Faced with aging societies, politicians and economists around the globe have insisted that immigration is the simplest way to guarantee economic growth. However, a more effective strategy would be to expand the social and economic roles played by women. Only through honest discussion of the part that women can and should play can we fully unlock the political and economic potential of modern society.

問題文 II.

"Immigration : Fulfilling Our Global Obligations" by Lemmy Inne (2013)

① The camps around Sangatte are not pleasant places. There are no fixed toilets, housing is just temporary, and overcrowding is common. People are here from countries across Africa and the Middle East, from Nigeria and Cameroon to Eritrea, Somalia and Yemen. But these camps are not in Africa. They are in northern France. Some of their residents are refugees, but all are trying desperately to find a way into the UK. They are dreaming of a land of opportunity, where they can settle, work and build a future. That will probably be an impossible dream ; the authorities will turn most away. But, for the authorities, it is like fighting the tide : these people return again and again.

② Across the English Channel, the steady increase in the numbers of would-be immigrants has prompted renewed debate. Should the UK continue to accept immigration ? And if so, from where ? Which groups of immigrants and why ? However, the UK is not alone ; many European nations are struggling with the same questions. In Italy and Spain, immigration issues have begun to dominate politics. Moreover, they are now central to political debate in France, the Netherlands, Denmark and Sweden, too. Across the Atlantic, immigration is also a growing political issue in the United States, as people from Latin America move north. Although bigger fences are being built and more border security provided, both political parties admit that these measures are insufficient. Clearly something needs to be done. But what ? The topic of immigration usually provokes emotional reactions. Yet our response requires clear heads and an open discussion.

③ To begin with, we need to admit that most immigrants are not trying to get jobs at the expense of workers in rich countries. They are trying to find work in countries that are suffering from shortages of skilled and unskilled labor and are greying rapidly. That is clearly the case in Ireland, Italy and Spain : the number of young people is decreasing. Those that remain are reluctant to do the difficult and dirty jobs that the young and poor have traditionally performed. Across the global North, immigrants are increasingly essential in the care of the elderly and in waste disposal.

④ Furthermore, it seems obvious that without fresh members of society, nations would be weaker, not stronger. In the short run, immigration solves labor shortages. In the long run, immigration will lead to more tax revenue. Right-wing politicians in the North often unfairly attack immigrants as people who only wish to gain an easy life from government welfare. But such descriptions are usually far from correct : grateful immigrants often work longer, harder, and for less reward than those around them.

⑤ Immigrants bring fresh perspectives to any society. Historically, this has usually been viewed positively : years later, the new arrivals often turn out to have brought not just their energy, but different skills and capabilities. Since the world has become increasingly globalized, such skills are even more advantageous. It is easy to adopt limited, nationalistic viewpoints, in which the views and opinions of "outsiders" are considered negatively—as if they might take something away from the majority. However, this is not a zero-sum game. Immigration, far from undermining societies, in fact tends to strengthen them.

⑥ What seems to be at issue is not change itself, for society is always changing, but the *pace* of change. The possibilities of travel and movement in the 21st century are far greater than in earlier times, and the numbers of immigrants have grown correspondingly. Moreover, rapid population growth, which occurred in the developed countries in the nineteenth century and led to large-scale migration, is today a phenomenon of the global South. Thus, it is from this region that most migrants originate today. Overcrowding and international transport have combined to produce the present situation, where millions of people are on the move.

⑦ In the face of these changed global circumstances, we can close our doors, pretend that the wider world is not relevant, and prepare for isolation. Or we can admit that the modern world is highly interconnected. That means anticipating and welcoming some kinds of immigration. How a society treats its immigrants is one way to judge how it will be treated by others in the international arena. A nation which rejects them will be rejected in turn. Nobody can pretend that immigration does not present challenges. It can be neither prevented nor ignored : we should accept immigration, and manage it to our advantage.

問題文Ⅲ.

"Global Charity Begins at Home" by Bette Steyput (2013)

① In 2010, the German banker Thilo Sarrazin expressed the feelings of many in Europe, when he declared : "Multiculturalism is dead". Even today, many Europeans would agree. They have only negative feelings about sharing their towns with people who have different religions, different languages and different ideas about clothing, food, and music.

② Nevertheless, the case against current global migration patterns cannot rest on such feelings. Political ideas which spring from deep-seated racial prejudices should be unacceptable in the twenty-first century. Such ideas can also be short-sighted. When immigrants adapt to the society around them, today's headache might easily become tomorrow's comfort. Instead, we need to look beyond the naïve rhetoric of racism and nationalism to see why rapid migration flows may threaten not just the stability of the host country, but global prosperity.

③ Global migration today is the result of the increased inequalities between rich and poor, combined with environmental destruction across the global

South. People are moving in response to economic circumstances. These circumstances are largely determined by trade patterns. Since 1945, free trade, long advertised as a solution to poverty, has brought great wealth to many. However, many more have been left behind. Today, billions still live in conditions of severe poverty. Many are unemployed. Without the intervention of the United Nations, this pattern will continue, and things will get worse.

④ Environmental destruction has driven much migration. Slash-and-burn farming might by now be largely a thing of the past. Yet, whenever people exploit resources without considering the future, the likelihood of migration increases. That has been the experience of Nauru. Encouraged by foreign corporations, the Nauruans allowed their tropical paradise to be destroyed for money. Today, with no other source of income available, they have turned their island into a temporary home for migrants attempting to reach Australia. Ironically, now that their natural resources have been used up, many Nauruans themselves may soon choose to leave. Obviously, Nauru's story cannot be repeated on a global scale, as there would be nowhere left to run.

⑤ Migration encourages a belief in temporary solutions. The rich and skilled in poor countries see the move abroad as a way out. Whether we are talking about IT specialists or doctors and nurses is irrelevant; poorly paid at home, they are usually welcomed by foreign governments. But if this results in profit for the host countries, the migrants' home countries clearly lose. And it is hard to believe that simply by sending money back home they will entirely cover that loss. Critics of immigration are usually wrong to claim that immigrants do not give back to the societies they adopt. Ironically, the reverse also occurs; they *should*, but often do not, help out the places from where they came.

⑥ Today, this has become a pressing issue, because better transportation and increased global communications have speeded up the process of migration. In the past, the pace of change was slow. Migrants shaped the Americas as we know them today over hundreds of years. Across Asia, population movements over many centuries have affected virtually every nation. Today's migrations, however, are more like tides; immigrants move rapidly into growing economies, but fail to adapt to them and are left on the margins of society. When the money runs dry, many will simply move on.

⑦ Critics of immigration as an economic cure are not always racially prejudiced. They often support measures to help immigrants gain citizenship and fairer treatment. Indeed, we should all make every effort to look after those who have made the long journey to a new land. Yet, mass immigration is not a solution, but is in fact part of a wider problem. It is easy for rich countries to accept skilled immigrants, and equally easy for poorer nations to allow unwanted minorities or unskilled manpower to leave. Yet both sides need to change course. Rich nations need to find fair and equitable ways to provide a future for *all* of their *present* inhabitants. Poor nations need to address the issue of population growth and economic inefficiency *at home*. The temporary solution of replacing people in aging societies with younger people from elsewhere is simply a dead end: both donors and recipients are on an unsustainable course.

全訳

問題文Ⅰ. ≪現代女性再考（イヴ=N. フラッパーズ）≫

① 近年，トップの地位にまで昇り詰めた女性たちに関して多くの報道がなされている。例えば，企業の世界においては，ペプシコのインドラ=ヌーイも，IBM のジニー=ロメッティも，そしてゼネラルモーターズのメアリー=バーラも皆，世界中のメディアの注目を集めてきた。あまり知られてはいないがおそらくより重要なことは，高等教育において女性が優勢になりつつあることである。世界中で，今や男性より女性の方が大学に進学し卒業するようになってきている。1970 年における（大学進学の）世界の平均的な比率は，女性 100 人に対して男性 160 人であったが，

2013年にそれは女性100人に対して男性93人に減少した。今日ほとんどのOECD諸国では，大卒者の大部分が女性であり，エストニア，アイスランド，スウェーデンのような一部の国では，男子学生100人に対して160人以上の女子学生が存在する。2つの顕著な例外が日本と韓国であり，そこでは女子の割合は40～50％の間にとどまっている。

② この傾向は，政治的そして経済的な変化につながるはずであった。確かに，政治の世界で変化は明白である。ドイツの現在の指導者，アンゲラ=メルケルは最もよく知られた女性の政治家であるが，彼女に限ったことではない。例えばイタリアでは現政権における大臣の半分が女性であり，また国会議員の31％が女性である。アフリカ・中南米国家の多くは，女性の政治参加率が高いだけでなく，指導者として女性を選出している。その例としては，ブラジルのジルマ=ルセフ，チリのミシェル=バチェレ，セネガルのアミナタ=トゥーレ，そしてリベリアのエレン=サーリーフ=ジョンソンがいる。しかしながら，それら希望のもてる事例に対して，男女平等化に向かう動きが遅れたり行き詰まるケースはさらに多く存在する。地方政治においては，先進国でさえ女性の政治参加が少なくなりつつある。

③ しかし，女性の役割が最も物議をかもし続ける分野は経済面である。教育上の利点にかかわらず，ほとんどの国で大卒の女性は大卒の男性よりも就職率が低いのである。もっとも，その差は最近では縮まってきてはいるが。男子学生は工学や理学を専攻する傾向にあり，それらはいずれも，確実ではないにせよ，就職先を約束する可能性が高い。一方で女子はというと，芸術や人文科学系の学位を取る傾向が続いている。それがもたらす結果は明々白々である。OECD諸国全体として，大卒女性の就職率は大卒男性のそれよりもいくぶん低い――平均して約80％対90％（の割合）である。韓国と日本を含むいくつかの国では，その差はいっそう拡大する。実際，後者（＝日本）においては，国家の科学者のうち女性はたった14％しか占めていない。その状況はレバノン，カタール，そしてサウジアラビアのような多くの中東諸国でさらに悪化する。つまり，そこでは女性は大学生の大部分を構成するが，教育を受けた労働人口のほんの一部にしかならないのである。

④ 現代の性差別問題に関して人々がいかなる見解をもっていようとも，労働人口における平等が重要な目標であるということを疑問視する者はほとんどいない。これを解決するには政府による強力な政策が必要となる。ノルウェーは，10人以上の取締役がいるすべての大企業はそのポストの少なくとも40％を女性で満たさなくてはいけないと規定した法律を可決することで，（女性雇用の）割当てを定めようとした最初の国家であった。しかしそれ以外では，ノルウェーの先例に従おうとする国はほとんどない。例えばEUは，割当てが強制的到達値ではなく単なる努力目標であるような案をついに採択したが，スウェーデンとフィンランドを除くヨーロッパにおいて，14％という取締役会への女性参加率はアメリカの16％より低い。それ以外の地域でも，状況は同様によくない。日本の割合はわずか0.9％であり，最近の調査に含まれた44カ国のうち，それより低い数値を記録したのはUAE，カ

ii．テーマ作文・意見論述

タール，そしてサウジアラビアだけである。韓国は，これ以外の女性の参加活動や雇用問題に関しては日本とよく比較されるが，（日本の）2 倍の合計数値を記録した。

⑤　実際，労働人口における女性の不在を，慢性的な経済不況の原因と考えることは可能である。とりわけ，女性の教育水準が女性の雇用水準に直接活かされていない国においては。ゴールドマンサックスの経営戦略担当キャシー=マツイは，例えば日本の GDP は，もし女性が男性と同じ割合で，つまりその 5 分の 4 が常勤で雇用されたとしたら，14％も増加するかもしれないと主張してきた。「片足でマラソンを走ることは非常に長い時間がかかるということを我々は人々に納得させないといけません」とマツイは最近のインタビューで述べた。「女性がフルタイムで働くということは未だに思いもよらない考えなのです」

⑥　ノルウェーのアイデアが長期的にみて成功を収めるかどうかはまだわからない。明らかに障害といえることのひとつとして，（この法律が導入された）最初の段階で，管理職レベルの地位にいる数少ない女性に課せられる仕事量が非常に増えてしまったことがある。ノルウェー自体において，一握りの女性たちが今や「ゴールデンスカート」として知られるようになった。というのも，彼女たちは非常に多くの異なる企業の取締役員になっているからだ。そのような重い責任を与えられ，多くは企業顧問としての役割に力を注ぐために管理職の機能を果たさなくなってしまう。極端な例として，女性たちが企業生活からただ身を引いてしまう，ということもあった。ノルウェーの戦略は持続可能なものではないかもしれない。つまり何らかの形でさらなる変化が必要とされているのだ。

⑦　社会全体がこの問題に関して進むべき方向を求めている。1999 年にマツイは「ウーマノミクス」という考えを紹介し，労働人口における役割を平等化することが，移民や，あるいは出生率を上げるためのキャンペーン以上に，縮小する労働人口へのよりよい解決策になるであろうと主張した。しかし，ウーマノミクスそれだけではうまくいきそうにない。つまり成功するためには，企業文化がまず様々な女性のニーズを認めなくてはならない。例えば，託児所や保育士が不足していることで多くの働く母親たちは仕事を辞めて育児に専念することを余儀なくされている。育児を理由としたそのような休職は，教育を受けた女性が企業，研究分野，政府機関において高い地位に昇ることを妨げてしまう。その一方で，正規の仕事以外での女性の役割について期待される内容も変えていかなくてはならない。例えば女性は，高齢の身内を介護するような（育児以外の）他の家族問題のために休暇をとる可能性が男性に比べてはるかに高いのである。

⑧　女性の教育における進出は，出生率を上げるための短期計画やキャンペーンでは抑えることのできない大きな社会変化である。高齢化社会に直面し，世界中の政治家や経済学者は，移民の受け入れが経済成長を保証する最も簡単な方法であると主張してきた。しかし，より効果的な戦略は，女性が果たす社会的・経済的役割を拡大することであろう。女性が果たせる，そして果たすべき役割について真摯に話

し合うことによって初めて，我々は現代社会の政治的および経済的可能性を十分に解き放つことができるのである。

問題文Ⅱ．≪移民：地球規模の義務を果たすこと（レミー=インネ）≫

① サンガット近辺のキャンプは快適な場所ではない。据え付けのトイレもなければ，住宅も仮設のものであるし，人口がすし詰め状態になることは日常茶飯だ。人々はナイジェリア，カメルーンからエリトリア，ソマリア，そしてイエメンに至るまでアフリカから中東に及ぶ国々からここに来ている。しかし，これらのキャンプはアフリカにあるのではない。それらは北フランスにあるのだ。そこにいる住民の一部は難民であるが，全員が何とかしてイギリスに入国する方法を見いだそうとしている。彼らは，定住し，働き，未来を築いていける，チャンスの国を夢見ているのである。それはおそらく不可能な夢であろう。というのも，当局が彼らの大部分を追い返してしまうからだ。しかし当局にとって，それは打ち寄せる波と闘うようなものである。つまり，これらの人々は何度も何度も戻ってくるのだ。

② 英仏海峡を渡って入国し移民になることを希望する者の数の着実な増加は，新たな論争を引き起こしてきた。イギリスは移民を受け入れ続けるべきか？ そして，もしそうであるならばどこから？ どの移民集団を，そしてなぜ？ しかし，（同じ立場にいるのは）イギリスに限ったことではない。多くのヨーロッパ諸国が同じ問いに苦しんでいる。イタリアやスペインで移民問題は政治に大きな影響を及ぼし始めた。さらに，それらはフランス，オランダ，デンマーク，そしてスウェーデンでも今や政治的議論の中心となっている。大西洋を越えて，移民はアメリカ合衆国でもますます政治的な問題になっている。というのも，中南米からの人々が北に移動しているからだ。より大きなフェンスが立てられつつあり，さらに多くの国境警備が置かれているにもかかわらず，（アメリカの）２大政党はこれらの対策では不十分と認めている。明らかに，何かがなされる必要がある。しかし何を？ 移民の話題はたいてい感情的な反応を引き起こす。しかし我々が答えを出すには，明晰な思考力と幅広い意見交換が求められる。

③ まず始めに我々は，たいていの移民が富裕国の労働者を犠牲にして仕事を得ようとしているわけではないことを認める必要がある。彼らは，技能職または非技能職の不足に苦しみ急速に高齢化が進む国々で，働き口を見つけようとしているのである。それは明らかにアイルランド，イタリア，スペインにおける実情であり，若者の数は減少している。それらの国にいる人々は，これまで若者や貧しい者が慣習的に行ってきた困難で汚れを伴う仕事をやりたがらない。北半球のあらゆる国々では，高齢者の介護やゴミ処理において，移民たちはますます必要不可欠な存在になってきている。

④ さらに，社会の新しい構成員がいないと国家は弱体化し，強くならないというのは明らかなようだ。短期的にみると，移民の受け入れは労働力不足を解決する。長期的にみると，移民の受け入れはより多くの税収入に結びつく。北半球国家の右

翼系の政治家は，しばしば移民を政府の福利厚生支援を利用してただ楽な生活を得ようとしている者たちとして不当に攻撃する。しかし，そのような（移民たちの）描写はたいていの場合全く正しいものではない。感謝の気持ちをもって生活する移民たちは，周りの人々以上に長く熱心にそして見返りを求めずに働く。

⑤　移民たちはどんな社会に対しても新しい視点をもたらす。歴史的にみて，このことはたいてい肯定的にとらえられてきた。つまり，数年たってから，新たにやってきた移民が，ただ単に彼らのエネルギーだけでなく様々な技術や能力ももたらしたことが明らかになることが多い。世界はますますグローバル化したので，そのような技術はいっそう有益である。限られた，国家主義的な意見を採り入れることは容易なことであり，そこでは「よそ者」の見方や意見は否定的に考えられる——まるで彼らが（国の）多数派から何かをもち去ってしまうかのように。しかし，これは（プラスマイナスが0になる）ゼロサムゲームではない。移民は，社会を弱めてしまうどころか，実際は社会を強化していくのである。

⑥　問題と考えられるのは変化そのものではない。というのも，社会は常に変化しているからで，むしろ変化のペースが問題のようだ。21世紀の旅や移動の可能性はそれ以前よりもはるかに拡がり，移民の数もそれに応じて増えた。さらに，19世紀に先進国で起こり大規模な移住を引き起こすに至った急速な人口増加は，今日では南半球の現象である。それゆえ，今日大部分の移民の出所となっているのはこの地域なのである。人口過密と国際的な交通機関が結びついて，何百万という人々が移動する現在の状況を生み出したのだ。

⑦　このような変化を遂げた地球環境に直面して，我々は（交流の）扉を閉ざし，拡大しつつある世界が（自分たちとは）無関係であると装って孤立する準備をすることも可能だ。あるいは，現代世界が互いにしっかりとつながっていることを認めることもできる。それはある種の移民を予想し，受け入れることを意味する。ある社会が移民をどのように扱うかが，国際舞台でその社会が他からどう扱われていくかを見極めるひとつの方法である。彼らを拒絶する国家は，今度は自分たちが拒絶されることになるだろう。移民が難題を提示することなどない，とうそぶくことなど誰もできない。それは妨げることも無視することも不可能であり，我々は移民を受け入れて自分たちの利益になるようにうまく対処していくべきである。

問題文Ⅲ．≪グローバルな支援はまず自国から（ベッテ=ステイプット）≫

①　2010年，ドイツの銀行家ティロ=ザラツィンは「多文化主義は死んだ」と言明してヨーロッパの多くの人々の感情を表明した。今日でも，多くのヨーロッパ人は同じ気持ちだろう。彼らは異なる宗教，異なる言語，そして衣服・食べ物・音楽に関して異なる考えをもつ人々と自分たちの町を共有することに非常に否定的な感情を抱いているのだ。

②　しかしそうであっても，現在の世界全体における移住パターンに反対する主張はそのような感情の上にあぐらをかいているわけにはいかない。根深い人種的偏見

から生じる政治的思考は，21 世紀において受け入れられるべきではない。そのような思考はまた，近視眼的と言える場合もある。移民たちが周囲の社会に適応するとき，今日の悩みが明日の安心に簡単に変わってしまうかもしれないのだ。それより，我々は人種差別や国家主義のもつ浅はかな美辞麗句を超えたところにまで目を向けて，なぜ急速な移住の流れが受け入れ国の安定だけでなく世界全体の繁栄まで脅かしかねないのかを考える必要がある。

③　今日の世界全体の移住は，南半球での環境破壊と相まって，富裕層と貧困層の間にある不平等が増した結果である。人々は経済状況に応じて移動しているのだ。これらの状況は主に貿易パターンによって決定される。1945 年以降，自由貿易は貧困の解決策として長い間謳われてきて，多くの人々に巨大な富をもたらした。しかし，それ以上に多くの人々が置き去りにされた。今日，何十億もの人々が依然として極貧状態で生活している。多くは仕事もない。国連の介入がないと，このパターンは続くであろうし，事態はさらに悪化することになる。

④　環境破壊は多くの移住に拍車をかけてきた。焼き畑農業は今となってはもう大部分が過去の遺物かもしれない。しかし人々が将来のことを考えずに資源を開発するときはいつも，移住の可能性が高まる。それはナウル共和国が経験したことである。外国企業に促され，ナウルの人々は熱帯の楽園がお金のために破壊されるのを許してしまった。今日，他に当てにできる収入源もないまま，彼らは自分たちの島をオーストラリアに行こうと試みる移民たちのための仮住まいに変えてしまった。皮肉にも，彼らの天然資源が使い果たされた今，ナウル人自身の多くがやがて（島を）去ることを選ぶかもしれない。地球規模でナウルの顛末を繰り返すことができないことは明らかだ。というのも，移住できる場所はどこにも残っていないだろうからだ。

⑤　移住は一時的な解決策を肯定する動きを助長する。貧しい国にいる富裕層や技術者たちは，海外に移ることが現状からの脱出方法であると考えている。我々が話題にしているのが IT の専門家であろうと医者や看護師であろうとそれは関係ない。というのも，彼らは祖国では満足に報酬を受けることはないが，外国政府にはたいてい歓迎されるからである。しかし，もしこのようなことが受け入れ国にとっての利益を生むことになるならば，明らかに移民の祖国は損失を被る。それに，祖国にお金をただ送ることで彼らが完全にその損失分を埋め合わせるであろうとは信じ難い。たいてい移民を批判する人々は，移民たちは自分たちが選んだ社会に利益を還元していない，と誤って主張する。皮肉にもその逆の事態も起こっているのである。つまり，彼らは自分たちの出身国を支援しなければいけないのだが，多くの場合そうしていない。

⑥　今日これは差し迫った問題となっている。というのも，より充実した交通機関や地球規模のコミュニケーションの拡大が，移住する過程を速めたからだ。昔は変化のペースはゆっくりだった。移民たちは何百年もかけて我々が今日知っている南北アメリカを作り上げた。アジア全体にわたって，何世紀にも及ぶ人口移動が実質

的にすべての国に影響を与えた。しかし，今日の移住はむしろ潮の干満のようなものだ。つまり，移民は成長しつつある経済体制に急速に入り込んでいくが，そこに適応はできず，社会の片隅に置き去りにされる。お金が底を尽くと，多くは（次の場所に向けて）ただ移動し続けるのだ。

⑦ 経済復興策としての移民を批判する人々は，必ずしも人種的に偏見を抱いているわけではない。彼らは，移民たちが市民権を取得したり，より公正な待遇を受けることを支援する政策に賛同することもしばしばである。実際のところ，新しい国まで遠路はるばるやって来た人々の面倒をみるために，我々は皆あらゆる努力をすべきなのだ。しかし，大量の移民というのは解決策ではなく，実際は，より拡大しつつある問題の一部である。富裕国が技能をもつ移民を受け入れることは容易なことであり，必要とされない少数民族や技能をもたない労働力が去っていくのを貧困国が許可することはそれと同じくらい簡単だ。しかし，双方が進む方向を変えなくてはならない。富裕国は，現在の国内居住者全員に明るい未来を提供するための，公正かつ公平な方策を見いださなければならない。貧困国は，国内の人口増加と経済の非効率性という問題に対処する必要がある。高齢化社会の構成員を他の場所からやって来た若者で補充するという一時的な解決策はただ行き詰まるだけだ。つまり，（移民を）送る側も受け入れる側も持続不可能な道を歩んでいるのだ。

解説

採点の目安 使用語数が 100 語未満の場合は無得点とし，全体を 10 点として減点法で採点する。

Check! 以下の場合は減点の対象になるであろうから，気をつけよう。

〔−3 点〕 文の主要構造に誤りがあり，英文が成立していない場合。

〔−2 点〕 論理展開の誤り（接続詞の不適，相関表現や因果関係の誤りなど）。

〔−1 点〕 綴り，文法・語法上の誤り。

(A) 〔解答例 1〕の和訳

私は，日本政府が官庁や企業において女性労働者の割当て制を導入すべきという意見である。イヴ=N. フラッパーズが自らの論文（2014 年）で述べているように，「労働人口における女性の不在」は「慢性的な経済不況」を引き起こす可能性がある（第 5 段）。彼女はまた，日本は取締役会における女性の参加率がわずか 0.9%と，他の OECD 諸国よりもはるかに遅れていることも指摘している（第 4 段）。女性の労働環境を改善するために，さらに多くのことがなされなければいけないのは明らかである。割当てを課すことで，この問題に関する人々の意識は高まるだろうし，「ウーマノミクス」（第 7 段）への道も拓けるであろう。しかし，我々はまた，「ノルウェーの戦略は持続可能なものではないかもしれず，…さらなる変化が必要とされる」（第 6 段）ということも心に留めておかねばならない。ただ数値目標を定め，西洋の制度をまねるだけでは十分とはいえないだろう。現状を改善するために，「女性のもつ様々なニーズ」（第７段）や我々独自の文化・価値観もまた考慮されなくてはならない。

〔解答例２〕の和訳

私は，官庁や企業における女性労働者の割当て制を日本へ導入することは支持できない。職場の男女平等は我々が達成しなければならない重要な目標であるというのは本当だ。しかし，論文「現代女性再考」（2014 年，第４段）で「その解決には政府による強力な政策が必要となる」と主張するイヴ=N. フラッパーズに同意することはできない。強制力を伴った性急な変更は，社会に混乱をもたらすものだ。フラッパーズも，割当て制度は，世界で最初にこの制度を法的に導入したノルウェーで完全には成功していないことを認めている。女性の社会参加を促進するために，法的強制力を使用することは不適当であるだけでなく，不十分でもある。日本では，子育て，高齢の親類の介護に主に関わっているのは女性だ。彼女らの重荷を軽減するために，日本政府は，子供と高齢者のための施設の数を増やすためのさらなる対策をとるべきである。そうすれば，フラッパーズの言う「女性が果たす社会的・経済的役割を拡大し」，「現代社会の政治的および経済的可能性を十分に解き放つ」（第８段）ことに大いに役立つことだろう。

Ⓑ 〔解答例１〕の和訳

私は，日本政府はより多くの外国人が日本に定住するように奨励しなければならないと考える。確かに，移民のマイナス面を誇張して，移民を受け入れるならば日本人が失職するし，移民は間違いなく犯罪の増加を引き起こすと主張する人もいる。しかし，レミー=インネが 2013 年の論文「移民：地球規模の義務を果たすこと」で述べているように，移民にはプラス面の方が多い。まず第一に，日本では，若者の数が減少していて労働者不足になっている職業があり，こうした仕事では移民たちの労働力が期待できる。第二に，移民は短期的に労働者不足を解決するのに役立つだけでなく，税収の増加にも役立つ。第三に，移民は，日本に新しい視点をもたらすことによって日本を強化する。ベッテ=ステイプットが 2013 年の論文で，移住が「一時的な解決策」（第７段）にしかならないかもしれないと主張しているのにも一理あると思う。裕福な国の一つとして日本は，たとえ熟練した専門家でも政治難民でもないとしても移民を積極的に受け入れるべきであり，双方が繁栄できる持続可能な方法を探るべきだ。

〔解答例２〕の和訳

私の考えでは，日本政府はより多くの外国人が日本に定住するよう奨励すべきではない。我々の高齢化社会においては，より多くの移民を受け入れることが，直面している様々な種類の問題，例えば労働力不足などを解決する方法のひとつかもしれない。しかし，これが果たして本当に「最良の」解決策なのか我々はもう一度自らに問いかけるべきである。ベッテ=ステイプットは論文（2013 年）の中で，長期的な視点からこの問題を論じており，「高齢化社会の構成員を他の場所からやって来た若者で補充するという一時的な解決策はただ行き詰まるだけだ」（第７段）と述べている。移民たちが新しい環境に適応できず，「社会の片隅に置き去りにされる」（第６段）という事実もまた，我々に社会的にも精神的にも本当に彼らを受け入れる準備ができているのか，考えさせてしまう。その一方，レミー=インネ（2013

年）は移民のもたらすプラス面に主に焦点をあてており，彼らを勤勉であると評している（第4段）。しかし，外国人による犯罪数の増加など，マイナス面を論じることも同じくらい重要ではないだろうか。そうすることで，我々はこの問題をいっそう分析的，客観的にみることができるようになるだろう。

●語句・構文

【問題文Ⅰ】

（第①段）□ coverage「報道，取材」□ celebrated「著名な，世間的に知られた」□ arguably「ほぼ間違いなく，おそらくは」□ dominance「支配，優勢」□ notable「目立った，有名な」

（第②段）□ sure enough「案の定，確かに」□ visible「明らかな，周知の」□ prominent「著名な，卓越した」□ for ～「（every / each / 数詞とともに用いて）～に対して，～につき」（ex. For (every) five who passed, there were two who failed.「合格者5人に対して不合格者2人の割合だった」）□ gender equality「男女平等，男女同権」□ stall「行き詰まる，失速する」

（第③段）□ sphere「分野，領域」□ counterpart「同等な人やもの，相棒」□ gap「隔たり，格差」□ major in ～「～を専攻する」□ though (they are) not guaranteed と（　）内を補って考えるとよい。□ guaranteed「保証された，折り紙付きの」□ meanwhile「その一方で，同時に」□ lean towards ～「～の方向に傾く」□ humanities「人文科学（＝human sciences)」□ unsurprising「驚くに当たらない，予想できる」□ OECD「経済協力開発機構（＝Organisation for Economic Co-operation and Development)」□ on average「平均して」□ including「～を含めて」□ make up「構成する，占める（＝constitute)」□ labor force「労働力（人口)」

（第④段）□ gender issue「性差別問題」□ quotas「割当て制」□ more than nine「9より大きい（＝10以上の)」□ at least「少なくとも」□ elsewhere「他のどこかで」□ follow *one's* lead「～の後に続く，～に随従する」□ mandatory「命令的な，強制的な」□ boardroom「重役室，役員室」□ excluding「～を除いて」□ no better (than ～)「(～と) 同様に良くない（＝as bad (as ～))」□ compared to ～「～と比較して」□ when it comes to ～「(話が) ～のことになると，～に関しては」

（第⑤段）□ chronic「慢性的な，常習的な」□ strategist「戦略家，実務者」□ four-fifths「5分の4」□ alien「異質な，思いもよらない」

（第⑥段）□ in the long run「長期的には，結局は」□ remain to be seen「今後の課題である，現時点ではわからない」□ workload「仕事量，負荷」□ outset「手始め，発端」□ a handful of ～「一握りの～」□ board「理事会，取締役会」□ (As they are) Given such heavy responsibilities と（　）内を補って考えるとよい。□ sustainable「持続可能な」□ one way or another「あれこれし

て，何とかして」

（第⑦段） □ as a whole「概して，総じて」 □ back in ～「～に遡って，～の時に」 □ shrink「縮小する」 □ immigration「入国者，移民」 □ campaign「組織的運動，作戦行動」 □ by itself「それだけで，単独で」 □ day-care center「託児所」 □ caregiver「介護人，介護士」

（第⑧段） □ sea change「大転換，著しい変化」 □ faced with ～「～に直面して」 □ aging society「高齢化社会」 □ expand「拡大する，広げる」 □ Only through honest discussion of the part (that women can and should play) can we fully … 下線部の副詞句が文頭に出たため，後続部分が can we fully … という疑問文の語順になっている。 □ unlock potential of ～「～の可能性を引き出す，～の潜在能力を解き放つ」

【問題文Ⅱ】

（第①段） □ Sangatte「サンガット（フランス北部の都市）」 □ resident「住人」 □ refugee「難民，亡命者」 □ desperately「必死に，自棄になって」 □ authorities「当局」

（第②段） □ would-be ～「～になるつもりの」 □ prompt「促す，引き起こす」 □ central to ～「～の中心となる，～の中核を成す」 □ measure「対策」 □ insufficient「不十分な」 □ provoke「引き起こす，誘発する」

（第③段） □ to begin with「最初に，手始めとして」 □ at the expense of ～「～を犠牲にして」 □ grey (gray ともつづる)「社会などが高齢化する」 □ reluctant to *do*「～するのに気がすすまない，しぶしぶ～する」 □ waste disposal「ゴミ処理，廃棄物処理」

（第④段） □ in the short run「短期的には，差し当たっては」 □ revenue「歳入」 □ right-wing「右派の，右翼の」

（第⑤段） □ perspective「態度，視点」 □ new arrival「新参者（＝移民）」 □ turn out to have *done*「～したことが判明する」 □ advantageous「有利な，好都合な」 □ limited「了見の狭い」 □ zero-sum game「ゼロサムゲーム（参加者の得点と失点の総和（サム）が零（ゼロ）になるゲーム）」

（第⑥段） □ at issue「問題になって，論争中の」 □ … is not change itself, for society is always changing, but the *pace* of change には not *A* but *B*「*A* ではなくて *B* である」の相関表現が使われている。 □ correspondingly「それに応じて」 □ large-scale「大規模の」 □ it is from this region that most migrants originate today には強調構文（分裂文）it is 焦点情報 that 文の残り が使われている。 □ on the move「移動して，移動中で」

（第⑦段） □ in the face of ～「～に直面して」 □ pretend that ～「～を装う，～のふりをする」 □ relevant「関係のある，関連がある」 □ interconnected「相互に結びついた」 □ some kinds of ～「ある種の～，数種の～」 □ arena「舞台，土俵」 □ in turn「今度は，逆に」 □ present challenges「課題を提示する」

□ neither *A* nor *B*「*A* でもないし *B* でもない」

【問題文Ⅲ】

（第①段） □ declare「宣言する，言明する」 □ multiculturalism「多文化主義」 接頭辞 multi- は「多くの（＝many)」の意。この“Multiculturalism is dead”はニーチェのニヒリズムを表す有名な言葉“God is dead（神は死んだ)”をもじったものである。 □ share *A* with *B*「*A* を *B* と共有する」

（第②段） □ nevertheless「それにもかかわらず，それでもなお」 □ the case against ～「～に反対する主張〔根拠〕」 □ rest on ～「～に頼る，～に基礎を置く」 □ spring from ～「～から生じる」 □ deep-seated「根深い，染みついた」 □ racial prejudice「人種的偏見」 □ short-sighted「近視眼的な，目先のことしか見えない」 □ naïve「考えが甘い，浅はかな」 □ rhetoric「美辞麗句，表現」 □ racism「人種差別主義」 □ nationalism「国家主義，国粋主義」 □ threaten「～を脅す，～の恐れがある」 □ not just *A* but *B*「*A* ばかりでなく *B* もまた」

（第③段） □ inequality「不平等，不公平」 □ combined with ～「～と結合して，～と相まって」 □ in response to ～「～に応えて，～に応じて」 □ advertise「宣伝する，広告する」 □ solution to ～「～の解決策」 □ many more（people）と（　）内を補って考えるとよい。 □ left behind「後に残される，取り残される」 □ intervention「介入，干渉」

（第④段） □ drive「活発にする，推進する」 □ slash-and-burn farming「焼き畑農業」 □ by now「現在までに，今はもう」 □ exploit「利用する，開発する」 □ likelihood「可能性，見込み」 □ Nauru「ナウル共和国（南西太平洋に浮かぶサンゴ島の小国で，国土面積は 21 km^2，人口は 1 万人)」 □ temporary home「仮設住宅」 □ attempt to *do*「～しようと試みる」 □ ironically「皮肉なことに」 □ now that ～「今や～なので」 □ on a global scale「地球規模で，世界レベルで」

（第⑤段） □ see *A* as *B*「*A* を *B* と見なす」 □ way out「逃げ道，解決法」 □ result in ～「～をもたらす，～に終わる」 □ critics of ～「～を批判する人々」 □ give back「戻す，返す」 □ adopt「選定する」 □ the reverse「その逆のこと，その逆の現象」 □ help out「(困った状況の人を）助ける」

（第⑥段） □ pressing「緊急の，喫緊の」 □ as we know them「我々が今日知っているような」 as はいわゆる“名詞限定の as”とよばれるもので，接続詞だが関係代名詞のように使われる。 □ tide「潮汐，潮の干満」 □ adapt to ～「～に順応する，～になじむ」 □ margin「周辺，片隅」 □ run dry「干上がる，枯渇する」 □ move on「先へ進む，移動を続ける」

（第⑦段） □ measure「対策」 □ help *A* *do*「*A* が～するのを支援する」 □ citizenship「市民権，公民権」 □ make every effort to *do*「～するためにあらゆる努力をする」 □ manpower「人的資源，労働力」 □ equitable「公平な，公正な」

□ provide A for B「B に A を与える（＝provide B with A）」 □ address「問題に対処する〔取り組む〕」 □ replace A with B「A を B に交換する，A の代わりに B を使う」 □ dead end「行き止まり，手詰まり」 □ donor「提供者（＝移民を送り出す方）」 □ recipient「受容者（＝移民を受け入れる方）」 □ unsustainable「持続不可能な，維持できない」

(A) 〔解答例 1〕 My opinion is that the Japanese government should introduce quotas for the number of women in government and business. As Eve N. Flappers states in her article (2014), "women's absence from the workforce" can cause "chronic economic under-performance" (paragraph 5). She also points out that Japan is far behind many other OECD countries, with its 0.9% female boardroom participation rate (paragraph 4). Obviously, more should be done to create a better working environment for women. Imposing quotas would help raise public awareness about this issue and pave the way for "womenomics" (paragraph 7). However, we should also be reminded that "Norway's strategy may not be sustainable; … further change is needed" (paragraph 6). Just setting a target figure and copying the Western system will not be enough. "The different needs of women" (paragraph 7) and our own cultures and values must also be taken into account to improve the current situation. (150 words)

〔解答例 2〕 I don't support the introduction of quotas for the number of women in government and business in Japan. It is true that gender equality in the workplace is an important goal which we should achieve. However, I can't agree with Eve N. Flappers, who argues, "solutions might require strong policies from government", in her article "Modern Girls Revisited" (2014, paragraph 4). Hasty change in a forceful manner will introduce confusion into society. Even Flappers admits that the system has not fully succeeded in Norway, which was the first country in the world to legally introduce this quota system. To promote women's participation in society, employing legal force is not only inappropriate but also insufficient. In Japan, those who are primarily concerned with raising children and caring for elderly relatives are women. In order to lessen their burden, the Japanese government should take further steps to increase the number of day-care centers for children and elderly people. This will greatly help to "expand the social and economic roles played by women" and "fully unlock the political and economic potential of modern society"(paragraph 8), as Flappers says.（186 words）

(B) 〔解答例 1〕I think that the Japanese government should encourage more foreigners to settle in Japan. Certainly some people exaggerate the negative aspects of immigration and argue that if we accept immigrants, Japanese people will lose their jobs and that immigration will surely result in an increase in crime. However, as Lemmy Inne put it in the 2013 article "Immigration : Fulfilling Our Global Obligations", there are a lot more positive aspects to immigration. To begin with, in Japan, the number of young people is decreasing and that causes a labor shortage in some kinds of jobs, which we can expect immigrants to do. Second, immigration serves to not only solve labor shortages in the short term but also lead to more tax revenue. Third, immigrants will strengthen Japan by bringing new perspectives to Japan. I agree to a certain extent with Bette Steyput who argues in her 2013 article that migration may be only a "temporary solution"（paragraph 7）. As a wealthy nation, Japan should positively accept immigrants even if they are not skilled specialists or political refugees, and search for a sustainable method to help each other prosper.（187 words）

〔解答例 2〕In my opinion, the Japanese government should not encourage more foreigners to settle in Japan. It is true that, in our greying society, accepting more immigrants could be one solution to the various types of problems we face, such as labor shortages. Yet, we should ask ourselves again if this is truly the "best" solution. In her article（2013）, Bette Steyput discusses this issue from a long-term perspective, stating that "the temporary solution of replacing people in aging societies with younger people from elsewhere is simply a dead end"（paragraph 7）. The fact that immigrants can't adapt to their new environment and are "left on the margins of society"（paragraph 6）also makes us wonder if we are really ready to accept them both socially and mentally. On the other hand, Lemmy Inne（2013）focuses mainly on positive aspects brought by immigrants, describing them as hardworking（paragraph 4）. However, isn't discussing the negative side just as important, such as an increasing number of crimes committed by foreigners ? That would enable us to look at this issue in more analytical and objective ways.（182 words）

解答例

25

2012年度 医学部 〔4〕

難易度	目標制限時間	8 分	目標ライン	（全10点中） 6 点正解
標準	かかった時間	分	自己採点結果	（全10点中） 点正解

What makes you feel confident ? Explain it in English in about 80 words, using specific reasons and examples.

解説

採点の目安 使用語数が65～95語でない場合は無得点とし，全体を10点として減点法で採点する。

Check! **以下の場合は減点の対象になるであろうから，気をつけよう。**

〔−6点〕「自信を与えてくれる物事」と「その理由と実例」が具体的に述べられていない場合。

〔−3点〕文の主要構造に誤りがあり，英文が成立していない場合。

〔−2点〕論理展開の誤り（接続詞の不適，相関表現や因果関係の誤りなど）。

〔−1点〕綴り，文法・語法上の誤り。

〔解答例1〕の和訳

私に自信を感じさせてくれるのは学業成績である。高校入学以来，通知表は全優だし，定期試験と模擬試験の両方で常に1位である。私は，最善を尽くして予習・復習をしてきた。勉強は，ボクシング，レスリングおよびマラソンのような個人競技に似ている。なぜならば，勉強では，頼れるのは自分だけだし，結果には全責任を取らなければならないからである。自己鍛錬は，私が自分の能力に対する自信を形成する確かな手助けとなってくれている。

〔解答例 2〕の和訳

私に自信を感じさせてくれるのは，計画を立て，それを実行することである。毎年，私は新年の誓いを立て，毎月，月次計画を立て，毎週，週の計画を立てて，それらをノートに書き留めている。私はそれを「実行項目」と呼んでいる。計画策定の過程で，私は，何が自分の能力の範囲内で，何がその限界を越えているかを知り，それに従って，正面から取り組むべき課題を立てている。自らを制御し，計画を実行することで，私は達成感を感じ，それが自信を生み出すのに役立っている。

〔解答例 3〕の和訳

奉仕作業が私に自信を与えてくれる。私は，高校に入ったとき，困っている人々のために何かをしたいと望んだ。それで，私は，ボランティアとして働くことに決めた。月に 1，2 度，私は，自転車で家の近くの老人ホームを訪れ，職員たちを手助けして高齢者を世話した。私は，しばしば彼らに本を読んであげた。彼らは，私の読み聞かせを大いに楽しんでくれ，そのことで私は自信を感じた。私は，奉仕作業からたくさんのことを学んできた。

〔解答例 1〕It is doing well at school that makes me feel confident. I have gotten all A’s since I entered high school and always come first in both regular examinations and mock examinations. I have done my best to prepare for and review my lessons. Studying is like individual sports such as boxing, wrestling, and marathon because you have only yourself to rely on and should assume full responsibility for results. Self-discipline does really help me to build confidence in my abilities. (81 words)

〔解答例 2〕What makes me feel confident is making plans and carrying them out. Every year I make New Year’s resolutions, every month I make monthly plans, and every week I make weekly plans and write them down in a notebook, which I call “Action Items.” In the process of planning, I learn what is within and beyond the limits of my ability and, accordingly, set challenges to confront head-on. Success in controlling myself and executing plans makes me feel a sense of achievement, which serves to create confidence. (87 words)

〔解答例 3〕Volunteer work makes me feel confident. When I entered high school, I hoped I would do something for people in need, so I chose to work as a volunteer. Once or twice a month I visited a home for the aged near my house by bicycle, and I helped the staff take care of elderly people there. I often read to them. They enjoyed my reading very much, and it made me feel confident. I have learned a lot from my volunteer work there. (84 words)

第4章　長文読解

第4章　長文読解　傾向と対策

i．空所補充・欠文挿入箇所 ――― 経済・商・理工・看医

熟語の一部を問う問題，文法的に適切なものを問う問題，前後の文脈に合う語や文を補充させる（または，文の挿入位置を選ぶ）問題が出題されている。正確な文法・語彙力に基づく文脈理解が要求されている。いかに短時間で解答できるかが勝負である。文法・語彙力，速読力を養うためにも，自分の志望学部を問わず，取り組んでみてほしい。

ii．語の定義 ――― 法

短い英文を読んだうえで，その中の指定された語に合う語の定義（英文）を選択するという問題が出題されている。まずは単語の語形や文中の位置から品詞を特定して，選択肢から候補を絞り込み，次に文脈で解答を決定する。

iii．文・語句整序 ――― 看医

与えられた語を並べ替えて読解英文の空所を補充する形式（和文対照）の問題と，読解英文内の文章の一部を正しい順序に並べ替える形式の問題が出題されている。前者は，英文に忠実な和文が与えられているので取り組みやすい。後者は，談話標識，指示語，定冠詞，問いかけと答えなどに留意する。

iv．誤り指摘・訂正 ――― 法・看医

看護医療学部では，読解英文内において，文脈から考えて不適切な語を指摘・訂正する問題が出題されている。本書では掲載を省略しているが，法学部では，2019年度に，英文内の文章の修正案として適切なものを選択する問題や，不要な文を指摘する問題が出題されている。文法（主語と動詞の一致，名詞の単数・複数，現在分詞・過去分詞等）・語法（イディオム）の知識と，文脈理解が問われている。

v．複数短英文 ――― 商

一つの大問の中で，短い英文が複数出題され，それぞれについて各1問（内容説明，主題，内容真偽など）の問いが与えられるという問題が出題されている。短い英文（100～180語）とはいえ，内容の異なる英文の趣旨を的確に把握して，設問を処理していくには速読即解力が要求される。

vi．長文読解総合（1000語未満）――― 法・経済・商・理工・医・薬・看医・SFC

1000語以上の超長文読解よりは短めとはいえ，特に700語を超えるものになると普段読みなれていないとかなり辛い。それぞれの問題に目標制限時間を設定しているので，まずはその時間内に解答できるようにしよう。初めは目標制限時間を超えてもよいが，最終的には制限時間内に余裕をもって解答できるようにしたい。

i．空所補充・欠文挿入箇所

26

2023年度 商学部〔7〕

難易度	目標制限時間	5 分	目標ライン	(全5問中) 4 問正解
標準	かかった時間	分	自己採点結果	(全5問中) 問正解

次の英文を読み，空所（ a ）～（ e ）に入る，文脈の上で最も適した動詞を下記の語群から選び，必要に応じて最も適切な語形に変えて解答欄に記入しなさい。ただし各解答欄に記入する語は動詞一語のみとし，同じ語を二回以上使ってはいけない。同じ語を二回以上使った場合，正解が含まれていてもその正解は得点にならない。

answer	exchange	originate	require	structure

Public speaking is an essential life skill. The study of public speaking (a) in ancient Athens about 2,500 years ago. Public speaking is the act of performing a speech to a live audience in a well-(b) manner, in order to inform, entertain, and persuade them. There are many elements of public speaking: picking an interesting topic, writing a captivating speech, asking for audience questions, and (c) those queries from them. Public speaking is usually a formal, face-to-face speech to either a single person or group of listeners. Citizens were each (d) to give speeches as part of their civic duties, which included speaking in legislative assembly and sometimes at court to defend themselves as there were no lawyers for the average Athenian. All citizens theoretically would meet in the marketplace and (e) opinions on war, economics, and politics with one another. Thus, good speaking skills were also essential for a prominent social life.

出典追記：Brief History of Public Speaking and Famous Speakers through the Ages, VirtualSpeech on April 30, 2018 by Dom Barnard

全訳

≪パブリックスピーキング≫

パブリックスピーキングは非常に重要なライフスキルである。パブリックスピーキングの研究は約2,500年前の古代アテネに起源がある。パブリックスピーキングとは，情報を与え，楽しませ，説得するために，しっかりと体系化された形で目の前の聴衆に話をするという行為である。パブリックスピーキングには多くの要素が含まれている：興味を引く話題を選ぶこと，人の心を捉える原稿を書くこと，聴衆から質問を引き出すこと，そうした聴衆からの質問に答えること。パブリックスピーキングは通常，形式に従った，対面での，1人の相手または集団の聞き手に対して行うスピーチである。市民は市民の義務の一環としてそれぞれがスピーチを行うことを求められており，そうしたスピーチには立法議会や，時には自分自身を弁護するための法廷での弁論も含まれていたのだが，それは一般的な古代アテネの人々には弁護士がついていなかったからである。建前としては，すべての市民は市の開かれる広場に集い，戦争，経済，政治についてお互い意見を交わすことになっていた。したがって，優れた対話スキルは卓越した社会生活を送る上でも不可欠なものであった。

解説

a　主語がThe study of public speakingなので，空所直後のin ancient Athensという表現に着目して，originate in ～「～に起源がある，～で始まる」とすればよい。時制は過去形。

b　空所には，直前のwell-と組み合わさって，直後のmanner「やり方，方法」を修飾する複合形容詞を形成できる語が入る。structure「～を体系化する，～を組織立てる」を過去分詞にしてwell-structuredとすれば，しっかりと体系化された方法で聴衆に話をするという内容になり文意に合う。

c　空所直後にthose queries「それらの質問」という表現が続いているのでanswer「～に答える」を選べばよい。空所直前のandは，同文内前方のpicking …，writing …，asking … を結んでいるのでing形にしておく。

d　空所の前にbe動詞があり，空所直後がto give speechesとなっているので，require *A* to *do*「*A*に～するように要求する」という表現を受動態にした形にすれば文法的にも文脈的にも適切。

e　空所直後の目的語が複数形のopinionsとなっているので，exchange「～を交換する，～を交わす」が適切。空所直前のandは前方のmeetとexchangeを結んでおり，それらが助動詞のwouldにつながっているので原形にしておく。

●語句・構文

□ captivating「人の心を捉える，魅力的な」 □ ask for ～「～を要求する，～をくれと頼む」 □ query「質問」（＝question） □ legislative assembly「立法議会」 □ court「法廷」 □ theoretically「建前としては，理論上は」

a．originated　b．structured　c．answering
d．required　e．exchange

解答

27

2022年度 商学部〔8〕

難易度	目標制限時間	6 分	目標ライン	(全5問中) 4 問正解
標 準	かかった時間	分	自己採点結果	(全5問中) 問正解

次の英文を読み，空所（ a ）～（ e ）に入る，文脈の上で最も適切な名詞を解答欄に記入しなさい。下記の動詞群の名詞形のみを使用すること。ただし，～ing形は使用してはいけない。また，同じ語を二回以上使ってはいけない。同じ語を二回以上使った場合，正解が含まれていてもその正解は得点にならない。

例：allow→allowance

bathe please produce read state

Strong writing skills are essential for anyone in business. You need them to effectively communicate with colleagues, employees, and bosses and to sell any ideas, consumer (a), or services you're offering. Many people think good writing is an art—and that those who do it well have an innate talent they've nurtured through experience, intuition, and a habit of reading often and widely. But every day we're learning more about the science of good writing. Advances in neurobiology and psychology show exactly how the brain responds to words, phrases, and stories. And the criteria for making better writing choices are more objective than you might think.

Good writing gets dopamine flowing in the area of the brain known as the reward circuit. Great writing releases chemicals that turn on reward hot spots. Just like good food, a hot-spring (b), or a comforting hug, well-executed prose brings us (c), which makes us want to keep reading. Scientists using MRI and PET machines can literally see how reward regions clustered in the midbrain are activated when people read certain types of writing or hear them read aloud. Each word, phrase, or idea acts as a stimulus, causing the brain to instantly answer a stream of questions: Does this promise value? Will I like it? Can I learn from it? Whether it's a brief declarative (d) in an email or a complex argument expressed in a report, your own writing has the potential to activate the neural circuitry of your (e)' brains.

[Adapted from an article in the *Harvard Business Review*]

出典追記：The Science of Strong Business Writing, Harvard Business Review July-August 2021 by Bill Birchard

全訳

≪よい文章に触れた時に脳内で起きていること≫

うまく文章を書くというスキルは，仕事において誰にとっても必要不可欠なものである。同僚，従業員，上司と効果的にコミュニケーションを図り，提供するアイデア，消費者製品，サービスを売るためにはそのスキルが必要となる。多くの人はよい文章を書くことは技術を必要とするものであり，それがうまくできる人には，経験，直観，頻繁で幅広い読書習慣から育んできた天賦の才能があると考えている。しかし，私たちはうまく文章を書く技法について多くのことを日々学んでいるのだ。神経生物学と心理学の進歩により，言葉，言い回し，説明に対して脳がどのように反応しているのか正確にわかるようになった。そして，より優れた文章選択の基準は，思っている以上に客観的なものとなっているのだ。

よい文章に触れると，報酬回路として知られている脳の部位にドーパミンが出る。素晴らしい文章は報酬系のホットスポットを作動させる化学物質を放出するのだ。おいしい食べ物を食べること，温泉に入ることや心地よいハグのように，うまく考えられた散文は，私たちに喜びをもたらしてくれるので読み続けたくなるのである。科学者たちは，MRI や PET 機器を使い，人々がある種の文章を読んだり，読み聞かせられたりした時，中脳に集まる報酬領域が活性化している様子を，文字通り見ることができるようになった。1つ1つの言葉，言い回し，見解が刺激となり，絶え間なく続く問いかけに対して，即座に脳が返答していくのである。これは価値を与えてくれるものなのか？　私はこれを好きになるだろうか？　ここから学ぶことはあるのか？　メールで述べた短い発言であろうが，レポートで述べた複雑な主張であろうが，あなたが書いたものは読み手の脳の神経回路を活性化させる可能性があるのだ。

解説

a　空所は sell の目的語になっており，直前に consumer があるので **consumer products「消費者製品」とすればよい。**

b　空所直前の hot-spring に着目し，**hot-spring bath「温泉浴」とする。**

c　第2段では，よい文章に触れることで，脳の報酬領域が活性化することが説明されている。したがって，well-executed prose「うまく考えられた散文」は喜びをもたらしてくれるという文脈になる **pleasure「喜び」が正解。**

d　空所を含む部分は，書かれた文章の例が挙げられている。「メールで述べた短い発言」となるよう **statement とすればよい。** declarative「陳述の」

e　第2段第1文（Good writing gets …）の内容から，よい文章を読むと読み手の脳の神経回路が活性化されると考えられるので，**readers が正解。** 空所直後にアポストロフィがあり複数形等の語尾が s で終わる語の所有格となると予想できることとも合致する。

●語句・構文

(第1段)　□ strong「説得力のある，優秀な」 □ an art「技術を必要とするもの」 □ innate「天賦の，生まれつきの」 □ nurture「～を育む」 □ intuition「直観，直感」 □ science は「(体系的な) 技術・わざ・方法」の意で，the science of numbers は「算数，算術」，the science of cooking は「料理法」である。□ neurobiology「神経生物学」 □ criteria「基準」

(第2段)　□ dopamine「ドーパミン（＝生体内で合成される中枢神経系の伝達物質の1つで脳の神経細胞の興奮の伝達に重要な働きをする)」 □ reward circuit「報酬回路」 □ release「～を放つ，～を放出する」 □ turn on ～「～を刺激する，～を活気づける」 □ hot spot「ホットスポット（＝周囲に比べて何かが高まっている場所のこと)」 □ MRI「磁気共鳴映像法」(＝magnetic resonance imaging) □ PET「陽電子放射断層撮影法」(＝positron emission tomography) □ cluster「～を集める」 □ midbrain「中脳」 □ activate「～を活性化させる」 □ stimulus「刺激」 □ a stream of ～「絶え間ない～，次々と来る～」 □ potential「潜在力，可能性」 □ neural circuitry「神経回路」

a．products　b．bath　c．pleasure
d．statement　e．readers

28

2014年度 看護医療学部〔3〕

難易度	目標制限時間	8 分	目標ライン	(全4問中) 3 問正解
標 準	かかった時間	分	自己採点結果	(全4問中) 問正解

次の枠内に示された1～4の各文を入れるのに最も適した箇所を，下記文中の空欄［A］～［F］から1つずつ選び，解答欄に記号で記しなさい。ただし1つの空欄には1文しか入らない。

1. The heat entered the atmosphere directly above cities, scientists said.
2. They concluded that climate scientists should incorporate the effects of urban areas.
3. They found that activities from urban areas can warm the air as far as 1,500 kilometers away.
4. This, unexpectedly, has at times resulted in cooler air in some parts of the world, including certain parts of Europe.

You don't have to live in a city—or even near one—for urban activities to affect your weather, according to a new study. ［A］ Researchers used a computer model of the atmosphere and climate data from the United Nations and various published reports of energy consumption per capita. ［B］ In some areas, that warming was as much as 1 degree Celsius.

The temperature changes were caused by human behavior in cities, like heating buildings and powering vehicles, rather than the natural heat that was captured by paved surfaces. ［C］ It was then dispersed by the natural movements of the global jet stream. ［D］ At the same time, the warmth from urban centers has affected the movement of air in the atmosphere. ［E］

The rise in temperatures may explain why some areas are experiencing more winter warming than climate computer models had projected, the researchers said. ［F］ Then they could better represent the effects of global warming.

【出典】Quenqua, D. (2013). Warming effect of urban activities felt widely. *The New York Times. February 11.* © The New York Times

全訳

≪都市部の温度上昇の影響≫

新しい研究によると，都市の活動があなたの暮らす場所の天気に影響を及ぼすためには，あなたは都市あるいは都市の近くで生活していなくてもよいことがわかった。研究者たちは大気のコンピュータモデルと国連からの気候データ，それに一人当たりの様々なエネルギー消費に関する公表された報告書を利用した。これにより，都市で生じる活動は 1500 キロも離れた空気を暖めることができることがわかった。場所によってはその気温上昇は 1℃にもなっていた。

気温の変動は，舗装された表面によって捕えられた自然熱よりも，暖房を入れているビルや走っている自動車といった都市での人間の行動によって引き起こされていた。科学者たちが述べたところによると，その熱は都市の真上の大気に直接入り込む。次にそれが地球のジェット気流の自然な移動によって散らばっていく。同時に，都市の中心部からの熱は大気中の空気の動きに影響を及ぼす。このため，ヨーロッパのある特定の場所を含め，世界の場所によっては時として予想外に冷たい空気が生じてしまう。

気温の上昇は，なぜ場所によってはコンピュータによる気候モデルで予測されたよりも温暖な冬になってしまうのかを説明するかもしれない，と研究者たちは述べた。彼らは，気象学者たちは都市部の影響を組み込むべきだと結論づけた。そうすれば，彼らはもっとうまく地球温暖化の影響を示すことができるかもしれないのだ。

解説

1 「科学者たちが述べたところによると，その熱は都市の真上の大気に直接入り込む」

The heat の the が定冠詞であることと，都市の上空の大気に影響が及ぶ「熱」の循環のことを一般常識から考える。空所Cの後続文に副詞 then「その後で，それから」があり，ジェット気流に乗って拡散されることが示されている。したがって，**Cの位置に入る**のが適当である。

2 「彼らは，気象学者たちは都市部の影響を組み込むべきだと結論づけた」

conclude「結論を下す」とあることから，最終段落に入る可能性を考える。空所Fに入るとすると，人称代名詞 They は直前の文の the researchers を指すと推論できる。また，後続文の副詞 Then「そうすれば」は，「気象学者たちが都市部の影響を組み込めば」ということになるので**Fの位置に入る**のが適当である。

3 「都市で生じる活動は1500キロも離れた空気を暖めることができることがわかった」

人称代名詞 they が指す複数名詞と，1500キロも離れた場所に影響が及ぶという内容を総合的に考える。空所Bの位置に入れた場合，They は Researchers を指し，後続文で遠方の場所における温暖効果を具体的に示すことになる。したがって，**Bの位置に入る**のが適当である。

4 「このため，ヨーロッパのある特定の場所を含め，世界の場所によっては時として予想外に冷たい空気が生じてしまう」

指示代名詞 This が指す内容と，場所によっては冷たい空気が生じるという内容を総合的に考える。空所Eに入れた場合，This は都市部の熱は大気中の空気の動きに影響を与えることを示すと考えられる。論理的にも一貫性があるので，**Eの位置に入る**のが適当である。

●語句・構文

(第1段) □ one＝a city　□ affect「～に影響を及ぼす」 □ per capita「一人当たりの」
□ 1 degree Celsius「摂氏1度」
(第2段) □ paved「舗装された」 □ disperse「まき散らす」
(最終段) □ project「～を見積もる，予測する」

解答

1－C　2－F　3－B　4－E

ii．語の定義

29　2023年度 法学部〔2〕

難易度	目標制限時間	8 分	目標ライン	(全10問中) 7 問正解
標 準	かかった時間	分	自己採点結果	(全10問中) 問正解

Read the text below and answer the questions that follow.

Having inveigled(1) his way into the old lady's home and confidence, John took advantage of her going into the kitchen to put the kettle on, to explore what lay behind the mysterious-looking door to his right. The first thing that John noticed as he descended the steps leading into the cellar was the stench(2). As he inhaled, his nostrils were immediately assaulted by the stale air of a room that had clearly remained long undisturbed by any intruder, at least, any human one. John halted briefly, waiting for his eyes to become accustomed to the light, or, more accurately, the paucity(3) of it. Meanwhile, the room's dank(4) atmosphere made itself felt on every patch of his skin that was exposed to it : his hands, his face, and the back of his neck. Utilizing four of the five senses granted to humanity by Mother Nature, each one now highly accustomed to his surroundings, he began rummaging(5) vigorously through the heaps of junk that stretched out before him. Stumbling over the detritus(6) of a childhood long since forgotten, pushing his way past dolls with missing limbs, a rocking horse minus its saddle, roller-skates absent their wheels, and a host of other broken toys, he descried(7) in the far corner of the cellar an antique, tarnished(8) lamp. Pausing momentarily, he surveyed the world around him one more time, before picking up the item. Pulling up a nearby toy chest to sit on, he took out his handkerchief and began burnishing(9) the mysterious brass vessel. John stood aghast(10) as an abrupt flash escaped the lamp, almost immediately followed by a plume of blue smoke slowly coiling up and out of its spout.

If you looked up the basic forms of the underlined words (1)—(10) in a dictionary, you would find the following definitions (0－9). In each case, decide which definition matches the underlined word and mark that number on your answer sheet.

0. having lost purity or luster, faded; to appear less bright, dull, or of a different color
1. suddenly filled with feelings of shock and worry; struck with terror, horror, or amazement
2. to acquire by ingenuity; to win over by flattery
3. to notice, discover, or catch sight of someone or something
4. to search thoroughly but unsystematically or untidily
5. to make shiny or smooth, especially by friction
6. the condition of having very little or not enough of something
7. an accumulation of rubbish or waste material of any kind left over from something
8. unpleasantly moist; disagreeably wet and cold
9. a stink; a strong and unpleasant smell

全訳

≪地下室で見つけた不思議なランプ≫

言葉巧みに老婦人の家に入り込み，信頼も得ていたジョンは，彼女がやかんを火にかけに台所に行った隙に，右手にある謎めいたドアの奥に何があるのかを探った。地下室につながる階段を下りながら，ジョンが最初に気づいたのは悪臭だった。息を吸い込むと，すぐさま，明らかに長きにわたってずっと誰の侵入も，少なくとも人の侵入は受けていない部屋の，よどんだ空気が鼻を襲ってきた。ジョンはちょっと立ち止まり，その部屋の明るさ，いや，より正確に言えば，明るさが足りないことに目が慣れるのを待った。そうこうするうち，部屋のじめじめした空気が，手や顔や首の後ろなど，さらされている皮膚のあらゆるところで感じられるようになった。母なる自然が人間に与えてくれた五感のうちの四つを使っていると，それぞれが自分の周囲の状況にかなり慣れてきたので，彼は目の前に広がるガラクタの山をせっせとくまなく探し始めた。長い間忘れ去られていた子供時代の，積み上がった残骸に足をとられながらも，手足のとれた人形，サドルのない揺り木馬，車輪のないローラースケート，他にもたくさんの壊れたおもちゃをかき分けて進むと，彼は地下室のずっと奥の片隅に，年代物のくすんだ色のランプを見つけた。一瞬，動きを止め，もう一度自分の周りを入念に見渡してから，彼はその品物を拾いあげた。近くにあったおもちゃ箱を引き寄せて，そこに腰かけると，ハンカチを取り出し，その不思議な真鍮の容器を磨き始めた。突然，ランプから光が放たれ，その直後に一筋の青い煙がもくもくと渦を巻きながら立ちのぼり，容器の注ぎ口から出てきたので，ジョンは愕然とした。

解説

下線のある(1)〜(10)の語の，辞書に記載されている定義として適切なものを0〜9から選択する問題。下線部の数と選択肢の数は同じなので，わかるものから選んでいく。難度の高い語がほとんどだが，文脈から判断できるものも多い。初めに選択肢に目を通しておいてから問題文を読み進めるのがよいだろう。接頭辞・接尾辞の意味や語根が共通する語の意味から類推したり，単語の語形や文中における位置から品詞を特定したりして，選択肢から候補を絞り込み，あてはめて確認していく方法が有効。

0.「純度や光沢がなくなってしまうこと，色あせた；輝きが薄れ，くすんで見えたり，違う色に見えたりすること」

1.「突然，ドキッとしたり，不安感でいっぱいになって；恐怖，戦慄，驚きなどの思いに駆られて」

2.「巧妙に手に入れること；お世辞で心をつかむこと」

3.「誰か，あるいは何かに気づいたり，発見したり，目に留めたりすること」

4.「徹底的にだが，手あたり次第，乱雑に探すこと」

5.「特にこすることで，つやを出したり，なめらかにすること」

6.「何かが非常に少ないか，十分にない状態」
7.「どんな類であれ，何かの残り物からなるゴミや廃棄物の山」
8.「不快なほど湿気が多い；嫌になるほど湿って冷たい」
9.「悪臭；強烈で不快な臭い」

(1) inveigle は「～をそそのかす」という意味の動詞として辞書で紹介されていることが多いが，ここでは「ずるをして～を得る」といった意味で用いられていると考えられる。inveigle *one's* way into～「ずる賢い手を使って～(場所・地位など）に至る」 **2が正解**。ここでは老婦人の信頼を得ている状況がわかれば正解に至るだろう。

(2) stench は「悪臭」という意味の名詞で，**9が正解**。後続文（As he inhaled …）中の inhale「吸い込む」という動詞や，stale air of a room「部屋のよどんだ空気」などの表現からも判断はつくだろう。

(3) paucity は「不足」という意味の名詞で，**6が正解**。ジョンがいるのは地下室で，十分な明かりはないと想像できる。また，この直前で，目が明るさに慣れるまで待ったと述べられていることからも，it つまり the light の不足だと判断がつくだろう。

(4) dank は「じめじめした」という意味の形容詞で，**8が正解**。the room's dank atmosphere が皮膚のあらゆるところで感じ取れるというのだから，この語はその部屋の空気がどんな感じかを表す形容詞だと判断できるので，dank の意味を知らなくとも正解に至ることは可能だろう。

(5) rummage は「引っかき回して探す，徹底的に探す」という意味で，**4が正解**。直後の2つの文（Stumbling over the … up the item.）に，彼が床に散らばった山のようなガラクタをかき分けながら進んで年代物のランプを見つけ，もう一度あたりを見回したと書かれているところからも，推測は可能だろう。

(6) detritus は「破片，残骸，ばらばらにされたもの（の山)」という意味の名詞で，**7が正解**。このあとに，手足のとれた人形など，さまざまな壊れたおもちゃや道具が登場していることも参考になる。

(7) descried は descry「(遠くにあるもの）を見つける」の過去形で，**3が正解**。ジョンがさまざまなガラクタの山を引っかき回しており，地下室の隅にランプがあるのを見つけたという状況は読み取れるだろう。

(8) tarnished はもともと tarnish「～を変色させる」の過去分詞だが，「変色した，色あせた，錆びた」という意味の形容詞としても用いられる。**0が正解**。

(9) burnish は「～を磨く，～をこすってつやを出す」という意味の動詞で，**5が正解**。ジョンがハンカチを取り出してランプをどうし始めたのかを考えると，正解に至ることができるだろう。

⑽ aghast は「仰天して」という意味の形容詞で，1が正解。古びたランプをこすってみると，光が放たれ，青い煙が立ちのぼったのだから，驚いたはずで，そのことからも判断はつくだろう。

●語句・構文

□take advantage of～「～を利用する，～につけこむ」 □descend「～を下りる〔降りる〕」 □cellar「地下室，地下貯蔵庫」 □nostril「鼻孔」 □assault「～を襲う〔強襲する〕」 □stale「不快な，よどんだ」 □undisturbed「邪魔されない，かき乱されない」 □intruder「侵入者」 □halt「立ち止まる」 □become accustomed to～「～に慣れる」 □accurately「正確には，的確に言うと」 □patch「部分」 □five senses「五感」 □vigorously「精力的に」 □junk「ガラクタ」 □stumble over～「～につまずく」 □long since「ずっと以前に」 □push *one's* way「押し分けて進む」 □limb「手足」 □minus「～のない，～が欠けた」(＝without)（前置詞） □a host of～「多数の～」 □brass「真鍮の」 □vessel「食器，わん，(水差しなどの液体用の)容器」 □abrupt「突然の，不意の」 □plume「(煙・炎などが) 立ちのぼったもの」 □a plume of blue smoke「一筋の青い煙」 □coil up「渦を巻いて立ちのぼる」 □spout「注ぎ口」

解答

⑴－2 ⑵－9 ⑶－6 ⑷－8 ⑸－4 ⑹－7 ⑺－3 ⑻－0 ⑼－5 ⑽－1

30

2022年度 法学部〔2〕

難易度	目標制限時間	6 分	目標ライン	(全10問中) 7 問正解
標 準	かかった時間	分	自己採点結果	(全10問中) 問正解

Read the text below and answer the questions that follow.

Having been divested(1) of her rightful patrimony(2), Sophia was incandescent(3) with rage. All of life's cruelties and injustices appeared to come together in this betrayal of expectations. Who, she wondered, had maligned(4) her so viciously and so perfectly as to have ensured that she had been cut out of the will? And what was their motive? Who among her relatives had she slighted so significantly and yet so unintentionally that they would have felt moved to do this to her? She ransacked(5) her memory desperately seeking to discover the answer. Did it lie in some comment, nonchalantly(6) uttered but profoundly received? Of course, none of that mattered for the time being; rather, now, despite finding herself suddenly without even the most vestigial(7) hope of future financial security, she determined it behoved(8) her to exhibit nothing outwardly of her feeling of acrimony(9) toward her relatives. Inwardly, however, she determined to identify who had done this to her, and vowed to exact upon them a delectably(10) sweet revenge.

If you looked up the basic forms of the underlined words (1)—(10) in a dictionary, you would find the following definitions (0－9). In each case, decide which definition matches the underlined word and mark that number on your answer sheet.

0. harsh or biting sharpness, especially of words, manner, or feelings
1. highly pleasing; delightful
2. remaining as the last small part of something that existed before
3. in a casual way that shows a relaxed lack of concern or interest
4. to be necessary, proper, fit, advantageous for

5. strikingly bright, radiant; glowing, or luminous with intense heat
6. to deprive or dispossess, especially of property, authority or title
7. anything, including an estate, inherited or derived from one's father
8. to utter injuriously misleading or false reports about; speak evil of
9. to look through thoroughly in often a rough way

全 訳

≪相続財産を受け取れなかった女性の憤怒≫

ソフィアは，自分が正当に権利を有する相続財産を奪われたことで，激怒していた。一生分の残酷な出来事や不当な仕打ちが全部，期待に対するこの裏切りに集約されているみたいだった。いったい誰が自分のことをこれほどの悪意をもって，しかも完璧なまでに悪く言い，確実に遺言の相続人から外れるようにしたのだろうと，彼女は思いを巡らせた。それに，その連中の動機は何だったのだろう？ 親戚の中の誰を，自分にこんなことをしようという気になるほどまでにひどく，それも知らず知らずのうちに自分は軽んじていたというのだろうか？ その答えを見つけようと，彼女は必死に自分の記憶をくまなく探った。それは，何気なく口にしたものなのに，深刻に受け止められた何らかの発言の中にあったのだろうか？ もちろん，それが何にせよ，当面は，どうでもいいことだった。そんなことより，今は，自分が将来，財産面での保証が得られる見込みが痕跡すら残らないまでにないことに突然気づいたというのに，彼女は，親戚に対して自分のとげとげしい感情を何も外には出さないようにする必要があると判断した。しかし，心の内では，誰が自分に対してこんなことをしたのかを特定しようと心に決め，その連中に心躍るような胸のすく復讐をしてやらねばと誓うのだった。

解 説

下線のある(1)〜(10)の語の，辞書に記載されている定義として適切なものを０〜９から選択する問題。下線部の数と選択肢の数は同じなので，わかるものから選んでいく。難度の高い語がほとんどだが，文脈から判断できるものも多い。初めに選択肢に目を通しておいてから問題文を読み進めるのがよいだろう。接頭辞・接尾辞の意味や語根が共通する語の意味から類推したり，単語の語形や文中における位置から品詞を特定したりして，選択肢から候補を絞り込み，あてはめて確認していく方法が有効。

0.「特に言葉，態度，感情の，手厳しく痛烈なとげとげしさ」
1.「非常に心地よく；楽しい」
2.「以前にあった何かの最後のわずかの部分として残っている」
3.「くつろいで何の関心も興味もないことを示す無頓着な方法で」
4.「〜にとって必要，適切，ふさわしい，有利であること」
5.「際立って明るい，光を放つ；白熱した，高熱で光り輝く」
6.「特に財産，権力，肩書きなどを奪ったり，取り上げたりすること」
7.「不動産を含め，父親から相続したり，得られるもの全般」
8.「〜について不当に誤解を招くような，あるいは虚偽の報告をすること；〜の悪口を言うこと」
9.「往々にして荒っぽい方法で，くまなく探すこと」

(1) divest は「～を奪う」という意味で，**6 が正解**。この動詞は divest *A* of *B*「*A* から *B* を奪う」という形で用い，*B* には主に所有物，権利，地位などが入る。ここでは be divested of ～ という受動態で用いられている。後続文（Sophia was incandescent …）からソフィアが激怒していることを読み取り，第 1 文冒頭のこの分詞構文がその原因を述べている部分だと気づくことができれば，動詞の説明となっている選択肢 6・8・9 から正解を選べるだろう。

(2) patrimony は「世襲財産，家督」という意味で，**7 が正解**。前置詞の of の後に続き，rightful「正当な権利がある」という形容詞で修飾されていることからも判断がつく。patron「後援者」と語根を共有していることに気づけば，類推できるだろう。

(3) incandescent は「白熱する，光り輝く」という意味の形容詞で，**5 が正解**。この語は be incandescent with rage の形で「激怒している」という意味になる。形容詞の説明となっている選択肢のうち，5 は最後の部分に with intense heat という表現がある。それと本文の with rage との関連性に気づけば正解に至ることができるだろう。

(4) malign は「～の悪口を言う，～を中傷する」という意味で，**8 が正解**。この後に so ～ as to *do*「…するほど（までに）～」の形の構文が続いており，そこで viciously「悪意をもって」という副詞が用いられている点がヒントとなる。また，mal が「悪い」という意味をもつ接頭辞であるという知識があれば malign の意味が類推しやすくなるだろう。結果的に，彼女がどうなったかについては，will に「遺言，遺言書」という意味があることを知っていれば，be cut out of the will が「遺言の相続人から外される」という意味だと類推でき，この後の英文の内容も理解しやすくなるだろう。

(5) ransack は「～を（荒らしながら）くまなく探す」という意味で，**9 が正解**。この後に seeking to discover the answer「答えを見つけようとして」という語句があることから判断がつくだろう。

(6) nonchalantly は「何気なく，無頓着な様子で」という意味の副詞で，**3 が正解**。副詞の説明となっている選択肢は 3 のみなので，比較的容易に正解に至るだろう。文脈上，nonchalantly は but 直後の profoundly とは意味的に大きく離れるはずなので，その点も参考になる。

(7) vestigial は「痕跡の，退化した」という意味の形容詞で，**2 が正解**。形容詞の説明となっている選択肢に絞り込んだうえで，下線部が without even the most に続いていることや，hope of future financial security「将来，財産面での保証が得られる見込み」を修飾していることから類推できるだろう。

(8) behove は behoove とも表記される語で，it behoves *A* to *do*「*A*（人）が～

することを必要とする，*A*（人）は～するべきである」という形で用いる。**4が正解**。it は，その行為をするのが必要となる状況を指す。彼女がどういう決心をした（determined）かを考え，選択肢から候補を絞り込むことになるが，to exhibit nothing …「…何も出さないようにする」という行為との関連を考えればヒントになるだろう。

(9) acrimony は「とげとげしさ，辛辣さ」という意味の名詞で，**0が正解**。ソフィアが不当な仕打ちを受けたという話の流れから，どういう感情を表に出さないことにしたのかを考えれば正解に至るだろう。

(10) delectably は本来，delectable「楽しい，愉快な，おいしい」という意味の形容詞の副詞形で，delectably sweet で「おいしくて甘い」という意味になっており，選択肢の中では**1の意味が近い**。彼女にとっては楽しく感じられる復讐だとわかれば，正解に至るだろう。

●語句・構文

□ cruelty「(不可算で) 残酷さ，(可算で) 残虐な行為や言動」 □ come together「集合する」 □ betrayal「裏切り」 betrayal of expectations は，父親の死によって自分が相続できる財産に関して抱いていたさまざまな期待が裏切られたことを表す。 □ Who, she wondered, … 以下は彼女の強い疑問を表しており，「彼女はいったい誰が…だろうと思った」という意味。 □ Who among her relatives had she … 以下は，Who が slight「～をないがしろにする〔軽んじる〕」の目的語だが，文脈から判断してこの疑問文全体が修辞疑問文で，内容的には She had not slighted anyone という意味だと判断できる。また，後続文は so ～ that …「…なほどに～」という構文となっており，that 節中に would have *done*「～した (だろう)」という過去の事柄に対する推量を表す表現が用いられていることから，英文全体としては「親戚の中の誰を，自分にこんなことをしようという気になるほどまでにひどく，それも知らず知らずのうちに自分は軽んじていたというのだろうか？」というような訳が考えられる。 □ significantly「ものすごく」 □ unintentionally「つい，知らず知らずのうちに」 □ feel moved to *do*「～する気にさせられる」 □ desperately「必死に」 □ lie in ～「～にある」 □ profoundly「完全に，心底から，深く」 □ matter「重要である，問題である」 □ for the time being「当面，さしあたり」 □ identify「～を特定する」 □ vow to *do*「～することを誓う」 □ exact はここでは動詞で「～(復讐など) を果たす」という意味。 □ sweet revenge「胸のすく復讐，痛快な復讐」

解答

(1)—6 (2)—7 (3)—5 (4)—8 (5)—9 (6)—3 (7)—2 (8)—4 (9)—0 (10)—1

iii. 文・語句整序

31　2023年度 看護医療学部〔7〕

難易度	目標制限時間	8 分	目標ライン	（全3問中） 2 問正解
標 準	かかった時間	分	自己採点結果	（全3問中） 問正解

以下は，認知症の母親の介護を担った男性の回想録である。文中空欄［ A ］～［ C ］に入れるのに最も適切な文となるように，各日本語文の下に示された語群中の単語（または句）を選んで並べ替え，各＿＿＿に1つずつ入れなさい。このうち＿1＿～＿5＿に入る単語（または句）の記号を，解答欄ごとに○で囲みなさい。ただし以下の点に注意すること。

1）語群中の単語・句は，文頭に来るべきものも小文字で始まっている
2）各文内において，同じ単語・句が複数回使用される場合がある
3）各語群には，必要でない単語・句も含まれている場合がある

When you live with someone with dementia, you live scene by scene. The best advice I've ever heard about living scene by scene came from Michael J. Fox, whose foundation has made a huge difference in the lives of people with Parkinson's. In learning to contend with the disease's daily challenges, Fox often refers to a rule he first learned as an actor: Actors must always focus on playing the scene they're in. Actors have a script, so they know how the show ends, but they can't play a particular scene with that knowledge in mind. So it is with living with Parkinson's disease, or any other challenging life circumstance. ［ A ］ And if we do, then that will lead us to the next scene, whatever it may be.

I tried to follow his advice when I decided to take my mother to the beach one day. My mom had always loved the ocean. We'd taken the same drive as a family for sixty years. When I was a kid, we'd always compete to see who could spot the ocean first. Today, as we approached the old general store, the ocean came into view, a mile or so away.

My mom wasn't able to see it, so I said, "I have to keep my eyes on the road, Mom, so let me know when you see the ocean."

About a hundred feet from the water, she exclaimed, "I see it!" And a wide smile creased her face.

We were at the point when I wanted us both to savor these moments, precisely because I knew they wouldn't last, that moments can't be banked or reclaimed later when you need a good-moment credit. I knew I would remember this trip, and that she might not. In fact, I knew that later that day, she might complain that she hadn't been to the ocean for a long time. [B] I no doubt sounded like a kid trying to convince a parent she was wrong. Probably because I *was* a kid trying to convince a parent she was wrong.

But as we drove toward the water on that day, I tried to remember to do better. To just play the scene I was in. To take in the joy I saw on her face, precisely because it would only be experienced then. For her, there wouldn't be a later savoring. [C] Like a cloud pushed by the wind, moments part as they become.

[空欄A] 脚本の結末を知っているつもりかも知れないが，私達は今この瞬間にあらゆる注意を傾け，その中で行動すべきなのだ。

____ ____ ____ __1__ ____ how ____ ____ ____ ____, ____
____ ____ ____ ____ ____ ____ __2__ ____ ____ ____
within it.

語群

A．act	B．and	C．but
D．end	E．focus	F．have
G．intend	H．know	I．may
J．moment	K．must	L．on
M．present	N．script	O．the
P．think	Q．to	R．we
S．will		

[空欄B] 以前これと同じようなやりとりがあった時，私は躍起になって母に直前の我々の行動を思い出させようとした。

____ ____ ____ ____ ____ place ____ __3__ ____, ____ ____

出典追記：Winter Stars : An elderly mother, an aging son, and life's final journey by Dave Iverson, Light Messages Publishing

_____ _____ _____ _____ __4__ _____ had _____ _____.

語群

A. done	B. exchanges	C. had
D. her	E. I	F. if
G. in	H. just	I. of
J. past	K. pleadingly	L. reminded
M. similar	N. taken	O. the
P. we	Q. whatever	R. when
S. would		

空欄C 「後に残らないからこそ，瞬間を大切にすべきだ」ということを覚えていようとした。

_____ _____ _____ _____ _____ moments _____ __5__ _____ _____ because _____ _____ _____ _____.

語群

A. are	B. be	C. do
D. I	E. last	F. long
G. not	H. remember	I. remembering
J. that	K. they	L. to
M. treasured	N. tried	

【出典】Iverson, D. (2022). *Winter stars : An elderly mother, an aging son, and life's final journey*. Light Messages.

全訳

≪認知症の母と瞬間を共有する喜び≫

認知症の人と生きるというのは，その場面ごとに生きていくことである。その場面ごとに生きることに関して知った最良の忠告は，自身の財団がパーキンソン病を患っている人々の生活に非常に大きな影響をもたらしたマイケル=J. フォックスによるものであった。その病気の日々の問題に対処できるようになる中で，フォックスはしばしば彼が俳優として最初に学んだ規則に言及する。俳優というのは，常に自身が存在しているその場面を演じることに集中しなければならない。俳優には台本があるので，その芝居がどのように終わるのかを知っているわけだが，それを心の中に抱いたまま特定の場面を演じてはならないのだ。それは，パーキンソン病，さらにそれ以外の困難な生活環境とともに生きることに関しても当てはまるのである。脚本の結末を知っているつもりかもしれないが，私たちは今この瞬間にあらゆる注意を傾け，その中で行動すべきなのだ。そしてもしそうするのであれば，私たちはそれが何であろうと次の場面へと進んでいくことになる。

私はある日母を海辺に連れていこうと決めたとき，彼の忠告に従おうとした。母はいつも海が好きだった。私たちは家族で 60 年間同じ自動車旅行をしていた。私が子供だったとき，私たちは誰が最初に海を見つけることができるかをいつも競った。その日，昔からある雑貨屋まで近づいたとき，海が 1 マイルほどの距離のところに見えてきた。

母にはそれが見えなかったので，私は言った。「お母さん，私はちゃんと道路を見て運転しないといけないから，海が見えたら教えてよ」

海から 100 フィートほどのところで彼女は叫んだ。「海が見えるわ！」 そして彼女は大きく相好を崩した。

私は，こういった一瞬一瞬を私たち二人でともに楽しみたいと考える心境に至っていた。なぜなら，そのような瞬間は続かないものであり，そういった瞬間を貯金したり，後でよい瞬間という名のお金がほしくなったときに取り戻したりはできないと，私が知っていたからに他ならない。私はこの旅行を思い出すだろうが，母はそうではないかもしれないとわかっていた。実際，私はその日後になって彼女が長い間海に出かけていないと愚痴を言うかもしれないとわかっていた。以前これと同じようなやりとりがあったとき，私は躍起になって母に直前の私たちの行動を思い出させようとした。明らかに，私は親にあなたが間違っていると納得させようとしている子供のようであった。おそらく私は，親にあなたが間違っていると納得させようとしている子供そのものだったからである。

しかし，私たちがその日自動車で海のほうへと向かったとき，私はもっとうまくやることを忘れずにいようと試みた。私が存在しているその場面をただ演じようとした。彼女の顔に浮かぶ喜びを受け入れようとした。それはまさにそのときにしか経験できないからである。彼女が後でゆっくりそれを味わうことはできないだろう。私は「後に残らないからこそ，瞬間を大切にすべきだ」ということを覚えていようとした。風によって流される雲のように，瞬間はその瞬間になると同時に離れてしまうのだ。

解説

1・2　全文は以下の通り。We may think we know (how) the script will end (,) but we have to focus on the present moment and act (within it.)
日本語文を読むと，intend to *do*「～するつもりである」を使いたくなるが，これは「ある物事，計画を実行しようとする意志・意図」を表す表現であるため，この文脈には不適。「～と思っているかもしれないが（，実はそうではない）」ということなので「譲歩→but→主張」を表現する“may→but→”を用いて We may think …, but … とするとよい。present は形容詞で「現在の」。O．the は2回，R．we は3回用いる。使用しない選択肢はG．intend とK．must。

3・4　全文は以下の通り。When similar exchanges had taken (place) in the past (,) I had pleadingly reminded her of whatever we (had) just done (.)
pleadingly「懇願して」 remind *A* of *B*「*A*（人）に*B*（事）を思い出させる」
C．had は2回用いる。使用しない選択肢はF．if とS．would。

5　全文は以下の通り。I tried to remember that (moments) are to be treasured (because) they do not last (.)
be to *do*「～すべきだ，～することになっている」 treasure「～を大事にする」
L．to は2回用いる。使用しない選択肢はF．long とI．remembering。

●語句・構文

(第1段)　□dementia「認知症」　□foundation「財団，基金」　□challenge「課題，問題」
(第2段)　□compete to *do*「競って～する，～しようと競い合う」
(第4段)　□crease「～にしわをつける，折り目をつける，～(顔）にしわを寄せる」
(第5段)　□savor「～を味わう，～をじっくり楽しむ」　□bank「(銀行に金）を預ける」　□reclaim「～を再請求する，～を取り戻す」　□good-moment credit「よい瞬間の預金」
(最終段)　□To just play the scene I was in. は直前の to do better を補足説明したものである。　□part「～を離れる，別れる」

解答

1－R　2－M　3－O　4－Q　5－L

32

2022年度 看護医療学部〔4〕

難易度	目標制限時間	8 分	目標ライン	(全5問中) 4 問正解
標 準	かかった時間	分	自己採点結果	(全5問中) 問正解

以下の文中の枠内に1～4の文が入る場合，文意から考えてどの順で並べると最も適切か。下記の各問の答えを選択肢から選び，解答欄のその記号を○で囲みなさい。

段落A Who am I? What should I do in life? What is the meaning of life? Humans have been asking these questions from the very beginning. Every generation needs a new answer, because what we know and don't know keeps changing. Given everything we know and don't know about science, about God, about politics and about religion—what is the best answer we can give today? What kind of an answer do people expect?

1. This is because *Homo sapiens* is a storytelling animal that believes that the universe itself works like a story, replete* with heroes and villains, conflicts and resolutions, climaxes and happy endings.
2. In almost all cases, when people ask about the meaning of life, they expect to be told a story.
3. This role defines who I am, and gives meaning to all my experiences and choices.
4. When we look for the meaning of life, we want a story that will explain what reality is all about and what is my particular role in the cosmic drama.

段落B While a good story must give me a role, and must extend beyond my horizons, it need not be true. A story can be pure fiction, and yet provide me with an identity and make me feel that my life has meaning. Indeed, to the best of our scientific understanding, none of the thousands of stories that different cultures, religions and tribes have invented throughout history is true. They are all just human inventions. If you ask for the true meaning of life and get a story in reply, know that this is the wrong answer. The exact details don't really matter. Any story is wrong, simply for being a story. The universe just does not work like a story.

注
*replete with …＝～でいっぱいで

設問
1．段落Aの後にすぐ続く文
　A．1　B．2　C．3　D．4
2．文1の後にすぐ続く文または段落
　A．2　B．3　C．4　D．段落B
3．文2の後にすぐ続く文または段落
　A．1　B．3　C．4　D．段落B
4．文3の後にすぐ続く文または段落
　A．1　B．2　C．4　D．段落B
5．文4の後にすぐ続く文または段落
　A．1　B．2　C．3　D．段落B

【出典】
Harari, Y. N. (2019). *21 lessons for the 21st century*, Vintage.

全訳

≪生きる意味を与える物語の力≫

段落A 私は誰なのか？　私は人生で何をするべきなのか？　人生の意味とは何なのか？　まさに人類誕生以来，人はこれらを問い続けている。あらゆる世代が新たな答えを必要とする。なぜなら，私たちが知っていることや知らないことは，変わり続けているからである。私たちが科学について，神について，政治について，宗教について，既知や未知であるあらゆることを考えてみると，今日私たちが出せる最良の答えは何なのか？　どのような種類の答えを人々は期待しているのか？

ほとんどすべての場合，人生の意味について問うとき，人々は物語を語ってもらうことを期待する。なぜなら，ヒトというのは，世界そのものが物語のような仕組みになっており，英雄と悪役，紛争と解決，クライマックスとハッピーエンドであふれているのだと信じる，物語を語る動物だからである。人生の意味を探すとき，私たちは現実とは一体何なのか，そしてその広大なドラマの中での自分の特別な役割は何なのかを説明する物語を求める。この役割は，私が何者であるかを明確にし，自分のあらゆる経験と選択に意味を与える。

段落B よい物語というのは私に役割を与え，私の限界を超えて広がるものであるはずだが，真実である必要はない。物語とは純粋な作り話であっても，私に自分らしさを与え，私に自分の人生には意味があると感じさせることができる。実際，科学的にわかる限りでは，様々な文化，宗教，種族が歴史の中で作り出した数千もの物語のどれ一つとして真実ではない。それらはすべて単に人間の発明したものにすぎない。もしあなたが人生の真の意味を問い，ある物語を答えとしてもらったなら，それは誤った答えだと知っておいてほしい。正確な詳細は重要ではない。どんな物語であれ単に物語であるという理由で誤りなのだ。世界はまったく物語のようにはなっていないのである。

解説

段落Aでは，自分（I）について，また人生の意味（the meaning of life）などについてどのような答えを期待するのか，と問いかけている。

段落Bでは，すぐれた物語は自分に役割を与えてくれるが，その物語は事実である必要はない，と述べている。

枠内の1～4の各文において，談話標識，指示語，定冠詞，時制，キーワード，問いかけと答えなどに留意するとともに，必要に応じて扱いやすい文から並び順を検討する。

1において，「これは，ヒトが世界自体が物語のように機能していると信じる動物だからだ」と述べられている。This「これ」，storytelling「物語を語る」がキーワードである。villain「悪役」

2において，「人生の意味について問うとき，人々は物語を話してもらうことを期待する（expect)」と述べられている。同選択肢が，the meaning of life「人生の意味」に関する問いと，その答えとしてのstory「物語」に言及していることに注目すると，段落Aの第3文（What is the …）の問いとしてのthe meaning of life，また同段最終文（What kind of …）の「人々はどのような答えを期待するのか（expect)」との関連性が見えてくる。よって，段落A→2の流れが決定する。

また，1のThisが受けているのが2の「物語を話してもらうことを期待する」という内容であり，その理由が1のbecause以下で示されていると考えられるので，(段落A→) 2→1の流れが決定する。

3において，This role「この役割」が示す内容を考える。また4において，「人生の意味を探すとき，現実とは何なのか，そしてその広大なドラマの中での自分の特別な役割（my particular role）は何なのかを説明する物語を求める」と述べられている。よって，3のThis roleが4のmy particular roleを指していると考えられるので4→3の流れが決定する。

以上より，**段落A→2→1→4→3→段落B**という順序が想定できる。1→4の流れが見えにくいが，「人生の意味を問うとき物語を期待する（2)→それはヒトが物語を期待する動物だからである（1)→人生の意味を問うときドラマの中での自分の役割を説明できる物語を求める（4)→役割がわかると自分が定まり人生に意味が生じる（3)」という流れであるとした場合に矛盾はないので，この順序が最も妥当と考えられる。

●語句・構文

（段落A） □ given「～を考えると，～を前提として」

（段落B） □ beyond *one's* horizons「視界を超えて，限界を超えて」 horizonsは「(思考，知識，経験，興味などの）範囲，限界，視野」の意。

解答

1－B　2－C　3－A　4－D　5－C

iv. 誤り指摘・訂正

33

2023年度 看護医療学部〔6〕

難易度	目標制限時間	8 分	目標ライン	(全5問中) 4 問正解
標 準	かかった時間	分	自己採点結果	(全5問中) 問正解

下記文中の下線部(1)～(5)には，文脈から考えて不適切な語が3つ含まれている。各下線部の番号と対応する解答欄において，①その語が適切であればZを，②その語が不適切であれば，それに代わる語を下記の語群からそれぞれ1つずつ選び，その記号を○で囲みなさい。

Food miles measure the distance food travels before it ends up on your fork. They were first used to highlight the idea that flying or shipping food from elsewhere in the world (1)counteracts to climate change, and that eating locally grown food is better. For example, chocolate has a huge carbon footprint—adding 2.1 million tonnes of greenhouse gases to the atmosphere every year—partly because cocoa from West Africa and the Americas has to be transported to chocolate-makers around the world.

But food miles aren't as simple as they sound. For many foods—including lamb, beef, pork, cheese, canned tuna, eggs, tofu, rice and nuts—most greenhouse gas emissions happen (2)just before the food leaves the farm. If local farms can only produce a certain food by using loads of chemicals (because the soil is not good enough), gallons of water (because the climate is too dry) or lots of heavy machinery, buying that food locally may lead to greater greenhouse gas emissions than growing it somewhere else and transporting it.

At certain times of year, green beans grown in Kenya or lettuces grown in Spain are responsible for (3)less carbon dioxide than the same foods grown in Britain in heated tunnels, harvested using diesel-powered machinery or frozen for a long time. Even chocolate turns out to be complicated—one study found that 60 per cent of the emissions for milk chocolate made in the UK is down to the locally produced milk, not the cocoa.

So what can you do? Scientists at Harvard University, USA, recommend that we eat locally in time as well as space. Replacing food miles with food space-time?! It sounds like something we might need Einstein to explain, but it's actually pretty simple. It means eating local foods when they are 'in season'—at the time of year when they are ready to harvest in your area. This is when the farming methods and storage are (4)more likely to be eco-friendly. What is seasonal when depends on where you live, so you could start with a bit of detective work by searching online. Collect pictures of food and stick them onto a calendar in the kitchen to remind everyone which foods are in season that month. You'll also discover that some foods are (5)always in season in this country, so you could try to avoid those altogether.

語群

A. barriers　B. contributes　C. cools
D. increasing　E. less　F. long
G. more　H. never　I. shortly
J. sometime

【出典】 Thomas, I. (2021). *This book will (help) cool the climate : 50 ways to cut pollution and protect our planet!* Wren & Rook.

出典追記：This Book Will (Help) Cool the Climate: 50 Ways to Cut Pollution and Protect Our Planet! by Isabel Thomas, Penguin

全訳

≪食品が消費者に届くまでの CO_2 負荷≫

フードマイルは，最終的に人々のフォークへと食品が届くまでの距離を測定する。当初それは，世界中から食品を空輸や海上輸送すると気候変動の一因となるため地元の生産物を食べたほうがよい，とする考え方を強調するために利用された。たとえば，チョコレートのカーボンフットプリントは莫大であり，毎年 210 万トンの温室効果ガスを大気中に放出している。それは一つには，西アフリカやアメリカ大陸で生産されたカカオ豆が世界中のチョコレート製造会社に輸送される必要があるからである。

しかし，フードマイルは私たちが思うほど単純ではない。羊肉，牛肉，豚肉，チーズ，ツナ缶，卵，豆腐，米，そしてナッツ類を含め多くの食品では，温室効果ガスの排出は，大方その食品が農場から出荷されるはるか以前にすでに生じている。もし地元の農場が大量の化学物質（土壌がそれほど適していないため），何ガロンもの水（気候が乾燥しすぎているため），あるいは多くの重機類を用いることでようやくある食品を生産できるとすれば，地元でその食品を購入しても他の場所でそれを生産し輸送するより大量の温室効果ガスを排出することにつながりかねないのである。

一年のうちのある時期にケニアで栽培されたサヤインゲンやスペインで栽培されたレタスは，イギリスで加温されたトンネル内で栽培され，ディーゼル動力機材を使用して収穫された，または長期間冷凍された同じ食品ほど二酸化炭素を放出しない。チョコレートでさえ複雑であるとわかっている。ある研究によると，イギリスで製造されたミルクチョコレートの炭素排出の 60％は地元で生産されたミルクが原因であり，カカオ豆ではない。

では，あなたは何をすることができるだろうか？　アメリカのハーバード大学の科学者たちは，私たちは空間的にだけでなく，時間的にも地元で食べることを推奨する。フードマイルを食品時空間に置き換えるとは一体どういうことなのか？！　説明するためにはアインシュタインが必要かもしれないと思えてしまうが，実際には非常に単純なことである。それは「旬」のとき，つまり一年のうちあなたの地域で収穫を迎えようとしているそのときに地元の食品を食べることである。この時期だと，農業方法や貯蔵がより環境に優しい可能性が高い。いつ何が旬なのかはあなたが住んでいる場所による。したがって，インターネットで検索してちょっとした調査をすることから始めてみるのもいいかもしれない。食品の写真を集め，何がその月に旬なのか皆が忘れないよう，それをキッチンのカレンダーに貼り付けよう。あなたはまた，いくつかの食品はこの国では一年中全く採れないということに気づくだろう。したがって，そのような食品を完全に回避しようとしてみるのもいいかもしれない。

解説

下線部の単語の意味と語法，段落内および文章全体の文脈より，適・不適を判断する。

(1) counteract(s)「～に対して逆の行動をとる，～を阻止する」 そもそも counteract は他動詞なので to は伴わない。また，「世界中から食品を空輸や海上輸送することが気候変動を阻止する」では論理がおかしい。「阻止する」ではなく「生じさせる」といった表現であるべき。**contribute(s) to ～「～の一因となる，～に寄与する」が適切。**

(2) just before ～「～の直前に」 文法的には可能だが，農産物の栽培は出荷される直前のことではないので不適。**long before ～「～のずっと以前に」が適切。**

(3) less は形容詞 little の比較級であり，**文法的にも文脈的にも適切。**

(4) more likely で形容詞 likely の比較級であり，**文法的にも文脈的にも適切。**

(5) always「いつも」 副詞であり，文法的には可能だが，下線部を含む文の後半に，so you could try to avoid those altogether「したがって，そのような食品を完全に回避しようとしてみるのもいいかもしれない」とあることから考えて，同文前半では「この国では全く採れない農産物」の話をしていると推測できるので，不適。**never「決して～ない」が適切。**

●語句・構文

(第１段) □end up ～「結局～になる，最後は～に行き着く」 □highlight「～を目立たせる，～を強調する」 □ship「～を輸送する，～を出荷する」 □carbon footprint「カーボンフットプリント，二酸化炭素排出量」

(第２段) □loads of ～「たくさんの〔多数の／多量の〕～」 □heavy machinery「重機」

(第３段) □be down to ～「～の責任である，～にかかっている」

(最終段) □recommend that we eat の eat は現在形ではなく，原形である。□in season「食べ頃の，旬で」(＝seasonal)

解答

(1)―B (2)―F (3)―Z (4)―Z (5)―H

34

2022年度 看護医療学部〔6〕

難易度	目標制限時間	8 分	目標ライン	(全5問中) 4 問正解
標 準	かかった時間	分	自己採点結果	(全5問中) 問正解

下記文中の下線部(1)~(5)には，文脈から考えて不適切な語が3つ含まれている。各下線部の番号と対応する解答欄において，①その語が適切であればZを，②その語が不適切であれば，それに代わる語を下記の語群からそれぞれ1つずつ選び，その記号を○で囲みなさい。

Personality types are social or mental constructions, not actual realities. There is *no such thing* as a personality type. The notion is a surface-level, discriminative, dehumanizing, and inaccurate way of looking at the complexity of what is a human being.

Type-based personality tests are (1)<u>scientific</u>—and would have you believe that you are essentially more limited than you really are. They portray an overly simplified portrait of people, filled with broad and sweeping generalizations.

Social media "personality experts" may tell you anything and everything about you, from who you should date and marry to what you should do for work—all based on your score on a particular test. It *feels* (2)<u>scientific</u>, but it's just superstition dressed up as science.

When done strategically, defining yourself as a certain "type" of person, or *giving yourself* a specific label, may be useful. Labels can serve goals, but goals should never serve labels. When a goal serves a label, you've made the (3)<u>goal</u> your ultimate reality, and you've created a life to prove or support that label. You see this when someone says, "I'm pursuing this because I'm an extrovert*." This form of goal-setting occurs when you base your goals on your current persona** rather than setting goals that expand upon and change who you are.

You are not a single and (4)<u>narrow</u> "type" of person. In different situations, you are different. Moreover, your personality changes throughout your life.

So rather than looking at personality as a "type" you fit into, view it as a continuum*** of behaviors and attitudes that is flexible and based on context.

Although we think of ourselves as consistent, our behavior and attitudes are often shifting. It isn't our behavior that is consistent, but rather *our view of our behavior* that makes it seem (5)<u>inconsistent</u>. We selectively focus on what we identify with and ignore what we don't. In the process, we often miss or purposefully disregard the many instances when we're acting out of character.

注
*extrovert＝外向的な人
**persona＝人格
***continuum＝連続体

語群

A. beginning	B. broad	C. category
D. consistent	E. entrance	F. label
G. onset	H. purpose	I. science
J. unscientific	K. vast	L. wide

【出典】 Hardy, B. (2020). *Personality isn't permanent : Break free from self-limiting beliefs and rewrite your story.* Penguin.

全 訳

≪性格を類型化することの問題点≫

性格類型は社会的または心理的構成概念であり，本当の現実ではない。性格類型といったものは存在しない。その概念は人間であることの複雑さを考察するための表面的，差別的，非人間的しかも不正確なひとつの視点にすぎない。

類型に基づく性格テストは非科学的であり，自分が本質的に実際よりも限定されたものだとあなたを信じ込ませるだろう。そのようなテストは単純化されすぎた人間像を描き出し，大雑把で広範囲に及ぶ一般化ばかりなのだ。

ソーシャルメディアの「性格の専門家」は，あなたが誰と付き合い結婚すべきかから始まり，仕事で何をすべきかまで，すべて所定のテストの得点に基づいて，あなたに関して何でもすべて教えてくれるかもしれない。それは科学的であると感じられるが，科学に見せかけた迷信にすぎない。

戦略的に実行されれば，あなたをある「類型」の人間だと定義づける，つまりあなた自身に特定のレッテルを貼ることは役立つかもしれない。レッテルが目標に役立つことはあっても，目標がレッテルの役に立つことがあってはならない。目標がレッテルの役に立つようなとき，あなたはそのレッテルを自分の究極的な現実にしてしまい，あなたはそのようなレッテルを証明するため，あるいは支えるために人生を作り出している。誰かが「私は外向的だからこれを追求しているのだ」と言うときにこのことがわかる。このような目標設定の形式は，あなたが今のあなた自身を発展させ，変える目標設定をするよりむしろ，あなたの現在の人格に基づいて目標を設定するときに生じる。

あなたはただひとつの偏狭な「類型」の人間ではない。状況が違えば，あなたも変わるのだ。その上，あなたの性格は人生を通じて変化する。したがって，性格をあなたが当てはまる「類型」として見るのではなく，順応性があって状況に基づいた行動と姿勢の連続体とみなすべきである。

私たちは自分自身を首尾一貫していると思うだろうが，私たちの行動と姿勢はよく変化する。首尾一貫しているのは私たちの行動ではなく，むしろそれを首尾一貫していると思わせる，行動に関する私たちの視点なのである。私たちは選択的に私たちが自分と同一視しているものに焦点を当て，そうではないものは無視してしまう。その過程において，私たちは自分の性格に適合しない行動をとっているとき，多くの事実を見逃す，あるいは意図的に無視してしまうことが多いのだ。

解 説

(1) scientific「科学的な」は文脈上不適切である。直後のダッシュ（—）以降に，「自分が本質的に実際よりも限定されたものだとあなたを信じ込ませるだろう」とあり，これは事実に即すべき科学的立場とは真逆である。さらに，直後の文（They portray an …）に，「類型に基づいた性格テストは過度に単純化された人間像を描き出す」とあり，これも事実に即すべき科学的立場とは真逆である。したがって，

J．unscientific が適切。

(2) scientific「科学的な」は文脈上適切。

(3) 直前文（Labels can serve …）に「レッテルが目標に役立つことはあっても，目標がレッテルの役に立つことがあってはならない」とあり，下線部を含む文は，このあってはならない事例を説明しようとしている部分である。レッテルのための目標，という本末転倒に陥って，そのレッテルを自分の究極的な現実にしてはならないのである。したがって，goal ではなく F．label「レッテル，ラベル」が適切。

(4) narrow「狭い，偏狭な」は文脈上適切。

(5) inconsistent「首尾一貫していない」は文脈上不適切である。同文の中で not *A* but rather *B*「*A* ではなくむしろ *B*」という構文が使用されているので，behavior「行動」と *our view of our behavior*「行動に関する視点」が対比され，「首尾一貫しているのは行動ではなく，それを首尾一貫しているように見せている，行動に関する私たちの視点である」となるはずだと推定できる。したがって，D．consistent が適切。

●語句・構文

(第1段) □construction「構造物，構成物」 ちなみに，名詞 construct には「構成概念（＝心理学において，複雑な事象の理解や説明を簡単にしてくれる概念のこと）」という意味があり，この construction はそれとほぼ同じ意味合いで使われていると考えてよいだろう。 □There is no such thing as ～「～といったものなんてない」 □discriminative「差別的な，識別できる」 □dehumanizing「非人間的な」

(第2段) □overly「過度に」 □sweeping「一般化しすぎた，見境のない，広範囲の」 □generalization「一般化，概括」

(第3段) □superstition「迷信」 □be dressed up as ～「～としてよく見えるようにする〔粉飾する〕」

(第4段) □strategically「戦略的に」 □pursue「～を追求する，～を達成しようとする」 □expand upon ～「～を進展させていく，～に関してさらに詳しく述べる」

(第5段) □attitude「（物事に対する）考え方，根本的姿勢」 □context「文脈，前後関係，背景」

(最終段) □shifting「変わりやすい」 □what we don't (identify with) のようにカッコ内を補うとわかりやすい。 □purposefully「意図的に」 □out of character「柄に合わない，（性格に）調和しないで」

解答

(1)－J (2)－Z (3)－F (4)－Z (5)－D

V．複数短英文

35

2023年度 商学部〔6〕

難易度	目標制限時間	12 分	目標ライン	(全4問中) 3 問正解
標 準	かかった時間	分	自己採点結果	(全4問中) 問正解

次の英文(1)〜(4)を読み，それぞれの設問について最も適切なものを選択肢1〜4から選び，その番号を解答用紙A（マークシート）の解答欄［(1)］〜［(4)］にマークしなさい。

(1) Eleanor Roosevelt made the following statement on April 1, 1936: "One of the things that I have been particularly grateful for in the years of the Depression is that we have discovered so many things that we had not known before. One of these things is the areas of the country which are not served in any way by libraries. I have seen photographs, for instance, of girls going out on horseback with libraries strapped on behind them, taking books to children and grown people in places that have been without libraries. We know a good deal about Mary Breckinridge's nursing service for the mountain people of rural Kentucky, but we know very little about the libraries that go out in the same way that her nurses do, on horseback."

[Adapted from a book by Eleanor Roosevelt]

Which of the following is suggested by Roosevelt's speech? The answer is: ［(1)］.

1 Led by Mary Breckinridge, girls started donating books to people in remote areas
2 Libraries are a source of mental nourishment and should be accessible to all citizens
3 Mary Breckinridge's initiative to spread book learning is scarcely

known

4 Photojournalism was integral to policy-making during the Great Depression

(2) Diffusion of responsibility occurs when people who need to make a decision wait for someone else to act instead. The more people involved, the more likely it is that each person will do nothing, believing someone else from the group will probably respond. Diffusion of responsibility makes people feel less pressure to act because they believe, correctly or incorrectly, that someone else will do so. And, when we don't feel responsible for a situation, we feel less guilty when we do nothing to help. So, in this way, diffusion of responsibility keeps us from paying attention to our own conscience.

[Adapted from an article posted on *ethicsunwrapped.utexas.edu*]

Based upon the passage, which one of the following would serve as an effective strategy to make people respond independently? The answer is: [(2)].

1 Enhance peer pressure to make group members take action jointly

2 Explicitly appeal to the entire group about the urgent need for a collective response

3 Make people believe that group size does not matter and problems are resolved on their own

4 Request help from a specific target so the target feels a personal obligation to act

(3) Imports, not exports, are the point of international trade. That is, the benefits of trade should not be valued based on the jobs and incomes created by export industries; those workers could, after all, be doing something else. The gains from trade come, instead, from the useful goods and services other countries provide to your citizens. Thus, running a positive trade balance (i.e., exporting more than you import) is not a "win," even though economic textbooks usually would have you believe otherwise. If anything, it means that you are giving the world more than you get, receiving nothing but promises of payment in return. Yes, in practice there

出典追記：(2) This definition is provided by Ethics Unwrapped (https://ethicsunwrapped.utexas.edu), which is a free educational resource from the Center for Leadership and Ethics at The University of Texas at Austin.

are exceptions to these statements. Positive trade balances can sometimes help boost a weak economy, and while imports make a nation richer, they may displace and impoverish some workers. However, what is happening to Russia illustrates the truth. Russia's positive balance of trade is a sign of weakness, not strength; its exports are holding up well despite its exile status, but its economy is being paralyzed by a cutoff of imports.

[Adapted from an article by Paul Krugman posted on *nytimes.com*]

Which one of the following does the passage imply? The answer is: (3) .

1 Economists have traditionally seen positive balances of trade as an asset for the economy

2 Imports make a country poorer because some of their workers could have made the same goods

3 Politicians realize that the jobs and income created by export industries are the core benefit of trade

4 Workers are highly limited in the flexibility and incentive they have to change jobs

(4) Alfred P. Slone, a former president of General Motors, said at a meeting of one of the top committees, "Ladies and gentlemen, I take it that we are all in complete agreement on the decision here. I propose we postpone further discussion of this matter until our next meeting to give ourselves time to develop disagreement and perhaps gain some understanding of what the decision is all about." There are three reasons why dissent is needed. It first safeguards the decision-maker against becoming the prisoner of the organization. Second, disagreement can provide alternatives to a decision. A decision without an alternative is just a desperate gamble. Above all, disagreement is needed to stimulate the imaginaiton. In all matters of true uncertainty, such as those the executive deals with, one needs creative solutions. This means that one needs imagination—a new and different way of perceiving and understanding.

[Adapted from a book by Peter F. Drucker]

The author implies all of the following **EXCEPT**: (4) .

1 A decision-making process that disregards counterarguments can be

hazardous

2 Argumentative attitudes are needed to pursue a decision for the sake of personal gain

3 Dialogue and conflicting opinions can lead to constructive decision-making

4 Productive and more objective decisions are made by comparing multiple perspectives

全訳

(1) **≪馬に乗って本を届ける若い娘たちに感謝するエレノア＝ルーズベルト≫**

1936年4月1日，エレノア＝ルーズベルトは次のような声明を出した。「世界大恐慌の中，私が特に感謝していることの1つは，それまで私たちが知らなかった多くのことを発見したことです。そのうちの1つは，この国で図書館の利用が全くできない地域があるということです。たとえば，後ろに蔵書をひもで縛って固定し，馬に乗って図書館がない場所の子供や大人たちに本を届けに行く若い娘たちの写真を見ました。私たちはメアリー＝ブレッキンリッジがケンタッキー州の田舎の山岳地帯の人たちに看護の奉仕活動を行ったことはよく知っていますが，その看護師たちと同じように馬に乗って出向いていく図書館があることについてはほとんど何も知りません」

(2) **≪責任の分散が私たちの良心に与える影響≫**

責任の分散は，決定を下さなければならない人が，他の誰かが代わりに行動してくれるのを待つ場合に生じる。関係している人が多ければ多いほど，集団内の他の人が応じてくれるだろうと思って，各自が何もしなくなる可能性が高くなる。責任の分散によって，正しかろうが間違っていようが，他の人がやってくれるだろうと思うので，行動しなければならないという重圧を感じにくくなる。さらに，ある状況に対して責任を感じていないと，何も手助けをしなくても罪の意識を感じにくくなる。このように責任の分散は，私たちが自分自身の良心に留意するのを妨げているのである。

(3) **≪プラスの貿易収支は経済的な強さの指標ではない≫**

国際貿易において重要な点は，輸出ではなく輸入である。つまり，貿易の恩恵は輸出産業によって生み出された仕事や収益によって評価されるべきではないのだ。結局のところ，そうした労働者は，（輸出産業に関わっていなかった場合には）何か別のことをやっているかもしれないからである。そうではなく，貿易による恩恵は他の国があなたの国の国民に提供する有益な商品やサービスによってもたらされる。したがって，たとえ経済学の教科書が違うように信じさせようとしている場合が多くても，プラスの貿易収支（すなわち，輸出が輸入を上回る）にするというのは「勝利」を意味するものではない。どちらかと言えば，それは自分たちが得ている以上のものを世界に提供し，その見返りとして支払いの約束を受け取っているにすぎない。もちろん，実際には，ここで述べたことの例外も存在する。プラスの貿易収支は弱っている経済を時として押し上げることがあり，輸入は国を豊かにする一方で，一部の労働者に取って代わり，彼らを貧困化させる可能性もある。しかし，ロシアで起こっていることが真実を説明している。ロシアのプラスの貿易収支は強さではなく，弱さの表れなのだ。ロシアの輸出は除け者にされているわりにはよく持ちこたえているが，その経済は輸入の停止により麻痺している。

(4) **≪意見の相違が政策決定にもたらす利益≫**

ゼネラルモーターズの前社長であるアルフレッド＝P. スローンは，最上位委員会のうちの一つでの会議でこう語っている。「みなさん，この決定に関しては，今ここにいる私たち全員が完全に意見が一致していると理解しています。反対意見を出したり，おそらく，この決定がどういったものなのかということについての一定の理解を得たりするための時間を取るために，この問題に関するさらなる議論を次の会議まで延期することを提案します」 意見の相違が必要な理由は3つある。第一に，それは組織の囚人になることから政策決定者を守ってくれる。第二に，意見の相違はある決定に対して代替案を示してくれる可能性がある。選択肢のない決定は単なる自暴自棄のギャンブルだ。なによりも，想像力を刺激するためには意見の相違が必要とされる。経営幹部が扱っているような，真の不確実性を伴うすべての問題においては，創造的な解決策が必要なのだ。これは想像力 —— 従来とは異なる新しい感じ方や捉え方 —— が必要になるということを意味する。

解 説

(1) エレノア=ルーズベルトの演説が示唆しているものを選ぶ問題。図書館のない遠隔地に，馬に乗って本を届ける若い娘たちについて言及したスピーチなので，**2．「図書館は心の栄養の源であり，すべての市民が利用できるようになるべきである」が最も適切。**

1．「メアリー=ブレッキンリッジに率いられ，若い娘たちは遠隔地の人々に本を寄付し始めた」

3．「メアリー=ブレッキンリッジが本から学んだ知識を広めようと自ら行動したことはほとんど知られていない」

4．「世界大恐慌の間，フォトジャーナリズムは政策決定に不可欠なものであった」

(2) 本文に基づき，人々を個別に反応させる効果的な戦略を選ぶ問題。責任の分散は関係している人が多いときに起こり，他の人がやってくれるだろうと思うことで，各自が行動しなくなるというのが本文の主旨。したがって，人々を個別に反応させる手段としては，**4．「狙いを定めた特定の人に助けを求め，その人が行動すべき個人的な義務を感じるようにする」が適切。**

1．「集団のメンバーが一緒に行動するよう仲間からのプレッシャーを強める」

2．「集団対応の緊急の必要性についてグループ全体に明確に訴える」

3．「集団の大きさは問題ではなく，問題は自然に解決するものだと人々に信じさせる」

(3) 本文が暗に示していることを選ぶ問題。貿易において重要なのは輸出ではなく輸入であり，貿易による恩恵は輸入から得られるというのが筆者の主張。第4文（Thus, running a…）では，経済学の教科書は通常，違うように信じさせようとするが，プラスの貿易収支は「勝利」を意味するものではないといった内容が書かれている。従来の経済学においてはプラスの貿易収支はよいことだと考えられていることが読み取れるので，**1.「伝統的に経済学者は，プラスの貿易収支を経済にとって有益なものと考えてきた」が正解。**

2.「同じ商品を作ることができた労働者がいた可能性があるので，輸入は国をより貧しくする」

3.「輸出産業によって創出された仕事と収入は貿易の主要な恩恵であると政治家は理解している」

4.「労働者は仕事を変える上での柔軟性と誘因においてかなり制限されている」

(4) 本文で示されていないものを選ぶ問題。経営組織が意思決定をする際には，意見の相違が必要であるというのが本文の主旨。個人的利益のための意思決定について言及している部分はないので，**2.「個人的利益のための決定を追求するには議論好きの態度が必要である」が正解。**

1.「反論を無視した意思決定プロセスは有害なものになりえる」

3.「対話と意見の対立は建設的な意思決定につながる可能性がある」

4.「多様な視点から比較することで，生産的でより客観的な決定がなされる」

●語句・構文

(1) □Eleanor Roosevelt「エレノア=ルーズベルト（米国第32代大統領フランクリン=ルーズベルトの夫人で社会運動家）」 □grateful for～「～に感謝している」（=thankful for～） □the Depression「世界大恐慌」 □library「蔵書，図書館」 □strap「～を縛る」 □nursing service「介護サービス，看護業務」

(2) □diffusion「分散，拡散」 □incorrectly「間違って」 □conscience「良心」

(3) □positive trade balance「プラスの貿易収支」 □i. e.「すなわち」 □otherwise「別なふうに」（=in other ways） □if anything「どちらかと言えば」 □boost「～を増大させる」 □displace「～に取って代わる」 □impoverish「～を貧しくする」 □hold up「持ちこたえる」 □exile「（国外）追放」 □paralyze「～を麻痺させる」 □cutoff「停止，遮断」

(4) □committee「委員会」 □take it that～「～と理解する，～と信じている」 □postpone「～を延期する，～を先送りにする」 □dissent「意見の相違」 □safeguard「～を守る」 □alternative「代替案，選択肢」 □desperate「絶望的な，自暴自棄の」 □above all「とりわけ」 □uncertainty「不確実性」 □executive「経営幹部」

解答

(1)―2 (2)―4 (3)―1 (4)―2

36 2022年度 商学部〔6〕

難易度	目標制限時間	12 分	目標ライン	（全4問中） 3 問正解
標 準	かかった時間	分	自己採点結果	（全4問中） 問正解

次の英文(1)～(4)を読み，それぞれの設問について最も適切なものを選択肢1～4から選び，その番号を解答用紙A（マークシート）の解答欄［(1)］～［(4)］にマークしなさい。

(1) Marketers, over time, realized something very powerful: people make decisions emotionally, more than rationally or logically. In fact, in many cases, entirely emotionally! Therefore, they began appealing to emotions in their advertisement campaigns. When television came on the scene, it brought visual and audio together into a powerful new medium through which stories could be told very compellingly. Interestingly, emotional claims needed no scientific or data-based proof.

[Adapted from a book by Raja Rajamannar]

Which one of the following does the passage imply? The answer is: ［(1)］.

1 Stories used in advertisements today are primarily based on data, logic, and rationality
2 From the start, marketers have been aware of the power of human emotions
3 The field of marketing was largely unaffected by advancements in technology
4 Targeting consumers' sight and hearing helps reach them at an emotional level

(2) It is worth pausing to ponder the profound paradox that hangs over twenty-first-century "globalization." In a sense, we live in a world of growing standardization, or seeming "Coca-colonization." Flows of commerce, finance, information, and people have bound different corners of

the globe increasingly tightly together in recent years. Thus, an item such as a bottle of Coca-Cola—or a computer chip—travels almost everywhere, creating an impression of "global standardization," if not "cultural colonization." But even when symbols, ideas, images, and objects move around the world, they do not carry the same meaning for all the people who use them, let alone what their creator intended. A Coca-Cola bottle might look physically identical worldwide, but Coca-Cola is believed to smooth wrinkles in Russia, to revive someone from the dead in Haiti, and to turn copper into silver in Barbados.

[Adapted from a book by Gillian Tett]

Which one of the following best explains the paradox discussed in this passage? The answer is : [(2)].

1 Globalization and colonization are taking place at the same time
2 Although the world is becoming uniform, traditional cultures should be preserved
3 A globally available object can mean different things in different cultural contexts
4 Globalization has led to mass-consumption and environmentalism at the same time

(3) The Ivory Tower never existed. It was only ever a figure of speech, used to signal lofty detachment from the world, because ivory was so costly that its main use was for art or religious symbols and pictures. It began as a religious metaphor, until nineteenth-century writers adapted it to talk about the art world. Only in the second part of the twentieth century did universities begin to be called Ivory Towers. Scientists at universities were increasingly doing applied research, contributing to the manufacture of drugs, weapons, and agricultural chemicals. Those scholars still doing non-applied research began to be accused of hiding in Ivory Towers. By the 1970's, the Ivory Tower was judged to be almost indisputably a 'Bad Place,' one where elites retreated behind high walls.

[Adapted from an article by Joe Moran]

Which one of the following does the passage imply? The answer is : [(3)].

出典追記：(2) Anthro-Vision : How Anthropology Can Explain Business and Life by Gillian Tett, Avid Reader Press

1 Our ability to construct stronger defenses relies upon centuries of research
2 The term Ivory Tower has acquired a very different meaning compared to its original use
3 Once the Ivory Tower was physically built, it was perceived to be a terrible place
4 In the 1970's, art and religion were valued more than applied research

(4) The majority of economists still adhere to a fifty-year-old doctrine that relies on human suffering to fight inflation. In recent years, a few experts have voiced concerns about the U.S. Federal Reserve's framework and indicated an openness to rethinking their approach. But most economists still stick to the idea that there is some lower boundary below which unemployment cannot safely be permitted to decline. Some slack must be maintained in the form of a human sacrifice—forced idleness—lest we condemn ourselves to the destructive effect of accelerating inflation.

Because economists in the Federal Reserve accept the concept of an inherent trade-off between inflation and unemployment, they are forced to think in terms of how much unemployment to keep in the system as a sort of insurance policy against inflation. They simply see no other way to achieve low and stable inflation.

[Adapted from a book by Stephanie Kelton]

According to this passage, most economists believe that if the unemployment rate [(4)].

1 drops below a certain level, inflation will rise too rapidly
2 goes down, inflation will drop to dangerously lower levels
3 increases, inflation will reach much higher levels
4 rises above a certain percentage, inflation will not fall

出典追記：(4) The Deficit Myth by Stephanie Kelton, PublicAffairs

全 訳

(1) **≪感情に訴えるマーケティング≫**

マーケティング担当者は，長い年月をかけて，非常に強力なものの存在に気がついた。人々は合理的，あるいは論理的に決定を下すよりも，感情で決定を下すことのほうが多いのだ。実際，多くの場合，完全に感情的に決められているのだ！ それゆえ，彼らは広告のキャンペーンにおいて感情に訴え始めるようになった。テレビが登場すると，テレビは映像と音声を統合して，物語を非常に説得力のある形で伝えることができるような強力で新しい手段を生み出した。興味深いことに，感情的な宣伝文句は科学的な証拠やデータに基づいた証拠を必要としなかったのである。

(2) **≪グローバル化のパラドックス≫**

21 世紀の「グローバル化」にのしかかっている深刻なパラドックスに関しては，一息ついて考えてみる価値がある。ある意味，私たちは標準化が進む世界，すなわち「コカ・コーラの世界進出」のような世界（＝アメリカ文化が世界中に広まっている世界）に暮らしている。商業，金融，情報，人の流れは，近年，世界のさまざまな地域をますます強く結びつけている。その結果，コカ・コーラのボトル，あるいはコンピュータチップのようなものは，ほとんどあらゆる場所に伝わり，「文化的植民地化」とまでは言わないが「国際標準化」という印象が作り上げられた。しかし，たとえシンボル，アイデア，イメージ，モノが世界中を移動しても，それを使うすべての人々にとって，それらが同じ意味を持つわけではなく，まして，作り手の意図することが伝わるわけではない。コカ・コーラのボトルは世界中で物としては同じに見えるかもしれないが，コカ・コーラはロシアではシワを伸ばし，ハイチでは死者を蘇らせ，バルバドス島では銅を銀に変えると信じられているのだ。

(3) **≪象牙の塔と大学のイメージの変容≫**

象牙の塔は実際に存在したわけではない。それは単なる比喩表現で，世界からの高尚な分離を示すために使われていたのだが，その理由は象牙が非常に高価で，主に芸術または宗教的な象徴・絵に使われていたからである。それは宗教的な隠喩として始まり，その後，19 世紀の作家たちが芸術の世界について語るためにその表現を転用した。20 世紀後半になってようやく，大学が象牙の塔と呼ばれ始めた。大学の科学者たちは，ますます応用研究を行うようになり，薬，兵器，農薬の製造に貢献していた。その時でもなお基礎研究を行っていた学者たちは，象牙の塔に身を隠していることを非難されるようになった。1970 年代までに，象牙の塔はほぼ疑うことなく「悪い場所」，すなわちエリートたちが高い壁の向こうに逃げ込む場所と見なされるようになっていた。

(4) **≪連邦準備銀行の古い考えと新たな挑戦≫**

経済学者たちの大部分は，インフレと戦うために人々の苦痛に頼るという 50 年前の学説に今もなおしがみついている。近年，少数の専門家たちがアメリカの連邦準備銀行の枠組みに懸念を表明し，その手法を見直すことに対して寛容な姿勢を示した。しかし，ほとんどの経済学者たちは，それ以上下回ると失業率が安全に低下することが許されなくなる，何らかの下限が存在するという考えにいまだに固執し

ている。インフレの加速という破壊的な影響を強いられないためには，人々の犠牲，つまり強制的失業という形で，ある程度の不況を維持しなければならないのだ。

連邦準備銀行の経済学者たちは，インフレと失業は切り離すことができないトレードオフの関係にあるという考えを受け入れているため，インフレに対する一種の保険として，その仕組みの中で，失業をどの程度に保つのかという観点でしか物事を考えられない。彼らは単純に，インフレを抑え，安定させるための他の方法がわからないのだ。

解 説

(1) 本文が暗示しているものを選ぶ問題。人々は感情的に決定を下すことが圧倒的に多く，映像と音声を組み合わせることができるテレビは，視覚と聴覚に訴えて消費者に影響を及ぼしていることが読み取れる。したがって，**4.「消費者の視覚と聴覚を対象にすることで，感情レベルで彼らに影響を与えることができる」が正解。**

1.「今日，広告で使われている物語は主としてデータ，論理，合理性に基づいている」

2.「最初から，マーケティング担当者は人間の感情の力に気づいていた」

3.「マーケティングの分野は科学技術の進歩には大きな影響を受けなかった」

(2) 本文で述べられているパラドックス（＝矛盾）について最も適切に説明しているものを選ぶ問題。前半（It is worth … if not “cultural colonization.”）ではグローバル化が進み，コカ・コーラのような飲み物は世界中で手に入るようになったという内容が述べられている。最終2文（But even when … silver in Barbados.）では，さまざまな国におけるコカ・コーラの持つ意味を例示しながら，モノやアイデアが世界中に移動しても，使う人によって意味が変わる可能性があることが説明されている。したがって，**3.「世界中で入手できるものは，異なる文化的背景において異なるものを意味することがある」が正解。**

1.「グローバル化と植民地化が同時に起こっている」

2.「世界は均一化しつつあるが，伝統文化は保存されるべきである」

4.「グローバル化は大量消費と環境保護主義を同時に引き起こした」

(3) 本文が暗示しているものを選ぶ問題。Ivory Tower「象牙の塔」という言葉がどのような意味で使われてきたのか，その変遷について説明されているので，**2.「最初の使い方と比較すると，象牙の塔という用語はずいぶん異なる意味になった」が正解。**

1.「より強固な防御体制を構築する私たちの能力は，数世紀に及ぶ研究を頼りにしている」

3.「いったん物理的に象牙の塔が建てられると，それはひどい場所だと思われるようになった」

4.「1970年代には，応用研究よりも芸術と宗教が評価された」

(4)「この文章によれば，ほとんどの経済学者は，もし失業率が…と信じている」の…に入るものを選ぶ問題。第1段第1文（The majority of …）から，経済学者たちの大部分はインフレと戦うためには人々の苦痛が必要だと考えていることがわかる。また第1段最終2文（But most economists … of accelerating inflation.）では，ほとんどの経済学者が失業率を下げるには限界があり，インフレの加速を防ぐためには，人々の犠牲，すなわち仕事がない状態にして，不況をある程度維持する必要があると主張していることが説明されている。彼らは失業率が下がり過ぎるとインフレが加速すると考えているので，**1.「(失業率が) ある水準を下回ると，急激にインフレが進む」が正解。**

2.「(失業率が) 下がると，インフレが危険な低水準まで下がる」

3.「(失業率が) 上がると，インフレが非常に高い水準にまで到達する」

4.「(失業率が) ある割合を超えても，インフレは下がらない」

●語句・構文

(1) □marketer「マーケティング担当者」 □come on the scene「姿を現す」 □medium「媒体，手段」 □compellingly「説得力をもって，人を引き付けて」

(2) □ponder「～について熟考する」 □hang over ～「～にのしかかる，～につきまとう」 □standardization「標準化」 □seeming「外見上の」 □commerce「商業」 □bound は bind「～を結びつける」の過去形・過去分詞形。□if not ～「～とは言わないまでも」 □colonization「植民地化」 □let alone ～「まして～(ない)」 □physically「物的に，物としては」 □identical「同一の」 □wrinkle「シワ」 □revive「～を蘇らせる」 □copper「銅」

(3) □figure of speech「比喩表現」 □lofty「高尚な」 □detachment「分離，孤立」 □metaphor「隠喩」 □applied research「応用研究」 □non-applied research「基礎研究」 □indisputably「議論の余地なく」 □retreat「逃げ込む，後退する」

(4) **(第1段)** □adhere to ～「～に固執する」 □doctrine「学説，教義」 □rely on ～「～を当てにする，～に依存する」 □voice「～を表明する」 □the (U.S.) Federal Reserve「アメリカ連邦準備銀行」 □openness「オープンな態度，寛容な姿勢」 □stick to ～「～に固執する」 □boundary「限界，境界」 □slack「不景気」 □idleness「仕事のない状態，怠惰」 □lest「～しないように」 □condemn *A* to *B*「*A* に *B* を強いる」

(第2段) □inherent「切り離せない，生まれつきの」 □trade-off「トレードオフ，交換」 □be forced to *do*「～せざるを得ない」(＝have no choice but to *do*) □insurance「保険」

解答

(1)— 4　(2)— 3　(3)— 2　(4)— 1

vi. 長文読解総合（1000語未満）

37 2023年度 薬学部 〔2〕

難易度	目標制限時間	20 分	目標ライン	（全12問中） 8 問正解
標 準	かかった時間	分	自己採点結果	（全12問中） 問正解

Read the following article carefully and answer the questions. For each question, choose ONE BEST answer. On your answer sheet, find the number of the question and fill in the space that corresponds to the number of the answer you have chosen. For Writing Answer Question [B] write your answers in the corresponding spaces provided on the Writing Answer Sheet.

(Based on Donald W. Pfaff. "*The Altruistic Brain : How We Are Naturally Good.*" Oxford University Press, 2015.)

① When approaching reciprocally altruistic*1 behaviors from a biological perspective, scientists have followed two paths. One explains the cellular and physical steps involved in producing empathetic behaviors. This is my approach in the Altruistic Brain Theory (ABT). The other path to understanding such behavior, currently very popular, has aspects of *Indiana Jones* : biologists brave the jungle to observe animal behavior, emerging with evolutionary scenarios describing how animals—especially primates such as monkeys and chimpanzees—got to behave in a seemingly empathic way. Of course, these adventurers leave out a crucial step : evolutionary development must, in fact, *still* work through brain mechanisms. But because we only recently acquired the detailed knowledge based on brain research that makes such jungle forays seem less than ideal, the animal-based, evolutionary approach has provided a serviceable explanation.

② Indeed, understanding this "heroic" approach to altruism can help us <u>appreciate</u> the concept from a scientific perspective, providing a good precursor for a neuroscientific analysis. Before getting to brain mechanisms, therefore, let's discuss these evolutionary ideas. These ideas, originally [Q 3] to explain how the brain's mechanisms for altruism came about, also support claims that we can describe mechanisms for how these behaviors *operate*. That is, evolutionary theories for altruistic behavior also stimulate scientific thinking about how such behavior works.

③ For background, let's begin with some basic concepts in evolutionary biology. The late Rockefeller University population geneticist Theodosius Dobzhansky observed that "Nothing in biology makes sense except in the light of evolution." If we accept this view, as I do, then the idea would be to determine how it bears on altruism and, indeed, moral reciprocity. Following Dobzhansky, other scientists note that humans are by "nature great cooperators." Well then, how is the puzzle of altruism explained? What exactly are the evolutionary mechanisms that produce reciprocally empathic behaviors?

④ To introduce this evolutionary thinking, I try to imagine a scene from our evolutionary past. Thousands of years ago, anthropologists tell us, the basis for empathic social interaction was already there. Where did it come from? Scientists have defined a new dividing line between humans and other animals, such that a "human" will possess our hyper-developed social skills. These skills include language, of course, but perhaps more importantly our ability to "read" others' minds. That is, we understand from someone's posture, tone, or facial expression what that person is feeling and / or what he or she may desire. For example, a human toddler readily perceives that an adult with full hands staring at a closed door wants to go through that door but needs help, so the toddler will try to lend the adult a hand. A monkey is unlikely to offer a paw, even to another monkey—not out of callousness but out of ignorance.

⑤ How did such helping behavior develop? How did we [Q 7] such willing displays of beneficent behavior? Evolutionary biologists grappling with the evolution of human social behavior have tended to favor any one of three theoretical answers to how human social behaviors have gradually developed. Unfortunately, however, they treat such theories as though each were mutually exclusive of the others—indeed, competing in a tournament, so that if one were important, the others could not be. Such biologists argue with each other in the media, often assigning confusing, disparate terms to explain (and justify) their separate, uncompromising approaches.

⑥ Yes, the evolution of social behavior is a crucially important topic, but I disagree with theorists who treat the field as a zero-sum game, limited to one or another specific theory of kinship-based altruism. Instead of taking this conventional approach, I treat three different theories in a manner in which they could all operate at the same time, pulling in the same direction in a manner that will explain the evolution of human behavior toward the altruism explained by ABT. Viewing the field of evolutionary biology from the outside, it seems apparent that evolutionary theorists argue over which of the three mechanisms— "selfish DNA," or "kin selection," or "group selection" —is *the* most important. But as a neuroscientist, I can see how the three could work together to produce altruistic behaviors. As another outsider to the field, Ken Binmore, economics professor at University College London states, reciprocally altruistic acts serve the purpose of [Q10] each of the individuals against bad stuff; in this regard, he makes no distinctions between various evolutionary approaches. The same (if various) theories that address how food sharing by lower animals has evolved can also be called on to address how sophisticated cooperative behaviors among modern humans have developed over time.

⑦ Viewing the field from the perspective of a neuroscientist it appears, as mentioned, that while evolutionary biologists argue over the best path to cooperative behavior, in fact all three explanations for the evolution of altruism can augment each other. All three levels of evolutionary theory could be operating at the same time. Selfish DNA is most ruthlessly efficient, but is also the narrowest. Group selection is broadest, though the least direct and likely the slowest to benefit. Not only can the three add to each other, but the relative importance of each also will vary according to time period and the culture in question. Collectively, however, and no matter how the importance of each varies over time, the convergence of all three evolutionary paths ultimately points toward the development of brain mechanisms favoring altruism. It does not matter which of these paths was more important—a fact that in any case we cannot measure—so much as it *does* matter that they all support the notion that evolution allowed the brain to develop in ways that support compassionate behavior.

*[1]altruistic : an unselfish concern for the welfare of others

Q 1. Which of the following is true of the author's description in paragraph ①?

1. Monkeys and chimpanzees lack empathic attitudes.
2. Biologists often travel to jungles and encounter ideal circumstances.
3. Studying evolutionary steps is useful to clarify empathic behaviors in humans.
4. To explain human altruistic behaviors, the scientific approach is not at all appropriate.
5. Scientists acquired precise knowledge of brain mechanisms before evolutionary studies.

Q 2. In paragraph ② (line 2), the underlined word appreciate is closest in meaning to -

1. distinguish　2. esteem　3. fulfill
4. thank　5. understand

Q 3. In paragraph ② (line 4), which of the following could be best added in [Q 3]?

1. equal　2. hesitated　3. intended
4. opposed　5. prior

Q 4. In paragraph ③, the underlined word it (line 5) refer to -

1. biology　2. evolution　3. nothing
4. thinking　5. view

Q 5. Which of the following corresponds to the author's description in paragraph ④?

1. Empathic social interactions only developed in the past century.
2. Both humans and other animals have social skills, including language.
3. Human toddlers help adults going through the door only if adults ask them for help.
4. Monkeys do not offer a helping paw to other monkeys, since they do not understand what it means for others to suffer.

5. Human toddlers cannot read the minds of others, even if they recognize something in another person's tone of voice.

Q6. According to paragraph ④, human toddlers do not necessarily understand other peoples'-

1. actions
2. facial expressions
3. posture
4. tone of voice
5. words

Q7. Which of the following could best be added to [Q7] in paragraph ⑤ (line 1)?

1. appreciate
2. become acclaimed to
3. become wired for
4. conclude
5. disengage

Q8. What is the main point the author is trying to make in paragraph ⑥?

1. Neuroscientists always prefer to verify a number of hypotheses together.
2. There are several complete and clear biological mechanisms known that can explain human altruistic behavior.
3. The evolution of social behaviors is the number one overriding critical theme for human beings to study and understand.
4. The assessment of food sharing in animals is the main clue to help us understand how altruistic behavior developed in humans.
5. It is important to try to remember that the integration of different ideas from various theories can all potentially help us to better understand human altruistic behavior.

Q9. Which of the following words, when pronounced, has the same primary stress location as the underlined word <u>reciprocally</u> in paragraph ⑥ (line 13)?

1. consideration
2. intelligible
3. legibility
4. representative
5. teleconference

Q10. Which of the following could best be added to [Q10] in paragraph ⑥ (line 13)?

1. "assuming"　　2. "ensuring"　　3. "noticing"
4. "pretending"　　5. "sharing"

Q11. Which of the following is NOT true of the author's descriptions in the article?

1. "Selfish gene" evolution is directly controlled by the gene expression of selfish DNA.
2. Evolution in "group selection" theory takes a longer amount of time than in other theories.
3. Neuroscientists suggest that the three theories will cooperatively explain the evolution of altruism.
4. Evolutionary biologists insist that the three theories for the evolution of altruism are mutually exclusive.
5. All three evolutionary theories, irrespective of importance, will merge toward the same brain developmental path that gives rise to altruism.

Writing Answer Question [B]

On the Writing Answer Sheet, in Japanese explain the specific underlined phrase <u>a zero-sum game</u> as used in the context of the article, in paragraph ⑥ (line 2), using 30-40 characters.

全訳

≪利他的な行動とは≫

① 科学者は生物学的な見地から相互に利他的な行動に取り組むとき，2つの道をたどってきた。1つは，共感的な行動を生み出すことに関わっている細胞学的そして身体的な段階を説明する方法である。これは「利他的な脳仮説（ABT）」における私のアプローチである。そのような行動を理解するためのもう1つのアプローチには，現在とても一般的な方法だが，『インディ=ジョーンズ』的な側面がある。つまり，生物学者はジャングルをものともせず，動物の行動を観察し，いかにして動物が，特にサルやチンパンジーのような霊長類が一見共感的だと思える行動をするようになったのかを描く，進化論的なシナリオとともに現れる。もちろん，こういった冒険は，重要なステップを省略している。実は，進化的な発達は，「それでもなお」脳のメカニズムを通して機能しているに違いないのである。だが，脳研究に基づく詳細な知識を最近になってようやく手に入れ，あのようなジャングルへの短い旅行が理想的なものではなくなったからこそ，動物主体の進化論的なアプローチが実用的な説明を与えてくれるようになったのである。

② 確かに，この利他的行為に対する「大胆な」アプローチを理解することは，私たちがその概念を科学的な見地から理解する助けとなり，神経科学的な分析のための質のよいさきがけを与えてくれる。だから，脳のメカニズムについて論じる前に，このような進化論的なアイデアについて議論しよう。これらのアイデアは，もともと利他的な行動のための脳のメカニズムがどのように発生したのかを説明することを意図されたものだが，利他的な行動がどのように「作動する」のか，そのメカニズムを私たちが説明することができるという主張を支持するものでもある。つまり，利他的行動のための進化論的仮説は，そのような行動がどのように作動するのかについての科学的思考も刺激するのである。

③ 背景として，進化生物学のいくつかの基本的な概念から始めよう。ロックフェラー大学の集団遺伝学者の故テオドシウス=ドブジャンスキーは，「進化という観点から見なければ，生物学のいかなる事項も意味を成さない」と述べた。私のように，この意見を受け入れるとするならば，考えられる案としては，進化が利他的な行動，というか道徳的な相互関係とどう関係するのかを突き止めるということになるであろう。ドブジャンスキーに従い，他の科学者は，人間は「生まれながらに素晴らしい協同者」であると指摘している。さて，それでは，利他的行為の謎はどのように説明されるのだろう？ 相互の共感的な行動を生み出す進化のメカニズムとは正確にはどういうものなのだろうか？

④ この進化論的な思考を紹介するために，私たちの進化論的過去から1つの情景を想像してみる。人類学者によると，何千年も前に共感的な社会的交流の基礎がすでに存在していた。それはどこからやって来たのか？ 科学者は，「人間」は非常に目覚ましく発達した社会的スキルを持っているものだというような，人間と他の動物の間の新しい境界線を定義した。そのスキルの中には，もちろん言語も含まれるが，おそらくもっと重要なことに，私たちの他者の心を「読む」能力も含まれる。

つまり，私たちは，誰かの姿勢，声の調子，表情から，その人が何を感じているかということ，そして／あるいは，何を望んでいるかということを理解しているのである。たとえば，よちよち歩きの人間の子供は，手にいっぱい荷物を抱えて閉まっているドアを見つめている大人がドアを通り抜けたいが助けが必要だということを容易に認識し，その大人に手を貸そうとするのである。サルは，他のサルに対してすら，手を貸そうとはしない ── それは冷淡だからではなく，わからないからである。

⑤　そのような援助行動はどのように発達したのだろうか？　どのようにして私たちは，このように慈善的な行動を進んで示すようになったのだろうか？　人間の社会的行動の進化の問題に取り組む進化生物学者は，人間の社会的行動がどのようにして徐々に発達していったかに対する 3 つの理論的解答のどれか 1 つを支持する傾向にある。だが，不運なことに，彼らはそういう理論を，あたかも互いに排他的であるかのように，実際，トーナメント形式で競い合っていて，その結果，1 つが重要ならあとの 2 つは重要でないように扱っている。そういう生物学者はメディアに登場して互いに議論をするが，多くの場合，混乱をきたすような全く異なる用語を用いて，それぞれ異なる妥協のないアプローチを説明（そして正当化）している。

⑥　そう，社会的行動の進化は決定的に重要な話題であるが，この分野をゼロサムゲームとして扱い，血縁関係に基づく利他的行動に関するいずれかの特定の理論に限定する理論家に，私は同意しない。こういう従来のアプローチを取るのではなく，私は，3 つの異なる理論を，それぞれが同時に機能し，ABT によって説明される利他的行動に向けた人間の行動の進化を説明するような形で，その 3 つが同じ方向に向かうように扱う。進化生物学を外部から見れば，進化理論家は 3 つのメカニズム，つまり「利己的な DNA」あるいは「血縁淘汰」あるいは「集団選択」のうちのどれが「唯一」最も重要であるかということについて議論していることは明らかなように見える。だが，神経科学者として私は，利他的行動を生み出すために，この 3 つの理論がどのように協働する可能性があるかが理解できるのである。もう一人のこの分野の門外漢として，ロンドン大学ユニバーシティカレッジの経済学教授ケン=ビンモアは，相互に利他的な行動は，一人ひとりをよくないことから「守る」という目的を果たしていると指摘している。この点から見ると，彼は様々な進化論的手法を区別していない。下等動物による食物分配がどのように進化したかという問題を扱っているのと（たとえ様々あるにせよ）同じ理論が，現代の人間の洗練された協同的な行動が時とともにどのように進化したかという問題を扱うためにも使用できるかもしれないのである。

⑦　この分野を神経科学者の視点から見ると，すでに述べたように，進化生物学者は協同的な行動への最善の道について議論をしているものの，実際には，利他的行動の進化のための 3 つの説明のすべてが，互いの価値を高めることができるように見える。3 つのレベルの進化理論すべてが，同時に作用するという場合もあるかもしれない。利己的な DNA 理論は最も無情なまでに効率的なものだが，最も限定的

理論でもある。集団選択理論は最も包括的だが，最も直接的でなく，役に立つのが最も遅いようだ。この3つの理論は互いに補足しあえるだけでなく，それぞれの相対的な重要性もまた，問題になっている時期や文化に応じて変動するだろう。だが，全体として，そして時間とともにそれぞれの理論の重要性がいかに変動するとしても，3つの進化の道筋すべてが統合されることにより，利他的行動を促進する脳のメカニズムの発達が，最終的に指し示されるのである。この3つのうちどれがより重要かということ —— それは，どんな場合でも私たちには測ることができない事柄なのだが —— は，脳が情け深い行動を支援するように発達することを進化が可能にしたという見解を3つの理論すべてが支持しているという事実が重要であるほどには，あまり問題でないのである。

解説

Q1「第①段の筆者の記述と合っているものは次のどれか」

1．「サルやチンパンジーは共感的な態度に欠けている」
2．「生物学者は，しばしばジャングルに旅をし，理想的な環境に出会う」
3．「進化の段階を研究することは人間の共感的な行動を明確にするのに役に立つ」
4．「人間の利他的な行動を説明するために，科学的な手法は全く適切ではない」
5．「科学者は，進化の研究以前に，脳のメカニズムの正確な知識を獲得した」

1は，第①段第4文（The other path …）に「いかにしてサルやチンパンジーのような霊長類が一見共感的だと思える行動をするようになったのか」とあるのに反する。2は，第①段第4文の biologists brave the jungle to observe animal behavior「生物学者は動物の行動を観察するためにジャングルに勇敢に立ち向かう」に反する。「理想的な環境に出会う」ではなく「動物の行動を観察する」であれば正しい。**3は第①段最終文（But because we …）に合致する**。4は第①段第1文（When approaching reciprocally …）に反する。科学者は2つのアプローチを使って説明しようとしてきたのである。5は第①段最終文に反する。「進化の研究」と「脳のメカニズムの正確な知識の獲得」の時間的前後関係は明言されておらず，第①段全体の記述から「進化の研究」と「脳のメカニズムの研究」は並行して進んできたことがわかる。

Q2「第②段（2行目）において，下線の語 appreciate は（　　　）に最も意味が近い」

本文では appreciate は「～を理解する」という意味で使われているので，**5. understand「～を理解する」が正解である**。1．「～を区別する」　2．「～を高く評価する」　3．「～を達成する〔実行する〕」　4．「～に感謝する」

Q3「第②段（4行目）において，［Q3］に入れるのに最適なのは次のどれか」

to不定詞句（to explain …）が後続しているので，可能性があるのは2．hesitated（hesitate to *do*「～するのをためらう」）か，3．intended（intend to *do*「～することを意図する」）である。1・4・5は形容詞であればtoにはつながるが，その場合のtoは前置詞である。空所を含む文が前文のevolutionary ideas「進化論的なアイデア」の内容の説明になっていることを考えると，**3が適切**である。ちなみに，originally intended to explain … came aboutの部分は，動詞の過去分詞を用いた後置修飾であり，These ideasを修飾している。コンマでくくられているので，もし訳す場合は非制限的に「これらのアイデアは，もともと利他的な行動のための脳のメカニズムがどのように発生したのかを説明することを意図されたものだが，…」となる。形容詞の用法で前置詞toを伴う場合の他の選択肢の意味は以下の通り。1．「～と等しい」 4．「～に反対して」 5．「～より先の」

Q4 「第③段において，下線の語it（5行目）は（　　）を指している」

下線部を含む文の前文でクォーテーションの部分（"Nothing in biology … of evolution."）が，進化論を考慮しないと生物学のいかなる事項も意味を成さないという主旨の文であることから，このパラグラフは進化論に基づく生物学がテーマであるとわかる。その文脈の中で，本文全体のテーマである利他的行為（や道徳的な相互関係）とそれがどのように関係しているのかを突き止めるのがねらいだと述べているのだから，itは**2．evolution「進化」を指している**と考えるのが妥当である。1．「生物学」 3．「つまらないこと」 4．「考えること」 5．「意見」

Q5 「第④段の筆者の記述と一致しているのは次のどれか」

1．「共感的な社会的交流は過去1世紀の間でのみ発達した」
2．「人間と他の動物の両方が，言語を含めた社会的技能を持っている」
3．「人間のよちよち歩きの子供は，大人が助けを求める時だけ，ドアを通ろうとしている大人を助ける」
4．「サルは他のサルに手を貸さない。というのは，サルは他者が苦しんでいるということが何を意味しているのか理解していないからだ」
5．「人間のよちよち歩きの子供は，たとえ相手の人間の声の調子の何かを認識したとしても，他者の心を読むことはできない」

1は第④段第2文（Thousands of years …），2は第④段第4・5文（Scientists have defined … "read" others' minds.），3・5は第④段第7文（For example, a …）より，筆者の記述と一致していない。第④段最終文（A monkey is …）に「サルは冷淡だからではなく（他者の気持ちを）わからないがゆえに他のサルに手を貸さない」とあることから，**4が正解**。

Q6 「第④段によると，人間のよちよち歩きの子供は必ずしも他の人間の（　　）

を理解しない」

第④段第6・7文（That is, we … adult a hand.）に「人間は他者の姿勢，声音，表情から，他者の感情や要求を読み取ることができる」「たとえば，よちよち歩きの人間の子供は，手にいっぱい荷物を抱えて閉まっているドアを見つめている大人がドアを通り抜けたいが助けが必要だということを容易に認識し，その大人に手を貸そうとする」とある。よって，幼児は必ずしも他者の**5．words「ことば」を理解していないと考えることができる**。1．「行動」 2．「表情」 3．「姿勢」 4．「声の調子」

Q7 「第⑤段（1行目）の［Q7］に入れるのに最適なものは次のどれか」

直前の文（How did such …）（「そのような援助行動はどのように発達したのだろうか？」）も，空所を含む文と同様に疑問文の形となっていることから，これら2文は似た意味を持つと考えることができる。よって，**3．become wired for～「～という行為をするように作られた」を入れて，「どのようにして私たちは，このように慈善的な行動を進んで示すようになったのだろうか」とするのが適切**。1．「～を正しく理解する」 2．acclaim「～をほめたたえる，～を拍手して迎える」 4．「～と結論を下す」 5．「～を自由にする」

Q8 「第⑥段で筆者が示そうとしている要点は何か」

1．「神経科学者は常に多くの仮説を一緒に検証することを好む」

2．「人間の利他的行動を説明することができる，いくつかの完全で明快な生物学的メカニズムが知られている」

3．「社会的行動の進化は，人間が研究し理解すべき最も重要なテーマである」

4．「動物における食物分配の評価は，利他的な行動が人間の中でどのように発達していったかということを私たちが理解する助けとなる，主要な手がかりである」

5．「様々な理論から生じた異なる意見の統合が，すべて潜在的に，私たちが人間の利他的な行動をよりよく理解する助けとなり得るということを心に留めておこうとすることは重要だ」

1は第⑥段第4文（But as a …）に「3つの理論がどのように協働する可能性があるかが理解できる」とあるが「常に多くの仮説を一緒に検証する」とは述べられていない。3は第⑥段第1文（Yes, the evolution of …）に「社会的行動の進化は決定的に重要な話題である」とはあるものの，「最も重要な」といった記述はない。2は第⑥段第2・3文（Instead of taking … *the* most important.）に反する。「完全で明快な」とは述べられていない。むしろ，進化理論家たちは，3つのメカニズムのうちどれが最も重要かで争っているのである。4は第⑥段最終文（The same (if …）に「下等動物による食物分配の進化の理論が現代の人間の洗練された協同的な行動の進化に取り組む際にも役立つかもしれない」といった主旨の内容があるが，「主要な手がかり」とは述べられていない。**5は第⑥段第4文（But as a …）において筆者が，3つの異なる理論が協働して利他的な行動を形成していると指摘していることに合致する。**

Q9 「発音した際に，第⑥段（13行目）の下線の語 reciprocally と第1ストレスの場所が同じ語は次のどれか」

下線部の reciprocally は［risíprəkəli］となり，第2音節に第1ストレスが置かれている。同じく第2音節に第1ストレスが置かれている語は，**2．intelligible［intélidʒəbl］**。1．［kənsìdəréiʃən］ 3．［lèdʒəbíləti］ 4．［rèprizéntətiv］ 5．［télikɑ̀nfərəns］

Q10 「第⑥段（13行目）の［Q10］に入れるのに最適なのは次のどれか」

空所を含む文の前半は「相互に利他的な行動は（　　　）という目的を果たしている」という意味である。また，空所の後に against があることから，ensuring を入れると，「一人ひとりをよくないことから『守る』（という目的を果たしている）」となり，文意が通る。よって，**2が正解**。ensure *A* against *B*「*A* を *B* から守る」 1．assume「～を想定する」 3．notice「～だと気づく」 4．pretend「～のふりをする」 5．share「～を分かち合う」

Q11 「本文における筆者の記述と合っていないものは次のどれか」

1.「『利己的な遺伝子』の進化は，利己的な DNA の遺伝子発現によって直接的に制御されている」
2.「『集団選択』理論における進化は，他の理論よりも長い時間を必要とする」
3.「神経科学者は，3つの理論が協働的に利他的行動の進化を説明するだろうと示唆している」
4.「進化生物学者は，利他的行動の進化を説明する3つの理論は，互いに排他的だと主張する」
5.「その重要性に関係なく，3つの進化の理論のすべてが，利他的な行動を生み出す同じ脳の進化の道に向けて合流するだろう」

2については第⑦段第4文（Group selection is …），3は第⑥段第4文（But as a …）と第⑦段第1・2文（Viewing the field … the same time.），4は第⑤段第4文（Unfortunately, however, they …），5は第⑦段第6文（Collectively, however, and …）に，それぞれ同様の内容が書かれているが，1の selfish DNA については，1の内容と類似の記述は本文には見当たらない。よって，**1が正解。**

Question [B] 「記述解答用紙に，第⑥段（2行目）の文脈において用いられている特定の下線部 a zero-sum game を，30～40字の日本語で説明しなさい」

一般に zero-sum game「ゼロサムゲーム」とは，参加者全員の合計得点の総和が常にゼロであるゲームのことを指し，結果的に勝者が得た得点は，敗者には同等の損失となる。本文での意味は下線部直後（limited to one … of kinship-based altruism）に示されており，さらに同段第3文（Viewing the field …）や第⑤段第3・4文（Evolutionary biologists grappling … could not be.）でより詳しく説明されているので，これらをもとに記述するとよい。下線部は，人間の利他的行動の進化を説明する3つの理論のうち1つのみを正しいとみなし，他の理論は正しくないとする排他的態度を指していると考えられる。

●語句・構文

(第①段) □reciprocally「相互に」 □*Indiana Jones*「映画『インディ=ジョーンズ』(考古学者が様々な冒険をする物語)」 □brave「～をものともしない」 □get to *do*「～するようになる」 □leave out ～「～を除外する」 □based on ～「～に基づく」 □foray「短期間の旅行」

(第②段) □help *A* *do*「*A* が～するのを助ける」 □come about「生じる」 □that is「つまり」

(第③段) □begin with ～「～から始める」 □geneticist「遺伝学者」 □make sense「意味を成す」 □in the light of ～「～を考慮して」 □bear on ～「～に関係する」 □reciprocity「相互依存，相互関係」 □by nature「本来」

(第④段) □dividing line「境界線」 □such that ～「～というような」 □more importantly「もっと重要なことには」 □facial expression「表情」 □and / or「および，両方またはいずれか一方」 □be unlikely to *do*「～しそうにない」 □offer a paw「手を貸す」 □out of ～「～から」

(第⑤段) □grapple with ～「～に取り組む」 □tend to *do*「～する傾向にある」 □as though S V「まるで～であるかのように」 □exclusive of ～「～を除外して」 □, so that S V「その結果，～」

(第⑥段) □disagree with ～「～に賛成しない」 □treat *A* as *B*「*A* を *B* として扱う」 □instead of *doing*「～する代わりに」 □at the same time「同時に」 □pull in the same direction「同じ方向に引っ張る，同じ方向に向かう」 □argue over ～「～のことで議論する」 □in this regard「この点で」 □make distinctions「区別する」 □address「～に取り組む」 □food sharing「食物分配（ある個体の食物が別の個体の手に渡ること）」 □lower animals「下等動物」 □call on ～「～を呼び出す，(知力など) を活用する」 □over time「長い時間を経て」

(第⑦段) □add to「増大する」 □according to ～「～に応じて」 □no matter how S V「たとえどんなに～だとしても」 □convergence「一点に集まること，収束，収斂」 □in any case「どんな場合でも」 □so much as S V「～であるのと同じように」

解答

Q1－3　Q2－5　Q3－3　Q4－2　Q5－4　Q6－5　Q7－3
Q8－5　Q9－2　Q10－2　Q11－1
Question［B］　特定の理論にのみ基づき他の理論を重視せずに人間の利他的行動の進化を説明すること。(40字)

38　2022年度 医学部〔1〕

難易度	目標制限時間	25　分	目標ライン	（全28問中） 20 問正解
標　準	かかった時間	分	自己採点結果	（全28問中）　問正解

注意事項

若干の語句（＊のついたもの）についてはNOTESで取り上げられていますので参考にしてください。

次の英文を読んで設問に答えなさい。

Last month five thugs* caused mayhem* in a supermarket in south London. One punched and kicked a female staff member to the ground. Another smashed an object over a disabled customer's head before punching and knocking him out of his wheelchair. One victim ((あ)) up in hospital. (1)As shocking as the violence was the realisation that many people had watched on as innocent, vulnerable people were attacked. At least one bystander recorded the incident on a smartphone. Nobody ((い)) to have tried to intervene.

Before we rush to condemn the bystanders, however, ((う)) whether you might have put yourself in harm's way. There were five perpetrators*, apparently fit, strong and violent. Would you be ((A)) you could overcome them? Could you be sure they were not carrying weapons? Would others ((え)) you up? How competent, and how far away, were the supermarket security guards?

Honest answers to these quesitons help us to understand how we have become a stand-by-and-watch society in which the wrong people are afraid. Instead of fearing being caught and punished for attacking others, thugs often seem to be ((B)) of their violence. (2)私たちの多くは，他人を助けに行くのではなく，何か恐ろしいことや残忍なことに巻き込まれるのを恐れている。

The supermarket incident is an extreme example. But think less alarming scenarios. Would you say anything to somebody who ((お)) litter, or lets their dog foul the pavement? Would you stop some teenagers from vandalising* a playground, or bullying a classmate after school? Would you stop a thief or intervene as a man threatens a woman in a fit of rage? There are ((C)) reasons for not doing so. (3)<u>But that we are reluctant to intervene at such moments shows how the norms in our society favour those who do bad things.</u> This is a serious problem in itself, but it is also a problem that leads to others. (4)<u>The more people get away with minor acts of irresponsibility, anti-social behaviour and criminality, the more they feel confident they can get away with worse.</u>

A society with a greater willingness to police* its members' behaviour might not produce more people willing to intervene when they witness crimes ((か)) place. (5)<u>But it would experience less serious crime in the first place by addressing what were once called the causes of crime.</u> It would expect fathers to ((き)) a proper role in the upbringing of their children, even if they do not live at home. It would give greater support to head teachers who impose discipline in their schools. It would have no tolerance for the noise, litter, graffiti, disrespect and intimidation that are too ((D)) in our towns and cities. It would ((く)) aspiration, education and hard work. In other words, a society in which we were willing to place expectations on others and accept them for ourselves, and in which we were ready to call out unacceptable behaviour and help others who do (6)<u>the same</u>, would be a more resilient* society, more capable of creating virtuous circles than ((E)) ones.

And yet this argument is mostly overlooked. (7)<u>政治家が政策問題に取り組む際，その解決策として議論するのは，政府の行動とそれが個人の自由と責任に及ぼす影響についてである。</u>The role of the community—how we can come together to help one another, how social expectations can produce better behaviour—is frequently forgotten. Unfortunately, the notion of community—or at least the idea that strong communities can look after themselves—is out of fashion. (8)<u>The expectation that we might take responsibility not only for ourselves but for our families and neighbourhoods and people in need is often seen as too much trouble.</u> The belief that our behaviour might be better when it is policed not just by individual conscience and legal boundaries but by social norms is ((け)) as judgmental or cruel.

And to be fair, in the past, it has sometimes been like that. We look back at the way families and communities once dealt with people who were gay, or had children outside marriage, or got divorced, or had the wrong colour skin, or fell in love with the wrong person, and feel relief that (9)those days are behind us.

But is it really true that cruelty and unfairness are ((F)) in community and social norms? The honest answer is yes: a stronger community might ((こ)) the risk of empowering the bossy and the self-righteous. But there is no reason to believe stronger social norms would restore value judgments we no longer support. As the campaign against racism has shown, social pressure can enforce modern moral standards as well as older ones. Allowing for a little bossiness—which itself can be policed and resisted—would anyway be a ((G)) price to pay for escaping the moral free-for-all* our society sometimes resembles. (10)Judging and punishing the criminal and the irresponsible is, after all, the whole point of having social norms and ensuring everyone follows them.

NOTES

free-for-all a situation in which there are no rules or controls and everyone acts for their own advantage
mayhem a situation that is not controlled or ordered, when people are behaving in a disorganized, confused, and often violent way
perpetrator a person who commits a crime or does something that is wrong or evil
police (v) to make sure that a particular set of rules is obeyed ; control
resilient able to recover easily and quickly from unpleasant or damaging events
thug a violent person, especially a criminal
vandalize to damage something, especially public property, deliberately and for no good reason

Adapted from *Collins COBUILD English Dictionary for Advanced Learners* (3rd ed.) and *Oxford Dictionary of English* (2nd ed. rev.)

［出典］ 以下の資料に基づく
Nick Timothy, *The Telegraph*, 8 August 2021（記事の見出しは省略）

設問

問1 (あ)〜(こ)に入れるのに最もふさわしい動詞を選択肢より選び，必要に応じて，形を変えて書きなさい。同じ単語を複数回用いてはならない。

appear	back	catch	consider	drop	end
give	play	run	see	take	value

問 2　下線部(1)を和訳しなさい。

問 3　(A)～(G)に入れるのに最も ふさわしい形容詞を選択肢より選び，その記号を書きなさい。同じ単語を複数回用いてはならない。

1	ashamed	2	certain	3	common
4	incomprehensible	5	inherent	6	proud
7	small	8	understandable	9	vicious

問 4　下線部(2)を英訳しなさい。

問 5　下線部(3)を和訳しなさい。

問 6　下線部(4)を和訳しなさい。

問 7　下線部(5)を it が指すものを明らかにして和訳しなさい。

問 8　下線部(6)はどのようなことか，日本語 20 字以内で説明しなさい。

問 9　下線部(7)を英訳しなさい。

問 10　下線部(8)を和訳しなさい。

問 11　下線部(9)はどのようなことを伝えようとしているのか，those days がどのような時代だったかを明らかにして日本語 70 字以内で説明しなさい。

問 12　下線部(10)を和訳しなさい。

問 13　この新聞記事の見出しとして最もふさわしいものを選択肢より選びなさい。

(ア) Bystanders criticized for not coming to aid of attack victims
(イ) Government proposes new measures to combat rising violent crime
(ウ) Staff and customers attacked in south London supermarket
(エ) Stronger social norms and communities needed to tackle anti-social behaviour

全訳

≪反社会的行為に対抗するために，より強固な社会規範と地域社会が求められる≫

先月ロンドン南部のスーパーマーケットで5人の暴漢が暴行事件を引き起こした。1人は女性従業員を殴った上，蹴り倒した。別の1人は障害のある客の頭を物で強打し，殴る蹴るの暴行を加えて車椅子から引きずり落とした。被害者の1人は最終的に入院することになった。(1)その暴力行為と同程度に衝撃的なのは，罪のない無力な人々が攻撃を受けるのを大勢の人々がずっと傍観していたとわかったことだった。少なくとも傍観者の1人はその事件をスマートフォンで記録していたのである。仲裁に入ろうとする人はだれもいなかったようだ。

しかし，傍観者を急いで非難する前に，自分だったら危険に身をさらすかどうかを考えてみることだ。加害者は5人いて，頑健で腕力が強く暴力的な印象であった。彼らに打ち勝つことができる確信が持てるだろうか？　彼らが武器を持っていないという確信が持てるのだろうか？　他の人からの手助けはあるだろうか？　スーパーマーケットの警備担当者の能力はどの程度で，どれくらい離れたところにいたのだろうか？

こうした質問に正直に答えることで，私たちの社会がどうして傍観者の社会になってしまったのかを理解することができる。この社会では恐れを抱かなくてもよい人々が恐れを抱いているのだ。暴漢は，他人への攻撃による逮捕や罰を恐れるどころか，暴力行為を誇らしく思っているように思える場合が多いのである。私たちの多くは，他人を助けに行くのではなく，何か恐ろしいことや残忍なことに巻き込まれるのを恐れているのだ。

スーパーマーケットの事件は極端な例である。だが，それほど深刻ではないシナリオを考えてみよう。ゴミを捨てる人や，歩道で犬にフンをさせるような人に対して自分は何かを言うだろうか？　10代の若者が集団で遊び場を荒らしたり，放課後にクラスメートをいじめたりするのを止めようとするだろうか？　泥棒を思いとどまらせたり，男性が突然激高して女性を脅す場面を仲裁したりするだろうか？そのようにしないことにはもっともな理由がある。(3)しかし，そうした瞬間に介入をためらってしまうことから，社会の規範が悪事を働く人に対していかに有利に働いているかがわかる。それ自体深刻な問題ではあるが，他の問題を引き起こす問題でもある。(4)小さな無責任行為や反社会的行為，犯罪行為を行っても罰を逃れる人が増えれば増えるほど，彼らはさらに悪いことをしても許されるという自信を深めるのである。

他者の行動を取り締まることをいとわない気持ちが強い社会では，犯罪の発生を目撃した際に進んで仲裁しようとする人々の数が増えることはないかもしれない。(5)しかし，そうした社会では，犯罪の原因とかつて呼ばれたものに取り組むことで，そもそも重大犯罪が減少することになるだろう。父親は，家にいないようなことがあったとしても，子供の養育に適切な役割を果たすことが期待されるだろう。学校で厳しい規律を課す校長に対する支援が増すことだろう。我々の町や都市では当たり前のようになっている騒音やゴミ，落書き，無礼，脅迫を決して許すことはないだろう。向上心や教育，勤勉が重んじられるだろう。言い換えれば，他人に期待し，自らその期待を受け入れることをいとわない社会，許容できない行動に声を上げ，同じようにする人々を支援する用意がある社会は，より強靱な社会となり，悪循環よりも好循環を作り出す能力が高まるだろう。

そうであっても，この論点は見落とされていることが多い。政治家が政策問題に取り組む際，その解決策として議論するのは，政府の行動とそれが個人の自由と責任に及ぼす影響についてである。地域社会の役割，つまり私たちが協力して助け合うことができる方法，社会の期待がよりよい行動を生み出すことができる方法は，忘れられがちである。残念なことに，地域社会という概念 —— 少なくとも強固な地域社会は自分たちのことは自分たちで処理できるという考え —— は時代遅れである。(8)自分だけでなく家族や近隣の人々，そして困っている人々に対しても責任を持つようにという期待は，あまりに大きな負担と見なされがちなのである。個人の良心や法の枠組みだけでなく，社会的規範によっても取り締まられたほうが私たちの行動はよいものになるという考えは，手厳しいものであるとか苛酷なものであると見なされる。

しかも，公平に言えば，過去にはそのようなこともあったのである。私たちは，同性愛者や婚外子を持つ人や離婚経験者，あるいは肌の色が異なる人や恋愛対象がふさわしくない人に対する，かつての家族や地域社会の対応の仕方を振り返りながら，そうした時代が過去のものであることに安堵しているのである。

しかし，残酷さや不公平さが地域社会と社会の規範に内在しているというのは本当なのだろうか？　正直に答えればその通りである。地域社会が強固になれば，強引な人や独善的な人に権限を持たせる危険が生じるかもしれない。しかし，社会規範を強固にすることで，もはや支持されていない価値判断が復活すると考える理由はない。人種差別反対運動が示したように，社会的圧力は古い道徳的基準だけでなく新たな道徳的基準をも設定することができる。ある程度の強引さ —— それ自体，取り締まったり抵抗したりすることは可能なものだが —— を許容することは，いずれにしても，私たちの社会に見られがちな，倫理に関してやりたい放題の状態から逃れるために支払うわずかな代償と言えよう。(10)犯罪者や無責任な者を裁いて罰を与えることは，結局のところ，社会的規範を持ち，すべての人をその規範に確実に従わせることにおける要だからである。

解説

問1 (あ) end up in ～で「最終的に～になる」という意味の表現。end up in hospital で「最終的に入院することになる」の意。過去の出来事の描写なので，過去形の ended が入る。

(い) appear to *do* で「～のように見える〔思われる〕」の意。to have tried to intervene「仲裁に入ろうとした」の部分は空所に入る動詞より以前の内容を表し

出典追記：To tackle anti-social behaviour we need stronger social norms and communities, The Telegraph on August 8, 2023 by Nick Timothy

ているため，to have *done* の形となっている。intervene は「仲裁する」の意。空所の動詞は現在の視点で to 以下の過去の出来事に対する推定を行っているものと考え，appears と現在形にする。appeared のように過去形にすると，事件時よりも過去に仲裁しようとした（実際には仲裁しようとしていないが）ことになって，時系列がおかしくなる。

(う) （ (う) ）whether you might have put yourself in harm's way は whether 以下を目的語とする動詞が空所に入ると予測できる。put *A* in harm's way は「*A* を危険にさらす」という意味の表現で，次の文～同段最終文（There were five … supermarket security guards?）では，加害者に立ち向かう上での不安要素が説明されている。このことと，空所直前の Before we rush to condemn the bystanders, however「しかし，傍観者を急いで非難する前に」という副詞節の内容から，空所以下は「自分の身を危険にさらすかどうかを考えてみなさい」という命令文になるのがふさわしいとわかる。したがって，consider の原形を入れる。rush to *do*「急いで～する」 condemn「～を非難する」 bystander「傍観者」

(え) back up ～ は「～を支援する〔手助けする〕」の意。ここでは代名詞 you が目的語なので back you up となる。空所を含む文は加害者に立ち向かう上での不安要素を説明する文の１つなので，「他の人は自分を支援してくれるだろうか」という懸念を表す内容にする。

(お) 直後の litter「ゴミ」が目的語なので drop「～を捨てる」を用いる。先行詞は三人称単数の somebody であり，その後に or lets … と現在形が使われていることから，同じく現在形で三人称単数の drops とする。

(か) witness O *doing* で「O が～しているのを目撃する」の意。take place で「起きる，行われる」の意なので，現在分詞の taking とする。witness crimes taking place「犯罪が起こっているのを目撃する」

(き) expect O to *do*「O が～することを期待する」より，expect fathers to （ (き) ） a proper role in the upbringing of their children は「父親が子供の養育に適切な役割を果たすことを期待する」という意味だと予想できる。upbringing「養育，しつけ」「役割を果たす」は play a role と表現できるので，play を入れる。

(く) 空所を含む文の直前の文には It would have no tolerance for the noise, litter, graffiti, disrespect and intimidation「騒音やゴミ，落書き，無礼，脅迫を決して許すことはないだろう」とあるので，空所に入る動詞の目的語である aspiration, education and hard work「向上心や教育，勤勉」を重視するような内容の動詞を選択する。したがって，value「～を評価する〔重んじる〕」を入れる。have no tolerance for ～「～を許さない〔許容しない〕」 graffiti「落書き」 disrespect「無礼，尊敬心の欠如」 intimidation「脅迫」

(け) 空所を含む文の主語はThe beliefで，それに続くthat節はThe beliefの具体的内容を説明する同格節であり，is（ (け) ）の部分が文全体の動詞となっている。過去分詞のseenを入れると，受動態の*A* is seen as *B*「*A*は*B*と見なされる」（*A*＝the belief that …，*B*＝judgmental or cruel）となり，前文の内容と対応した正しい表現になる。judgmental「手厳しい，（人を）批判しがちな」

(こ) run the risk of *doing*で「〜する危険がある〔危険をはらむ〕，〜する危険を冒す」という意味の表現であり，助動詞mightの後なので原形のrunを入れる。

※使用しなかった選択肢の意味は以下の通り。catch「〜を捕まえる」 give「〜を与える」

問2 the realisationが主語，wasが動詞，as shocking as the violenceが補語となっている倒置文の構造を把握する。第1段で述べられている衝撃的な事件での暴力行為をthe violenceと表し，旧情報として文頭に置き，新情報のthe realisation以下を後に置いている。as shocking as the violenceは「その暴力事件と同じくらい衝撃的な」という意味。that以下はthe realisation「わかること〔実感〕」の内容を具体的に展開する同格節。過去完了形は〈継続〉の意味と考えられる。watch on「傍観し続ける」 このonはgo onなどのonと同じで〈継続〉を意味する副詞。続くasは〈同時性〉を表す接続詞。vulnerable「無力な」

問3 (A) 直後に（that）節の形（that）you could overcome them「彼らに打ち勝つことができる」が続くことから，**2のcertain「確信している」が正解**。直後の文（Could you be …）でsure（that）they were not carrying weaponsといったように，certainと類似の意味をもつsureが使われていることも参考になる。

(B) 空所を含む文の前半に，Instead of fearing being caught and punished for attacking others「他人への攻撃による逮捕や罰を恐れるのではなく」とあることから，be（ (B) ）of their violenceは暴力について肯定的に述べる内容になると推測できる。be proud of 〜「〜を誇らしく思う」から，**6のproudが正解**。

(C) 空所を含む文中のfor not doing soは同段第3〜5文（Would you say … fit of rage?）の行為をしないことを表しており，その理由は「もっともな，当然な」ものであると解釈できるので，**8のunderstandableが正解**。

(D) 空所を含む文のthat以前には，「騒音やゴミ，落書き，無礼，脅迫を決して許すことはないだろう」とある。関係代名詞thatの先行詞はthe noise, litter, graffiti, disrespect and intimidationで，それらがあまりに広まっている現状があると推測される。したがって，**3のcommon「ありふれた，一般的な」が正解**。

(E) 空所の直後のonesは同じ文中のcirclesを表す。直前のvirtuous circlesは「好循環」という意味なので，than「〜よりも」以下には反対の意味の表現が来るはずである。「悪循環」はvicious circlesと表現するので，**9のviciousが正解**。

(F) be inherent in ～ で「～に内在する，～に固有である」という意味の表現なので，**5の inherent が正解**。

(G) 空所を含む文の主語は Allowing for a little bossiness「ある程度の強引さを許容すること」である。そのことが be a ((G)) price to pay (for escaping the moral free-for-all)「(倫理に関してやりたい放題の状態から逃れるために) 支払う (　　) 代償」であると述べていることをつかむ。the free-for-all「やりたい放題の状態」を防止するためには，ある程度の強引さは仕方がないという流れになるはずなので，**7の small「わずかな」が正解**。allow for ～「～を許容する」 bossiness「強引さ」

※使用しなかった選択肢の意味は以下の通り。1．ashamed「恥じて」 4．incomprehensible「理解できない」

問4 下線部(1)や第3段第1文 (Honest answers to …) の内容から考えて，「私たちの多くは，他人を助けることをしない。その代わりに〔そうせずに〕，何か恐ろしいことや残忍なことに巻き込まれるのを恐れている」というのが下線部(2)の趣旨であると推測できる。よって「他人を助けに行くのではなく」は，(Many of us) do not come to the rescue of others; instead, …，あるいは (Many of us) do not help other people. Rather, … と表現できる。come to the rescue of ～ は「～を救出に行く」という意味の表現。「恐ろしい」は frightening で表せる。「残忍な」は brutal や cruel などを用いることができる。「～に巻き込まれる」は get involved in ～ や be drawn into ～，get caught up in ～などと訳出できる。「～(すること) を恐れている」は be afraid of *doing* や fear *doing* を用いればよい。

問5 主語は that we are reluctant to intervene at such moments，動詞は shows，目的語は how the norms in our society favour those who do bad things という構造をつかむ。主語の名詞節の中では，be reluctant to *do*「～する気がしない，～することをためらう」という表現に注意する。目的語の名詞節中の主語は norms「規範」，動詞は favour「～に有利である」，目的語は those「人々」でそれを who do bad things が修飾している。「that 以下は how 以下を示している」という直訳でも誤りではないが，無生物主語の構文なので，「that 以下から how 以下がわかる」などと訳出するとわかりやすい日本語になる。

問6 the＋比較級 ～，the＋比較級 … で「～すればするほど…」という構造をとらえる。more people は many people の比較級。get away with ～ は「～しても許される，～しても逃げきる〔罰を逃れる〕」という意味の表現。minor acts「小さな行為」 irresponsibility「無責任」 anti-social behaviour「反社会的行動」 criminality「犯罪性」 feel confident (that) S V「～を確信する」 worse はここでは worse acts「さらに悪い行為」の意味。minor acts of は irresponsibility, anti-social behaviour, criminality の3つに係り，ささいな無責任行為，反社会的行動を示すささいなふるまい，ささいな犯罪行為が見逃されることで悪化するという趣旨だと考えられる。

問7 it は直前の文の主語 A society with a greater willingness to police its members' behaviour を指す。willingness to *do*「～することをいとわないこと，進んで～しようとすること」，police「～を取り締まる」なので「他者の行動を取り締まることをいとわない気持ちが強い社会」「他者の行動をより積極的に取り締まる社会」となる。experience less serious crime は「深刻な犯罪をそれほど経験しない」，つまり，そうした社会では深刻な犯罪の数が減るという意味になる。この crime は不可算名詞。less crime で「犯罪が減る」の意味になると考えられる。in the first place「そもそも」 address「～に取り組む」 the causes of crime「犯罪の原因」

問8 下線部を含む文には we were ready to call out unacceptable behaviour and help others who do (6)the same「許容できない行動に声を上げ，同じようにする人々を支援する用意がある」とあるので，下線部は call out unacceptable behaviour を表す。この部分を日本語で表現する。call out ～ は「～を批判する，～に対して声を上げる」という意味。

問9 「～に取り組む」は tackle / work on ～ / address / deal with ～ などさまざまな形で訳出可能。「政策問題に取り組む際，その解決策として議論するのは，政府の行動…である」は「政策問題に取り組む際に議論することは政府の行動…である」と考えて，when politicians tackle policy problems, what they discuss is government action … と表現できる。「その解決策として議論する」は「問題を解決するために議論する」ということだが，議論が「問題を解決するため」なのは tackle policy problems「政策問題に取り組む」時点で自明のことなので無理に「解決策として」を訳出しなくてもよいだろう。あるいは，「彼らが議論する解決策は，政府の行動…に集中している」と考えて，the solutions they discuss focus on government action … などで表すことも可能。focus on ～ は「～に集中する，～を中心に展開する」の意。「それが個人の自由と責任に及ぼす影響」については，*A*'s effect on *B*「*A* の *B* に対する影響」を用いて，its effect on individual freedom and responsibility のように名詞 effect を用いて表現する。もしくは，influence のような動詞を用いて，how it influences individual freedom and responsibility のように名詞節にすることも可能。

問10 主語は The expectation，動詞は is seen であることをつかむ。expectation「期待」の内容を具体的に展開するのが同格の that 節である that we might…in need の部分。take responsibility for ～「～に対する責任を持つ〔担う〕」 not only *A* but *B*「*A* だけでなく *B* も」 in need は「困っている」という意味の形容詞句で people を修飾。see *A* as *B* は「*A* を *B* と見なす」の意味で，受動態で使われている。too much trouble は「あまりにも大きな負担，荷が重すぎること」の意。

問11 下線部 those days are behind us は「そうした時代は過ぎ去っている」という意味なので，「～はもう終わった」ということである。those days の内容は，第7段第1文（And to be …）の in the past, it has sometimes been like that「過去にはそのようなこともあったのである」という部分から，第6段最終文（The belief that …）の our behaviour might be better when it is policed not just by individual conscience and legal boundaries but by social norms「個人の良心や法的枠組みだけでなく社会的規範によっても取り締まられたほうが私たちの行動はよいものになるという考え」が浸透していた時代のことだとわかる。conscience「良心」 legal boundaries「法的枠組み」 social norm「社会的規範」

また，下線部を含む文は，冒頭の We look back at the way という表現から，過去のそうした姿を振り返っている内容だとわかり，people who were gay, or had children outside marriage, or got divorced, or had the wrong colour skin, or fell in love with the wrong person「同性愛者や婚外子を持つ人や離婚経験者，あるいは肌の色が異なる人や恋愛対象がふさわしくない人」が規範から外れたことによって取り締まられ，差別を受けた人々の具体例であることがわかる。〔解答例1〕では，第6段最終文（The belief that …）を詳しく説明し，〔解答例2〕では，下線部の直前の内容をより詳しく述べる形にした。

問12 主語は動名詞を用いた Judging and punishing the criminal and the irresponsible で，動詞 is に続く the whole point 以下が補語となっている。judge は直後に punish「～に罰を与える」が続くことから「～を裁く」という意味だと判断できる。the irresponsible は irresponsible people の意。after all「結局のところ」 the whole point of ～ は「～の要〔本質〕，～の上での肝心な点」の意。ensure (that) S V は「確実に～するようにする」という意味の表現。them は social norms を表す。「裁いて，罰することが，規範を作りそれに従わせることの要（＝本質，核心）」というのは「裁きや罰があるから規範に効力が出る」ということで，犯罪者を裁くことは，規範を作り，守らせるのに重要なことだというのが趣旨である。「犯罪者…を裁いて罰を与えることは，…社会的規範を持ち，…従わせる上で最も重要なことだ」としてもよいし，前後を入れ替えて「社会的規範を持ち…従わせる上で肝心なことは，犯罪者…を裁いて罰を与えることだ」でもよいだろう。下線部は，直前文（Allowing for a …）の内容の理由にあたる部分のため，〔解答例〕では「…要だからである」と訳した。

問13 (ア)「襲撃事件の被害者を助けに来なかったため傍観者たちが批判された」
(イ)「暴力犯罪増加に対抗する新たな対策を政府が提案」
(ウ)「ロンドン南部のスーパーマーケットで従業員と客が暴行を受けた」
(エ)「反社会的行為に対抗するために，より強固な社会規範と地域社会が求められる」

第1段（Last month five …）では従業員と客が暴漢に襲われた事件を例に出して，周囲の人々は傍観しているだけであった様子が述べられている。第2・3段（Before we rush …恐れている。」）では私たちが社会において何か恐ろしいことや残忍なことに巻き込まれることを恐れる傍観者になってしまった理由が述べられ，それに伴って反社会的人間がますますのさばる経緯が第4段（The supermarket incident …）で展開されている。第5段～第6段前半（A society with … is frequently forgotten.）では人々の行動を監視し合う社会では重大犯罪が減るが，その事実は見過ごされがちであると述べられている。第6段後半～最終段（Unfortunately, the notion … everyone follows them.）では，強固な地域社会は自身の面倒を見られるという考えは過去のものとなり，そうした地域社会は差別を生む残酷なものだったと述べた上でそれを翻し，かつては行きすぎた側面もあったが，今，強い社会的規範を再導入したとしても，そういった古い価値観が再び支持されるとは考えられない。結局は，反社会的人間を裁いて罰を与えることが社会的規範を持ち，その規範に従わせることの要であると結論づけて強い地域社会を肯定している。したがって，**(エ)が正解。**

●語句・構文

(第1段) □thug「暴漢」 □mayhem「暴行事件，傷害行為」 □smash *A* over *one's* head「(人の）頭に *A* を強くたたきつける」 □disabled「障害を持つ」 □wheelchair「車椅子」 □victim「被害者」 □incident「事件」

(第2段) □condemn「～を非難する，～を罵倒する」 □perpetrator「犯罪者，加害者」 □apparently ～「見たところ～らしい」 □overcome「～に打ち勝つ」 □competent「有能な」 □security guard「警備員」

(第3段) □a stand-by-and-watch society は，関係節を用いた a society which stands by and watches の代わりに stand by「傍観する，見て見ぬ振りをする」と watch「眺める」で and を挟み，ハイフンでつなげてひとつの形容詞にして society の前に置いたものである。□the wrong people は「間違った人々」だが，これは本来恐れを抱くのは犯罪者の側であるはずなのに，間違った人が恐れを抱いているという現状から，「本来恐れを抱くべきではない人々」，つまり「犯罪を犯していない人々」のことを指すと考えられる。

(第4段) □alarming「不安を抱かせる」(形容詞) □foul「(動物が)～にフンをして汚

す」 □ pavement「歩道」 □ stop O from *doing*「Oが～するのを止める」 □ vandalise「(公共のものなど) を破壊する」 □ bully「～をいじめる」 □ threaten「～を脅す，～を脅迫する」 □ in a fit of rage「かっとなって」 □ in itself「それ自体」

(第5段) □ police「(警察力で)～を取り締まる」 □ willing to intervene … は more people を修飾。□ willing to *do*「進んで～する，～してもかまわないと思う」 □ head teacher「校長」 □ aspiration「向上心」 □ in other words「言い換えれば」 □ a society (in which we were willing to place expectations on others and accept them for ourselves), and (in which we were ready to call out unacceptable behaviour and help others who do the same,) would be … の部分は2つの関係節が and でつながり，society を修飾して主部を成し，述部 would be につながっているという構造をとらえる。□ place expectations on ～「～に期待する」 □ resilient「立ち直りの早い」

(第6段) □ overlook「～を見落とす〔見過ごす〕」 □ how we can come together to help one another と how social expectations can produce better behaviour は直前の The role of the community の内容を説明した表現。□ the idea that … の that … の部分は，the idea の具体的内容を展開する同格節。The belief that … の that … も同様。□ boundary「境界，範囲」

(第7段) □ to be fair「公平に言えば」 □ look back at ～「～を振り返る」 □ families and communities once … the wrong person は先行詞 the way を修飾。□ deal with ～「～を扱う」 □ the wrong person はここでは恋愛対象とすべきでない人の意。□ feel relief that ～「～に安心する」

(最終段) □ empower「～に権限を与える」 □ the bossy と the self-righteous は“the＋形容詞”が“形容詞＋people”となる例で，bossy people と self-righteous people の意。□ bossy「強引な」 □ self-righteous「独善的な」

問 1　(あ) ended　(い) appears　(う) consider　(え) back　(お) drops
(か) taking　(き) play　(く) value　(け) seen　(こ) run
問 2　その暴力行為と同程度に衝撃的なのは，罪のない無力な人々が攻撃を受けるのを大勢の人々がずっと傍観していたとわかったことだった。
問 3　(A)－2　(B)－6　(C)－8　(D)－3　(E)－9　(F)－5　(G)－7
問 4　Many of us do not help other people. Rather, we are afraid of getting involved in something frightening and brutal.
問 5　しかし，そうした瞬間に介入をためらってしまうことから，社会の規範が悪事を働く人に対していかに有利に働いているかがわかる。
問 6　小さな無責任行為や反社会的行為，犯罪行為を行っても罰を逃れる人が増えれば増えるほど，彼らはさらに悪いことをしても許されるという自信を深めるのである。
問 7　しかし，他者の行動を取り締まることをいとわない気持ちが強い社会では，犯罪の原因であるとかつて呼ばれたものに取り組むことで，そもそも重大犯罪は減少することになるだろう。
問 8　許容できない行動に声を上げること。(17 字)
問 9　When politicians tackle policy problems, the solutions they discuss focus on government action and its effect on individual freedom and responsibility.
問 10　自分だけでなく家族や近隣の人々，そして困っている人々に対しても責任を持つようにという期待は，あまりに大きな負担と見なされがちなのである。
問 11.〔解答例 1〕社会的規範に照らして取り締まることで行動は改善すると考えて，規範から外れた同性愛者や離婚経験者などを差別した時代は終わったということ。(67 字)
〔解答例 2〕同性愛者，婚外子を持つ人，離婚した人，肌の色が違う人，許されない人を愛した人が社会的規範に基づいて迫害されていた時代は終わったということ。(69 字)
問 12　犯罪者や無責任な者を裁いて罰を与えることは，結局のところ，社会的規範を持ち，すべての人をその規範に確実に従わせることにおける要だからである。
問 13　(エ)

解答

39

2021年度 商学部〔3〕

難易度	目標制限時間	15 分	目標ライン	（全10問中） 7 問正解
標 準	かかった時間	分	自己採点結果	（全10問中） 問正解

次の英文を読み，(1)〜(10)の設問について最も適切なものを選択肢1〜4から選び，その番号を解答用紙A（マークシート）の解答欄にマークしなさい。

Charles Darwin is always with us. A month seldom passes without new books about the man, his life, his work, and his influence. This flood of books is called the "Darwin Industry." One lesson from all this is that Darwin's name sells. A less (4)<u>mercantile way</u> of viewing it is that Darwin's name [(1)] what has been called "the single best idea anyone has ever had," and therefore serves as an invitation to scientific and philosophical reflections of vast depth and breadth. We can't stop reading and talking about Darwin, 138 years after his death, because his theory was so big and startling and forceful, yet so unfinished when he died in 1882, that there's always more work to do. We're still trying to figure out how evolution by natural selection applies to every aspect of life on Earth. It takes a lot of books to grapple with Darwin's place in scientific history and his influence on how we understand the living world and humanity's place within it.

Ken Thompson's *Darwin's Most Wonderful Plants* is one important new study of the great scientist, and it offers a new perspective on Darwin's career after he published *On the Origin of Species*. Darwin never liked public [(2)]. Stressful interactions with other people made him literally sick to his stomach. After his theory of evolution and the evolutionary origins of the human species were fiercely attacked by critics. Darwin seems to have felt a bit beaten up. Rather than embracing the controversy surrounding him, Darwin retreated to his garden and began to publish volume after volume mainly about plants.

Thompson's book surveys the experimenting and theorizing that occupied Darwin's golden years. This book offers a glimpse of Darwin as a botanist, a scientist who studies plants. It contains the fine sentence, "Of course, any fool can be impressed by a *Venus flytrap," and adds contrastingly that "Darwin's genius was to see the wonder, and the significance, in the [(3)]." Darwin monitored the weeds coming up on a patch of bare ground during March and April and found that by May three quarters of them had been killed, chiefly by slugs—the struggle for existence plays out in every garden. Darwin's gardening was no frivolous hobby because it involved (5)<u>serious reinforcement of his evolutionary theory</u>. His plant books all retold the story of natural selection.

Why did Darwin turn to unexciting but detailed studies of plants in his final years? Perhaps because such scientific studies drew little attention from critics of evolutionary theory. I've long cherished (7)<u>a pet theory</u> that he turned to these difficult botanical studies—producing more than one book that was solidly scientific, discreetly evolutionary, yet a "horrid bore" —at least partly so that his critics, fighting about apes and angels and souls, would leave him alone.

By the time Darwin died, painfully but with quiet dignity, of heart disease on April 19, 1882, he had lived seventy-three years and written more than a dozen books. Some of those books are easily ignored or forgotten. Some are fun and charming. Some grind along through important stuff. One of them flows briskly and changed the world. Sadly, not enough people read *On the Origin of Species* today—even graduate students in evolutionary biology don't all read it—but no one escapes its meaning and its implications. Darwin's (8)<u>greatest achievement</u> was a brilliant start toward understanding how life works, how the wonders of diversity and complexity and adaptation have come to be, and we'll need plenty more good books before we fully comprehend where it leads.

[Adapted from an article posted on *nybooks.com*]

注） *Venus flytrap：ハエトリグサ（食虫植物）

(i) In the context of this passage, choose the most suitable expression to fill in each blank.

(1) The answer is : [ ].

1 lords over　　2 developed　　3 expanded　　4 stands for

(2) The answer is : [ ].

1 spheres　　2 disputes　　3 hypocrisy　　4 relations

(3) The answer is : [ ].

1 ridiculous　　2 diverse　　3 constant　　4 ordinary

(ii) In the context of this passage, choose the best answer for each question.

(4) Which of the following is a (4)mercantile way of viewing works about Darwin? The answer is : [ ].

1 Works about Darwin are a valuable commodity to be bought and sold
2 Works about Darwin are an important source of scientific knowledge
3 Works about Darwin promote the single best idea anyone ever had
4 Works about Darwin encourage scientific and philosophical reflection

(5) How did Darwin's gardening involve (5)serious reinforcement of his evolutionary theory? The answer is : [ ].

1 Darwin observed natural selection in the life cycles of slugs and weeds
2 Darwin failed to confirm the evolution of plants in his own back yard
3 Darwin's gardening enabled him to invent the science of botany
4 Darwin monitored the evolution of Venus flytraps, slugs, and weeds

(6) According to the author, what is the primary contribution of Ken Thompson's book? The answer is : [ ].

1 Thompson reassesses Darwin's life to show that he succeeded due to his brilliant imagination despite being a boring writer and a shy person
2 Thompson creates a more detailed picture of Darwin's career by

showing that the great scientist found wonders even in his back garden

3 Thompson shows that Darwin's previously overlooked studies of plants established the basis for evolutionary theory

4 Thompson introduces Darwin's long forgotten studies of slugs to show that gardening can facilitate scientific research

(7) Which of the following is **NOT** part of the author's (7)pet theory about Darwin's studies of plants? The answer is: [ ].

1 Darwin's studies of plants are not as dull as most people believe

2 Darwin chose the topic of plants in order to avoid controversy

3 Darwin's research about plants was based on evolutionary theory

4 Darwin's plant books are boring compared to *On the Origin of Species*

(8) The author thinks that Darwin's (8)greatest achievement was: [ ].

1 to develop the theory of evolution in *On the Origin of Species*

2 to publish more than a dozen books about evolution

3 to inspire the profitable "Darwin Industry" in publishing

4 to establish the brand new scientific discipline of botany

(9) With which of the following propositions is the author most likely to agree? The answer is: [ ].

1 Darwin's legacy as a botanist has never been discussed before

2 Most people who read Darwin's books about plants will not find them boring

3 Any person can find wonder in their back garden just like Darwin did

4 The Darwin Industry creates important contributions to knowledge

(10) Which title best captures the main idea of the passage? The answer is: [ ].

1 Darwin's Garden: Scientific Laboratory and Personal Refuge

2 Evolutionary Garden: Darwin's Forgotten Studies of Plants

3 Facing Critics: Darwin's Botanical Studies Challenged his Opponents

4 Beyond Evolution: Charles Darwin the Revolutionary Botanist

全訳

≪植物研究に身を置いたダーウィンの晩年≫

チャールズ=ダーウィンは常に私たちと共にいる。この人物，彼の人生，研究，影響力に関する新しい書籍が発売されることなく1カ月が経過することはめったにない。このおびただしい数の本は「ダーウィン産業」と呼ばれている。このこと全てから得られる教訓は，ダーウィンの名前を使えば売れるということである。これをより商業的ではない観点から見れば，ダーウィンの名前は「これまでで得られた唯一最高の考え」と呼ばれてきたものを象徴しており，それゆえ，非常に深く，幅広い科学的かつ哲学的考察へと導いてくれるものとしてその役割を果たしている。ダーウィンの理論は非常に壮大かつ衝撃的で説得力もあるが，彼が亡くなった1882年の段階では未完成だったので，多くの取り組むべき課題が常に存在しており，死後138年がたっても，私たちは彼の書籍を読んだり，彼について語ったりすることがやめられないのである。私たちは今でも自然淘汰による進化が，地球上の生命のあらゆる側面にどのように当てはまるのか解明しようとしている。科学の歴史におけるダーウィンの立ち位置と，生物界とその中における人間の立場を理解する上で，彼がどのような影響を与えたのかについて取り組むには，多くの書物が必要なのである。

ケン=トンプソンの *Darwin's Most Wonderful Plants* は，この偉大な科学者に関する新しい重要な研究で，『種の起源』を発表した後のダーウィンの経歴に関して新たな見解を示してくれている。ダーウィンは大衆が参加する論争を決して好まなかった。他人とのストレスが溜まる交流によって，彼は文字通り吐き気をもよおしていた。彼の進化に関する理論と人類の進化上の起源が批評家たちに激しく攻撃された後，彼は少し疲れ果てたように感じていたようだ。ダーウィンは周囲の論争に加わるよりも，自分の庭にこもり，主に植物に関する本を次々に発表し始めるようになった。

トンプソンの本では，ダーウィンの老後の時間を占めていた実験と理論化について調査がなされる。この本の中では，ボタニスト，つまり植物学者としてのダーウィンの姿が垣間見られる。この本には「もちろん，どんな愚か者でもハエトリグサには感銘を受ける」という秀逸な文があり，それと対照をなすように「ダーウィンの天才ぶりは，ありふれたものの中に驚きとその意味を見出すところであった」と付け加えるのである。ダーウィンは3月と4月に何もなかった一区画の土地から雑草が生えてくるのを観察し，5月までには主にナメクジによって，その4分の3が食べられてしまうことに気がついた ―― あらゆる庭で生存競争が繰り広げられているのだ。ダーウィンのガーデニングは取るに足らない趣味などではない，なぜなら，彼の進化論を本格的に強固なものにすることと関係していたからである。彼の植物の本全てにおいて，自然淘汰の話が形を変えて語られているのだ。

なぜダーウィンは晩年，平凡だが詳細な植物の研究を始めたのだろう？　おそらく，そういった科学的研究は，進化論の批評家たちからほとんど注目されなかったからではないだろうか。類人猿と天使と霊魂を巡って言い争っている批評家たちが，彼を放っておくようにと考え，彼はそうした難しい植物学研究に転じた —— 強固に科学的で，控えめに進化論を扱っているが「恐ろしく退屈な」2 冊以上の本を出版して —— というところが少なくともいくぶんかはあったのではないかという見解が，私の長年のお気に入りなのだ。

1882 年 4 月 19 日，ダーウィンが心臓病で痛みに耐えながらも静かに尊厳を保って亡くなるまでに，彼は 73 年の生涯を過ごし，十数冊の本を書き上げた。それらの本の一部はあっさりと無視されたり，忘れ去られたりした。面白くて魅力的なものもある。重要な題材を通して磨かれてきたものもある。そのうちの一冊は勢いよく出回り，世界を変えた。残念ながら，今日，『種の起源』を読んでいる人たちが十分にいるとは言えないが —— 進化生物学を専攻する大学院生さえも全員が読んでいるとは限らない —— その意義と影響を避けて通ることは誰もできない。ダーウィンの最大の功績は，どのように生命が機能するか，またどのように多様性，複雑性，適応という驚くべきことが現れてきたかを理解することに向けて素晴らしいスタートを切ったことであり，そこから導かれることを完全に理解するためには，さらに多くの優れた本が必要になるだろう。

解説

(i) (1) 空所を含む文は「ダーウィンの名前は『これまでで得られた唯一最高の考え』と呼ばれてきたものを…している」という意味。「名前が考えを～する」という文脈に合うのは，選択肢の中では**4の「～を象徴する」**のみ。1.「～に対して威張り散らす」 2.「～を発達させる」 3.「～を拡大する」

(2) 直後の文（Stressful interactions with …）では，他人とのストレスが溜まる交流はダーウィンにとって吐き気がするものだったとある。同段最終文（Rather than embracing …）でも，ダーウィンは周囲の論争に加わるよりも，自分の庭にこもっていたという内容が述べられているので，ダーウィンが好まなかったものとして適切なのは，**2の「論争」**である。1.「球体」 3.「偽善」 4.「関係」

(3) 空所を含む文は「ダーウィンの天才ぶりは…の中に驚きとその意味を見出すところであった」という意味。直後の文（Darwin monitored the …）では，ダーウィンがどこにでもある普通の庭でも生存競争が繰り広げられていることに気づいたという内容が述べられているので，ありふれたものの中に驚きとその意味を見出すという文脈にすればよい。したがって，**4の「日常的なこと」が正解**。ordinary は形容詞の他に名詞の用法がある。1と2は形容詞なので文法的にも不適。1.「ばかげた」 2.「多様な」 3.「絶え間ない，定数」

(ii) (4)「以下のうち，ダーウィンに関する著作を mercantile way（商業的観点）から見たものはどれか。答え：(　　　)」

1.「ダーウィンに関する著作は売買する上で価値のある商品である」
2.「ダーウィンに関する著作は科学的知識の重要な情報源である」
3.「ダーウィンに関する著作はこれまでで得られた唯一最高の考えを促進する」
4.「ダーウィンに関する著作は科学的かつ哲学的考察を促す」

第1段第2～4文（A month seldom … Darwin's name sells.）では，ダーウィンに関する書籍は非常に多く発売されており，ダーウィンの名前を使えば売れるという内容が述べられている。したがって，**1が正解**。

(5)「ダーウィンのガーデニングは，彼の進化論を本格的に強固なものにすることにどのように関係していたか。答え：(　　　)」
1.「ダーウィンはナメクジと雑草のライフサイクルの中で自然淘汰を観察していた」
2.「ダーウィンは自分の裏庭で植物の進化を確認できなかった」
3.「ガーデニングによって，ダーウィンは植物学を生み出すことができた」
4.「ダーウィンはハエトリグサ，ナメクジ，雑草の進化を観察した」

第3段第4文（Darwin monitored the …）では，ダーウィンが庭の何もない地面から雑草が生え，その雑草がナメクジに食べられる様子を観察し，ここでも生存競争が繰り広げられていることに気づいたという内容が述べられている。同段最終文（His plant books …）でも，彼の植物に関する本では自然淘汰の話が形を変えて語られているとあるので，**1が正解**。slug「ナメクジ」 weed「雑草」

(6)「筆者によると，ケン=トンプソンの本が主として貢献したことは何か。答え：(　　　)」
1.「トンプソンは，ダーウィンが退屈な作家で内気な人間だったにもかかわらず，卓越した想像力によって成功したことを示すため，ダーウィンの人生を見直した」
2.「トンプソンは，この偉大な科学者が自分の裏庭でさえも驚くべきことを発見しているのを示すことで，ダーウィンの経歴のより詳細な状況を描いた」
3.「トンプソンは，ダーウィンの植物に関するこれまで見過ごされてきた研究が，進化論の基礎を確立したことを示している」
4.「トンプソンは，ガーデニングによって科学調査が容易になることを示すため，長い間忘れ去られていたダーウィンのナメクジに関する研究を紹介した」

第2段第1文（Ken Thompson's *Darwin's* …）で言及されている *Darwin's Most Wonderful Plants* という本の中で，ケン=トンプソンはダーウィンが『種の起源』を発表した後，自分の庭にこもって植物に関する本を発表するようになったことを紹介している。第3段第3文（It contains the …）で，この本の中にはダーウィンの天才ぶりはありふれたものの中に驚きと意味を見出すことだという記述があり，自分の庭でも生存競争が繰り広げられている様子を観察するダーウィンの姿を描いていることが述べられている。したがって，**2が正解**。

(7)「以下のうち，ダーウィンの植物学研究についての筆者の持論の一部分でないものはどれか。答え：(　　　)」

1.「植物に関するダーウィンの研究は，大半の人が思っているほど退屈なものではない」

2.「ダーウィンは論争を避けるために植物というテーマを選んだ」

3.「植物に関するダーウィンの研究は進化論に基づいていた」

4.「ダーウィンの植物の本は，『種の起源』と比べると退屈なものである」

pet は形容詞で使われると「お気に入りの」という意味がある。*one's* pet theory は「持論」の意。下線部直後の that は同格の that で，筆者の持論の中身を説明している。その内容は，ダーウィンは，自分を批判する人たちが彼を放っておくようにするために，意図的に難しい植物の研究に転じ，控えめに進化論を扱っているものの「恐ろしく退屈な」本を出版するなどしたのではないかと筆者が考えているということである。したがって，この考えに一致しないものとしては，**1が適切**。筆者の持論では，植物に関するダーウィンの研究が退屈であること自体は否定されていないことに注意。

(8)「ダーウィンの最大の功績は（　　　）だったと筆者は考えている」

1.「『種の起源』で進化論を展開したこと」

2.「進化に関する十数冊の本を出版したこと」

3.「出版業界で利益の出る『ダーウィン産業』を起こしたこと」

4.「全く新たな植物の科学的専門分野を確立したこと」

下線部を含む文の and we'll need 以前の部分は「ダーウィンの最大の功績は，どのように生命が機能するか，またどのように多様性，複雑性，適応という驚くべきことが現れてきたかを理解することに向けて素晴らしいスタートを切ったことである」という意味。下線部直前の文（Sadly, not enough …）後半では，彼の著作である『種の起源』について，その意義と影響を避けて通ることは誰にもできないと筆者は高く評価しており，a brilliant start toward understanding how life works, … とは，『種の起源』で彼が進化論を初めて世に知らしめたことだと読み取れる。したがって，**1が最も適切**。

(9)「以下の提案のうち，筆者が賛同する確率が最も高いものはどれか。答え：(　　　)」

1.「植物学者としてのダーウィンの遺産は，これまで議論されていない」

植物学者としてダーウィンが残したことについて議論があったかどうかは本文中で言及されていないので，判断ができない。

2.「植物に関するダーウィンの本を読んだ人の大半は，それが退屈だとは思わないだろう」

第4段最終文（I've long cherished …）で筆者は，ダーウィンの植物に関する本を horrid bore「恐ろしく退屈」と表現しているので不適。

3.「ダーウィンと同じように，誰でも自分たちの裏庭で驚くべきことを発見できる」

第3段第3文（It contains the …）で，ケン=トンプソンの文章を引用する形で「ダーウィンの天才ぶりは，ありふれたものの中に驚きとその意味を見出すところであった」とされており，誰でもできるわけではなく天才だからそのようなことができた，ということが読み取れるため不適。

4.「ダーウィン産業は学問に重要な貢献をしている」

第1段では，ダーウィンに関する多くの書籍が出版されていることをダーウィン産業と呼び，同段第5文（A less mercantile …）では，ダーウィンの名前は非常に深く幅広い科学的かつ哲学的な考察へ導いてくれるものとして，商業的な影響力だけではない学問的な影響力についても言及されている。したがって，選択肢の中で筆者が賛同する確率が最も高いものとしては**4が適切**。

⑽「本文の主旨を最もよく表している題名はどれか。答え：(　　　)」

1.「ダーウィンの庭：科学研究所と私的隠れ家」
2.「進化論の庭：植物に関するダーウィンの忘れ去られた研究」
3.「批評家たちとの対峙：ダーウィンの植物研究が反対派に挑む」
4.「進化論を超えて：革命的植物学者チャールズ=ダーウィン」

本文は，ケン=トンプソンの著書を引用しながら，『種の起源』を発表した後のチャールズ=ダーウィンの経歴を紹介している。ダーウィンは彼を批判する批評家たちとの論争を好まず，自分の庭にこもって，彼らが興味を示さないような植物学の研究に身を置いていた。しかし，そこでもありふれたものの中に，驚きとその意味を見出し，自分の進化論を補強するような研究を続けていた様子が述べられている。したがって，**1が最も適切**。

●語句・構文

（第1段）□a flood of ～「～の殺到，次々と押し寄せる～」 □Darwin's name sells の sell は自動詞で「(売れ行きを表して) 売れる」の意。 □serve as ～「～として機能する，～として役立つ」 □reflection「考察」 □startling「衝撃的な」 □forceful「説得力のある」 □figure out「解明する，把握する」 □evolution「進化」 □natural selection「自然淘汰，自然選択」 □grapple with ～「～に取り組む」 □*one's* influence on ～「(人・もの) が～に与える

影響」

（第２段）□ perspective「見解，見方」 □ interaction「交流」 □ literally「文字通りに」 literary「文学の」と混同しないように。 □ sick to *one's* stomach「吐き気がする」 □ fiercely「激しく」 □ critic「批評家」 □ beat up「（受身形で）疲れ果てる，～を打ちのめす」 □ embrace「～を受け入れる，～を抱く」 □ controversy「論争」 □ retreat「引きこもる」 □ volume「（刊行物の）巻」 □ *A* after *A*「*A* に継続して *A* も（前後に同じ名詞を用いて継続反復を表す）」（例）day after day「来る日も来る日も」，hour after hour「何時間も」

（第３段）□ experimenting「実験」 □ theorizing「理論化」 □ golden years「老後」 □ glimpse「一瞥，垣間見えること」 類語の glance は「一瞥，垣間見ること」。 □ botanist「植物学者」 □ contrastingly「対照をなすように，対照的に」 □ monitor「～を観察する」 □ patch「（土地の）一区画」 □ bare ground「何もない地面」 □ struggle for existence「生存競争」 □ play out「繰り広げる，展開する」 □ frivolous「取るに足らない，不真面目な」 □ reinforcement「補強するもの」 □ retell「～を再び語る，～を形を変えて語る」

（第４段）□ cherish「～を心に抱く，～を大切にする」 □ turn to ～「～に取り掛かる，～を始める」 □ botanical「植物の」 □ solidly「強固に」 □ discreetly「控えめに」 □ bore「退屈なこと」 □ so that *A* will *do*「（目的を表して）*A* が～するために〔ように〕」 will は may や can になることもある。また，これらの助動詞が省略されることもある。 □ leave *A* alone「*A* を放っておく」

（最終段）□ dignity「尊厳」 □ grind「磨かれる，すりつぶされる」 □ stuff「題材，もの」 不可算名詞である。 □ briskly「勢いよく」 □ graduate student「大学院生」 graduate の発音は［grǽdʒuit］。 □ evolutionary biology「進化生物学」 □ implication「影響，含意」 □ diversity「多様性」 □ complexity「複雑性」 □ adaptation「適応」 □ come to be「存在するようになる，生まれる」 □ comprehend「～を理解する」

解答

(i) (1)—4　(2)—2　(3)—4

(ii) (4)—1　(5)—1　(6)—2　(7)—1　(8)—1　(9)—4　(10)—1

40

2020年度 医学部 〔2〕

難易度	目標制限時間	25 分	目標ライン	(全25問中) 18 問正解
標 準	かかった時間	分	自己採点結果	(全25問中) 問正解

次の英文を読んで設問に答えなさい。

The so-called trolley problem is the quintessential* moral puzzle posed by philosophers. A runaway train is heading towards five people tied to a track. By diverting the train down a sidetrack, you can save five lives. However, one person is on the sidetrack and will die. What should you do? Most people —young and old, rich and poor—believe you should divert the train. Now imagine the same situation—the train is heading towards five people tied to the track—but this time you are standing on a bridge above the track, next to an overweight man. Once again you can save five lives, but only by pushing the heavy man onto the track. He will die, but he is large enough to stop the train. What should you do? This time, almost everyone agrees that you should not kill one person to save the five lives.

This well-known puzzle is hardly realistic, but it is relevant to how we programme autonomous machines, in particular the driverless car, ((a)) may be on our streets within a decade or so. Imagine the car is faced with an unavoidable accident—it can swerve* one way and hit a child, or ((ア)) and run into several adult pedestrians. What should it be programmed to do?

There are tough engineering challenges for driverless cars to overcome before they are allowed to operate. But ethical issues might turn out to be the bigger obstacle. If so, ((イ)) would be bad news. The driverless car will hurt some people [1], but the benefits will be immense. They include social gains [2], economic and efficiency gains [3], and environmental gains [4]. Just as the invention of the car led to the creation of suburbs, so the driverless car will allow a re-imagination of our urban space.

Above all, however, it will be directly life-saving. Around the world, more than a million people are killed in car accidents each year, most because of driver error. (A)The driverless car *won't* ((い)), *won't* ((ろ)), *and won't* ((は)).

So what is to be done? The crucial point is to acknowledge that trolley dilemmas are going to be extremely rare. The driverless car won't have slow, human reaction times. If something unexpected occurs on the road ahead, ((ウ)) will almost always be able to brake in time to avoid a collision.

But we still need to work out what to do in those unusual cases ((b)) an accident is unavoidable. What kind of morals should be programmed into the machine? ((エ)) the original trolley problem shows is that most of us do not have simple ①utilitarian instincts—that is, we don't necessarily believe that the best course of action is always to maximise happiness, or to save the maximum number of human lives. If we did, we would see no difference between diverting the train and pushing the man over the bridge. Rather, most of us have ②Kantian instincts—we object to humans (such as the overweight man) being used merely as a means to an end. However, I think that when it comes to machines, we will be more tolerant of their making utilitarian decisions and ((c)) they will probably be programmed to save as many lives as possible.

Driverless cars are merely one example of the autonomous machines ((d)) we will delegate ethical choices. When should the carebot* call for help if a patient is not taking her pills? What degree of risk to civilian life is acceptable before the autonomous missile launches an attack? (B)An added complication is machine-learning—as machines "learn" how to act, they may end up behaving in unforeseen ways. As a result, it will make less and less sense to hold humans responsible for machine action—hence, I predict, our growing preference for utilitarian solutions.

If anything, the driverless car is the least problematic of these new dilemmas. Of course, we need to establish who is responsible for the ethics ((e)) a vehicle is programmed, and what the ethical formula will be. It would be ridiculous if passengers or manufacturers were free to choose their car's morality for themselves, so that, for example, you would select a Kantian Toyota while I opted for a utilitarian Ford. A much more straightforward approach would be for governments to insist upon a general "minimise loss of life" rule. We could then disregard the bizarre questions put by philosophers, such as “would you rather save two pedestrians or a successful businessperson?” But we need to work out quickly what ethics should be encoded into autonomous devices, and how machine ethics should be regulated. Otherwise we will delay the arrival of technologies—such as the driverless car—and hold up all the extraordinary benefits ((オ)) promise.

[出典]

David Edmonds, “Cars Without Drivers Still Need a Moral Compass. But What Kind?” *The Guardian*, 14 Nov. 2018.

[NOTES]

carebot a robot designed to function as a caregiver
quintessential representing a perfect or typical example of something
swerve change direction suddenly

Adapted from *Oxford Advanced Learner's Dictionary* (8th edition), etc.

設問

問1 (a)〜(e)の空欄に補うのにふさわしい語句を選択肢から選び，その番号を解答欄に書きなさい。一つの語句を複数回使ってはならない。

1 that　　2 to which　　3 where
4 which　　5 with which

問2 (ア)〜(オ)の空欄に入れるのにふさわしい単語を選択肢から選び，その番号を解答欄に書きなさい。選択肢の単語は文頭に来るものも小文字で記してある。一つの単語を複数回使ってはならない。

1 another　　2 it　　3 that
4 they　　5 what

問3 以下の(A)〜(D)のかっこ内の語句は，第3パラグラフの空欄［1］〜［4］から抜いたものである。あてはまる空欄の番号を解答欄に記しなさい。

(A) (an end to all that wasted time behind the wheel)
(B) (lorry and taxi drivers will lose their livelihoods)
(C) (there will be many fewer cars and more options to car-pool)
(D) (think of elderly people currently isolated in their homes because they no longer feel confident driving)

問4　下線部(A)の文は自動運転車の利点について記した文である。空欄(い)，(ろ)，(は)にあてはまる内容を英語で入れて文を完成させなさい。(い)，(ろ)，(は)の答えの順番は問わない。

問5　英文冒頭のtrolley problemの場合に，第6パラグラフの① utilitarian instincts，② Kantian instinctsによって人はどのように考えるか，それぞれ日本語30字以内で書きなさい。

問6　下線部(B)を日本語に訳しなさい。

問7　次の英文(1)～(5)について，本文の内容と一致するものにはAを，一致しないものにはBを，本文からは読み取れないものにはCを解答欄に記入しなさい。

(1) The trolley problem demonstrates that people will generally choose to sacrifice a smaller number of people to save a larger number.

(2) The trolley problem is typical of the kind of moral dilemma most of us face frequently in our daily lives.

(3) Moral questions will be a bigger barrier to the development of driverless cars than technological problems.

(4) The writer believes that when programming autonomous machines, we are more likely to adopt a utilitarian approach than a Kantian one.

(5) The writer predicts we will be able to choose what kind of driverless car we buy on the basis of the ethical choices it is programmed to make.

全訳

≪自動運転車に関する倫理的問題≫

いわゆる「トロッコ問題」とは哲学者が提示する典型的な道徳パズルである。暴走するトロッコが線路に縛り付けられている5人に向かっている。トロッコの進路を待避線に切り替えることで5人の命は助かる。ところが，待避線には1人の人間がいて命を落とすことになる。どうしたらよいのだろうか？　年齢や貧富の差にかかわらず，たいていの人はトロッコの路線を変えるべきだと考える。さて，トロッコが線路に縛り付けられている5人に向かっているという同じ状況を想像してほしいのだが，今度は線路の上にある橋の上に自分がいて，そのそばには太り気味の男性がいるとしよう。今度も5人の命を救うことができるのだが，そのためには太った男性を線路上に突き落とすしかない。命を落とすことにはなるが，体が大きいためトロッコを止めるには十分である。どうしたらよいのだろうか？　この場合は，5人の命を救うために1人を殺すべきではないということにほぼ全員が同意する。

この有名なパズルにはほとんど現実味はないが，自動機械，とりわけ自動運転車のプログラミングの方法と関連性がある。自動運転車はおよそ10年もしないうちに路上に登場するかもしれないのだ。車が避けようのない事故に直面しているとしよう。片側によけて1人の子供をはねるか，別の側によけて大人の歩行者数名をはねるか，ということになる。車にどのような行動をするようにプログラムしたらよいのだろうか？

稼働が許可される前に自動運転車が克服すべきやっかいな技術上の問題点はいくつか存在する。ところが，倫理上の問題点のほうが大きな障害となる可能性がある。そうであれば，それは困難な事態となるだろう。自動運転車は一部の人に損害を与えることになる（トラックやタクシーの運転手は生計を失うことになる）が，計り知れない恩恵をもたらす。社会的な面での利益（運転することにもはや自信を失っているために，現在家に引きこもっている高齢者のことを考えてみるとよい），経済や効率の面での利益（運転する無駄な時間が一切なくなること），それに環境面での利益（車の数が大幅に減り，相乗りという選択肢が増える）も含まれている。車の発明が郊外を作り出したように，自動運転車は都市空間を別の視点から見つめ直すことを可能にするだろう。

しかし，自動運転車は何よりも直接人の命を救うことになる。世界中で100万人以上の人々が毎年自動車事故で命を落としており，その原因の大半はドライバーの過失である。自動運転車は居眠りや，飲酒運転，脇見運転などはしないのだ。

ではどうしたらよいのだろうか？　決定的に重要な点は，トロッコのジレンマは極めて珍しいケースとなることを認識することである。自動運転車は人間のように反応に時間を要することはないだろう。予期せぬ出来事が前方の路上で生じた場合，衝突を避けるためにブレーキが間に合うことはほぼ間違いない。

それでも，事故が避けられないような珍しいケースはどうしたらよいか考えておく必要はある。どのような道徳を機械にプログラムしたらよいのだろうか？　最初のトロッコ問題が示しているのは，私たちの大半は単純な功利的本能を持っているわけではなく，言い換えれば，最善の行動様式は，常に幸福を最大限にすること，つまり最多の人命を救助することだとは必ずしも考えていないということである。もしそうであれば，トロッコの路線を変えることと男を橋から突き落とすことには何ら違いがないことになってしまう。むしろ，私たちの大半はカント的本能を持っているのであり，（太った男性のような）人間が単に目的を達成するための手段として使われることに反対なのである。ところが，機械に関して言えば，機械は功利的決断を行っても構わないという気持ちを私たちが抱き，できるだけ多くの人命救助を行うようにプログラムされることはほぼ間違いないだろうと私は考える。

自動運転車は私たちが倫理的選択を任せることになる自動機械の一例に過ぎない。患者が薬を飲まない場合，介護用ロボットはいつ援助を求めるべきなのだろうか？自動ミサイル攻撃開始の前に市民生活はどの程度まで危険にさらされることを許容されるのだろうか？ (B)さらに複雑なのは機械学習（機械が学習すること）であり，機械は行動の仕方を「学習」すると，最終的には予期せぬ行動を取るようになるかもしれない。その結果，機械の行動の責任は人間にあると考えることはますます意味をなさなくなり，それゆえに功利的な解決のほうを私たちは次第に好むようになっていく，と私は予想している。

どちらかと言えば，自動運転車はこうした新たな難題の中で最も問題が少ないものである。車に倫理観をプログラムする場合，その倫理観は誰が責任を取るのか，およびその倫理観による行動様式はどのようなものになるかをはっきりさせておく必要があるのは当然のことである。乗る人やメーカーが車の道徳性を自由に決めるなどということは馬鹿げていよう。そんなことをしたら，たとえば，功利的なフォードの車を選択する人もいれば，カント的なトヨタの車を選択する人もいる，というようなことになってしまう。はるかにわかりやすい方法は，「人命の損失を最小限に」という一般的なルールを政府が要求することであろう。そうすれば「歩行者2名とやり手のビジネスパーソン1名のどちらを助けたいか」といった，突飛な質問を哲学者がしてきても無視することができるだろう。しかし，自動機器にどのような倫理観を組み込み，機械倫理をどのように規制すべきかは，早急に解決する必要がある。そうでなければ，自動運転車のようなテクノロジーの到来が遅れて，それが約束する計り知れない恩恵のすべてがなかなか手に入らないことになってしまうのだ。

解説

問1 (a) 空所の直後には may be on our streets within a decade or so と続き，直前の the driverless car が先行詞に相当するため，主格の関係代名詞を入れる。先行詞の後にコンマがあるため，関係代名詞としての that を使うことはできない。したがって，4の which が正解。

(b) 空所の直後には an accident is unavoidable と続くが，この部分は名詞的要素が欠落していない完全文となるので，関係副詞の3のwhereが正解。whereは場所を表す名詞だけでなく，case「場合」やsituation「状況」などの意味の名詞を先行詞にとることも可能。

(c) 空所を含む文のI think that when it comes to machines, we will be more tolerant of their making utilitarian decisions and （ (c) ） they will probably be programmed to save as many lives as possible. という構造に注目すると，andによって結ばれたそれぞれの下線部が動詞thinkの目的語である名詞節になっていることがわかる。したがって，名詞節を導く接続詞としての1のthatが正解。

(d) we will delegate ethical choices to the autonomous machines「私たちは自動機械に倫理的選択を任せる」の下線部が空所直前のthe autonomous machinesと同一であるため，2のto whichが正解。delegate *A* to *B*「*A*（責務・権限など）を*B*に任せる，委任する」

(e) a vehicle is programmed with the ethics「車に倫理観をプログラムする」の下線部が空所の直前のthe ethicsを先行詞とする関係代名詞となるため，5のwith whichが正解。program *A* with *B*「*A*に*B*をプログラムする」

問2 (ア) 空所を含む同じ文中に，swerve one way and hit a child「片側によけて1人の子供をはねる」とあることから，orの直後の空所で始まる部分はor（swerve）another（way）and run into several adult pedestrians「別の側によけて大人の歩行者数名をはねる」となるはずなので，1のanotherが正解。

(イ) 空所の直後にはwould be bad news「困難な事態となるだろう」と続くので，主語になりうる代名詞を選択する。空所は直前の文（But ethical issues …）の内容を指しているので，指示代名詞である3のthatが正解。

(ウ) 空所の直後にはwill almost always be able to brake in time to avoid a collision「衝突を避けるためにブレーキが間に合うことはほぼ間違いない」と続くので，直前の文（The driverless car …）の主語であるthe driverless carを受ける人称代名詞である2のitが正解。

(エ) （ (エ) ）the original trolley problem showsは文の主語となる名詞節であり，節内のshowsの目的語が欠落していることから，先行詞を内に含んだ関係代名詞である5のwhatが正解。

(オ) （ (オ) ）promiseはall the extraordinary benefits「すべての計り知れない恩恵」を先行詞とする関係代名詞節で，空所の直前に目的格の関係代名詞のthatなどが省略されていると考えることができる。空所の直後の動詞がpromiseであることから空所には複数扱いのものが入り，内容的には同じ文中のtechnologiesであることがわかる。したがって，三人称複数の人称代名詞である4のtheyが正解。

問3 ［1］ 直前に The driverless car will hurt some people「自動運転車は一部の人に損害を与えることになる」とあることから，Ⓑの**「トラックやタクシーの運転手は生計を失うことになる」が入る**。lorry「トラック」 livelihood「生計」

［2］～［4］ は，それぞれの空所の直前にある social gains / economic and efficiency gains / environmental gains がすべて They（＝the benefits）include の目的語で，「その恩恵は社会的な面での利益［2］，経済や効率の面での利益［3］，環境面での利益［4］を含む」という内容になっていることをおさえる。

［2］ 自動運転車が社会的にプラスの効果をもたらす具体的な内容である，Ⓓの**「運転することにもはや自信を失っているために，現在家に引きこもっている高齢者のことを考えてみるとよい」が入る**。currently isolated in their homes は elderly people を後置修飾している。elderly「高齢の」 currently「現在」 isolated in ～「～に引きこもっている」 confident「自信がある」

［3］ 自動運転車が経済や効率の面でプラスの効果をもたらす具体的な内容である，Ⓐの**「運転する無駄な時間が一切なくなること」が入る**。behind the wheel「運転している，車のハンドルを握っている」

［4］ 自動運転車が環境面でプラスの効果をもたらす具体的な内容である，Ⓒの**「車の数が大幅に減り，相乗りという選択肢が増える」が入る**。car-pool「自動車の相乗りをすること」

問4 第4段第1文（Above all, …）には，「自動運転車は何よりも直接人の命を救うことになる」とあり，第2文（Around the world, …）には，「その（＝自動車事故で命を落とす）原因の大半はドライバーの過失である」とある。したがって，空所にはドライバーが起こしそうな過失を表す動詞句を入れる。〔解答例〕は，(い) **fall asleep**「居眠りをする」，(ろ) **drink and drive**「飲酒運転をする」，(は) **look aside**「脇見をする」としたが，他にも ignore traffic lights「信号無視をする」，use a smartphone「スマートフォンをいじる」，talk on a cellphone「携帯電話で話す」，step on the accelerator for a brake「ブレーキと間違えてアクセルを踏みこむ」，drive distracted「注意力散漫な運転をする」など，いくつか考えられる。

問5 ① 第6段第3文（(㈡) the original …）の that 以下に most of us do not have simple utilitarian instincts—that is, we don't necessarily believe that the best course of action is always to maximise happiness, or to save the maximum number of human lives「私たちの大半は単純な功利的本能を持っているわけではなく，言い換えれば，最善の行動様式は，常に幸福を最大限にすること，つまり最多の人命を救助することだとは必ずしも考えていないということである」とあることから，utilitarian instincts「功利的本能」とは，trolley problem「トロッコ問題」に関しては，最善の行動様式は最多の人命の救助であると考えることだとわかる。第1段第2～6文（A runaway train … divert the train.）のように，線路上の5人という最大限の人命救助のために，1人を犠牲にすると考えることである。

② Kantian instincts「カント的本能」とは，第6段第5文（Rather, most of …）に we object to humans (such as the overweight man) being used merely as a means to an end「私たちは（太った男性のような）人間が単に目的を達成するための手段として使われることに反対なのである」とあることから，人間を単なる手段として扱うことに反対する考えであることがわかる。したがって，トロッコ問題に関しては，線路上の5人の命を救う手段として1人の人間の命を利用すべきではないという考えになる。

問6 complication は「複雑なもの，複雑な事態」，それを修飾する形容詞の added は「追加の，さらなる」という意味なので，主部の An added complication は「さらに複雑なこと」などと訳出できる。ダッシュ（—）以下は，その複雑な内容を具体的に表している。end up *doing*「最後には～することになる」 形容詞の unforeseen は「予期していない，思いがけない」という意味だが，foresee「fore（前）+ see（見る）→～を予測する」から意味を推測できる。

問7 ⑴「トロッコ問題は，人々は通常，より多くの命を救うためにより少ない人命を犠牲にすることを選択することを証明している」

第1段第1文に，「いわゆる『トロッコ問題』とは哲学者が提示する典型的な道徳パズルである」とあるように容易な結論は出しにくいものであるため，**Bを正解**とする。

⑵「トロッコ問題は私たちの大半が日常的に頻繁に直面するような道徳的問題の典型である」

第2段第1文には，This well-known puzzle is hardly realistic「この有名なパズル（=『トロッコ問題』）にはほとんど現実味はない」とあるので，**Bを正解**とする。

⑶「自動運転車の開発にとって，道徳的な問題は技術上の問題よりも大きな障害となるだろう」

第3段第1・2文（There are tough … the bigger obstacle.）で述べられているのは「稼働が許可される」際のことであって，「開発」にとってどうかは述べられていない。加えて本文で使われている助動詞 might は，確信の度合いが will よりもかなり弱い。**Cを正解**とする。

⑷「自動機械をプログラムする際に，カント的方法よりも功利的方法を採用する可能性が高いと筆者は考えている」

第6段最終文（However, I think …）に，人は機械が功利的決断を行うことを許容し，できるだけ多くの人命救助を行うようプログラムされることだろうと私は考える，とあり，I think から筆者の考えであることもわかるので，**Aを正解**とする。

(5) 「プログラムされた倫理的選択に基づいて，どの種類の自動運転車を購入するかを決めることができるようになると筆者は予測している」

最終段第3文（It would be …）に，自動車メーカーが車の道徳性をあらかじめ決定し，それに応じて乗る人が車を選択するなどということは馬鹿げている，とあるので，**Bを正解**とする。

●語句・構文

（第1段） □so-called「いわゆる」 □trolley problem「トロッコ問題（倫理学の思考実験のひとつ。マイケル=サンデル教授の『Justice』や「白熱教室」でよく知られるようになった）」 □quintessential「典型的な」 □posed by philosophers は the quintessential moral puzzle を後置修飾している。 □pose「～を提示する，～を提起する」 □runaway「（形容詞で）暴走する」 □tied to a track は five people を後置修飾している。 □divert「～を切り替える，そらす」 □sidetrack「側線，待避線」 □overweight「太り気味の」

（第2段） □be relevant to～「～と関連がある」 □autonomous「自律した，自動で動く」 □driverless car「自動運転車」 □decade「10年間」 □be faced with～「～に直面している」 □unavoidable「不可避の，避けられない」 □swerve「それる」 □run into～「～に衝突する」 □pedestrian「歩行者」

（第3段） □tough「困難な」 □challenge「課題，問題点」 □for driverless cars to overcome は tough engineering challenges を後置修飾している。 □overcome「～を克服する」 □ethical「倫理的な」 □obstacle「障害」 □benefit「恩恵」 □immense「im（in-not 否定）+mense（measure 計る）→計り知れない」 □efficiency「能率（性），効率（性）」 □Just as～, so …「ちょうど～と同じように…」

（第4段） □above all「とりわけ，何よりも」 □life-saving「人命を救う」

（第5段） □what <u>is to</u> be done?＝what <u>should</u> be done? □crucial「極めて重要な，決定的な」 □acknowledge「～を認識する」 □dilemma「板挟み，ジレンマ」 □in time「間に合って」 □collision「衝突」

（第6段） □work out「～を考え出す，解決する」 □utilitarian「功利的な」 □not necessarily は「必ずしも～とは限らない」という部分否定を表す。 □maximise「～を最大限にする」 □or to save the maximum number of human lives の or は「すなわち」の意で，or 以下は直前の to maximise happiness を言い換えた表現。 □maximum「最大限の」 □If we did＝If we necessarily believed so「もしもそう信じているとすれば」 □object to～「～に反対する」 □humans (such as the overweight man) being used … では humans が動名詞 being used の意味上の主語。 □a means to an end「目的を達成するための手段（=a method of achieving a goal)」 □when it comes to～「～に関して言えば，～ということになると」 □be tolerant of～「～を許容する，～に寛大である」 □their making utilitarian decisions では their が動名詞 making の意味上の主語。

（第7段） □carebot「介護用ロボット」 □call for help「助けを求めて呼ぶ」 □launch「～を開始する」 □as a result「その結果」 □hold *A* responsible for *B*「*B* の責任は *A* にあると考える」 □hence「それゆえに」 hence の次ではしばしば動詞が省略される。ここでは comes「生じる」を補って，Hence, I predict, **comes** our growing preference for utilitarian solutions. と読むとよい。 □preference for～「～のほうを好むこと」

（最終段） □if anything「どちらかと言えば」 □formula「決まったやり方，方式」 □ridiculous「馬鹿げている」 □manufacturer「製造業者，メーカー」 □be free to *do*「自由に～する」 □opt for～「～のほうを選択する」 □straightforward「わかりやすい，簡単な，単純な」 □for governments to insist upon … は governments が to insist upon … の意味上の主語となっている。 □minimise「～を最小限にとどめる」 □disregard「～を無視する」 □bizarre「突飛な，風変わりな」 □put by philosophers は the bizarre questions を後置修飾している。put（提起された）は第1段第1文の posed を言い換えたものである。 □encode *A* into *B*「*A* をコード化して *B* に組み込む」 □regulate「～を規制する」 □hold up～「～を遅らせる，引き止める」

解答

問1 (a)―4 (b)―3 (c)―1 (d)―2 (e)―5
問2 (ア)―1 (イ)―3 (ウ)―2 (エ)―5 (オ)―4
問3 (A)―3 (B)―1 (C)―4 (D)―2
問4 〔解答例〕(い) fall asleep (ろ) drink and drive (は) look aside
問5 ①1人を犠牲にし，より多くの5人の命を救おうと考える。(26字)
②5人を救うために1人の人間の命を利用すべきではないと考える。(30字)
問6 さらに複雑なのは機械学習（機械が学習すること）であり，機械は行動の仕方を「学習」すると，最終的には予期せぬ行動を取るようになるかもしれない。
問7 (1)―B (2)―B (3)―C (4)―A (5)―B

41

2019年度 薬学部〔3〕

難易度	目標制限時間	25 分	目標ライン	(全18問中) 12 問正解
標 準	かかった時間	分	自己採点結果	(全18問中) 問正解

Read the following article carefully and answer the questions. For each question, choose ONE BEST answer. On your answer sheet, find the number of the question and fill in the space that corresponds to the number of the answer you have chosen (Questions 1 to 10). For Writing Questions "A", "B", and "C", write your answer(s) in the corresponding spaces provided on the Writing Answer Sheet.

① Elizabeth Jaffee was born in 1959 in Brooklyn, New York, and for a while there, it was a blast.

② "I loved living there!" says Jaffee, pushing forward in her chair, direct, speaking right into your face. "You walked everywhere. I walked to Hebrew school, to the library, to my favorite pizza shop. It was freedom!" The family home was modest at best, but it didn't matter. "Who knew you were poor? You didn't know you were poor." They had riches to spare; they owned the streets. "We played stoopball, yeah, that was big, and ring-a-levio." Ring-a-levio is a game like hide-and-seek, ...games (sometimes played all day) often were only called on account of darkness.

③ As a child, Jaffee wanted to be an astronaut, a dream eventually crushed by the harshness of certain realities. "It turns out I don't like tight spaces," Jaffee laughs, "And I don't like heights." Luckily, her fallback plan was to be a scientist, and that was a good thing because you should not dither about such things forever and she was already in the fourth grade.

④ "I read a very important book, the story of Marie Curie," says Jaffee, "And I just fell in love with the whole concept of doing science." Curie was a pioneer in the research of radioactivity, and the first woman to win the Nobel Prize. Units of radioactivity, curies, honor her name.

⑤ "I think I picked her because she was a woman scientist," but the choice had nothing to do with feminism. "In the fourth grade you don't really think that there are differences between men or women who go into science. I saw the challenge as doing science, not the challenge of being a woman in science."

⑥ That raises a curious question though : When does a little girl first become aware of gender bias in science ? Jaffee tries to find some humor in thinking about it. "I was my girls' Brownie troop[*1] leader when they were growing up, and one time I took them to a Science Day." It was an event featuring a group entirely of women scientists, ranging from a NASA (National Aeronautics and Space Administration) scientist to a high school science teacher. They did these little experiments with the kids. "Then we sat around and each of the scientists told how they got into science, and then it was time for Q and A and one of the fourth-grade kids raises her hand and she said, 'Do boys go into science too ?' And, 'if so, how do you work with them in the workplace ?' I mean, this is classic. And it just makes you realize that [A]."

⑦ So what happens ? Why do so few of these fearless girls go into science ? <u>The answer to that question is likely a book in itself.</u> "It's getting better, I think, but it's still an issue." And gender bias is not just an issue for little girls. "When I started here, they wanted me to start at $25,000 less than someone who was contributing less and starting at the same time. I started the whole translational program in immunotherapy[*2]. If I had left, I don't know that all this would have happened, at least not this quickly."

⑧ After high school came college at Brandeis University, where Jaffee's mentor was less inspiring. The time was 1977 and Jaffee had read a paper just the year before on hybridoma[*3] technology. It was a revelation and, with eyes opened maybe a bit too wide, she went looking for an immunology mentor.

⑨ "I wanted to use that technology to understand B cells[*4], and I was working with this young faculty member at the time, Joan Press," says Jaffee, eyes narrowing. "She was one of these people who didn't like pre-med students, and she thought I just wanted to work there to get a good recommendation." Although mentor Press was willing to impart scientific knowledge, when it came to advising on career choices, "I was on my own."

⑩ So, off to New York Medical College, then a year at the National Institutes of Health (NIH), then to Johns Hopkins University, and all during this time the concept of cancer immunotherapy was starting to play out as a real thing. "It was good timing because when I was in my residency[*5] we were just learning that IL-2[*6] was good to grow T cells[*7]." At the same time, other nascent tools and technologies were spurring the field, so much so that not long after she got into the show Jaffee was contributing to the parade of new techniques.

⑪ Innovations aside, initial support for her Immuno-Oncology[*8] efforts was wobbly at best. "In fact, Mike Kastan, a good friend of mine ... was meeting with me to discuss my career. He says, 'Okay, immunotherapy, yeah, you can do that,' but then he says, 'Vaccines ? Shouldn't you be doing something else ?' " The reputation for cancer vaccines at the time was that they were fundamentally flawed ; tumors were simply thought to be nonimmunogenic. The immune system can't see them. Vaccines don't work.

⑫ "I probably should have listened," says Jaffee, "Who knows ? Maybe I would have been rich and famous by now." But she didn't listen because the science made too much sense. "I really believed that vaccines were the best way to specifically activate T cell and B cell responses against any foreign antigen[*9], and we were looking at cancer as making foreign antigens."

⑬ However, all of these ideas were still speculation at the time that Jaffee threw in with the "Vax-Heads[*10]." What prompted her choice were the new tools. "I got in as genetics was finally catching up," says Jaffee, explaining that many of the genes responsible for mediating the immune response had recently been sequenced, and genes, like ingredients in a cake recipe, can be used to bake all sorts of things. What Jaffee and other colleagues baked was the first ever genetically engineered tumor vaccine.

Based on Neil Canavan. 2018. "*A Cure Within : Scientists Unleashing the Immune System to Kill Cancer.*" Cold Spring Harbor Laboratory Press.

[*1] Brownie troop : the name of a subgroup within the Girl Scouts (an American young girls organization), specifically for girls ages 7 to 9.
[*2] translational program in immunotherapy : transferring lab discoveries into treatments for patients (to assist in body defense mechanisms).
[*3] hybridoma : a cell created by combining a white blood cell with a tumor cell, used for the creation of antibodies (proteins that fight disease).
[*4] B cells : one type of white blood cell.
[*5] residency : advanced medical training after graduation from medical school.
[*6] IL-2 (interleukin-2) : a chemical messenger involved in cell-to-cell communication.
[*7] T cells : another type of white blood cell.
[*8] Immuno-Oncology : a field of study involving body defenses and cancer therapy.

*9 antigen : a substance that triggers a body defense response.
*10 Vax-Heads : a group of people devoted to studying vaccines.

Q1 In paragraph ② (lines 1-2), the underlined portion of the sentence is intended to convey the meaning that—
1. Jaffee is eager to share her story.
2. Humbleness is a personality trait of the speaker.
3. It is important that you talk subtly to other people.
4. There is favoritism behind the relaying of the information.
5. Both the author and Jaffee are surprised by their shared memories of that time and place.

Q2 In paragraph ② (line 5), the underlined phrase they owned the streets is included to convey the meaning that—
1. The street's resources could not be found on every corner.
2. A huge amount of value was to be found only inside the home.
3. It cannot be forgotten that street games could only be played in one's spare time.
4. The most dependent way to access pizza shops, schools, and libraries was to go by foot.
5. The concept of "home" extended to include a wide volume of space that included the neighborhood.

Q3 In paragraph ② (line 7), the underlined word called means—
1. conducted 2. labeled 3. simplified
4. terminated 5. voiced

Q4 In paragraph ③ (line 4), the underlined word dither is closest in meaning to—
1. be strong-minded 2. decide quickly
3. hesitate 4. move forward
5. turn over

Writing Answer Question "A" (paragraph ⑥ line 11)

On the Writing Answer Sheet, put the following words into the proper order necessary to complete the sentence in [A] so that it makes best sense within the context of paragraph ⑥. Write your answer in the space provided in the Writing Answer Question "A" section. The word "at" should be the first word and the word "girls" should be the fourth word.

[age] [anything] [can] [do] [that] [they] [think]

at [ ] [ ] girls [ ] [ ] [ ] [ ] [ ].

Q5 In paragraphs ④, ⑤, and ⑥, collectively, which of the following is NOT true of the author's descriptions?

1. Jaffee fell in love with the contents of a book that eventually changed her life.
2. Gender bias is not an awareness that usually affects elementary school age children.
3. Curie was honored primarily as a dedicated pioneer in the advocacy of human gender equality in all areas of life.
4. Looking back, Jaffee chose to mainly focus on the positive side of her memories as they relate to science and education.
5. Curie served as an inspiration to Jaffee, because it was natural to aspire to becoming someone like Curie—a person who loved doing their job.

Q6 In paragraph ⑦ (line 2), the underlined sentence "<u>The answer to that question is likely a book in itself.</u>" means—

1. Only authors are qualified to discuss the issue fairly.
2. There are many, possibly complicated and far-reaching, reasons.
3. Fearlessness is something that is learned best from stories and books.
4. Explaining things will help things get better in a shortened time period.
5. Jaffee plans to write a book explaining how her field was quickly formulated.

Q7 In paragraphs ⑧ and ⑨, which of the following is true of the author's descriptions ?

1. Mentors in one's chosen field are easily found anywhere.
2. Press was perfect for helping Jaffee with technical know-how and job hunting.
3. Jaffee's optimism in high school carried over into her college years and grew stronger.
4. One has to exert minimal effort, with a dependent initiative, in order to obtain excellent recommendations.
5. Jaffee was wrong in her belief that all her instructors would understand her eagerness for science and help her connect with others in the field.

Q8 In paragraph ⑩ (line 6), the underlined word spurring is closest in meaning to—

1. criticizing
2. delaying
3. mixing
4. prompting
5. sticking

Q9 Paragraphs ⑪ and ⑫ need to be considered together. Which of the following can best be inferred from the author's message in the underlined sentence in paragraph ⑫ (line 2-3) ?

1. Many people strongly urged Jaffee to pursue her ideas at all costs.
2. Jaffee's friend was the only person to support her vaccine studies.
3. It is important to know when to listen, because your peers are always right.
4. Improvement and support for Jaffee were strong and substantial from the beginning.
5. Standing by one's own convictions is important if the evidence in support of your position is strong.

Q10 In paragraph ⑬ (line 2), the underlined phrase threw in means—

1. dissolved
2. divided
3. linked
4. mocked
5. use make-believe

Writing Answer Question "B"

On the Writing Answer Sheet, complete Elizabeth Jaffee's biographical profile in the table provided, based on information contained in the article. Write your answers in the appropriate row of the table, provided in the Writing Answer Question "B" section. Please write clearly and be careful of spelling.

〔解答欄〕

Birth Country :
Year of Birth (For example, 2018) :
University just after High School (Name) :
Medical School just after University (Name) :
Latest Research Location (Organization Name) :

Writing Answer Question "C" (includes C1 and C2)

On the Writing Answer Sheet, write the appropriate words in the blocks provided in the Writing Answer Question "C" (C1 and C2) section to complete the summary sentence below. C1 requires exactly seven letters and C2 requires exactly six letters. The words required appear in the main text. You must use the appropriate words from the main text. Please write clearly.

Elizabeth Jaffee created a new [C1] that could be injected into human bodies to help them fight against [C2].

全訳

≪エリザベス=ジャフィーの研究生活≫

① エリザベス=ジャフィーは，1959年，ニューヨークのブルックリンで生まれ，そしてそこで暮らしていたしばらくの間はとても楽しい生活だった。

② 「あそこでの暮らしは大好きでした！」と，椅子から身を乗り出し，相手の顔をまっすぐに見つめながらジャフィーは語る。「どこにだって歩いて行きました。ヘブライ語の学校にも図書館にもお気に入りのピザ屋にも歩いて行きました。自由でしたね！」 一家はよく言っても質素だったが，問題ではなかった。「誰が貧乏だなんてわかっていたでしょう？ 自分が貧乏だなんてわからなかったでしょう」彼らには自由に使える豊かなものがあった。彼らは，街を手にしていた。「私たちはストゥープボールをしました，ええ，大がかりでしたね。それとリング-ア-レヴィオも」 リング-ア-レヴィオとは，かくれんぼのような遊びで，…（1日中興じていたこともあったが）暗くなってようやく中止ということも少なくなかった。

③ 子どものころ，ジャフィーは宇宙飛行士になりたかった。だがこの夢は，ある現実の厳しさによって最終的に壊れてしまった。「狭い場所が苦手だということがわかったのです」と，ジャフィーは笑う。「それに高い所も駄目なのです」 幸運なことに，彼女の予備のプランは科学者になることだった。そして，そのようなことにいつまでも迷っているべきではなかったし，彼女はもう4年生だったから，これは幸いなことだった。

④ 「とても重要な本を読みました，マリー=キュリーの物語です」と，ジャフィーは言う。「そして私は，科学を研究するという概念そのものとまさに恋に落ちました」 キュリーは放射線研究の先駆者でノーベル賞を受賞した最初の女性だった。キュリーという放射能の単位は，彼女の名前に敬意を表したものだ。

⑤ 「彼女が女性の科学者だから選んだと思うのです」 だが，この選択はフェミニズムとは関係がなかった。「4年生の時に，科学の世界に入るのに，男か女かで違いがあるなんて本当に思いませんよ。私はこの挑戦を，科学の世界で女性であることの挑戦ではなく，科学を研究するという挑戦だと思っていました」

⑥ だがこれは，ある興味深い疑問を提示する。小さな女の子はいつ科学の世界の性差別に気づくのだろうか。ジャフィーは，このことを考えている時に，ちょっとしたユーモアを見いだそうとする。「私の娘たちが成長する過程では，私はブラウニー隊の隊長のような存在でした。ある時，みんなをサイエンスデーに連れて行きました」 これは，NASA（アメリカ航空宇宙局）の科学者から高校の理科の教師に至るまで，女性の科学者だけのグループをメインに据えたイベントだった。科学者たちは，子どもたちとある実験を行った。「そして，私たちは輪になって座って，科学者の1人1人がどのように科学の世界に入ったのかを話していきました。そして，質疑応答の時間になって，4年生の子どもたちの1人が手を上げてこう言ったのです。『男の子も科学の世界に入るの？』 そして『もしもそうなら，仕事場ではどうやって一緒に仕事をするの？』 つまり，これは典型的な例です。そして，この年齢の女の子は何でもできると思っていることがよくわかりますよね」

⑦ では，現実には何が起こるのだろう。なぜこの恐れを知らない少女たちのごくわずかしか科学の世界に入らないのだろうか。その答えは，それ自体で１冊の本になるだろう。「状況はよくなっていると思いますが，まだ大きな問題です」 そして，性差別は少女たちだけの問題ではない。「ここで研究を始めた時，研究所は，私と同じ時期に研究を始めたのに私よりも成果が上がっていない人よりも 25,000 ドル少ない報酬で私に仕事を始めさせたがっていました。私が免疫療法の橋渡しプログラムの何もかもを始めたのに。もしも私が辞めていたら，これほど成果が上がっていたかどうかわかりません，少なくともこんなに早くは」

⑧ 高校卒業後，ブランダイス大学のカレッジに入学したが，そこでのジャフィーの指導教官はあまりやる気を起こさせるような先生ではなかった。その時は 1977 年で，その１年前にジャフィーはハイブリドーマ技術についての論文を読んでいた。それは神の啓示のようなもので，目をやや大きすぎるくらい見開いて，ジャフィーは免疫学の指導教官を探し始めた。

⑨ 「私はその技術を，Ｂ細胞を理解するために使いたかったのです。私は，当時若手の教員だったジョアン=プレスと一緒に研究をしていました」と，不快そうに目を細めながらジャフィーは語る。「彼女は医学部進学課程の学生を好まないタイプの人間の１人で，私がよい推薦を得るために，そこでの研究を望んでいるだけだと思っていました」 プレス指導教官は科学的知識の伝授には前向きだったが，職業選択に関する助言のこととなると「私は独りでした」。

⑩ そして彼女はニューヨーク医科大学へ行き，次に国立衛生研究所で１年を過ごし，さらにはジョンズ=ホプキンス大学へ移ったが，この期間中ずっと，ガンの免疫療法の概念は現実のものとして展開し始めていた。「専門医研修の時，私たちはちょうどインターロイキン２がＴ細胞を成長させるのに有効だということを学びつつあったから，タイミングがよかったのです」 同時に，他の初期の器具や科学技術がこの分野の成長に非常に強く拍車をかけていたので，この事業に参加して間もなく，ジャフィーは次々と生み出される新しい技術に貢献していた。

⑪ 技術革新はさておき，免疫腫瘍学における彼女の努力への当初の支援は，よくても不安定なものだった。「実際，仲の良い友人のマイク=カスタンが，…私の進路を話し合うために私と会っていました。彼はこう言うのです。『なるほど免疫療法か。うん，いいんじゃないか』でもこう言葉を継ぐのです。『ワクチンかい？ 何か別の分野にするべきじゃないのか？』」 当時のガンワクチンの評判は，ガンワクチンには根本的に欠陥があるというものだった。腫瘍は非免疫原性のものだと単純に考えられていたからだ。免疫系は腫瘍を検知できない。ワクチンは効かないのだ。

⑫ 「たぶん，私は耳を傾けるべきでした」とジャフィーは言う。「でも誰も先のことはわかりません。今頃はお金持ちで有名になっていたかもしれませんけど」 だが，彼女は耳を貸すことはなかった。この研究分野が彼女には途方もなく意味をなしていたからだ。「私は，Ｔ細胞とＢ細胞の反外来抗原反応を特異的に活性化させるのにはワクチンが最善の方法だと本気で信じていましたし，私たちはガンが外来

抗原を発生させるものだと考えていたのです」
⑬ だが，こういった着想はすべて，ジャフィーが「バックス-ヘッズ」に参加した当時は，まだ推測だった。彼女の選択を促したのは，新しい手法だった。「私は，遺伝子学がようやく追いついてきた時に参加しました」と，ジャフィーは語り，その時すでに免疫反応を仲介する働きを持つ遺伝子の多くの配列がわかっていたこと，そして遺伝子というものは，ケーキのレシピにある材料のように，あらゆるものを作るために使うことができることを説明した。ジャフィーと他の同僚が作ったのは，史上初の遺伝子組み換えによる腫瘍ワクチンであった。

解 説

Q 1 「パラグラフ②（1～2行目）の文中の下線部は…という意味を伝えることを意図している」

1.「ジャフィーは彼女の物語を相手に話したがっている」
2.「謙遜はこの話し手の性格特性である」
3.「他人には巧妙に話すことが重要だ」
4.「その情報を伝えることの背後にはえこひいきが存在する」
5.「筆者もジャフィーもあの時とあの場所の共通の記憶があることに驚いている」

下線部が示す「相手の顔をまっすぐ見て話す」という動作は，話したくてたまらないような気持ちを表していると解釈できるので，**1が正解**と考えてよいだろう。

Q 2 「パラグラフ②（5行目）において，下線の表現 they owned the streets は，…という意味を伝えるために含まれている」

1.「街の資源はすべての街角で見つかるというわけではなかった」
2.「莫大な価値を家庭の中だけに見つけることが可能だった」
3.「街のゲームは暇な時間にだけすることができたということを忘れることはできない」
4.「ピザ屋や学校や図書館を利用する最も他人頼みの方法は徒歩で行くことだった」
5.「『家』という概念が拡張され，近隣を含む広大な空間も包含した」

ジャフィーの家自体は質素だったが，ピザ屋や学校や図書館等へ徒歩で自由に出向いており，また，ストゥープボールやリング-ア-レヴィオを好きなだけしたという記述がある。下線部は外でも自分の家のようにわが物顔で遊び回ったということだと解釈できるので，**5が正解**である。

Q 3 「パラグラフ②（7行目）において，下線の語 called は…を意味している」

1.「行われた」　2.「分類された」
3.「簡単にされた」　4.「終わらせられた」

5.「言葉で表された」

callには「(試合などを) 中止する」という意味があることから，**4が正解である**。野球の「コールドゲーム (called game)」で日本語になっている。

Q 4 「パラグラフ③（4行目）において，下線の語ditherは…に最も意味が近い」

1.「勝ち気だ」
2.「素早く決定する」
3.「ためらう」
4.「前進する」
5.「向きを変える」

ditherは「ためらう」という意味の動詞であり，3のhesitateとほぼ同義である。ditherが未知の単語だったとしても，将来の職業選択に関して，いつまでも（ ）すべきでないという趣旨に適するのは，**3しかない**。

Question "A" 「記述式解答用紙に，パラグラフ⑥の内容に最もよく合うように，下記の各語を適切な語順に並べ替えて，[A] の文を完成せよ。解答は，記述式問題 "A" セクションに与えられた欄に記入せよ。先頭の語は "at" で，4番目の語は "girls" とする」

先頭のatを手がかりに考えると，at that age「その年齢の時に」という表現ができることがわかる。次にgirlsを主語と考えれば，thinkを動詞として用い，接続詞のthatを省略した形としてthey can do anythingというSVOの構造を持つ従属節が完成する。続く第⑦段第2文（Why do so …）で彼女たちのことをfearless girls「恐れを知らない少女たち」と言っていることにもつながる。

Q 5 「パラグラフ④，⑤，⑥を全体として見て，次のうちのどれが筆者の説明と合っていないか」

1.「ジャフィーは，最終的に彼女の人生を変えた本の内容に魅了された」
2.「性差別は小学校の年齢の子どもに普通に影響を与える意識ではない」
3.「キュリーは，第一に，生活のあらゆる分野での男女平等の擁護に献身的な先駆者として賞賛された」
4.「回想をしながら，ジャフィーは，科学と教育に関係している時には，思い出の肯定的な側面に主に焦点をあてた」
5.「キュリーは，ジャフィーに対する刺激としての役割を果たした。なぜなら，キュリーのような人――自分の仕事をすることを愛した人――になりたいと思うことは自然なことだからだ」

第④段第2文（Curie was a pioneer …）にあるとおり，キュリーは放射線学の研究者であり，**選択肢の3にあるような男女平等を擁護する運動に関わったとする記述は本文にはない**。

Q 6 「パラグラフ⑦（2行目）において，下線の文 "The answer to that question is likely a book in itself." は…ということを意味する」

1.「執筆者のみがその問題を公平に議論する資格がある」

2.「多くの，おそらくは複雑で広範囲にわたる理由がある」

3.「大胆さとは物語や本から最もよく修得されるものだ」

4.「物事を説明することは，短縮された時間内で物事を改善する助けとなるだろう」

5.「ジャフィーは，彼女の研究分野がどのように迅速に形成されたかを解説する本を執筆する計画だ」

下線の文は「その問いへの答えはそれ自体で1冊の本になりそうだ」という意味になる。つまり，問いへ答えるなら，本が1冊書けるほどの分量や内容になるということである。**2が正解**だと判断できる。

Q 7　「パラグラフ⑧，⑨において，次のうちのどれが筆者の説明と合っているか」

1.「自分が選択した分野の指導教官は，どこでも簡単に見つかる」

2.「プレスは，技術的な専門知識や就職活動についてジャフィーの手助けをすることにおいては完璧だった」

3.「ジャフィーの高校時代の楽観主義は大学時代にも引き継がれ，より強くなった」

4.「最高の推薦を得るためには，他者に依存した独創性で，最小限の努力をする必要がある」

5.「ジャフィーは，彼女の指導者全員が彼女の科学に対する熱意を理解し，その分野の人々とつながりを持つ手助けをしてくれると信じていたことにおいては間違っていた」

第⑧段第1文（After high school …）および第⑨段において，ジャフィーの最初の指導教官や当時の共同研究者がジャフィーにとっては期待はずれであった旨が書かれていることから，**5が正解**である。

Q 8　「パラグラフ⑩（6行目）の下線の語 spurring は…に最も意味が近い」

1.「批判している」　　2.「遅らせている」

3.「混ぜている」　　4.「刺激している」

5.「行き詰まらせている」

下線の語 spur とほぼ同義なのは，**4の prompt** で，どちらも「刺激する，促進する」という意味がある。spur が未知の単語だったとしても，ガンの免疫療法の分野の発展にジャフィーが貢献したことが述べられている文脈から判断して，初期の器具や科学技術がこの分野の成長を推進していたことが推測できる。

Q 9　「パラグラフ⑪と⑫は一緒に考える必要がある。パラグラフ⑫（2～3行目）の下線の文の筆者のメッセージから最もよく推測できるのは次のうちのどれか」

1.「多くの人は，ぜひとも彼女のアイデアを追求するようにジャフィーに強く勧めた」

2.「ジャフィーの友人は，ジャフィーのワクチン研究を支援した唯一の人物だった」

3.「いつ耳を傾けるべきかを知ることは大切だ。なぜなら仲間は常に正しいからだ」

4.「ジャフィーのための改善と支援は，初めから強力で相当なものだった」

5.「あなたの立場を支持する証拠が強力なら，自分の信念を守り抜くことは重要なことだ」

第⑪段と第⑫段の主旨は，彼女の研究への援助は不安定で，友人は専門分野の変更を進言したにもかかわらず，ジャフィーは信念を貫いてワクチン研究に没頭したというものだと考えられる。自分の研究が理に適っていると信じていたので，分野を変えなかったというのが下線部の主旨だから，**5の内容が最も適切である。**

Q10 「パラグラフ⑬（2行目）において，下線の表現 threw in は…という意味である」

1.「解散した」　　2.「分割した」

3.「結びついた」　　4.「あざ笑った」

5.「見せかけを使う」

throw in with ～「～と仲間になる」という表現がある。選択肢の中では3が最も近い意味を持つと考えられる。また，語注に，バックス-ヘッズはワクチンの研究に専念している人々のグループであるとあり，これはジャフィーと研究分野が一致する人々の集団である。このことから考えても，threw in の意味は，**3が適することがわかる。**

Question “B” 「記述式解答用紙に，表で示されたエリザベス=ジャフィーの伝記形式のプロフィールを，本文にある情報に基づいて完成せよ。解答は，記述式問題“B”セクションにある表中の適切な行に記入せよ。解答は明確に，綴りに注意して書くこと」

出自については第①段（Elizabeth Jaffee was …），学歴については第⑧段第1文（After high school …）および，第⑩段第1文（So, off to …）に記述がある。最新の研究拠点（Latest Research Location）については，第⑩段第1文（So, off to …）においてジャフィーの学歴が Johns Hopkins University で終わっていることから推測できるだろう。

Question “C” 「記述式解答用紙において，記述式問題“C”（C1とC2）セクションのカッコ内に適切な語を入れ，下記の要約文を完成せよ。C1にはちょうど7文字の語が，C2にはちょうど6文字の語が入る。求められている語は本文中に現れている。本文の適切な語を用いなければならない。きれいに書くこと。

エリザベス=ジャフィーは［C2］と闘う手助けをするために人体に注射することが可能な新しい［C1］を作製した」

ジャフィーが，周囲の支援が受けられず（第⑪段第3～5文（He says, 'Okay, … nonimmunogenic.)）ともガンワクチンの研究を進め，ついにそれを作った（第⑬段最終文（What Jaffee and …)）ことから，［C1］はワクチン，［C2］はガンとわかるだろう。

●語句・構文

（第①段） □ blast「とても楽しい体験（a highly pleasurable or exciting experience）」

（第②段） □ modest「質素な」 □ at best「よくても」 □ to spare「余分な」 □ stoopball「ストゥープボール（階段や壁にボールを投げて遊ぶストリートゲームの一つで，ブルックリンでは特に人気があった）」 □ hide-and-seek「かくれんぼ」 □ on account of ～「～の理由で」

（第③段） □ it turns out ～「～だとわかる」 □ fallback「予備の（＝backup）」

（第④段） □ radioactivity「放射能」 □ unit「単位」 □ honor「（動詞で）～に敬意を払う」

（第⑤段） □ pick「念入りに選ぶ」 □ have nothing to do with ～「～に関係がない」

（第⑥段） □ be aware of ～「～に気づく」 □ gender bias「性差別」 □ range from *A* to *B*「*A* から *B* に及ぶ」 □ Q and A「質問と答え，質疑応答（＝question and answer）」 □ I mean「つまり」

（第⑦段） □ issue「重要な問題」 □ translational「翻訳の，橋渡しの」

（第⑧段） □ mentor「指導教官」 □ inspiring「鼓舞するような」 □ revelation「神の啓示（のような出来事）」 □ with eyes opened wide「目を皿のようにして」

（第⑨段） □ faculty member「（大学などの）教職員」 □ pre-med「医学部進学課程の」 □ impart「分け与える」 □ when it comes to ～「（話題が）～のこととなると」 □ be on *one's* own「独りである〔いる〕，独断である」

（第⑩段） □ off to ～「～へ向かう」 □ immunotherapy「免疫療法」 □ play out「展開する」 □ nascent「初期の，発生しようとしている」 □ so much so that「（前の文・句の内容や形容詞などを受けて）非常にそうなので」 □ show「企て，事業」 □ contribute to ～「～に貢献する」 □ parade of ～「～の連続」

（第⑪段） □～ aside「～は別にして（＝aside from ～）」 □ wobbly「不安定な，ぐらぐらする」 □ meet with ～「（約束して人）と会う」 □ Shouldn't S V ～?「～すべきじゃないのか」 □ be flawed「欠点がある，不完全だ」 □ nonimmunogenic「非免疫原性の」 □ the immune system「免疫系」

（第⑫段） □ should have *done*「～すべきだった（後悔を表す構文）」 □ Who knows?「誰にもわからないことだ（修辞疑問文）＝Nobody knows.」 □ would have *done*「（過去の事柄に対する推量）～だったかもしれない」 □ by now「今頃は」 □ make too much sense「この上ないくらい意味をなす，意味がありすぎるほどだ」

（第⑬段）□ speculation「推測」□ prompt「刺激する，促す」□ responsible for ～「～の責任がある」□ mediate「仲介する」□ sequence「（遺伝子の塩基）配列を決定する」□ first ever「史上初の」□ genetically engineered「遺伝子操作された」

解答

Q 1－1　Q 2－5　Q 3－4　Q 4－3

Question "A". (at) that age (girls) think they can do anything (.)

Q 5－3　Q 6－2　Q 7－5　Q 8－4　Q 9－5　Q10－3

Question "B".

Birth Country：U. S. A.

Year of Birth：1959

University just after High School：Brandeis University

Medical School just after University：New York Medical College

Latest Research Location：Johns Hopkins University

Question "C". C1：vaccine　C2：cancer

42

2017年度 経済学部〔1〕

難易度	目標制限時間	20 分	目標ライン	(全10問中) 6 問正解
標 準	かかった時間	分	自己採点結果	(全10問中) 問正解

Read the following article, and answer the questions as indicated.

"Unnecessary and Inefficient : the National Minimum Wage"
by Marc Etfoasses (2013)

① The idea of setting minimum wages has been around for hundreds of years. During that time minimum wages seem to have had little or no effect on poverty rates or global inequality. Our societies today are more unequal than ever. Poverty is a relative, not [1] concept, and along with inequality, poverty has actually grown too. Creating state regulations about pay will not make matters better. It will make them worse.

② The main problem with national minimum wage legislation is obvious : it needlessly prevents free market competition. Wages follow the laws of supply and demand, and vary naturally according to the availability and skills of the workers and general market conditions. Creating artificial barriers cannot be the right way to address the issue of cheap labor. Small businesses [A] the heart of most flourishing economies. Yet no one is more affected than small businesses and particularly start-ups. These organizations often need to take advantage of cheap labor, particularly in the early stages of development. Many of today's corporate giants [B] small. Yet how many might have collapsed, had early labor costs been too high ?

③ Bureaucracy is never the solution to any business problem. Most able employers can easily find ways to evade the effects of minimum wage laws. They can cut worker hours or hire more workers part-time ; they can reduce the number of staff or worker benefits. Employment contracts which guarantee no minimum working hours have become shockingly common in the UK since the National Minimum Wage was re-introduced in 1998. The only certain result of such legislation is a boost to the "black economy" — the informal, cash economy in which neither employer nor employee pays tax. That cannot be a desirable outcome. [3]

④ Furthermore, it is obvious that introducing such schemes can only result in inflation. Many firms who refuse to cut employee hours [4] do nothing but raise prices eventually. This feeds into the wider economy. One UK study in 2009 found that prices in the minimum wage sectors rose significantly faster in the four years following the minimum wage legislation.

⑤ Unemployment is no longer said to be a direct consequence of establishing a minimum wage. But in the UK, where a new National Living Wage is scheduled to be gradually introduced by 2020, even supporters of the legislation acknowledge that over 60,000 jobs will be lost. These job losses may involve the sole earners for many families, so the numbers affected will be far greater. It is [5] a co-incidence that France, which has one of the highest minimum wages (60% of the median wage for adults), has also very high rates of youth unemployment—over 25% in 2013 for those aged between 15 and 24.

⑥ [6] would argue that creating a national minimum wage will somehow miraculously revive the struggling economies in our rural areas. True, an increased circulation of cash in these regions would help. However, this measure alone will not prevent migration to the cities. In any case, these areas may well be attractive to investors for different, more compelling reasons, including land availability and cheap rents. Nations will always have areas which lag behind economically and this cannot be magically changed by legislation. Remote islands and mountain areas have their own special set of economic advantages and disadvantages. The national wage [7] these, for no special economic reason, and only marginal gain.

⑦ Worst of all is the realization that national minimum wage laws are never entirely fair. With jobs now so hard to find, the lowest-skilled workers usually suffer unemployment the most. Among this group are many young people, who need job experience to gain skills in the first place. Indeed, increased minimum wages may cause employers to discriminate at least temporarily on the basis of gender and race. Finally, where more than one person in a well-off family receives a minimum wage, the point is lost entirely. Without background checks, it is likely that many minimum-wage jobs will fall to those for whom the minimum wage was not intended. [8]

⑧ Everybody shares the goal of a fairer society. However, we should be cautious before applying a measure which can never be truly fair. Minimum wages will produce economic distortions, will slow the economy in general and will cause inflation. We should treat the idea with considerable skepticism. There are alternatives: tax reductions for poorer households, stronger labor unions, and better support for education. It is in these areas that progress should be made. [10]

Answer the questions [1]—[10] as indicated.

1. Which of the following would best fill the gap at [1] in Paragraph ① ?
   1. a concrete
   2. a familiar
   3. an absolute
   4. a theoretical

2. Which of the following word combinations would best fill the gaps at [A] and [B] in Paragraph ② ?

	[A]	[B]
1.	consist of	set in
2.	consist of	started out
3.	make up	set in
4.	make up	started out

3. Which of the following best expresses the main idea of Paragraph ③ ?
   1. Business becomes weakened by government regulations.
   2. Companies will always find ways to avoid restrictive regulations.
   3. Employment contracts are the main solution to minimum wage problems.
   4. The black economy gives a tax-free advantage to small companies.

4. Which of the following would **NOT** fill the gap at [4] in Paragraph ④ ?
   1. can
   2. may
   3. must
   4. will

5. Which of the following would best fill the gap at [5] in Paragraph ⑤ ?
   1. actually
   2. hardly
   3. merely
   4. only

6．Which of the following would best fill the gap at［6］in Paragraph ⑥？

1．Anyone　　2．Few
3．No one　　4．Some

7．Which of the following best fills the gap at［7］in Paragraph ⑥？

1．had ignored　　2．ignores
3．should ignore　　4．would ignore

8．Which of the following best summarizes the author's main argument about wage legislation in Paragraph ⑦？

1．It cannot help but ignore women and young people who need jobs.
2．It discourages the least skilled workers, who would need to improve to qualify.
3．It is difficult to make employers maintain the pay level demanded by law.
4．It is unfair to those groups in society who need help the most.

9．The following four words all appear in the article. When pronounced, which one of them has **a different stress（アクセント）pattern** from the others？

1．consequence　　2．inflation
3．obvious　　4．skepticism

10．Based on the whole article, with which of the following three statements（A, B, C）would the author most likely **agree**？

A．Governments need to regulate the labor market.
B．Inequalities can be addressed by adopting clear national standards.
C．We should trust market forces to set an appropriate wage level.

1．A only.　　2．B only.　　3．C only.
4．A and B.　　5．A and C.　　6．B and C.
7．All three.　　8．None.

全訳

≪不必要かつ非効率的なもの：全国一律最低賃金≫

① 最低賃金を定めるという考えは何百年も前からあった。その間，最低賃金は貧困率や世界規模の経済的不平等に，ほとんどまたはまったく影響を与えていなかったように思える。今日我々の社会はこれまで以上に不平等である。貧困とは絶対的な概念ではなく相対的なものであり，そして不平等と足並みを揃えるように，貧困もまた実際に拡大してきた。給料に関する国の規則を作ることで状況は良くはならないであろう。それによってかえって状況は悪くなるだろう。

② 全国一律最低賃金を法制化することに関する主な問題点は明白だ。つまりそれは自由市場競争を不必要に妨げる。賃金とは，需要と供給の法則に従うものであり，労働者の可用性と技能，そして一般的な市場の状況に応じて自然と変動していくものである。人為的な壁を作ることは低賃金労働問題に対処するための適切な手段とはなりえない。小規模企業は，大半の繁栄経済システムの中心を構成している。にもかかわらず小規模企業，とりわけ新規企業ほど影響を受けるものはない。これらの組織は低賃金労働を利用しなければならない場合が多く，特に草創期の段階ではそうである。今日の巨大企業の多くは小規模な状態から開業した。しかし，仮に草創期での労働費があまりにも高かったら，どれほど多くの企業が倒産していたことだろうか。

③ お役所仕事ではどんなビジネス上の問題も解決できはしない。たいていの有能な雇用者たちは，最低賃金法の影響を回避する方法を簡単に見つけてしまう。彼らは労働時間を削減するか，あるいはパートでより多くの労働者を雇う。また，社員数あるいは福利厚生手当を減らしてしまう可能性がある。全国一律最低賃金制度が1998年に再導入されて以来，イギリスでは最低限の労働時間をまったく保障しない雇用契約が驚くほどに一般化している。そのような法制化が確実にもたらす唯一の結果は「ブラック経済」の助長である，つまりそれは雇用者と被雇用者のどちらもが税金を払わない闇の現金経済である。そんなことで望ましい結果になるはずがない。

④ さらにそのような計画の導入はただインフレーションを引き起こすにすぎないのは明らかである。労働時間の削減を拒む多くの企業は最終的に製品価格を上げる以外にないだろう。これによってより格差の大きい経済へと移行していく。2009年のあるイギリスの調査によると，最低賃金を採り入れた部門の製品価格は，最低賃金法制化後の4年間で急上昇したことがわかった。

⑤ 失業は最低賃金を定めたことの直接的結果であるとはもはや言われていない。しかし，新しい全国生活賃金制度が2020年までに徐々に導入されていく予定となっているイギリスでは，法制化の支持者たちでさえ6万以上の職が失われるだろうということを認めている。これらの雇用の喪失の中には多くの家族にとっての唯一の稼ぎ手が含まれている可能性があり，影響を受ける人々の数はさらにいっそう多くなるだろう。最も高い最低賃金の1つ（大人の賃金の中央値の60%）を定めるフランスが，一方でまた若者の非常に高い失業率——2013年において15〜24歳の

若者の25%以上――を抱えていることは偶然の一致ではない。
⑥ 全国一律最低賃金を定めることで，悪戦苦闘中の地方経済はなんとか奇跡的に復活するであろうと一部の人々は主張するだろう。確かに，こういった地域で現金の流通が増えることは有益だ。しかし，この対策だけでは都市部への移住をくい止めることはできない。いずれにせよ，これらの地域は異なった，より強力な理由，すなわち土地収得がしやすいことや安価な地代などのために，投資家たちにとって十分に魅力的でありうる。どんな国にも必ず経済的に遅れた地域があるもので，これは立法によって魔法のように変えることはできない。へんぴな島や山岳地帯にはそれ独自の経済的長所と短所が存在する。特別な経済的理由からではなく単に取るに足らない利益だけのために，全国賃金制度を導入すれば，こういったことを無視することになるだろう。
⑦ 最も良くないのは，全国一律最低賃金法が必ずしも公平ではないと実感することだ。現在仕事を見つけるのは困難な状況なので，最低限の技能しかもたない労働者たちが最も失業の憂き目に遭うのは通例である。この集団には若者が多くいて，彼らはまず技能を身につけるために職務経験が必要である。実際のところ，最低賃金が上げられたことで雇用者は少なくとも一時的に性別と人種に基づいて差別を行うかもしれない。最後の理由として，裕福な世帯の2人以上が最低賃金を受け取る場合には，最低賃金法の意義がまったく失われてしまうことになる。背景的事情を調べなければ，最低賃金が保障された仕事の多くが，最低賃金法が意図していない人々のもとへ行ってしまう可能性が高い。
⑧ 誰しもが，より公平な社会という目標を共有している。しかし，決して真に公平にはなりえない対策を講じる前に，我々は慎重にならなくてはいけない。最低賃金は経済的な歪みを生み出し，経済全般を停滞させ，インフレーションを引き起こす。我々は相当な懐疑心をもってこの考えに対処すべきである。他の選択肢もいくつかある。たとえば貧しい世帯に対する減税や，より強力な労働組合，より良い教育支援などである。こうした分野でこそ，前進がなされるべきなのである。

解説

1 「以下のうち，第①段の空所［1］を埋めるのに最も適切なものはどれか」

1.「具体的な」　2.「なじみのある」
3.「絶対的な」　4.「理論的な」

該当文は relative の後に concept が省略されており，Poverty is a relative concept, not［1］concept となる。つまり「貧困とは～ではなく相対的な概念である」という意味であり，空所には relative と対照関係にある語 absolute が入る。よって，**3が正解**。

2 「以下のうち，第②段の空所［A］と［B］を埋めるのに最も適切な語の組み合わせはどれか」

consist of ～ は主語（S）に「全体」，目的語（O）に「構成要素」をとり，「SはOからできている」という意味。一方 make up ～ はSに「構成要素」，Oに「全体」をとり，「SはOを構成している」という意味。空所［A］を含む文において主語の Small businesses は，目的語である the heart of most flourishing economies の構成要素と考えるのが適切。よって，**［A］には make up が入る**。空所［B］に関しては直後に small という形容詞1語が続くことに注目。start out ～ は直後に補語としての形容詞が続いて「～の状態で活動を始める」という意味になる。（例）The violinist started out young.「そのヴァイオリン奏者は若くしてその道に入った」 一方 set in ～ は「（特に良くないことが）始まる」という意味で直後に補語は続かない。よって，**［B］には started out が入る**。正解は上記の2つの語句の組み合わせをもつ**4**となる。

3　「以下のうち，第③段の主旨を最もよく言い表しているものはどれか」

1.「ビジネスは政府の規制により弱体化する」

最低賃金の法制化によってビジネスが弱まるという記述はない。

2.「企業は常に規制を回避するための手段を見いだすだろう」

雇用者は法規制を回避する手段を簡単に見いだすと同段第2文（Most able employers …）にある。よって，**これが正解**となる。

3.「雇用契約は最低賃金問題の主な解決策である」

同段第4文（Employment contracts which …）で最低限の労働時間を保障しない雇用契約についての言及があるが，最低賃金問題の解決策としての雇用契約については述べられていない。

4.「ブラック経済は小規模の企業に税金免除という利点を与える」

同段第5文（The only certain …）に最低賃金の法制化のもたらす結果として「ブラック経済」が挙げられているが，そこでの税金回避は「小規模の企業」に限ったものとは述べられていない。

4　「以下のうち，第④段の空所［4］を埋めることができないものはどれか」

1の can，2の may，4の will を空所に入れた場合，文の意味はそれぞれ次のようになる。「労働時間の削減を拒む多くの企業は最終的に製品価格を上げる以外に何もできないだろう／しないかもしれない／しないだろう」 よって，以上3つの助動詞を空所に入れても文意はさほど変わらない。一方，3の must を空所に入れた場合「労働時間の削減を拒む多くの企業は最終的に製品価格を上げる以外に何もしてはならない」となり，文意も大きく異なり，後の文脈にも合わなくなる。よって，**3の must が正解**。

5　「以下のうち，第⑤段の空所［5］を埋めるのに最も適切なものはどれか」

同段第１～３文（Unemployment is no … be far greater.）において，最低賃金の法制化と失業率の間に明らかな相関関係があることが述べられている。それを受けて同段最終文（It is［ 5 ］a …）では最低賃金を最も高く定めたフランスの例が挙げられており，この国が「若者の非常に高い失業率を抱えていることは偶然の一致ではない」という内容が続くのが論理的に自然な流れであると考えられる。よって，空所には否定的な意味をもつ語が入るので，**2 の hardly「到底～でない」が正解**である。1．actually「本当に」，3．merely「単に」，4．only「ただの」を用いると該当文が肯定的な内容になってしまい，文脈に合わない。

6「以下のうち，第⑥段の空所［ 6 ］を埋めるのに最も適切なものはどれか」

同段第１文（［ 6 ］would argue that …）の that 節が意味する「全国一律最低賃金を定めることで，悪戦苦闘中の地方経済はなんとか奇跡的に復活するであろう」と主張する人がどれくらいいるかを考える必要がある。続く第２文（True, an increased …）の「確かに，こういった地域で現金の流通が増えることは有益だ」という記述から，第１文は肯定的な内容を含むことがわかり，上記の主張をする人が存在すると考えられる。よって，否定的意味をもつ２．Few と３．No one は正解から除外される。次に１．Anyone を空所に入れると「どんな人たちも上記の主張をする」ことになり言い過ぎの感がある。４．Some を空所に入れると「上記の主張をする人たちもいる」となり文脈的にも自然な流れを作ることができるので，**4 が正解**。

7「以下のうち，第⑥段の空所［ 7 ］を埋めるのに最も適切なものはどれか」

同段は全国一律最低賃金制度がもたらす今後のデメリットを論じており，当該文もその流れを汲んでいる。１．had ignored を空所に入れると「特別な経済的理由からではなく単に取るに足らない利益だけのために，全国賃金制度はこういったことを無視していた」となり，今後について述べている同段の主旨に合わない。２．ignores は現在形であり「…全国賃金制度はこういったことを無視している」と現状を表し，同段の文脈に合わない。３．should ignore を空所に入れた「…全国賃金制度はこういったことを無視すべきだ」も同様。４．would ignore は仮定法で「…（もし全国賃金制度を導入すれば）こういったことを無視することになるだろう」となり，今後を予想した内容の同段の主旨に合う。よって，**4 が正解**。

8「以下のうち，第⑦段における賃金法制化に関して筆者の主旨を最もよく言い表しているものはどれか」

１．「それは職を必要としている女性や若者をどうしても無視してしまう」

一時的にであれ差別が起こりうるとは述べられているが，最低賃金法制化が女性や若者を無視しているという記述はない。

２．「それは技能を向上させる必要のある，最低限の技能しかもたない労働者たちを失望させてしまう」

最低賃金法制化が技能をもたない労働者を失望させるという記述はない。

3.「雇用者に法律で求められた給料水準を維持させることは難しい」

同趣旨の記述はない。

4.「それは社会において最も援助を必要としている集団にとって不公平である」

同段最終文（Without background checks, …）に最低賃金の保障された仕事が対象になっていない人に与えられうるとある。よって，**4が正解**。

9「以下の4つの単語はすべて本文に出てきたものである。発音したときにアクセントの位置が他と異なるものはどれか」

1．con-se-quence（第1音節にアクセント）

2．in-fla-tion（第2音節にアクセント）

3．ob-vi-ous（第1音節にアクセント）

4．skep-ti-cism（第1音節にアクセント）

よって，**正解は2**。

10「この論文全体に基づいて，以下の3つの記述（A，B，C）のうち筆者が最も賛成する可能性が高いものはどれか」

A.「政府は労働市場を規制する必要がある」

政府によるビジネスへの介入は問題解決につながらないという第③段（Bureaucracy is never …）の内容と矛盾する。

B.「不平等は明確な国家的標準を採り入れることによって対処できる」

国による最低賃金法は不公平を生み出す可能性があると述べられている第⑦段（Worst of all …）の内容と矛盾する。

C.「我々は市場の力が適切な賃金水準を設定できると確信すべきである」

第②段第1～3文（The main problem … of cheap labor.）に一致。

よって，「Cのみが条件にあてはまる」という**3が正解**。

●語句・構文

（第①段） □ be around「存在している」 □ inequality は「経済的不平等，貧困格差」を指す。 □ along with ～「～と並んで」

（第②段） □ legislation「立法行為，法律制定」 □ availability「利用できる度合い，可用性」 □ address「～に対処する」 学術論文では deal with ～ や cope with ～ の意味でよく使われるので覚えておきたい。 □ business(es)「企業，会社」 可算名詞として使用されるときはこの意味である場合が多い。 □ start-up「創業したばかりの企業」 □ corporate giant「巨大企業」 □ had early labor costs been too high（＝if early labor costs had been too high） 仮定法過去完了の if

を省略した倒置形。

（第③段） □ bureaucracy「官僚制度，お役所仕事」 □ able「（限定用法で用いて）有能な」 □ benefit「福利厚生手当，給付」 □ boost「応援，後押し」 □ black economy「（税金を逃れるために行われる）闇経済活動」

（第④段） □ scheme「計画，構想」 □ result in ～「結果的に～をもたらす，～という結果に終わる」 □ employee hours「労働時間」 □ do nothing but *do*「ただ～しかしない」 □ feed into ～「～（の状態）に流れ込む」 □ sector「部門」 □ significantly「著しく」

（第⑤段） □ consequence of ～「～が招く（当然の）結果」 □ scheduled to *do*「～する予定になっている」 □ sole earner「（家族内の）唯一の稼ぎ手」 □ co-incidence「偶然の一致，同時発生の出来事」 □ median「中央値」（代表値の一つであり，有限個のデータを大きさの順に並べたときに中央に位置する値である。平均値ではないことに注意する）

（第⑥段） □ struggling「悪戦苦闘中の，あえいでいる」 □ in any case「どんな場合でも，ともかく」 □ may well *do*「十分に～しうる」 □ compelling「強制力・説得力のある」 □ lag behind「遅れる」 □ marginal「重要でない，わずかな」

（第⑦段） □ With jobs now so hard to find「現在仕事を見つけるのは困難な状況なので」付帯状況の with 構文で，Since jobs are now so hard to find の意である。
□ Among this group are many young people「この集団には若者が多くいる」場所を表す副詞句（Among this group）を文頭に出しＶＳが後続する倒置構文である。 □ on the basis of ～「～に基づいて」 □ more than one ～「２つ以上の～，複数の～」 主語で使う場合は単数扱いする点に注意する。本文でも receives と３単現の s がついている。 □ the point is lost「意義が失われてしまう」 □ intend「意図する」

（第⑧段） □ distortion「歪み」 □ skepticism「懐疑的な見方，懐疑主義」 □ alternative「代替案」 □ It is in these areas that progress should be made.「こうした分野でこそ，前進がなされるべきなのである」 旧情報の tax reductions … for education を言い換えた副詞語句 in these areas を焦点情報にして，that 以下の注意喚起を促す分裂文（強調構文）である。

解答

1－3　2－4　3－2　4－3　5－2　6－4　7－4　8－4　9－2　10－3

43

2015年度 薬学部 〔2〕

難易度	目標制限時間	20 分	目標ライン	(全13問中) 9 問正解
標 準	かかった時間	分	自己採点結果	(全13問中) 問正解

Read the passage carefully and answer the questions that follow. For each question, choose ONE BEST answer. On your answer sheet, find the number of the question and fill in the space that corresponds to the number of the answer you have chosen.

① The day a routine checkup spotted some blood in my urine, my doctor sent me for a diagnostic test in which I was injected with a radioactive dye. I lay on a table while an overhead X-ray machine took successive images of the dye's progression through my kidneys and bladder. I had company for the test : a close friend, a physician himself, happened to be visiting for a few days and offered to come to the hospital with me. He sat in the room while the X-ray machine, on an automated track, rotated for new camera angles, whirred and clicked ; rotated, whirred, clicked.

② The test took an hour and a half. At the very end a kidney specialist hurried into the room, quickly introduced himself, and disappeared to scan the X-rays. He didn't return to tell me what they showed.

③ As we were leaving the exam room my friend and I passed the nephrologist. Feeling shaken and somewhat dazed by the test, I did not have the presence of mind to ask the one question that had been on my mind all morning. But my companion, the physician, did : "Doctor," he said, "my friend's father died of bladder cancer. He's anxious to know if you saw any signs of cancer in the X-rays."

④ "No abnormalities," was the curt reply as the nephrologist hurried on to his next appointment.

⑤ My inability to ask the single question I cared about most is repeated a thousand times each day in hospitals and clinics everywhere. A study of patients in physicians' waiting rooms found that each had an average of three or more questions in mind to ask the physician they were about to see. But when the patients left the physician's office, an average of only one and a half of those questions had been answered. This finding speaks to one of the many ways patients' emotional needs are unmet by today's medicine. Unanswered questions feed uncertainty, fear, catastrophizing. And they lead patients to balk at going along with treatment regimes they don't fully understand.

⑥ There are many ways medicine can expand its view of health to include the emotional realities of illness. For one, patients could routinely be offered fuller information essential to the decisions they must make about their own medical care ; some services now offer any caller a state-of-the-art computer search of the medical literature on what ails them, so that patients can be more equal partners with their physicians in making informed decisions. Another approach is programs that, in a few minutes' time, teach patients to be effective questioners with their physicians, so that when they have three questions in mind as they wait for the doctor, they will come out of the office with three answers.

⑦ Moments when patients face surgery or invasive and painful tests are fraught with anxiety—and are a prime opportunity to deal with the emotional dimension. Some hospitals have developed presurgery instruction for patients that help them assuage their fears and handle their discomforts—for example, by teaching patients relaxation techniques, answering their questions well in advance of surgery, and telling them several days ahead of surgery precisely what they are likely to experience during the recovery. The result : patients recover from surgery an average of two to three days sooner.

⑧ Being a hospital patient can be a tremendously lonely, helpless experience. But some hospitals have begun to design rooms so that family members can stay with patients, cooking and caring for them as they would at home—a progressive step that, ironically, is routine throughout the Third World.

⑨ Relaxation training can help patients deal with some of the distress their symptoms bring, as well as with the emotions that may be exacerbating their symptoms. An exemplary model is Jon Kabat-Zinn's Stress Reduction Clinic at the University of Massachusetts Medical Center, which offers a ten-week course in mindfulness to patients ; the emphasis is on being mindful of emotional episodes as they are happening, and on cultivating a daily practice that offers deep relaxation. Hospitals have made instructional tapes from the course available over patients' television sets — a far better emotional diet for the bedridden than the usual fare, soap operas.

⑩ Relaxation is also at the core of the innovative program for treating heart disease developed by Dr. Dean Ornish. After a year of this program, which included a low-fat diet, patients whose heart disease was severe enough to warrant a coronary bypass actually reversed the buildup of artery-clogging plaque. Ornish tells me that relaxation training is one of the most important parts of the program. Like Kabat-Zinn's, it takes advantage of what Dr. Herbert Benson calls the "relaxation response," the physiological opposite of the stress arousal that contributes to such a wide spectrum of medical problems.

⑪ Finally, there is the added medical value of an emphatic physician or nurse, attuned to patients, able to listen and be heard. This means fostering "relationship-centered care," recognizing that the relationship between physician and patient is itself a factor of significance. Such relationships would be fostered more readily if medical education included some basic tools of emotional intelligence, especially self-awareness and the arts of empathy and listening.

Based on Goleman, Daniel. 1995. *Emotional Intelligence : Why It Can Matter More than IQ.*

Q1. Which option below was the word *company* used in closest meaning to the underlined word company in paragraph ①?

1. The director, while committed to our project, runs her own *company* as well.
2. Ms. Johnson, currently a pharmacy student, used to be a member of a ballet *company* during her childhood.
3. Just like others in general, one may be able to tell much about a pharmacist by the *company* he or she keeps.
4. Ms. Brown made a groundbreaking decision, even for a *company* with a long history in the pharmaceutical industry.
5. Having passed a national examination for pharmacists, Mr. Smith took a position at a *company* that manufactures medical supplies and devices.

Q2. Which of the following is NOT mentioned in the author's description of patients from paragraphs ① through ⑤?

1. It is not unusual that patients' emotional needs are not met in medical services.
2. Many patients are not able to ask their physicians as many questions as they want.
3. In general, those patients whose family members suffered from cancer are less likely to visit physicians.
4. Patients, according to some study, have an average of three or more questions that they want to be answered.
5. When patients' questions are not fully answered by their physicians, it may increase the level of patients' anxieties.

Q3. In paragraph ⑥, in stating that medicine can <u>expand its view of health</u>, the author means that medicine can —

1. expose its ideas on health
2. advance its belief in health
3. condense its value of health
4. obtain its insights into health
5. broaden its perspective of health

Q4. In paragraph ⑥, the word <u>literature</u> is closest in meaning to —

1. articles　2. clinics　3. devices　4. novels　5. staff

Q5. Which of the following can be inferred from paragraph ⑥ about the relationship between patients and their physicians?

1. If patients are effective questioners, physicians would not need to be good communicators.
2. Patients need to be clever enough to choose the type of physicians according to their symptoms.
3. Lessening the knowledge gap creates a better functioning relationship between physicians and patients.
4. Patients should limit the number of questions that they would ask their physicians to a maximum of three.
5. Patients' information technology skills are not necessary for the quality of

patient-physician relationships.

Q6. In paragraph ⑦, the phrase fraught with is closest in meaning to —

1. afraid of
2. concerned about
3. fond of
4. full of
5. interested in

Q7. In paragraph ⑦, the word assuage is closest in meaning to —

1. agitate
2. expand
3. intensify
4. mitigate
5. supervise

Q8. In paragraph ⑧, the word progressive is closest in meaning to —

1. depressing
2. essential
3. innovative
4. moderate
5. primitive

Q9. In paragraph ⑨, the word exacerbating is closest in meaning to —

1. alleviating
2. bullying
3. clarifying
4. stabilizing
5. worsening

Q10. In paragraph ⑩, the phrase reversed the buildup of is closest in meaning to —

1. changed the order of
2. decreased the accumulation of
3. generated the cause of
4. inhibited the recovery of
5. intensified the symptoms of

Q11. Which of the following is NOT mentioned in the author's description of presurgery instruction in this article?

1. Some presurgery instructions encourage patients to be attentive to their psychological states.
2. Presurgery instructions that some hospitals developed include teaching patients relaxation techniques.
3. Presurgery instruction is only meaningful for patients who are capable of communicating well with physicians.
4. One example of presurgery instruction is to provide patients in advance with the information on the process of recovery.

5. Some presurgery instructions aiming at meeting the emotional needs of patients have positive effects on their recovery from surgeries.

Q12. Which of the following is NOT mentioned in the author's description of the emotional care of patients at hospitals in this article ?

1. Some relaxation programs have adopted the idea of "relaxation response."
2. At the core of the program for patients with heart diseases developed by Dr. Dean Ornish is relaxation.
3. Watching soap operas has positive effects on patients' symptoms, because those TV shows make patients laugh.
4. Dr. Benson's "relaxation response" refers to the physiological suppression of stress that is beneficial for various medical problems.
5. The medical community would have more to gain if there were additional health practitioners and professionals who are capable of communicating better with their patients.

Q13. Which of the following would best serve as the title of this article ?

1. Emotion : The Best of All
2. Toward Relationship-centered Care
3. Critical Issues in the Health Care System
4. The Mystery in the Relationship of Patients and Physicians
5. Lonely Patient : Pitiful Circumstances of Patients in Modern Medical Care

全訳

≪関係性を中心に据えた治療に向けて≫

① いつもの健康診断で，私の尿の中にいくらかの血液が見られた日，担当医は私を診断検査に送り，そこで私は放射性染料の注射を受けた。染料が私の腎臓と膀胱を通っていく連続画像を頭上のX線機器が撮影している間，私はテーブルに横たわっていた。この検査には仲間がいた。私と仲が良い友人で，彼自身も医者だったが，たまたま数日間訪れていて，私と一緒に病院に来ようかと申し出てくれたのだ。X線機器が自動化された軌道上を新たなカメラアングルのために回転し，ウィーン，カシャッと音を立て，回転してはウィーン，カシャッと音を立てている間，彼は部屋の中で座っていた。

② 検査は1時間半かかった。検査が終わったまさにそのとき，腎臓の専門医が急いで部屋に入ってきて，素早く自己紹介すると，X線写真を精査するために去っていった。X線写真が何を映しているのかを私に伝えるために，彼が戻ってくることはなかった。

③ 友人と私が検査室を出ようとしたとき，私たちは腎臓専門医とすれ違った。私は動揺し，検査で少しぼうっとしていたので，今朝からずっと気に留めていた1つの質問をする平常心を持っていなかった。しかし医者である友人は，それを持っていたのだ。「先生」と彼は言った。「私の友人の父は膀胱癌で亡くなったのです。彼はあなたがX線で何らかの癌の兆候を見出したかどうかを知りたがっています」

④ 「異常はありません」と腎臓専門医はぶっきらぼうに答え，次の予約へと急いで立ち去った。

⑤ 私が最も気にしていたたった1つの質問を尋ねることができなかったというようなことは，どこの病院や診療所でも毎日千回と繰り返されている。患者はそれぞれ，自分を診てくれる医者に平均して3つ以上の質問をしたいと内心で思っていることが，医者の待合室にいる患者についての研究でわかった。しかし，患者が医者の診察室を出るとき，こういった質問は平均して1つ半しか回答されていなかった。この発見は，今日の医療によって患者の感情的な必要性が満たされていない多くの面の1つに言及している。質問に答えてもらえないことで不安や恐怖が増大し，些細なことが甚大に思えたりする。そして，このために患者は自分が十分に理解していない治療法に進むのを尻込みすることになる。

⑥ 医療が健康に対する見方を拡大して病気の心理的な現実を含めて考えることができる方法は数多くある。1つには，患者は自分自身の医療について下さなければならない決定に対して不可欠な情報を日常的に十分に提供してもらえるだろう。現在，どんな来院者に対しても，彼らを苦しめているものに関して医療文献の最新のコンピュータによる調査を提供しているサービスもあり，その結果，患者は情報に基づいた決定をする際に，医者とより対等な立場になることができる。また別の手法は，数分以内に患者が医者に対して効果的な質問者となるように指導するプログラムであり，その結果，患者が医者を待っているときに3つの質問が心に浮かんだら，診察室から出てくるときには3つの回答を持っているというものである。

⑦　患者が外科手術または切開や痛みを伴う検査に向き合う瞬間は，不安に満ちたものであり，感情的な局面に対処するための大きな機会である。一部の病院では，患者に対して外科手術を行う前の指導法を開発しており，それは患者の恐怖を和らげたり，不快な気持ちを処理したりするのに役立っている。例えば，患者にリラックスする技術を教えたり，外科手術に先立って質問に十分答えたり，外科手術の数日前に，回復期間中にどのようなことを経験することになるのかを正確に伝えたりすることによってである。その結果，患者は平均して2～3日早く外科手術から回復している。
⑧　入院患者であることは，とてつもなく孤独で，頼るものがない経験となることがある。しかし，家族が患者と一緒に過ごせ，まるで家庭でのごとく料理や患者の世話ができるように病室を設計し始めている病院もあり，それは進歩的なことだが，皮肉なことにこれは第三世界では日常的なことである。
⑨　リラックスするトレーニングは，自分の症状を悪化させるかもしれない感情だけでなく，その症状がもたらす心痛の一部を患者が処理する手助けをしてくれる。マサチューセッツ医科大学のジョン=カバット=ジンのストレス軽減診療所がその好例となるモデルであり，患者に対して10週に及ぶ目配りの利くコースを提供している。強調されているのは，生じている心理的な出来事に目を配ること，そして深い安堵を与える日々の習慣を養うことである。病院は，このコースの指導のテープを患者のテレビで見ることができるようにし，これは普通の番組やメロドラマよりは，寝たきりの人にとってずっと心理的に良い療法であった。
⑩　リラックスすることはまた，ディーン=オーニッシュ博士によって開発された心臓病治療のための革新的なプログラムの中核となっている。低脂肪の食事療法を含む1年間のこのプログラムの後で，冠状動脈バイパス手術が妥当になるほど深刻な心臓病患者の動脈を詰まらせているプラークの蓄積が実際に後退したのである。リラックスするトレーニングは，このプログラムの最も重要な部分の1つであるとオーニッシュは私に話してくれた。カバット=ジンの場合のように，これはハーバート=ベンソン博士が「リラクゼーション反応」と呼ぶものを利用していて，非常に広範囲にわたる医学的な問題の一因となるストレスの刺激とは，生理学的に対極に位置するものである。
⑪　最後に，患者と心が通じ，（患者の話に）耳を傾けること，また（患者に話を）聞いてもらうことができる断固とした医者や看護師によって付加される医療的価値というものが存在するのだ。これは「関係性を中心に据えた治療」を促進すること，つまり医者と患者の関係は，それ自体が重要な要因であると認識することを意味するのだ。もし医学教育が心の知能という基本的な手段，特に自己認識そして共感と傾聴という技術を包含するならば，このような関係はより容易に促進されるであろう。

解説

Q 1 「以下のうち，第①段の下線部 company と最も近い意味で *company* が用いられている英文はどれか」

1.「その重役は，私たちの計画に関わる一方で，彼女自身の会社を経営もしている」
2.「現在，ジョンソンさんは薬学部の学生だが，子どもの頃はバレエ団の一員だった」
3.「一般的な他の人と同様，薬剤師についても，その人が付き合っている仲間によって多くのことが言えるかもしれない」
4.「ブラウンさんは，製薬業界において長い歴史を持つ会社にとってさえ革新的である決定を行った」
5.「スミスさんは薬剤師の国家試験に合格したので，医療用品や医療器具を製造する会社の職に就いた」

下線部の company は「仲間，友人」という意味。よって，**正解は 3**。2 の company は「一団」，1・4・5 の company は「会社」という意味で用いられている。

Q 2 「次のうち，第①～⑤段の患者についての描写で述べられていないものはどれか」

1.「医療業務において患者の感情面での要求が満たされないのはよくあることだ」
2.「多くの患者は自分が望むだけの数の質問を医者に尋ねることができない」
3.「一般的に，家族の一員が癌で苦しんでいる患者は，医者のところには比較的訪れない傾向がある」
4.「ある研究によると，患者は自分が答えてほしいと思っている質問を平均して 3つ以上持っている」
5.「患者の質問が医者によって十分に答えてもらえないと，患者の不安の度合いが増加するかもしれない」

1は第⑤段第4文の内容に一致。2は第⑤段第2・3文の内容に一致。**3は本文に記述がないので正解**。4は第⑤段第2文の内容に一致。5は第⑤段最後から2番目の文の内容と一致する。

Q 3 「第⑥段の，医療が健康に対する見方を拡大することができるという記述で，筆者は医療が（　　　）できるということを意味している」

1.「健康についての考えを暴露する」
2.「健康における信念を推進する」
3.「健康の価値を凝縮する」
4.「健康への洞察を得る」
5.「健康の見方を広げる」

5が正解。

Q4 「第⑥段の literature と最も意味が近いのは（　　　）」

1.「記事」　2.「診療所」　3.「装置」　4.「小説」　5.「職員」

literature は「文献」という意味。よって，1が正解。

Q5 「次のうち，患者と医者の関係において，第⑥段から推論できるものはどれか」

1.「もし患者が効率よく質問する人であれば，医者はコミュニケーションを取るのが上手である必要はない」

2.「患者は自分の症状に応じたタイプの医者を選ぶのに十分なほど利口である必要がある」

3.「知識の差を少なくすることが，医者と患者のより良く機能する関係を生み出す」

4.「患者は医者に尋ねる質問の数を最大で3つに制限するべきだ」

5.「患者の IT 技能は，患者と医者の関係の質にとって必要ではない」

第⑥段では，患者が医者に遠慮することなく質問し，それに医者が答えることが医療行為には大切であると述べられている。よって，3が正解。

Q6 「第⑦段の fraught with と最も意味が近いのは（　　　）」

1.「～を恐れて」　2.「～を心配して」

3.「～が大好きで」　4.「～に満ちて」

5.「～に関心があって」

fraught with ～は「～で満ちて」という意味。よって，4が正解。仮にこの表現を知らなくても，外科手術や検査に向き合う患者は不安に満ちている（full of）ことは予測できる。

Q7 「第⑦段の assuage と最も意味が近いのは（　　　）」

1.「～を動揺させる」　2.「～を拡大する」

3.「～を強める」　4.「～を和らげる」

5.「～を監督する」

assuage は「～を和らげる」という意味。難単語だが，患者の恐怖を「減らす」の意だろうと予測がつく。4自体も難単語なので選びにくいが，4以外の選択肢では「減らす」とはほど遠い。よって，4が正解。

Q8 「第⑧段の progressive と最も意味が近いのは（　　　）」

1.「気が滅入るような」　2.「不可欠な」

3.「革新的な」　4.「適度な」

5.「原始的な」

progressive は「進歩的な」という意味。よって，3が正解。

Q9 「第⑨段の exacerbating と最も意味が近いのは（　　　）」

1.「～を緩和する」　2.「～をいじめる」
3.「～を明らかにする」　4.「～を安定させる」
5.「～を悪くする」

exacerbate は「～を悪化させる」という意味。よって，**5が正解**。本問も，未知の単語の場合でも消去法で解答が導ける。

Q10 「第⑩段の reversed the buildup of と最も意味が近いのは（　　）」

1.「～の順序を変化させた」　2.「～の蓄積を減少させた」
3.「～の原因を生み出した」　4.「～の回復を妨げた」
5.「～の症状を強くした」

下線部は「～の蓄積を逆にした」という意味で，ここでは動脈をふさぐプラークの蓄積が緩和されたことを述べている。よって，**2が正解**。

Q11 「次のうち，外科手術前の指導の描写としてこの文章の中で触れられていないものはどれか」

1.「一部の外科手術前の指導は，患者が自分の心理的な状態に注意するように促す」
2.「一部の病院が開発した外科手術前の指導は，患者にリラックスする技術を教えることを含んでいる」
3.「外科手術前の指導は，医者とうまく意思疎通ができる患者にとってのみ意味がある」
4.「外科手術前の指導の１つの例は，患者に前もって回復過程の情報を提供することである」
5.「患者の心理的な必要性を満たすことを意図した一部の外科手術前の指導は，外科手術からの回復に肯定的な効果をもたらす」

外科手術前の指導については，第⑦段以降に述べられている。どのような患者にとってのみ意味があるか，といった記述はないので，**3が正解**。

Q12 「次のうち，病院における患者の心理的な治療についての描写としてこの文章の中で述べられていないものはどれか」

1.「一部のリラクゼーションプログラムは，『リラクゼーション反応』という考え方を採用した」
2.「ディーン=オーニッシュ博士によって開発された心臓病の患者に対するプログラムの中核はリラクゼーションである」
3.「メロドラマのような番組は患者を笑わせるので，こういった番組を見ることは患者の症状に肯定的な影響を与える」
4.「ベンソン博士の『リラクゼーション反応』は，さまざまな医学的問題にとって利益となる生理学的なストレスの抑制に言及している」

5.「患者とよりうまくコミュニケーションができる健康に関する医療従事者や専門家がさらに存在すれば，医療界はもっと多くのものを手に入れるだろう」

第⑨段最終文の内容に反する3が正解。

Q13「次のうち，この文章の主題として最も適切なものはどれか」

1.「感情，それはすべての中で最も素晴らしいもの」

2.「関係性を中心に据えた治療に向けて」

3.「健康治療システムにおける重要な問題」

4.「患者と医者の関係における謎」

5.「孤独な患者，現代の医学治療における患者の悲惨な状況」

この文章全体で，医者と患者の関係を改善していくことで，より良い治療が実践できることが述べられている。よって，2が正解。

●語句・構文

(第①段) □ spot「～を見つける」 □ diagnostic「診断の」 □ radioactive「放射性の」 □ kidney「腎臓」 □ bladder「膀胱」 □ whir「(昆虫や機械などが) ブーン〔ウィーン〕と音を立てる」

(第③段) □ nephrologist「腎臓専門医」 □ shaken「動揺した，おびえた」 □ the presence of mind「冷静さ，平常心」 □ be anxious to *do*「～したいと切望して」

(第④段) □ curt「ぶっきらぼうな」

(第⑤段) □ unmet「満たされていない」 □ feed「(感情など) をあおる，募らせる」 □ catastrophize「些細なことを大惨事のように考える」 □ balk「ためらう」

(第⑥段) □ state-of-the-art「最先端の」 □ ail「苦しめる」

(第⑦段) □ face「立ち向かう」 □ in advance of ～「～に先立って」

(第⑧段) □ tremendously「ものすごく」 □ the Third World「第三世界，発展途上国」

(第⑨段) □ exemplary「典型的な」 □ mindful「注意して，心に留めて」 □ diet「食事 (療法)」 □ bedridden「寝たきりの」 □ fare「番組，出し物」 □ soap opera「メロドラマ」

(第⑩段) □ warrant「～の十分な理由になる，～は当然のことである」 □ coronary「心臓の，冠状動脈の」 □ artery「動脈」 □ clog「詰まらせる」 □ plaque「プラーク (血管内にできる肥厚性の病変)」 □ take advantage of ～「～を利用する」 □ opposite「正反対のもの」 □ arousal「興奮，覚醒」 □ spectrum「範囲」

(第⑪段) □ emphatic「断固とした」 □ attune「～に調子を合わせる」 □ empathy「共感」

解答

Q1−3　Q2−3　Q3−5　Q4−1　Q5−3　Q6−4　Q7−4
Q8−3　Q9−5　Q10−2　Q11−3　Q12−3　Q13−2

44

2014年度 経済学部 〔2〕

難易度	目標制限時間	15 分	目標ライン	（全11問中） 8 問正解
標 準	かかった時間	分	自己採点結果	（全11問中） 問正解

Read the following article, and answer the questions as indicated.

"Youth Unemployment : Whose Responsibility ?"
by Ivan O'Werke (2012)

① [1] how many people, especially young people, are out of work is not easy. However, figures suggest that last year in the developed countries 26 million young people between 15 and 24 had neither jobs, nor schools to attend. Moreover, the number of such jobless young people [2] by 30% since 2007. The situation is severe : in the USA, youth unemployment has already reached 18%, whereas in Spain, it is now 50%. In developing countries, the World Bank has estimated that at least 260 million young people are in a similar desperate position. It is possible that over 300 million young people are without jobs worldwide. [3]

② Why is this such a problem ? There are several clear reasons [4] these figures cannot be ignored. First, the statistics show that when young people are jobless after high school, they usually experience more frequent periods out of work, and earn lower wages later in life. Even worse, they are more likely to suffer from depression and a variety of other illnesses, or to turn to criminal activity. Today, many under 30 are already losing hope ; they are often burdened with debts, live at home, and see little chance of meaningful employment. Only [5] parents can afford to prevent their children from falling into that trap.

③ How [A] should address this situation depends on [B] point of view. Some say that improving education is the solution. Too many young people, it is argued, leave school with the wrong skills. If they had received a better education, then many more of them would find employment. However, few academic qualifications can guarantee a good job. Many young people with good grades and plenty of enthusiasm still cannot find work, even though they are quite capable.

④ Instead, we should encourage industry to invest in the young. Over the past two decades, corporations have reduced training programs for newly-hired employees. This was partly the result of globalization: many companies realized that they could boost profits quite readily by employing cheaper workers abroad, [7] investing in low-cost labor instead of technology or training. In addition, increased competition discouraged many companies from investing in workers who might later quit and join a competitor. Yet, most managers instinctively [8] such short-sighted policies: without trusting their new employees, few companies will be able to find the right number of skilled workers in the future.

⑤ Simply leaving the problem of youth unemployment to be solved by private companies or by so-called market forces, however, will never provide fast enough relief. For, although it is rarely discussed, more than one generation of young people is at risk. Today's unemployed youth do not feel like full members of society. They cannot afford to own a house or an automobile, nor do they feel capable of supporting a family. Thus, they have less faith in society. Unless this situation is addressed by governments, these alienated youths are likely to pass on these negative attitudes to the next generation. [9]

⑥ Governments have a duty to care for all their citizens, but the young ought to count the most, since they represent the future. So far, few governments have acted decisively on behalf of the young. Instead, politicians listen to the voices of a more politically active and wealthier class: the elderly. However, we must acknowledge that today's retirees have had exceptional good fortune. Generously paid throughout their working lives, and blessed with secure pensions and plentiful material possessions, they have never [10].

⑦ Today, this older generation is politically active, and keen to defend its interests. One clear indicator was the 2012 US election, when only 45 % of those under 25 voted, as opposed to 70 % of the elderly. In the name of fairness, however, we need to deprive the elderly of at least some of their wealth. This can be achieved most efficiently by direct taxation. The elderly use their political power to resist tax increases, but more taxes must be collected, for the benefit of wider society. One option is indirect taxation, for example incentives for the elderly to transfer wealth to their children. Another choice might be to eliminate tax exemptions for affluent older people. Both, though slow, might be sufficient. For without some tax reform, it is hard to see how indebted societies across the developed world will be able to invest in a sustainable future for their young people. [11]

⑧ These new taxes will fund much-needed government programs. Only governments can create jobs for the young on the scale required. New schools, new curricula and new job-training schemes would be a good start. Retraining schemes, such as training youth to care for the elderly, are not only badly needed for society, but might also help relieve the unemployment crisis. Governments should also encourage the young to work in agriculture, which has a rapidly aging labor force, or in IT and other specially-targeted industries. Nevertheless, direct job-creation programs, such as infrastructure projects, would be the single most effective strategy.

Answer the questions [1]—[11] as indicated.

1. Which of the following would best fill the gap at [1] in Paragraph ①?

1. Figuring on 2. Calculating for
3. Working out 4. Factoring in

2. Which of the following would best fill the gap at [2] in Paragraph ①?

1. seems grown up 2. seems to have grown
3. seems to have been 4. seems to be down

3. Which of the following best expresses the main idea of Paragraph ①?

1. The United States has a low youth unemployment rate, and the author believes it resembles that of other countries worldwide.
2. Many people believe that deciding how to measure youth unemployment is problematic, and this author emphasizes that problem.
3. Most statistics of youth unemployment are unreliable, but the author declares his own method of measurement is correct.
4. The author admits that statistical evidence of youth unemployment may be unreliable, but the scale of the problem is clear.

4. Which of the following would best fill the gap at [4] in Paragraph ② ?
   1. by which 2. for which
   3. that 4. why

5. Which of the following would best fill the gap at [5] in Paragraph ② ?
   1. affluent 2. aggressive
   3. charismatic 4. serious

6. Which of the following word combinations would best fill the gaps at [A] and [B] in Paragraph ③ ?

	[A]	[B]
1.	they	his / her
2.	we	one's
3.	you	our
4.	one	my

7. Which of the following would best fill the gap at [7] in Paragraph ④ ?
   1. barely 2. effectively 3. with 4. without

8. The five words below fill the gap at [8] in Paragraph ④. Which word must come **last (fifth)** in order for them to complete a grammatical sentence ?
   1. follow 2. know 3. than
   4. better 5. to

9. Which of the following best expresses the main idea of Paragraph ⑤ ?
   1. Young people should work in so-called markets, where jobs are readily available.
   2. Most governments are too negative towards youth unemployment, and are passing this policy on to future generations.
   3. The young who could not afford housing or transport have passed on negative attitudes about society to their children.
   4. By ignoring youth unemployment today, governments are making a mistake which will have serious consequences.

10. Which of the following would best fill the gap at [10] in Paragraph ⑥?
   1. been able to afford the luxuries they clearly deserved
   2. attempted to gain any form of political influence
   3. faced difficult circumstances like those faced by youth today
   4. had enough children of their own to pay their pensions

11. What is the author's main reason for discussing **indirect taxes** in Paragraph ⑦?
   1. He recognizes that direct taxes on wealthy elderly citizens must be enacted.
   2. He wishes to offer a speedy solution to the problem of youth unemployment.
   3. He recognizes that proposing new direct taxes is difficult for political reasons.
   4. He wishes to argue that older people should give more money to the poor.

全訳

≪若者の失業：だれの責任か？≫

① 何人の人々，特に何人の若者が失業しているかを計算するのは簡単ではない。しかし，数字の示すところによると，昨年先進諸国では，15歳から24歳までの若者2,600万人が職にも就いていないし，学校にも通っていなかった。さらに，そのような失業中の若者の数は，2007年から30%も増えたように思われる。状況は厳しい。アメリカでは若者の失業率はすでに18%に達しており，一方スペインでは今や50%である。発展途上国では，世界銀行の見積りによると，少なくとも2億6千万人の若者が同様の絶望的な立場にある。世界中では，職を持たない若者が3億人を超えているかもしれない。

② なぜこのことがそんなに問題なのだろうか。これらの数字を無視できない明確な理由がいくつかある。第一に，統計では若者が高校を卒業したあとに無職である場合，彼らはたいてい，より頻繁に失業期間を経験することになり，この先の人生でより低い賃金しか稼げなくなる。さらに悪いことに，彼らはうつ病やその他いろいろな病気になりやすく，あるいは犯罪行為に手を染めやすくなる。今日では，多くの30歳未満の人々がすでに希望を失いつつある。彼らはしばしば借金に苦しんでおり，親元で生活し，意義のある雇用のチャンスがほとんどない。自分の子どもがこの困難な状況に陥らないようにする余裕があるのは，裕福な親だけである。

③ 私たちがこの状況をどう処理するかは，一人一人の考え方による。教育を改善することが解決策だと言う人もいる。ふさわしくない技能を持って学校を卒業してしまう若者が多すぎる，と主張されている。彼らがもっと良い教育を受けたら，彼らのうちもっと多くの人間が仕事を見つけられるだろう。しかし，良い仕事を約束してくれるような学歴はほとんどない。良い成績を取り，情熱溢れる若者の多くが，たとえ非常に有能であったとしても，やはり仕事を見つけられないでいる。

④ そうではなく，私たちは若者に投資するよう，産業界に促すべきである。過去20年間にわたって，企業は新規採用者に対する教育計画を縮小してきた。これは，一部には国際化の結果である。つまり，海外のより安い労働者を雇って，技術や訓練ではなく安い労働力に効果的に投資することで，非常に簡単に利益を増やせるということに，多くの企業が気づいたのである。その上，競争が拡大しているために，多くの企業がこの先退職して競争相手の企業に入るかもしれない労働者に投資するのをやめてしまった。それでも，ほとんどの経営者は，このような近視眼的な方針に従うべきでないと直感的にわかるだけの分別がある。新しい社員を信頼することなしに，将来熟練した労働者を適切な人数見つけられる会社はほとんどないだろう。

⑤ しかし，若者の失業問題の解決を私企業の手に，つまり市場の力に任せておくだけでは，迅速で十分な救済を提供することはできない。というのは，めったに議論されることはないのだが，危険に面している若者は一世代以上にわたっているからである。現在失業している若者は，社会の完全な構成員であるようには感じていない。彼らは家も自動車も持つことができないし，家族を養うことができるとも思えないのである。したがって，彼らは社会に対してあまり信頼感を持っていない。

政府がこの状況に取り組まない限り，これらの疎外された若者たちは，この否定的な態度を次の世代に伝えていく恐れがある。

⑥ 政府は国民全員を保護する義務があるが，若者たちは未来を背負うのだから，一番大切に扱われるべきである。今のところ，若者のために断固として動いた政府はほとんどない。それどころか，政治家はもっと政治的に活発でより裕福な階層，つまり高齢者の声に耳を傾けている。しかし，私たちは，現在退職している人たちは例外的な幸運に出会ってきたということを知らねばならない。彼らは，就職してから退職するまでずっと気前よく給料をもらい，ゆるぎない年金と有り余るほどのものを所有できる恩恵を受けてきており，今日若者が直面しているような困難な環境に直面したことは一度もないのである。

⑦ 現在，この年配の世代が政治的に活発で，自分の利益を守ることに熱心である。2012 年のアメリカの選挙がそれを如実に示している。その時の高齢者の投票率が 70％であったのとは対照的に，25 歳未満の投票率は 45％しかなかったのだ。しかし，公平性の名において，私たちは高齢者たちから，彼らの富の少なくとも幾分かは奪う必要がある。これが最も効果的に達成できるのは，直接税によってである。高齢者たちは自らの政治力を利用して増税を阻止しているが，より広い社会の利益のためには，もっとたくさんの税金を集めなければならない。1 つの選択肢として，間接税がある。たとえば，高齢者による子どもへの財産譲渡に対する報奨金である。もう 1 つの選択肢は，裕福な高齢者に対する税の控除をなくすということかもしれない。どちらも，ゆっくりとではあるが，効果はあるだろう。というのは，何らかの税制改革がなければ，先進国全体にわたる借金を抱えた社会が，どうすれば若者のために持続可能な未来に投資できるかを知るのは難しいからである。

⑧ これらの新税は，非常に必要とされている政府計画に，資金を提供することになるだろう。必要とされている規模で若者に雇用を創り出すことができるのは，政府だけである。新しい学校や新しいカリキュラム，新しい職業訓練計画が，適切な出発点となるだろう。高齢者の介護をする若者の養成のような再訓練計画も，社会に必須なだけでなく，失業の危機を軽減するのにも役立つかもしれない。また，政府は，労働力の高齢化が急速に進んでいる農業や，あるいは IT 産業やその他の的を絞った産業で若者が働くよう促すべきである。それでもやはり，たとえばインフラ計画のような直接的な雇用創出計画が，最も有効な唯一の戦略であろう。

解説

1 「以下のうち，第①段の空所［1］を埋めるのに最も適切なものはどれか」

1．figure on ～ は「～を考慮に入れる」の意。on ではなく out なら正解。

2．calculate には「～を計算する」の意があるが，他動詞なので calculate for ～ という表現はない。

3．work out ～「～を計算する」

4．factor in ～「～を考慮に入れる」

この文は，「何人の人々，特に何人の若者が失業しているかを…するのは簡単ではない」の意なので，**3が最も適切**である。

2 「以下のうち，第①段の空所[2]を埋めるのに最も適切なものはどれか」

直前の文では失業中の若者が非常に多いことが述べられており，当該文は Moreover「さらに」と始まることから，失業者が増えているという話が続くと推測できる。by 30％の by は差異を表し，直前に一般動詞が入って「30％分だけ～している」の意になる。よって空所は「増えたように思われる」の意になる**2が最も適切**である。1は文法的に不可。3は be 動詞の補語が必要。4は「減った」の意になるので不適。

3 「以下のうち，第①段の主旨を最もよく表しているものはどれか」

1.「アメリカは若者の失業率が低く，筆者は，それが世界中の他の国々の失業率とよく似ていると信じている」

2.「多くの人々が，若者の失業率を計算する方法を決めることは問題があると信じており，この筆者はその問題を強調している」

3.「若者の失業に関する統計の大部分は当てにならないが，筆者は自分の測定方法は正しいと断言している」

4.「筆者は，若者の失業についての統計的証拠は当てにならないかもしれないと認めているが，問題の規模は明らかである」

第4文にアメリカの若者の失業率が18％であると述べられているが，これは深刻な例として挙げられている。また，スペインの若者の失業率は50％であり，これはアメリカよりさらに深刻な状況だと考えられるので，1は不適。2については，確かに第1文で失業率の計算は容易ではないと述べられているが，これはあくまでも導入であり，筆者もこの点に関してこれ以上言及していないので不適。3について，筆者は自分の測定方法を紹介していない。彼が使っている数字は世界銀行が調べたものであるので不適。筆者が第①段で言おうとしているのは，若者の失業率が高いことと，それが増えていることであり，それを問題視している。よって**4が最も適切**である。

4 「以下のうち，第②段の空所[4]を埋めるのに最も適切なものはどれか」

直前が reasons である点に注目。これに関係副詞 why が続くと「～だという理由」の意になる。2の for which も3の that（関係副詞である）も使えるが，使用頻度の最も高い**4の why が最も適している**。

5 「以下のうち，第②段の空所[5]を埋めるのに最も適切なものはどれか」

1.「裕福な」　　2.「攻撃的な」

3.「カリスマ性を持つ」　　4.「生まじめな」

空所を含む文の動詞が can afford となっている点に注意。can afford to *do* で「〜する（経済的・時間的・心理的）余裕がある」の意である。この動詞に対応する親とはどんな親かを考えると，**1が最も適切**であることがわかる。

6 「以下のうち，第③段の空所［A］と［B］を埋めるのに最も適切な組み合わせはどれか」

第④段第1文を見ると，we should encourage … となっている。第④段では，第③段に引き続き若者の失業問題の解決策について述べられているので，第③段の should の前の主語［A］も we であると考えられる。また，同段第2文は Some say that …「…と言う人もいる」で始まっており，他の見方もあることが示唆されているので，個人によって状況への対処の考え方は異なるという意になると推測できる。よって［B］は one's が適切であるから，**2が正解**。

7 「以下のうち，第④段の空所［7］を埋めるのに最も適切なものはどれか」

1．「かろうじて〜する」　2．「効果的に」
3．「〜があれば」　4．「〜することなしに」

直後が investing となっている点に注意。これは前にある employing とともに by の目的語になっていると考えられる。そうであれば［7］には invest を修飾する副詞が入ることになる。よって1か2だと考えられるが，意味を考えると**2が適切**である。

8 「以下の5語は第④段の空所［8］に入る。文法的に正しい文にするために，最後（5番目）にこなければならない語はどれか」

most managers がこの文の主語であるはずなので，空所には最初に動詞が入る。know と follow のどちらかだが，選択肢の語を見ると know better than to *do*「〜するほどばかではない，〜しないだけの分別がある」という成句が成り立つとわかる。よって**最後に入るのは1の follow** で，これならば直後の such short-sighted policies が目的語になる。

9 「以下のうち，第⑤段の主旨を最もよく表現しているものはどれか」

1．「若者はいわゆる市場で働くべきである。そこでは仕事がすぐに見つかる」
2．「ほとんどの政府が若者の失業に対してあまりにも消極的であり，この政策を未来の世代へと先送りにしている」
3．「家や移動手段を持つことのできない若者たちは，社会についての否定的な態度を自分の子どもたちに伝えてきた」
4．「今日の若者の失業を無視することで，政府は深刻な結果をもたらすであろう間違いを犯しつつある」

第⑤段の主旨は，若者が失業によって持つようになった不信感や絶望感が，次の世代にも伝わっていく恐れがあるということである。字句のみを見ると3が正解のように思われるが，現在完了になっているために「不信感や絶望感を伝えてきた」の意になるので不適。同段最終文の，（政府が）若者の失業問題に取り組まないとは，その問題を「無視する」ということであり，若者の否定的な態度が次世代に伝わるとは，「深刻な結果がもたらされる」ということなので，**4が第⑤段の主旨を表している**と言える。

10 「以下のうち，第⑥段の空所[10]を埋めるのに最も適切なものはどれか」

空所直前の they have never を含めて選択肢の意味を示す。

1.「明らかに自分に値するだけの贅沢品を手に入れる余裕はなかった」
2.「政治的影響力をどんな形であれ手に入れようと企てたことは一度もない」
3.「今日若者が直面しているような困難な環境に直面したことは一度もない」
4.「自分の年金を払ってくれる自分自身の子どもを十分に持たなかった」

同段最終文は，失業に苦しんでいる若者と比較して，既に退職した人たちは例外的な幸運を享受しているという直前文の内容を具体的に述べている箇所なので，高齢者たちは幸運であるという内容にする必要がある。よって**3が最も適切**。1・2は明らかに本文の記述とは逆の内容になっており，4については何も触れられていない。

11 「第⑦段で筆者が間接税を検討している主な理由は何か」

1.「彼は裕福な高齢者に直接税を課すことを法律化すべきだと認めている」
2.「彼は若者の失業問題に対する迅速な解決を提案することを望んでいる」
3.「彼は新しい直接税を提案することは，政治的な理由で難しいと認識している」
4.「彼は高齢者たちが貧困層にもっとお金を与えるべきであると主張したいと思っている」

同段第4文で，筆者は直接税が最も効果的だと述べた上で，高齢者たちが政治力でそれを阻止していることを次の文で指摘し，その後で間接税について言及している。この流れに**最も適しているのは3**である。

●語句・構文

(第①段) □ out of work「職がない」 □ desperate「絶望的な」 □ It is possible that ～「～ということが起こり得る，～かもしれない」

(第②段) □ depression「うつ病」 □ turn to ～「～（悪事など）に走る」 □ be burdened with ～「～（重荷・負担など）に苦しむ」 □ trap「逃れにくい困難な状況」

(第③段) □ address「～に取り組む，～を処理する」 □ qualification「資格」 □ enthusiasm「熱意」

(第④段) □ invest「投資する」 □ boost profits「利益を伸ばす」 □ discourage *A* from *doing*「*A* に～するのをやめさせる」 □ competitor「競争相手」 □ short-sighted「近視眼的な，先見の明のない」

（第⑤段） □ be at risk「危険に面している」 □ alienated「疎外された」

（第⑥段） □ count「～と見なされる」 □ on behalf of ～「～のために，～を代表して」 □ exceptional「例外的な」 □ blessed with ～「～に恵まれた」

（第⑦段） □ be keen to *do*「～したいと思っている」 □ as opposed to ～「～とは対照的に」 □ deprive *A* of *B*「*A* から *B* を奪う」 □ incentive「報奨金」 □ transfer *A* to *B*「*A* を *B* に移す」 □ exemption「免除」

（第⑧段） □ curricula は curriculum「カリキュラム」の複数形。 □ infrastructure「（産業や経済の）基盤となる施設，インフラ」

解答

1－3　2－2　3－4　4－4　5－1　6－2　7－2　8－1　9－4
10－3　11－3

45

2013年度 理工学部〔2〕

難易度	目標制限時間	25 分	目標ライン	（全17問中） 11 問正解
標準	かかった時間	分	自己採点結果	（全17問中） 問正解

次の英文を読み，設問に答えなさい。

We approach new perceptions by measuring them against our past experiences. This is a necessary process that makes it possible for us to get through life without regarding each (a)incoming perception as brand-new. It works very well when the world we encounter is behaving as the world has done in the past but leads us astray when the world is new. And right now, we are all learning to deal with a world that is changing much faster than our expectations can keep up with.

A man was walking by a construction site in a large, busy city, absentmindedly surveying the scene, when his eyes met a surprise: The person sitting way up in the cab of a huge derrick*, calmly making the crane grab mouthfuls of dirt, was a woman. He cheerfully called out to her, "Hey Mama, what's for supper?" It seemed to him a clever ((1)), and of course it was fleeting and not particularly well thought out, but in a wink he had reminded her that she was out of her place—which was in the kitchen.

If someone walks into a hospital and expects the doctors to be men and the nurses to be women—which means, by implication, that the women in white coats will be nurses and the men in white coats will be doctors—it will still be true most of the time. But it is not *always* true, and that is a problem for the women who are doctors and the men who are nurses and the patients who need to know ((2)). When our expectations are not met, we call it sexism—responding to old (b)patterns of gender that no longer apply, or no longer apply in all instances.

We are no less likely to respond to others according to expectations that we ourselves do not fit. I recall meeting a journalist years ago who had taken an interest in an article I had written about New York Jewish (c)conversational style—an article in which I had identified myself as a native speaker of that style. As I waited for him outside the appointed restaurant, I saw him approach (I knew who he was because I had heard him give a talk) and saw his eyes run unseeing over me, as he looked for Deborah Tannen. When I identified myself, he said he didn't expect me to be blond, since he was looking for a fellow Jew—and then he laughed, because of all the times he himself had been told he didn't look like what people expected, because he too is a ((3)) Jew.

What I am getting at is that there is no point in blaming those who expect the world to continue as it has been in the past, but we should not let anyone off the hook either—including ourselves. We must continually remind ourselves that the world is changing, and women and men no longer can be depended upon to stay in the narrowly prescribed roles we were consigned to in the past. But we must also be on guard for signs that such expectations are ((4)) in our way. One of the major ways that expectations impede us is in the strong associations we have of how women and men should speak and behave. With women entering situations that were previously all male, where established norms for behavior are based on the ways men behaved in those roles, expectations must give way—either expectations for how someone in that role should behave, or expectations of the women who move into those roles. Which will it be? Will women change their ways of talking to fit existing norms, or will they change the norms—(d)establish new expectations for the roles they come to fill?

(Adapted from Deborah Tannen, *Talking from 9 to 5*, 1994)

*derrick：起重機

［1］ 下線部(a)～(d)の語と第1アクセントの位置が同じ語を選択肢1～4の中から選び，マークシートの解答欄にマークしなさい。

(a) in-com-ing

1．con-tra-dict　　2．per-se-vere

3．rel-a-tive　　4．tre-men-dous

(b) pat-tern

1．ad-vice　　2．bal-ance　　3．ca-nal　　4．fa-tigue

(c) con-ver-sa-tion-al

1．in-stan-ta-ne-ous　　2．ad-min-is-tra-tive

3. gram-mat-i-cal-ly　4. re-frig-er-a-tor

(d) es-tab-lish

1. com-pre-hend　2. mul-ti-ply

3. per-cent-age　4. sol-u-ble

[2] 空所(1)～(4)に入る最も適切な表現を選択肢1～4の中から選び，それぞれマークシートの解答欄にマークしなさい。

(1) 1. humor　2. joke　3. nonsense　4. trick

(2) 1. which is that　2. which is where

3. which is which　4. which is why

(3) 1. blond　2. fellow　3. native　4. New York

(4) 1. blocking　2. coming　3. getting　4. heading

[3] 次の文は英文全体の構成を述べたものである。空所①～⑤に入る表現として最も適切なものを選択肢1～4の中から選び，マークシートの解答欄にマークしなさい。

The most important idea in the first paragraph as it relates to the remainder of the passage could be stated as follows : (①). In the second paragraph, the writer then offers a concrete (②) to illustrate this general point. In the third paragraph, a/an (③) is added which further supports the author's main idea. In the fourth paragraph, the writer deals with a possible (④), illustrating her point with an episode from her own life. The final paragraph, after restating the thesis and exploring some further possible ramifications that grow out of it, finally finishes with some (⑤).

① 1. Judging the present on the past can be misleading when the world is changing fast, as it is today

2. Judging the present on the past is a necessary life skill ; otherwise, people would have to regard every new perception as brand-new

3. Judging the present on the past works well when the world is not changing fast

4. Judging present perceptions against past perceptions is an inefficient way to view the world

② 1. argument　2. case-study

3. example　4. explanation

③ 1. anecdote　2. example from the author's life

3. hypothetical scenario　　4. true story

④ 1. dilemma　　2. exception

3. false assumption　　4. scenario

⑤ 1. obscure questions　　2. thought-provoking questions

3. unanswerable questions　　4. unrelated questions

［4］ 英文の内容に一致するものを次の1～9の中から4つ選び，マークシートの解答欄にマークしなさい。

1. Judging the present in terms of the past is never useful because it leads to stereotypes.
2. The man who walked by a construction site called out because he saw his mother.
3. Tannen does not believe the comment from the man who walked by a construction site was as smart as he thought it was.
4. Tannen acknowledges that most doctors are men and most nurses are women.
5. Tannen admits that we don't tend to fall for a stereotype that we ourselves break.
6. The Jewish man recognized the irony in his own stereotype about Jewish appearances.
7. Tannen does not believe we should take responsibility for the stereotypes we hold.
8. Tannen believes that women who enter traditionally male occupations must learn to speak in the same way that men have traditionally spoken in these roles.
9. Tannen is open to women changing the expectations and behavioral norms of the traditionally male occupations they enter.

全訳

≪女性の社会参加で変わる認識≫

私たちは過去の認識と照らし合わせて，新たな認識に対応する。これは必要なプロセスで，そのおかげで，私たちは次々に生じてくる認識を初めてのものと考えないで人生を過ごしていける。私たちの出会う世の中が，従来と同じように機能しているとき，それは非常にうまくいく。しかし世の中が新しくなると，私たちを戸惑わせる。そしてまさに今，予想がついていけないほど急速に変化しつつある世の中に，私たちはみな対処するようになりつつある。

ある男性がにぎやかな大都市の建設現場のそばを通りかかった。ぼんやりとあたりを見ていて，驚くべきものが目に入った。巨大な起重機の高いところにある運転席にすわって，クレーンを操縦して，土砂を1杯ずつ平然とつかみとらせているのは女性だった。彼は陽気に大きな声でこう呼びかけた。「ママ，今日の夕御飯は何？」 それは彼には気の利いた冗談のように思えた。そしてもちろん単なる思いつきだったし，とくによく考えたものではなかったが，その瞬間に彼は彼女に本来の居場所――つまり台所である――にいないことを気づかせたのだ。

もし誰かが病院に入って，医者は男性で看護師は女性，つまり，それとなく，白衣の女性は看護師で，白衣の男性は医者だと思ったとしても，たいていの場合は正しいだろう。しかし〈いつも〉正しいわけではないし，それは医者である女性と看護師である男性にとって，それにどっちがどっちなのかを知る必要のある患者にとっては問題だ。私たちの予想が違っていれば，それは性差別となる。つまり，もう当てはまらない，あるいはすべての事例にはもう当てはまらない，性の古い型に対する反応なのである。

私たちには，自分自身に合わない予想に従って他人に反応する可能性が言うまでもなくある。何年か前にあるジャーナリストと会ったことを思い出す。ニューヨークにいるユダヤ人の会話のスタイルについて私が書いた記事に，彼は関心をもったのだ。その記事では，私自身も生来その話し方をする人間（＝ユダヤ人）であると書いていた。約束のレストランの外で待っていると，彼が近づいてくるのが見え（彼の講演を聞いたことがあったので，彼のことは知っていたのだ），私ことデボラ=タネンを探しながら，その視線が私を素通りしたのがわかった。私が名乗ると，彼は自分と同じユダヤ人を探していたので，私が金髪だなんて予想しなかったと言い，それから笑った。彼自身いつも予想とは違う外見をしていると言われ続けていたからだ，というのも彼も金髪のユダヤ人だったのだ。

私が言いたいのは，世の中が従来通り続くと予想する人々を非難しても仕方がない，ということだ。しかし自分自身も含めて，誰にも責任逃れをさせるべきでもないのだ。私たちは世の中は変わりつつあることをいつも心に留めておかなければならない。過去に委ねられていた，狭く規定された役割を果たし続けることを，もはや男性にも女性にも期待することはできない。しかしまた，そういった予測が私たちの妨げになっている兆候に用心しなければならない。予測が私たちの妨げになる主要なものの一つは，男性と女性がどのように話しふるまうべきかについて，私たちがもっている強力な連想にある。以前はすべて男性のものであり，既定の行動規範がそういう役割での男性の行動の仕方に基づいているという場面に女性が入ってくるのだから，予測は変わらなければならない。その役割にいる人がどう行動すべきかに対する予測か，そういった役割にいる女性のする予測のどちらかが。どちらになるのだろう。女性は既存の規範に合うように話し方を変えるのだろうか。あるいは規範を変え，彼女らが果たすようになる役割に対して新たな予測を生み出すのだろうか。

解説

[1] (a)　in-com-ing は第１音節にアクセントがあり，3の rel-a-tive が正解。1と2はそれぞれ第３音節，4は第２音節にアクセントがある。

(b)　pat-tern は第１音節にアクセントがあり，2の bal-ance が正解。その他の単語は第２音節にアクセントがある。

(c)　con-ver-sa-tion-al は第３音節にアクセントがあり，1の in-stan-ta-ne-ous が正解。その他の単語は第２音節にアクセントがある。

(d)　es-tab-lish は第２音節にアクセントがあり，3の per-cent-age が正解。1は第３音節，2と4は第１音節にそれぞれアクセントがある。

[2] (1)　直前のセリフが，男性にとっては冗談のつもりなので，2が正解。日本語の「ユーモア」にあたる１の humor は不可算名詞。

(2)　which is which「どっちがどっち」

(3)　直前に he too とあり，さらにその前に彼も著者と同様に予想とは違う外見をしていると言われ続けていたとあるので，彼も金髪のユダヤ人であったことがわかる。よって1が正解。

(4)　get in *one's* way「邪魔をする，妨げになる」

[3]「本文全体との関連で，第１段で最も重要な考えは次のように言うことができる。（①）それから第２段で，著者はこの一般的な論点を説明する具体的な（②）を出している。第３段では，著者の主要な考えをさらに支える（③）が付け加えられている。第４段では，起こりうる（④）を扱い，著者自身の生活でのエピソードを用いて要点を説明している。最終段では，テーマを再び述べ，さらにそこから派生する結果に触れた後，最後に（⑤）をしている」

①　第１段第３文後半，第４文より1の「過去に基づいて現在を判断するのは，今日のように世の中が速く変化しているときには，誤りにつながりかねない」が最も適切。2.「過去に基づいて現在を判断するのは生きる上で必要な技能だ。そうでなければ，人々はすべての新しい認識を全く初めてのものとみなさなくてはならない」は第１段第１・２文と合致し，3.「過去に基づいて現在を判断するのは世の中が速く変化していないときにはうまくいく」は第３文前半と合致しているが，ここは全体から見て前提であり，主要な考えは第３文以降に書かれている。4.「過去の認識に不利になるように現在の認識を判断するのは世の中を見る非効率的な方法だ」は本文と何の関係もない。

②　建設現場で，ある男にとって意外なところで女性を見た例が示されているので3

の「例」が正解。

1.「議論」 2.「事例研究」 4.「説明」

③ 仮に病院に行ったとして，という話なので，**3の「仮定の筋書」が正解。**

1.「逸話」 2.「著者の生活からの例」 4.「本当の話」

④ 自分もステレオタイプから外れたユダヤ人なのに，相手が自分と同様にステレオタイプから外れているかもしれないという可能性に思い至らなかった，つまり，「ユダヤ人は～に決まっている」という思い込みの例なので，**3の「間違った思い込み」が正解。**

1.「ジレンマ」 2.「例外」 4.「シナリオ」

⑤ 最後は，さあどうするのですか，当然こちらでしょう，という問いかけをしているので，**2の「示唆に富む質問」が正解。**

1.「あいまいな質問」 3.「答えられない質問」 4.「無関係な質問」

[4] 1.「過去の観点から現在を判断するのは固定観念につながるので，決して役に立たない」

第1段第1・2文より，世の中が従来と同じであれば非常にうまくいくやりかただということがわかるので，never が間違い。よって不一致。

2.「建設現場のそばを通りかかった男性は自分の母親を見たので声をかけた」

第2段第2文の Mama は，運転席にいる知らない女性に冗談で呼びかけたもので，女性がその男性の母親だったわけではない。よって不一致。

3.「建設現場のそばを通りかかった男性の言葉を，本人が思っているほど気が利いているとタネンは思っていない」

第2段最終文に**一致する。**

4.「たいていの医者は男性で，たいていの看護師は女性だとタネンは認めている」

第3段第1文の最後の部分（it will still be true most of the time）で述べられている。よって**一致する。**

5.「自分たちが打ち壊している固定観念に私たちが騙されることはないとタネンは認めている」

第4段第1文およびこの段の金髪のユダヤ人である男性が，ユダヤ人は金髪ではない，つまり，タネンが金髪であるはずがないと思い込んでいたというエピソードから間違いだとわかる。よって不一致。

6.「そのユダヤ人の男性はユダヤ人の外見についての自分の固定観念の皮肉な結果を認めた」

第4段最終文参照。自分の外見（金髪）はユダヤ人らしくないと散々言われていながら，自分も同じような態度をタネンに対してとっていたことに気づいてその男性は笑ったのである。よって**一致する。**

7.「自分のもつ固定観念に責任をもつべきではないとタネンは思っている」

最終段第1文後半と矛盾する。よって不一致。

8.「伝統的に男性が占めてきた職業に就く女性は，男性がその役割で伝統的にしてきたのと同じ話し方をできるようにならなければいけない，とタネンは思っている」

最終段第5文以下の内容と矛盾する。話し方を変えるのか規範を変えるのかという2つの選択肢が示されている。よって不一致。

9.「伝統的に男性が占めてきた職業に女性が就けば，それまでの予測や行動規範を女性が変えてよいとタネンは思っている」

open to ～「～を快く受け入れる」 最終段第5文以下の内容と**一致する。**

●語句・構文

（第1段） □ measure「～を推測する」 □ incoming「入ってくる」 □ lead *A* astray「*A* を迷わせる」 □ keep up (with) ～「～に（遅れないで）ついていく」

（第2段） □ absentmindedly「ぼんやりとして」 □ way up「ずっと上に」 この way は副詞であり，副詞・前置詞句・接続詞を強めて「ずっと，はるかに」という意味。ここでは前置詞 up を修飾している。□ cab「（トラック・クレーンなどの）運転席」 □ call out「大声で叫ぶ」 □ fleeting「束の間の」

（第3段） □ by implication「それとなく，暗に」 □ meet「（要求・期待など）を満たす，かなえる」 ここでは受け身なので met「満たされる」という分詞の形で使われている。□ sexism「性差別（主義）」

（第4段） □ no less は形容詞を修飾して「同様に～である，もちろん～である」の意。 □ identify *A* as *B*「*A* を *B* であると認める，確認する」 □ appoint「指定する」 □ hear *A* *do*「*A* が～するのを聞く」 これは知覚動詞の表現である。すぐ後の saw も同様。

（最終段） □ get at ～「～をほのめかす，言おうとする」 □ let *A* off the hook「*A* を責任〔困難・危機〕から免れさせる」 □ depend upon *A* to *do*「*A* が～するのを当てにする」 □ prescribe「規定する」 □ consign *A* to *B*「*A* を *B* に委ねる」 □ (be) on guard「用心して」 □ impede「～を遅らせる，邪魔する」 □ established norm(s)「既存の行動規範」 □ give way「譲歩する，屈する」

解答

[1] (a)—3 (b)—2 (c)—1 (d)—3
[2] (1)—2 (2)—3 (3)—1 (4)—3
[3] ①—1 ②—3 ③—3 ④—3 ⑤—2
[4]—3・4・6・9

46

2012年度 商学部〔2〕

難易度	目標制限時間	15 分	目標ライン	(全10問中) 7	問正解
標 準	かかった時間	分	自己採点結果	(全10問中)	問正解

次の英文を読み，(1)〜(10)の設問について最も適切なものを選択肢1〜4から選び，その番号を解答用紙A（マークシート）の解答欄にマークしなさい。

While American cities are coordinating the green lights of traffic signals to improve automobile traffic flow, many European cities are (1)<u>doing the opposite</u> by creating environments openly hostile to cars. The methods vary, but the goal is clear: to make car use miserable enough to push drivers toward more environmentally friendly modes of transportation. Cities from Vienna to Copenhagen have closed large areas to car traffic. Barcelona and Paris have reduced car lanes. Drivers in London and Stockholm pay special charges just for entering the heart of the city. Many cities that welcome new shopping malls and apartment buildings severely limit the number of parking spaces. On-street parking is disappearing. Even former car capitals like Munich have become a walkers' paradise.

"In the US, there has been a tendency to adapt cities to accommodate driving," said Peder Jensen of the European Environment Agency. "In Europe, there has been more effort to make cities relatively free of cars." To that end, the Traffic Planning Department in Zurich has been working overtime to trouble drivers. Closely spaced red lights have been added on roads, causing delays for car commuters. Pedestrian bridges that once allowed traffic to flow freely across major intersections have been removed. Operators in the city's ever expanding *tram system can turn traffic signals in their favor as they approach, forcing cars to halt.

While some American cities—notably San Francisco, which has "pedestrianized" parts of Market Street—have made similar efforts, they are still the exception, where it has been difficult to get people to imagine a life where cars are not a priority. Europe's cities generally have stronger incentives to act. Built for the most part before the appearance of cars, their roads are poor at handling heavy traffic. Public transportation is generally better in Europe than the US, and driving costs are two to three times greater per kilometer. What is more, EU countries probably cannot meet a commitment under the Kyoto Protocol to reduce CO_2 emissions unless they limit driving. The United States never approved that treaty.

Globally, emissions from transportation continue a constant rise, with half coming from private cars. Yet an important impulse behind Europe's traffic reforms will be familiar to mayors in Los Angeles and Vienna alike : to make cities more inviting, with cleaner air and less traffic. Michael Kodransky, at the Institute for Transportation Policy in New York, said that previously, Europe was "on the same track as the United States, with more people wanting to own more cars." But in the past decade, there had been "a conscious shift in both thinking and policy."

After two decades of car ownership, Hans Von Matt, who works in the insurance industry, sold his vehicle and now gets around Zurich by tram or bicycle, using a car rental service for long trips outside the city. Carless households have increased in the last decade, and car owners use their vehicles less, city statistics show. "There were big fights over whether to close this road or not—but now that it is closed, people have become used to it," Von Matt said, standing next to his bicycle on a riverside pedestrian zone lined with cafes that used to be two lanes of congestion.

With politicians and most citizens behind them, Zurich's planners continue their (2)<u>traffic-taming quest</u>, shortening green lights and lengthening reds, with the goal that pedestrians wait no more than 20 seconds to cross. "We would never coordinate green lights for cars with our philosophy," said Pio Marzolini, a city official. "When I'm in New York, I feel like I'm always waiting to cross a street. I can't get used to the idea that I am worth less than a car."

[Adapted from an article by Elisabeth Rosenthal in *The New York Times*, 2011]

注）*tram：路面電車

(1) What does the phrase (1)"doing the opposite" mean in the context of the passage? The answer is that European cities [ ].

1 are not environmentally friendly
2 are not trying to assist car drivers
3 do not accept American automobiles
4 do not restrict automobiles

(2) According to the passage, what does the term (2)"traffic-taming quest" suggest? The answer is: [ ].

1 Red traffic signals for cars are becoming shorter
2 The use of private cars is being restricted
3 Pedestrians are waiting longer to cross the road
4 Driving convenience is being sought

(3) According to the passage, what do Los Angeles and Vienna have in common? The answer is: [ ].

1 Both cities seek to make driving more enjoyable
2 Both cities are trying to increase car ownership
3 Neither city has a deep-rooted car culture
4 Neither city wants an unappealing environment

(4) According to the passage, what is a major difference between US and European cities? The answer is: [ ].

1 There is significantly more traffic congestion in the US than the EU
2 Operating costs for automobiles are much higher in the US than in the EU
3 Unlike Europe, there is increasing interest in public transportation in the US
4 Unlike US cities, European cities were not built with the automobile in mind

(5) What is **NOT** mentioned in the passage as an example of restrictive measures being taken in European cities? The answer is: [ ].

1 Pedestrian overpass bridges are being taken down
2 The number of parking spaces is increasing at shopping malls
3 There are longer wait periods for cars at traffic signals

4 Roads are being closed to discourage people from driving

(6) What is Pio Marzolini likely to feel when he is in New York? The answer is: [ ].

1 New York traffic lights are coordinated for pedestrians
2 New York pedestrians are not as valued as automobiles
3 New York has no philosophy about improving the flow of car traffic
4 New York pedestrians wait no more than 20 seconds at traffic lights

(7) According to the passage, how do residents of Zurich like Hans Von Matt NOT get around the city? The answer is that they [ ].

1 ride a bicycle 2 take the tram 3 rent a car 4 walk

(8) The author would likely agree with the following statements EXCEPT: [ ].

1 In many EU cities, commuting by bicycle is a growing trend
2 Government agencies are shaping urban driving patterns
3 Public transportation in European cities is being reduced
4 Many Americans cannot imagine life without a car

(9) What implication can be drawn from the passage? The answer is: [ ].

1 Bicycle riders and pedestrians pay less taxes than car owners
2 Business expansion is restricted by anti-car policies
3 Traffic increases on roads that are built for cars
4 More and more people are living in city centers

(10) What would be the most appropriate title for the passage? The answer is: [ ].

1 Europe Makes Driving Inconvenient
2 The US Coordinates Traffic Control
3 The EU Expands Its Bicycle Program
4 Zurich Goes Against The EU Trend

全訳

≪ヨーロッパは車の運転を不便にしている≫

アメリカの都市は，自動車の交通の流れをよくするために，青信号を調整しているが，多くのヨーロッパの都市は，明らかに車に敵対した環境を創り出すことで，それとは反対のことを行っている。方法はさまざまであるがその目的は明確である。すなわち，もっと環境に優しい交通手段を使おうとドライバーに思わせるほど，車を使いづらくさせることである。ウィーンからコペンハーゲンまでさまざまな都市は，広い地域を車両通行止めにしてきた。バルセロナやパリでは，車線を減らした。ロンドンやストックホルムのドライバーは街の中心部に入るだけで特別料金を支払っている。新しいショッピングモールや集合住宅の建設を歓迎している多くの都市が，駐車場の数を厳しく制限している。路上駐車は消えつつある。ミュンヘンのようなかつての自動車産業の中心地でさえ，歩行者の楽園となっている。

「アメリカではこれまで車の運転に街を合わせてきた傾向があります。ヨーロッパでは，比較的車がない街にする取り組みがなされてきました」と欧州環境庁のペダー=ジェンセンは言っている。その目的を達成するために，チューリッヒの交通企画局が，ドライバーを困らせるために残業してきた。道路上は赤信号が多くなるようにして，自動車通勤者を遅れさせている。かつては大きな交差点で車の往来をスムーズにしてくれていた歩道橋は撤去された。絶えず拡大し続ける市営の路面電車の運転手は，信号に近づくと，都合のいいように信号を変え，車を停止させることができる。

一部のアメリカの都市——特に，マーケットストリートには歩行者専用区域があるサンフランシスコ——では，同じような取り組みがなされてきたが，そういった都市はやはり例外的なものであり，人々に車が最優先ではない生活を想像してもらうことは難しい。全体的に，ヨーロッパの都市にはアメリカの都市よりも行動を起こさせる強い誘因がある。ヨーロッパの都市の道路は，その大半が，車が登場する以前に作られているので，車が多く往来するのには向いていない。公共交通機関はアメリカよりヨーロッパの方が全体的に優れているし，1キロ当たりの車を運転するコストは，アメリカより2～3倍高くなってしまう。さらに，車の使用を制限しない限り，ヨーロッパ諸国は，二酸化炭素の排出量を減らすという京都議定書の取り決めを遵守できないであろう。アメリカは決してこの議定書に賛同することはなかった。

全世界的に，輸送機関からの二酸化炭素排出は相変わらず増加が続いており，その半分は個人の車から排出されている。しかし，ロサンジェルス市長にとってもウィーン市長にとっても同様に，ヨーロッパの交通改革の背後にある重要な原動力はなじみ深いものになるだろう，つまりそれは，きれいな空気と少ない交通量で，街をより魅力的なものにすることである。かつて，ヨーロッパも「今より多くの人が自分の車を所有したいと思っており，アメリカと同じ道」を歩んでいたとニューヨークの運輸政策機構のマイケル=コドランスキーは言っている。しかし，ここ10年で，「考え方と政策の両方において意識的な変化」が起こった。

保険業界で働くハンス=フォン=マットは20年間車を所有した後，自分の車を売り払い，今では路面電車と自転車でチューリッヒ市内を移動し，市外への長距離の移動はレンタカーを利用している。市の統計によると，車を持たない家庭は過去10年で増加し，車を持っている人たちも，車を使う機会が少なくなっている。カフェが並ぶかつては2車線の混雑地帯であった川沿いの歩行者専用区域に止めた自転車の隣に立って，「この道路を閉鎖するかしないかについては激しい論争がありました。しかし，今は閉鎖され，人々ももう慣れました」とフォン=マットは言う。

政治家や大半の市民の後ろ盾を得て，チューリッヒ交通企画課は歩行者が横断するのにわずか20秒しか待たなくてよいという目標を掲げ，青信号を短く，赤信号を長くして，交通管理の努力を続けている。市の職員であるピオ=マルソリーニは次のように言っている。「私どもの考えでは，車のために青信号を調整するということは決してありません。ニューヨークにいると，通りを横断するのにいつも待ってばかりいるような気がします。自分が車よりも価値が低いという考えにはなじめません」

解説

⑴ 「『それとは反対のことを行っている』とは本文の文脈でどういったことを意味するのか。答え：ヨーロッパの都市は（　　　）こと」

1.「環境に優しくない」
2.「車のドライバーを助けようとしていない」
3.「アメリカの自動車を受け入れない」
4.「自動車を制限していない」

下線部を含む部分は，「多くのヨーロッパの都市は，明らかに車に敵対した環境を創り出すことで，それとは反対のことを行っている」という意味。前方の対比を表す while 以下の従属節で，アメリカの都市が自動車の流れをよくするために青信号を調整していると述べられているので，「それとは反対のこと」とは自動車に配慮していないということだとわかる。よって，**2が正解**。

⑵ 「本文によると『交通管理の努力』という用語は何を示唆しているか。答え：（　　　）」

1.「車両用の赤信号は短くなりつつある」
2.「個人の車の使用が制限されつつある」
3.「歩行者は道路を横断するためにより長く待つようになっている」
4.「運転上の便宜が求められている」

下線部直後の分詞構文 shortening 以下では，歩行者の信号での待ち時間を20秒にするという目標を掲げ，青信号を短く，赤信号を長くしていると書かれているので，チューリッヒ交通企画課が，歩行者を重視し，車の交通を規制しようとしていることがわかる。したがって，**2 が最も適切**。

(3) 「本文によると，ロサンジェルスとウィーンの共通点は何か。答え：(　　　)」

1.「どちらの都市も運転をより楽しいものにしようとしている」
2.「どちらの都市も車の所有率を上げようとしている」
3.「どちらの都市も車文化は深く根付いていない」
4.「どちらの都市も魅力のない環境を望んでいない」

共通点は，第４段第２文で述べられている。両都市の市長がよく知るようになる「ヨーロッパの交通改革の背後にある重要な原動力」は「きれいな空気と少ない交通量で，街をより魅力的なものにすること」だとコロン以下でわかる。よって，**4 が正解**。

(4) 「本文によると，アメリカとヨーロッパの都市の大きな違いは何か。答え：(　　　)」

1.「アメリカではヨーロッパより交通渋滞が格段に多い」
2.「自動車を運転することにかかるコストはアメリカの方がヨーロッパよりもはるかに高い」
3.「ヨーロッパと違い，アメリカでは公共交通機関への関心が高まりつつある」
4.「アメリカの都市と違い，ヨーロッパの都市は自動車を考慮した街づくりは行われなかった」

第２段第１・２文より **4 が正解**。

(5) 「ヨーロッパの都市で行われている抑制策の例として本文で言及されていないものは何か。答え：(　　　)」

1.「歩道橋が取り壊されている」
2.「ショッピングモールの駐車場の数が増えている」
3.「車が信号で待つ時間が長くなっている」
4.「人々が車を運転する気にならないよう道路を通行止めにしている」

第１段第６文で，新しいショッピングモールの建設を歓迎している都市が，駐車場の数を厳しく制限しているという内容が述べられているので，**2 が正解**。１は第２段第５文の内容に，３は第２段第４文および最終文の内容に，４は第１段第２・３文の内容に一致。

(6) 「ピオ=マルソリーニはニューヨークにいるとき，どのように感じている可能性が高いか。答え：(　　　)」

1.「ニューヨークの信号は歩行者のために調整されている」
2.「ニューヨークの歩行者は自動車ほど尊重されていない」
3.「ニューヨークは車の流れの改善に関する考えを持ち合わせていない」

4.「ニューヨークの歩行者は信号で20秒しか待たない」

最終段最終文で，ニューヨークではいつも道路を横断するのを待ってばかりいる気がするが，自分が車よりも価値が低いという考えを受け入れることはできないという主旨の発言をしている。これは〈待たされる＝車の方が優先されている〉ということなので，**2が正解**。

(7)「本文によると，ハンス=フォン=マットのようなチューリッヒ在住の人々は市内を移動する際，どのような手段を用いないか。答え：彼らは（　　　）こと」

第5段第1文で，市内は路面電車と自転車を使い，市外への長距離の移動はレンタカーを利用しているとある。徒歩という手段については書かれていないが，レンタカーは市外への移動手段なので，**3「車を借りる」が正解**。

(8)「筆者は（　　　）を除いて以下の記述に同意するだろう」

1.「多くのEU諸国の都市では，自転車通勤が増えている傾向にある」

2.「行政機関は都市における自動車の運転パターンを調整している」

3.「ヨーロッパの都市の公共交通機関は減少している」

4.「多くのアメリカ人は車のない生活を想像できない」

本文全体を通して，ヨーロッパ諸国では，車を使用しづらくして，ドライバーが環境に優しい交通手段を使おうと思えるような対策を紹介しているので，**3が正解**。1は第5段第2文およびヨーロッパの各都市が車を使用しづらくする政策を紹介している点を考慮すると，筆者の考えに一致。2は第2段および最終段の内容に一致。4は第3段第1文に一致。

(9)「本文からどのようなことが推測できるか。答え：（　　　）」

1.「自転車に乗る人と歩行者は自動車所有者よりも払う税金が少ない」

2.「アンチ自動車政策により，ビジネスの発展が制限される」

3.「車専用の道路では交通量が増加する」

4.「都心部に住む人の数が増えつつある」

車線を減らしたり，道路上は赤信号が多くなるようにして自動車通勤者の進行を妨げたり，歩道橋を撤去したり，電車の運転手は信号を変えて車を停止させることができるなどの取り組みが紹介されている。これらはすべて車の進行を妨げているので，道路には車があふれることになる。車を使うとひどい渋滞に巻き込まれるという環境をつくり，その結果，車の使用を控えさせようとしていることがわかる。したがって，**3が正解**。

(10)「本文に最も適当な題名は何か。答え：（　　　）」

1.「ヨーロッパは車の運転を不便なものにしている」

2.「アメリカは交通規制を調整している」

3.「EUは自転車政策を拡大している」

4.「チューリッヒはEUの動向に従っていない」

本文全体を通して，車を使用する際の環境を悪くし，車の使用を控えさせようとするヨーロッパ諸国の取り組みについて述べられているので，**1が最も適切**。

●語句・構文

（第1段） □coordinate「〜を調整する」 □miserable「みじめな，ひどい」

（第2段） □accommodate「〜に便宜を図る」 □to that end「そのために」 □pedestrian bridge「歩道橋」 □halt「止まる」

（第3段） □notably「特に」 □incentive「動機，誘因」 □commitment「公約，取り決め」 □the Kyoto Protocol「京都議定書（気候変動枠組条約京都議定書）」 □treaty「条約」

（第5段） □insurance「保険」 □congestion「混雑」

解答

(1)―2 (2)―2 (3)―4 (4)―4 (5)―2 (6)―2 (7)―3 (8)―3 (9)―3 (10)―1

47

2011年度 法学部 〔3〕

難易度	目標制限時間	15 分	目標ライン	（全16問中） 10 問正解
標 準	かかった時間	分	自己採点結果	（全16問中） 問正解

Read the passage below and answer the questions that follow.

A new study suggests that Englishmen aboard the Titanic were less likely to survive than their American counterparts because of their good manners. They may have (11)implored crew members to give lifeboat places to "women and children first" and (12)queued for a place while others made saving their own lives a [(1)], it is believed.

English people were seven percent less likely to survive the 1912 disaster than others on board, according to the study. By contrast, Americans were 8.5 percent more likely to survive than the [(2)]. Yet there was practically no difference in the survival rate among the two countries' women, indicating that English gentlemen (13)gallantly sacrificed themselves.

English passengers were only 0.3 percent less likely to survive — and Americans only 0.4 percent more likely — when men were removed from the [(3)], Australian researchers found. The study's results showed that among other factors, "cultural [(4)] matters" in a life-and-death situation. Irish passengers were five percent and Swedish two percent more likely to survive than the average, they found.

The study also examined whether social values such as "women and children first" survive in [(5)] such as the Titanic disaster, or whether people (14)revert to "every man for himself" and seek to save themselves. The ship struck an iceberg during its [(6)] voyage of April 14, 1912 and sank shortly after. There were only 1,178 lifeboat spaces to go around the 2,223 people on board. Only 706 survived the disaster, with 1,517 perishing in the icy Atlantic.

The study found that women were 52 percent more likely to survive compared to the average, while children aged 15 and below were 32 percent more likely to live through the experience than people aged 51 or more. Women aged between 15 and 35—prime child-bearing age—were even more likely to survive the [(7)]. The researchers said the findings supported the theory that people will act on a "[(8)] instinct" (15)<u>to preserve</u> their species by protecting mothers and young children.

They also discovered that the better a passenger's class of accommodation, the more likely they were to survive. "Being in first class as opposed to third class increases the probability of surviving by around 40 percentage [(9)]," the authors wrote. Six of the seven children in first class and all of the children in second class were saved, while only a third were saved in third class. Almost every first-class woman survived, compared with 86 percent of those in second class and less than half in third class. The researchers (16)<u>attribute this</u> to passengers with more expensive tickets being given "[(10)] treatment" and "better access to information about imminent danger, and to persons in authority".

［A］ Considering that each word can only be used once, choose the word that can best be used to fill each space [(1)]—[(10)], and mark the appropriate number (0—9) on your answer sheet.

0．background　　1．crises　　2．equation
3．maiden　　4．norm　　5．points
6．preferential　　7．priority　　8．reproductive
9．tragedy

［B］ In the text, there are six underlined expressions (11)—(16). In each case, decide which of the four options is closest in meaning and mark the appropriate number (1—4) on your answer sheet.

(11) <u>to implore</u>
1．to inquire　　2．to persist
3．to plead　　4．to require

(12) <u>to queue</u>
1．to line in　　2．to line out
3．to line up　　4．to line down

(13) gallantly

1. meekly
2. bravely
3. selfishly
4. extravagantly

(14) to revert

1. to reform
2. to revisit
3. to restore
4. to return

(15) to preserve

1. to refrain
2. to retain
3. to restrain
4. to regain

(16) attribute this

1. put this down
2. put this back
3. put this up
4. put this over

全訳

≪タイタニック号沈没事故における生存率の比較≫

新たな研究の示唆するところでは，タイタニック号に乗船していたイギリス人男性は，礼儀正しかったがゆえに，同乗のアメリカ人男性より生存率が低かったようだ。他の人たちが自分の命を救うことを優先したのに対し，彼らは乗組員に救命ボートの席を「まず女性と子供」に譲るよう願い出て，自分たちは乗るための列に並んだのではないかと考えられている。

その研究によると，イギリス人は 1912 年の大惨事では乗船していた他の人たちより 7 パーセント生存率が低かった。逆に，アメリカ人は平均より 8.5 パーセント生存率が高かった。もっとも，両国の女性の生存率にほとんど差はなく，そのことから，イギリスの紳士が勇敢にも自らを犠牲にしたことがわかる。

計算式から男性を除くと，イギリス人の乗客の生存率はわずか 0.3 パーセント低いだけで，アメリカ人の生存率はほんの 0.4 パーセント高いだけだったことを，オーストラリアの研究者たちがつきとめた。その研究結果から，生死を分ける状況では，他の要因の中でもとりわけ「文化的背景が重要」ということがわかった。アイルランド人の乗客は 5 パーセント，スウェーデン人の乗客は 2 パーセント，平均より生存率が高いことがわかったからである。

その研究では，「まず女性と子供」というような社会的価値観が，タイタニック号の大惨事のような危機的状況でも存続するのか，それとも人は「自分の身は自分で守る」という考え方に立ち戻り，自分は助かろうとするのかという点も調査した。その客船は 1912 年 4 月 14 日の処女航海中に氷山にぶつかり，その後ほどなく沈没した。乗船していた 2,223 人に行き渡るべき救命ボートのスペースは 1,178 人分しかなかった。大惨事で生き残ったのはわずか706人であり，1,517人が氷のように冷たい大西洋で命を落としたのだ。

その研究によると，女性は平均値と比較して，52パーセント生存率が高く，その一方で，15歳以下の子供は，その惨事をくぐり抜けて生き延びた確率が，51歳以上の人たちより32パーセント高かったことがわかった。15歳から35歳で，出産年齢のピークの女性は，その悲惨な事故を生き延びた率がさらに高かった。研究者たちは，その研究結果は，人は母親と幼い子供を守ることで種を保存するという「生殖本能」に従って行動するという理論を裏づけるものだと述べている。

研究者たちはさらに，乗船客の船室の等級が高いほど生存率が高いことも発見した。「3等船室とは対照的に，1等船室にいることで生存率が約40パーセントは高くなる」とその研究をまとめた人たちは記している。1等船室の7人の子供たちのうち6人と，2等船室にいた子供たち全員が救助されたが，一方，3等船室では救助されたのはわずか3分の1だけだった。1等船室の女性はほぼ全員が生き残ったが，これに対して2等船室にいた女性で生き残ったのは86パーセント，3等船室では半分以下だった。研究者たちは，これはより高価な乗船券を持っていた乗客は「優遇措置」が受けられ，「迫りくる危険に関する情報を得やすく，陣頭指揮をとる側の人たちに接触しやすい」立場にあったせいだとしている。

解 説

[A] 空所(1)～(10)に入れる語を0～9から選ぶ問題。

0.「背景」 1.「危機」 2.「方程式」 3.「処女（の），初めての」
4.「平均，基準」 5.「点」 6.「優遇の，優先の」 7.「優先（事項）」
8.「生殖の」 9.「悲劇，惨事」

(1) 空所の前にある made は make O C「OをCにする」という第5文型となっている。目的語である saving their own lives「自分の命を救うこと」に対する補語としては**7の priority「優先事項」が文脈上適切**。while をはさむ形で「～だが，一方では…」のような対照の形になっているのを見逃さないこと。

(2) 大惨事における生存率を比較している箇所であり，アメリカ人は何と比較して8.5パーセント生存率が高かったと述べているかを考えると，**4の norm「平均，基準」が適切**。

(3) 第2段でイギリス人とアメリカ人では生存率に大きな差が出ているが，ここではほとんど差がないように述べている。男性を何から除けば生存率にほとんど差がないと述べているのかを考えると，生存率を計算する際に，計算式から男性を除いた場合という意味と考えられ，**2の equation「(計算のための) 式」が適切**。

(4) 第1段では，タイタニック号事故でイギリス人男性の生存率が低かったのは，彼らが女性と子供の救助を優先させ，救助を待つ列に並ぶなど，紳士的な行動をとったためと述べられている。生存率を左右する要因として重要なのは，こうした行動を正しいものとする cultural background「文化的背景」と考えられるので，0 の background が正解。

(5) 「まず女性と子供」という社会的価値観が存続するかどうかを，どういう場において検証したのかを考える。研究対象となっているタイタニック号事故から判断して，1 の crises「危機」（crisis の複数形）が正解。空所直後に例示を表す such as ～が続いていることもヒント。

(6) タイタニック号が沈没したのはどういう航海においてであったかを考えると，選択肢の中では maiden voyage の形で「初めての航海，処女航海」という意味になる 3 の maiden が正解。

(7) 本文では大惨事における生存率を比較しており，survive「～を切り抜けて生きる」の目的語としては 9 の tragedy「悲劇，惨事」が適切。

(8) この直後に instinct「本能」を修飾する形で「母親と幼い子供を守ることで種を保存する」という内容が述べられており，どういう本能かを考えると，8 の reproductive「生殖の」が正解。

(9) percent と同じ意味になる表現と考えられるので，percentage points で「百分率」という意味になる 5 の points が正解。

(10) 高額の乗船券を購入した乗船客はどんな扱いを受けられるかを考えると，preferential treatment で「優遇措置」という意味になる 6 の preferential が正解。

[B] 下線部(11)～(16)と意味的に最も近い語句を選ぶ問題。

(11) to implore の implore は「嘆願する，請う」という意味であり，plead「嘆願する」が意味的に近いので，3 が正解。どちらも to *do* を伴って，implore *A* to *do*/plead with *A* to *do* の形で「～するよう *A*（人）に（必死で）嘆願する」の意味になる。to *do* を伴う形は require にもあるが，その場合，そうすることが規則で決まっているなどして当然であるというニュアンスになり，イギリス人男性が自ら進んで女性と子供にボートを譲るという文脈には合わない。

1.「～を尋ねる」 2.「言い張る，持続する」 4.「～を要求する」

(12) to queue の queue は「列に並ぶ」という意味であり，line up「整列する，列に並ぶ」が意味的に近いので，3 が正解。どちらも for をつけて，「～を求めて，～のために並ぶ」の意となる。その他の選択肢は，「並ぶ」という意味の line の後に in や out や down が続く用法はないので不適。

(13) gallantly「勇敢に」に近い意味をもつのは 2 の bravely であり，これが正解。たとえ未知の単語だとしても，他の選択肢 1.「おとなしく，従順に」，3.「身勝手に」，4．「ぜいたくに」では文脈に合わないことから，正解を絞ることができる。

⒁ to revert の revert は「立ち戻る」という意味であり，**4 の to return の return「戻る」が意味的に近い。**語源的にも，re は back，vert は turn の意である。

1．「改善する」 2．「再訪する」 3．「復元する」

⒂ to preserve の preserve は「～を保存する」という意味であり，**2 の to retain の retain「～を保持する」がほぼ同じ意味をもつ。**

1．「控える」 3．「抑える」 4．「取り戻す，回復する」

⒃ この attribute は attribute *A* to *B*「*A* を *B* にくっつけて考える，*A* は *B* が原因だと考える」という意味であり，put *A* down to *B* にも「*A* を *B* のせいにする」という意味があるので，**1 が正解。**

2．「これを戻す」 3．「これを掲示する」 4．「これを～の上に置く，これを延期する」

●語句・構文

(第1段) □ survive「～を切り抜けて生きる」 □ counterpart「同じ立場の人，よく似たものの片われ」

(第2段) □ be less likely to *do*「～する可能性が高くない」 □ on board「乗船して」 □ by contrast「それに反して」 □ practically「事実上，ほとんど」

(第3段) □ matter「重要である」は，形式主語 it とともに，主に疑問・否定の形で用いられるが，ここでは「(主語が) 重要である」の形をとっている。 □ life-and-death「生死に関わる」

(第4段) □ every man for himself「自分の身は自分で守らなければならない状態，我先に」は，さらに続けて and the devil take the hindmost をつけたものが省略のない諺となり，「各々自分の利益を守り，最後の者は悪魔に食わせろ」つまり，自分のことしか頭にない利己的な態度や，それほど切羽つまった状況の意で用いられる。 □ iceberg「氷山」 □ go around ～「～に行き渡る」 □ perish「死ぬ」

(第5段) □ prime「最高の」 □ child-bearing「出産」 □ act on ～「～に基づいて行動する」

(最終段) □ accommodation「宿泊施設（ここでは船室を指す)」 □ as opposed to ～「～とは対照的に」 □ compared with ～「～に比べて」 □ imminent「差し迫った」 □ in authority「権限のある」

解答

[A] ⑴－7 ⑵－4 ⑶－2 ⑷－0 ⑸－1 ⑹－3 ⑺－9 ⑻－8 ⑼－5 ⑽－6

[B] ⑾－3 ⑿－3 ⒀－2 ⒁－4 ⒂－2 ⒃－1

48

2010年度 薬学部〔2〕

難易度	目標制限時間	20 分	目標ライン	(全14問中) 9 問正解
標 準	かかった時間	分	自己採点結果	(全14問中) 問正解

次の英文を読み，下の問に答えなさい。

In the 1950s, an American psychologist named Solomon Asch did a series of experiments that tested people's tendency to be intimidated into conforming. The subject entered a room where there were nine chairs in a semi-circle, and was seated next from the end. Eight other people arrived one by one and occupied the other chairs. Unknown to the subject, they were all (1)accomplices of the experimenter. Asch then showed the group two cards in turn. On the first was a single line; on the second there were three lines of different length. Each person was then asked which of the three lines was the same length as the line they had first seen. This was not a difficult test; the answer was obvious, because the lines were two inches different in length.

But the subject's turn to answer came eighth, after seven others had already given their opinion. And to the subject's astonishment the seven others not only chose a different line, but all agreed on which line. The evidence of his senses conflicted with the shared opinions of seven other people. (2)Which to trust? On twelve out of eighteen occasions the subject chose to follow the crowd and name the wrong line. Asked afterwards if they had been influenced by others' answers, most subjects said no! (3)They not only conformed, they genuinely changed their beliefs.

This clue was picked up by David Hirshleifer, Sushil Bikhchandani and Ivo Welch, who are mathematical economists. (4)They take conformity as read and try to understand why it happens. Why do people follow the local fashion in time and place? Why are skirt lengths, fashionable restaurants, crop varieties, pop singers, news stories, food fashions, exercise fads, runs on banks, psychiatric excuses and all the rest so tyrannically similar at any one time and in any one place? Prozac, satanic child abuse, aerobics, Power Rangers—whence these crazes? Why does the primary-election system of the United States work entirely on the proposition that people will vote for whoever seems to be winning, as judged by the tiny state of New Hampshire? Why are people such (5)<u>sheep</u>?

There are at least (6)<u>five explanations</u> that have been proposed over the years, none of which is very convincing. First, those who do not follow the fashion are punished in some way—which is simply not true. Second, there is an immediate reward for following the fashion, as there is for driving on the correct side of the road. Again, usually false. Third, people simply irrationally prefer to do what others do, as herrings prefer to stay in the shoal. Well, perhaps, but this does not answer the question. Fourth, everybody comes independently to the same conclusion, or fifth, the first people to decide tell the others what to think. None of these explanations begins to make sense for most conformity.

In place of these hypotheses, Hirshleifer and his colleagues propose what they call an informational cascade. Each person who takes a decision—what skirt length to buy, what film to go and see, for instance—can take into account two different sources of information. One is their own independent judgment; the second is what other people have chosen. If others are unanimous in their choice, then the person may ignore his or her own opinion in favor of the herd's. This is not a weak or foolish thing to do. After all, (7)<u>other people's [①] [②] [③] [④] [⑤] [⑥] [⑦]</u>. Why trust your own fallible reasoning powers when you can take the temperature of thousands of people's views? A million customers cannot be wrong about a movie, however crummy the plot sounds.

Moreover, there are some things, such as clothes fashion, where the definition of the right choice is itself the choice that others are making. In choosing a dress, a woman does not just ask, 'Is it nice?' She also asks, 'Is it trendy?' There is an intriguing parallel to our faddishness among certain animals. In the sage grouse, a bird of the American high plains, the males gather in large flocks called leks to compete for the chance to inseminate the females. They dance and strut, bouncing their inflatable chests about with abandon. One or two males, usually the ones holding court near the center of the lek, are by far the most successful. Ten percent of the males can perform ninety percent of the matings. One of the reasons this is so is that the females are great copiers of each other. A male is attractive to females merely because he has other females already surrounding him, as (8)experiments with dummy females easily demonstrate. This faddishness on the part of the females means that the choice of male can be rather arbitrary, but it is none the less vital that they follow the fashion. Any female that breaks ranks and picks a lonely male will, in all probability, have sons who inherit their father's inability to attract a crowd of females. Therefore, popularity in the mating game is its own reward.

問1 (1)accomplices とほぼ同じ意味の語は次のどれか。解答は解答欄にマークしなさい。

1．associates　2．companies　3．leaders
4．students　5．subjects

問2 (2)Which の指す語句の最も適切な組み合わせは次のどれか。解答は解答欄にマークしなさい。

1．shared opinions — seven other people
2．the line the subject chose — different lines
3．his senses — twelve out of eighteen subjects
4．the evidence of his senses — shared opinions
5．the line the subject chose — the line seven others chose

問3 (3)They not only conformed, they genuinely changed their beliefs. と最も意味の近い文は次のどれか。解答は解答欄にマークしなさい。

1．They changed their beliefs because they sincerely agreed.
2．They thought so originally, and were not influenced by other opinions.
3．They didn't change their beliefs because they were affected by other opinions.
4．They changed their beliefs only because they were forced to do so by other people.
5．They changed their beliefs not only because they were affected by other opinions, but because they sincerely agreed.

問4 (4)They take conformity as read の意味は次のどれか。解答は解答欄にマークしなさい。

1．彼らは快適に読みとおした
2．彼らはその時々の流行に従った
3．彼らは書かれているとおりに従った
4．彼らはそれを周囲への同調と受けとった
5．彼らはそこから形式化というものを読み取った

問５ (5)sheep の意味は次のどれか。解答は解答欄にマークしなさい。

1．a crazy person
2．an obedient person
3．an unthinking person
4．a farm animal with thick wool
5．a person deceiving other people

問６ (6)five explanations について，first から fifth までの説明を要約した表現として，それぞれに最もふさわしいものは次のどれか。解答は first は〈１〉，second は〈２〉，third は〈３〉，fourth は〈４〉，fifth は〈５〉の解答欄にそれぞれマークしなさい。

1．benefit
2．coincidence
3．crime
4．following initiative-takers
5．leader
6．negative reinforcement
7．school

問７ 下線部(7)の①～⑦に以下の選択肢の語を入れて意味の通る文にしたとき，①，②，⑦に入る語の番号を答えなさい。解答は解答欄にマークしなさい。

1．a
2．behavior
3．information
4．is
5．of
6．source
7．useful

other people's [①][②][③][④][⑤][⑥][⑦].

問８ (8)experiments は具体的にどんな状況を示すことになるか。次から選びなさい。解答は解答欄にマークしなさい。

1．females crowd around dummy females in order to attract a male
2．flocking females are more attractive to males than dummy females
3．a male surrounded by dummy females is unattractive to other females
4．females will flock together around a male who is surrounded by dummy females
5．dummy females surrounding a male prevent other females from approaching him

全訳

≪人はなぜ周囲の人に従うのか≫

1950年代，ソロモン=アッシュという名のアメリカ人の心理学者が，人々の，おじけづいて周りに順応してしまう傾向を試す一連の実験を行った。被験者は半円形に配置された9脚の椅子がある部屋に入り，端から2番目に座らされる。他の8人は1人ずつ入ってきて，他の椅子に座る。この被験者には知らされていないのだが，彼ら全員が実験者の協力者である。そこでアッシュは2枚のカードを順番にそのグループに見せる。1枚目のカードには1本の線が引いてあり，2枚目には長さが異なる3本の線が引いてある。そして，それぞれの人が3本の線の中で，最初に見た線と同じ長さのものはどれか尋ねられる。これは難しいテストではない。答えは明らかである。というのも，それらの線は長さが2インチずつ異なっているからだ。

しかし，被験者の答える順番は8番目で，他の7人がもうすでに答えを出した後なのである。そして被験者が驚いたことに，他の7人は間違った線を選ぶだけでなく，全員が同じ間違った線を答えるのだ。彼の感覚の根拠となるものは，他の7人が共有している意見と矛盾している。どちらを信じるべきなのだろうか。18回の実験中12回において，被験者は他の人に従って選び，間違った線を答えた。後で，他の人の答えに影響を受けたかどうかを尋ねられると，大半の被験者は受けていないと答えている。彼らは他に意見を合わせただけではなく，心から自分の意見を変えたのである。

この（研究の）糸口は，デービッド=ハーシュライファー，スシル=ビフチャンダニ，アイボ=ウェルチという数理経済学者によって取り上げられた。彼らはそれを周囲への同調とみなし，なぜこういうことが起こるのかを理解しようとした。なぜ人々は，その時その場の限られた流れに従うのだろうか。なぜスカートの長さ，おしゃれなレストラン，農作物の種類，ポップ歌手，ニュースの情報，食べ物の流行，運動の流行，銀行の取り付け騒ぎ，精神医学の口実や他のすべてのことが，どんな時，どんな場でも徹底的に同じようなものになってしまうのだろうか。プロザック，凶悪な児童虐待，エアロビクス，パワーレンジャーズ，この流行はどこからくるのだろうか？　なぜ合衆国の予備選挙制度は，ニューハンプシャーという小さな州でそうなるだろうと判断されたように，人は当選しそうだと思う人に投票するという説にもっぱら基づいて行われるのだろうか。なぜ人々はこれほどまでに他人のまねをするのだろうか。

何年間にもわたって提案されてきた説明は少なくとも5つあるが，そのうちのどれもが大して説得力のあるものではない。第1は，流行に従わない人は何らかの方法で罰せられるというものだが，これはまったく真実ではない。第2に，道路の正しい側を運転することのように，流行に従うとすぐに良いことがあるというものだが，これも普通は間違っている。第3に，ニシンが群れの中にいるのを好むように，まったく不合理ながら人々は他人がしていることをしたがるというものである。おそらくそうかもしれないが，これは質問の答えになっていない。第4に，誰もが独自に同じ結論に至るというもの，また第5に，最初に決定を下す人が他の人にどのように考えるかを指示するというものである。これらのどの説明も，大半の人が行動を同じくすることに対して筋が通ったものになりそうにもない。

こういった仮説に代わり，ハーシュライファーとその同僚たちは情報カスケード（滝）と彼らが呼ぶものを提案した。例えば，どの長さのスカートを買うか，どの映画を観に行くかということを決定するそれぞれの人は，2つの異なる情報源を考慮に入れることができる。ひとつは自分独自の判断であり，もうひとつは他の人々が選んだものである。もし他の人たちの選択が全員一致していれば，その集団の意見を受け入れ，自分自身の意見を無視するかもしれない。これは意志が弱く愚かだからしてしまうことではない。なぜならば，他人の行動は役に立つ情報源だからである。何千もの人の見解の強さを受け取ることができるというのに，自分の誤りがちな類推力を信じるだろうか。ある映画の筋がどれほどくだらなく思えても，百万人もの多くの観客が間違えるはずがないのである。

さらに，服装の流行のように，正しい選択の定義それ自体が，他人が行っている選択であるということもいくつかある。ドレスを選ぶときに，女性は「これって素敵？」と尋ねるだけではない。彼女は「これって流行ってる？」とも尋ねるのである。ある動物の中には，私たちの流行を追いたがる性質と類似する興味深い性質がある。アメリカの高原にいる鳥のキジオライチョウは，オスがメスと交尾する機会を争うためにレック（集団求愛場）と呼ばれる大きな群れへと集まる。オスたちは踊ったり，威張って歩いたり，膨らませることができる胸を思い切りはずませる。普通，レックの中心の近くで人気を集めている1羽か2羽のオスが，群を抜いて一番うまくやっている。交配の90パーセントは10パーセントのオスによって行われる。このようなことになる理由のひとつは，メスは互いに大いにまねをし合っているからである。1羽のオスが複数のメスにとって魅力的になるのは，そのオスがもうすでに他のメスたちに自分を囲ませているからであり，それは模造のメスを使った実験で容易に証明されている。メスが有する，流行を追いたがるこの性質は，オスの選択がかなり気まぐれなものになりうるということを意味しているが，それでもやはり流行に従うことはきわめて重要なことなのである。流行に逆らって独りでいるオスを選んだメスは，ほぼ確実に，メスの集団を惹きつけることができない父親の無能さを引き継ぐ息子を産むことになる。それゆえ，つがい競争での人気というのは，それ自体がほうびなのである。

解説

問1 accompliceは「協力者，共犯者」という意味。**1の「協力者」が正解**。なお，2は「仲間，友達」，5はここでは「被験者」という意味。

問2 下線部(2)を含む第2段第4文は「どちらを信じるべきだろうか」という意味。ここでのwhichは疑問詞で，前文のThe evidence of his senses「彼の感覚の根拠となるもの」とthe shared opinions of seven other people「他の7人が共有している意見」を指している。

問3 下線部(3)は「彼らは意見を合わせただけではなく，心から自分の意見を変えたのである」という意味。not only ～ but also … で「～だけでなく…」という意味。ここでは but also がカンマで代用されている。選択肢の意味は次のとおり。

1.「彼らは心から同意したので自分の信念を変えた」
2.「彼らは独自に考え，他人の意見に影響を受けなかった」
3.「彼らは他人の意見に影響を受けたので，自分の信念を変えなかった」
4.「彼らは他人から信念を変えるように強いられたので信念を変えた」
5.「彼らは他人に影響を受けたからだけではなく，心から同意したので自分の信念を変えた」

最も近い意味なのは5である。

問4 take *A* as read で「*A* を当然のこととして受け入れる」という意味。この read は「解釈する」の過去分詞で，「解釈されたものとして」という意味。つまりこの文は「conformity という見解を当然の解釈として受け入れた」という意味にとれる。この問題は文脈から推測しなければならない問題であろう。

問5 直前の such「それほどまで」に着目したい。この語は，第3段第4文以降で列挙されている，人々が他の人に追従するさまざまな例を受けている。よって，ここでの sheep は「ヒツジ」という意味ではなく「やたらと他の人に追従する人」のことを表しているのだと推測できる。**2の「忠実に従う人々」が正解**である。

問6 この five explanations「5つの説明」とは，「なぜ人は他人のまねをするのか」という疑問に対する説明で，後続の文以降で述べられている。それぞれの内容は，1つ目が「流行に従わない人は何らかの方法で罰せられるから」，2つ目が「流行に従うとすぐに良いことがあるから」，3つ目が「まったく不合理ながら人々は他人がしていることをしたがるから」，4つ目が「誰もが独自に同じ結論に至るから」，5つ目が「最初に決定する人が他の人にどのように考えるかを指示するから」である。選択肢の意味は次のとおり。

1.「利益」
2.「偶然の一致」
3.「犯罪」
4.「主導権をとる人に従うこと」
5.「先導者」
6.「消極的な（心理的）強化」
7.「群れ」

3つ目は，「ニシンが群れの中にいるのを好むように」と書かれていることから，**7の「群れ」が正解**。主導権をもつ特定の誰かの影響力にはふれられていないので

4は不可。

5つ目は，4と5で迷うだろうが，「最初に決定する人が他の人を従わせる」に**一番近いのは，4の「主導権をとる人に従う」**である。

問7 整序した文は，other people's behavior is a useful source of information. となる。

other people's という所有格の後ろには名詞が続く。冠詞の a の後に母音で始まり，不可算名詞である information を続けることはできない。be 動詞の is が述語動詞になるので SVC という第2文型になる。a source of ～ で「～の源」という意味になる。以上の点に注意して，文脈に合う英文をつくる。

問8 選択肢の意味は次のとおり。

1.「メスたちがオスを惹きつけるために模造のメスの周りに集まる」
2.「群れをなしているメスは，模造のメスよりもオスにとっては魅力的である」
3.「模造のメスに囲まれたオスは他のメスたちにとって魅力的でない」
4.「メスたちは，模造のメスに囲まれたオスの周りに集まるだろう」
5.「オスを囲んでいる模造のメスたちのせいで，他のメスはそのオスに近づくことができない」

下線部(8)を含む文に「1羽のオスが複数のメスにとって魅力的になるのは，そのオスがもうすでに他のメスたちに自分を囲ませているから」とあり，それを証明するために，模造のメスにオスを囲ませて他のメスが集まるかどうかを調べる実験をしたと考えられる。よって，**最も適切な状況は4**。

●語句・構文

（第1段） □ be intimidated into ～「脅しに屈して～する，怯えて～する結果になる」 □ subject「被験者」

（第2段） □ to *one's* astonishment「～が驚いたことに」 □ conflict with ～「～と衝突する，～と対立する」 □ Asked afterwards … others' answers は分詞構文で，When they were asked afterwards … others' answers と考える。

（第3段） □ tyrannically「専制的に，有無を言わせぬやり方で」 □ whence「どこから（＝from where）」 □ primary-election「予備選挙」 □ as judged by ～「～によって判断されたように」 as と judged の間に it was を補う。

（第4段） □ simply not ～「とうてい～ない」 □ None … begin to *do*「～する端緒にすらつかない」 *cf.* not begin to *do*「全然～できそうにない」

（第5段） □ hypotheses「仮説」 □ cascade「（階段状に連続した）滝」 □ unanimous「全員一致の，口をそろえて」 □ in favor of ～「～に賛成して，～に好意的で」 □ fallible「誤りを犯しがちな，当てにならない」

（最終段） □ not just ～「単に～なだけではない」 □ intriguing「興味をかき立てる，面白い」 □ parallel「類似したもの，匹敵するもの」 □ inseminate「受精させる，交尾する」 □ strut「気取って歩く」 □ with abandon「思い切り」 □ hold court「注目を浴びる，ちやほやされる」 □ arbitrary「恣意的な，気まぐれの，独断的な」 □ none the less「それにもかかわらず，やはり」 □ break ranks「結束を乱す，仲間と意見を異にする」

解答

問1 1　問2 4　問3 5　問4 4　問5 2
問6 〈1〉—6 〈2〉—1 〈3〉—7 〈4〉—2 〈5〉—4
問7 ①—2 ②—4 ⑦—3
問8 4

49

2009年度 医学部〔3〕

難易度	目標制限時間	20 分	目標ライン	（全13問中） 9 問正解
標 準	かかった時間	分	自己採点結果	（全13問中） 問正解

＊単語によっては問題の最後の［NOTES］に注がついているものがあります。必要な場合には参考にしてください。

次の文章は日本で働くアメリカ人女性の書いたものである。英文を読んで設問に答えなさい。

Though modest in size, the store was jam-packed with all the usual stuff, like paper, tape, glue and pens, as well as things I did not recognize like the *shitajiki* sheets of stiff plastic used to put under notebook pages in order to write on a firm surface—not only was I unfamiliar with the item itself, I was also unaware of the need it addressed. Next to the *shitajiki* were yo-yos, recognizable yet a bit surreal in the surroundings. But ... no staplers that I could spot anywhere.

So I did the normal thing in the circumstances, turning to the uniformed clerk who was fiddling with boxes of paperclips to my left and inquiring in Japanese where I might find a "hotchkiss." The clerk looked alarmed and uncomprehending, so (1)I gave it another go, accentuating very clearly with the result that "hotchkiss" ended up sounding like something faintly titillating* that surely no one would seek in a stationer's. Stifling a giggle and waving her hand in a universal "no, no, definitely no!" gesture, the clerk escaped from me, right out the door of the store and into the post office across the way. At which point I at last comprehended the fact that she didn't work in the store at all. A young male employee with no uniform and an attitude of (2)polite indifference that was most welcome was suddenly on my right pointing to the stapler section. I grabbed one, paid, and made my own getaway with burning cheeks.

Oh, the embarrassment! And of course, (3)this was but one early episode in what would become for the next few years a series of mortifying* incidents caused by cultural cluelessness, as is the case for many who venture into territories not wholly familiar. Even slight differences can lead to misapprehensions, or perhaps it is indeed the minor disparities that are most easily overlooked, producing momentary confusion and a rather less fleeting* discomfiture*.

What exactly this discomfiture is and how we cope with it may vary depending on culture. Communication researchers Todd Imahori and William Cupach examined how Americans and Japanese cope with embarrassing predicaments. First they asked respondents to describe a situation in which they had committed a social faux pas* resulting in feelings of awkwardness, embarrassment, loss of face, or shame. They then classified these situations as 1) accidents, like ([A]); 2) mistakes, like ([B]); 3) inept performances, like ([C]); and 4) rule violations, like ([D]).

The researchers further categorized the experiences based on whether the situation took place among "in-group" people, such as ([E]); or "out-group" people, for example, ([F]); or a mixture of both types of relationships. On top of this, the way each respondent dealt with the social scrape was slotted as ([G]). Finally, the ensuing emotions were sorted as ([H]).

Imahori and Cupach found that Japanese respondents were more likely to describe predicaments involving mistakes. Americans, on the other hand, more frequently reported accidents and rule violations. Moreover, the Japanese recounted more in-group situations as opposed to the out-group experiences detailed by the Americans. In addition, the Japanese used remediation* much more often than the Americans who for their part were more apt to use humor as a coping strategy. As far as emotions go, the Japanese tended to feel ashamed, guilty, uncertain, regretful or shocked more than the Americans, who felt embarrassed or stupid.

If I apply Imahori and Cupach's classifications, my hotchkiss fiasco* was a mistake among out-group spectators, and feeling absolutely and positively stupid and embarrassed I fled the scene, which the researchers note is an extreme form of avoidance. Of course, (4)each predicament has its own particular constraints. Apology was not possible because the woman, perhaps similarly ill at ease and self-conscious at having to handle the case of mistaken identity on the part of a non-Japanese, had already vacated the premises immediately. Humor, quite obviously, was well beyond my linguistic means.

出典追記：Cultural Conundrums / Cultural awkwardness cuts both ways. The Daily Yomiuri on April 1, 2008 by Kate Elwood

設問

1　下線部(1)を和訳しなさい。

2　下線部(2)はどのような行為を意味するのか，25字以内の日本語で書きなさい。

3　下線部(3)を和訳しなさい。

4　本文中の［A］―［H］に入れるのにふさわしい英語を次の中から選び，その記号を解答欄に記入しなさい。ただし，同じ記号を複数回使用してはならない。

(あ) apology, account, humor, remediation and avoidance
(い) awkward, embarrassed, stupid, ashamed, guilty, uncertain, scared, regretful, shocked and impatient
(う) being overheard insulting someone
(え) doing less well than expected
(お) family, friends, classmates or coworkers
(か) passing acquaintances or strangers
(き) tripping
(く) walking into the wrong room

5　下線部(4)は著者の場合にもあてはまる。著者の hotchkiss fiasco では，どんな constraints がいかなる理由で生じたか，2つの例についてそれぞれ25字以内の日本語で述べなさい。

［NOTES］

discomfiture / *noun* [U]
discomfit: *verb* (literary) to make somebody feel confused or embarrassed

faux pas / *noun*
(from French) an action or a remark that causes embarrassment because it is not socially correct

fiasco / *noun*
something that does not succeed, often in a way that causes embarrassment; SYNONYM disaster

fleeting / *adjective*
[usually before noun] lasting only a short time; SYNONYM brief

mortifying / *adjective*
mortify / *verb* [usually passive] to make somebody feel very ashamed or

embarrassed ; SYNONYM humiliate

remediation / *noun*

［mass noun］ the action of remedying something

titillating / *adjective*

titillate / *verb* (often disapproving) to interest or excite somebody, especially in a sexual way

(Adapted from *Oxford Advanced Learner's Dictionary* 6th ed. & *Oxford Dictionary of English* & *The New Oxford American Dictionary* 2nd ed.)

［出典］

Kate Elwood, 'Cultural awkwardness cuts both ways', *The Daily Yomiuri*, April 1, 2008, p. 20.

全訳

≪戸惑うような状況に対する対処法の違い≫

その店はそれほど大きくはなかったが，紙，テープ，糊，ペンなどのごくありふれたものだけでなく，堅い面で書くためにノートのページの下に置いて使われる堅いプラスチック板の「下敷き」のような，私にはわからないものもいっぱいあった。私はその品物そのものも知らなかったが，それがどのようなニーズに対応するのかもわからなかった。「下敷き」の横にはヨーヨーがあり，それはわかったが，その状況では少し現実離れしていた。しかし，ホッチキスはどこにも見当たらなかった。

私はこういう状況では普通のことをやった。つまり，私の左側で紙クリップの箱をいじくっている制服を着た店員のほうを向き，どこで「ホッチキス」を見つけることができるかを日本語で尋ねた。店員は驚き，わけがわからないように見えた。それで，(1)私は非常にはっきりとアクセントをつけてもう一度言ってみた。その結果，「ホッチキス」は，文房具店できっと誰も求めないであろう，やや刺激的なもののように聞こえたのであった。笑いを抑え，どこでも使われる「いや，いや，絶対に違う」というジェスチャーで手を振りながら，店員は私から離れ，店の入り口から向かい側の郵便局へと逃れた。そのときになってやっと私は，彼女がその店で働いていないという事実を理解した。制服を身につけておらず，とてもありがたい思いやりのある無関心さをもちあわせた若い男性店員が突然私の右側に現れ，ホッチキス売り場を指さした。私は一つをつかみとり，代金を支払い，頬を真っ赤にして，自らも逃げ去った。

何という決まり悪さだろう。もちろん，(3)これは，その後数年間にわたって，文化的無知による一連の恥ずかしい出来事になるものの初期の一つのエピソードにすぎなかったが，こういうことは，あまりよく知らない土地に思い切って行く多くの人々によく起こることである。ほんの少しの違いでさえ誤解につながることがあり，またおそらく，最も容易に見落とされ，一瞬の混乱とかなり継続的な当惑を生じさせるのは，実際には些細な相違であろう。

この当惑が正確には何であるか，またどのようにそれに対処するかは文化によって異なるであろう。コミュニケーションの研究者であるトッド=イマホリとウィリアム=キューパックは，戸惑うような状況に，アメリカ人と日本人がどのように対処するかを調べた。まず，回答者に求めたのは，気まずさや決まり悪さを感じたり，面目をなくしたり，恥ずかしいと思ったりする結果になった社会的な失敗を犯した場面を説明することであった。その後，これらの状況を次のように分類した。1）つまずくなどの事故，2）間違った部屋へ入るなどの間違い，3）思っていたほどうまくやれないなどの不器用な行動，4）誰かを侮辱しているのを他人に聞かれるなどのルール違反。

研究者たちは，その状況が家族や友人や級友や同僚といった「内集団」の人々の間で起こったのか，一時の知人や見知らぬ人のような「外集団」の人々の間で起こったのか，あるいは両タイプの関係が混ざって起こったのかによって回答者の経験をさらに分類した。これに加えて，それぞれの回答者の社会的苦境への対処法は，謝罪，弁明，ユーモア，改善，回避として分類された。最後に，次いで起こる感情は，ぎこちない，決まり悪い，愚かである，恥ずかしい，やましい，不確かである，怖がっている，後悔している，ショックを受けている，イライラしているなどに分類された。

イマホリとキューパックは，日本人回答者のほうが間違いを含む窮地を説明する可能性が高いことに気づいた。他方，アメリカ人のほうは事故とルール違反を報告することが多かった。さらに，アメリカ人が「外集団」の経験を詳しく述べるのに対して，日本人は「内集団」の状況を説明することのほうが多かった。加えて，日本人は，自分に関するかぎり，対処方法としてユーモアを用いる傾向のより強いアメリカ人よりもはるかに頻繁に改善を用いた。感情に関するかぎり，日本人は，戸惑ったり，愚かだと感じたりするアメリカ人より，恥ずかしい，やましい，不確かである，後悔している，ショックを受けていると感じる傾向がより強かった。

イマホリとキューパックの分類を当てはめるならば，私のホッチキスでの失敗は「外集団」の人々の間の間違いであった。そして，私は間違いなく愚かに感じ戸惑いを覚え，その場を去ったのであるが，それは回避の極端な形であると研究者は指摘する。もちろん，それぞれの窮地にはそれぞれ特有の制約がある。謝罪は不可能であった。というのも，外国人から人違いされ，それに対処しなければならないことが，おそらく同様に落ち着かず照れくさかったであろうその女性が，すぐにその場を去っていたからである。ユーモアについては，私の言語能力をはるかに超えていたことはまったく明白であった。

解 説

1　give it another go「もう一度それをやってみる」 accentuate「～にアクセントをおく，～を強調する」 with the result that …は「…という結果をもって」が直訳だが，「その結果…」と左から右へ訳し下すのがよい。end up *doing*「最終的に～する」 sound like ～「～のように聞こえる，～のように思われる」 something faintly titillating that surely …において，faintly titillating は something を修飾し，that 以下は something を先行詞とする関係代名詞節。stationer's（= stationer's shop）「文房具店」

2　polite indifference は「思いやりのある無関心」が直訳。著者の失敗に対して，男性店員が気づいていないふりをしてくれたことを指している。

3　but「～にすぎない」 what would become（for the next few years）a series of ～と考える。what は関係代名詞。mortifying incidents「恥ずかしい出来事」 cluelessness「無知」 as is the case for ～「これは～にはよくあることだ」 venture into ～「思い切って～に行く」 territories（which are）not wholly familiar と考える。territory「土地」 not wholly ～「完全に～というわけではな

い」は部分否定の表現。

4 ［A］ accident「事故」の状況なので，(き)「つまずくこと」が正解。

［B］ mistake「間違い」の状況なので，(く)「間違った部屋へ入ること」が正解。

［C］ inept performance「不器用な行動」の状況なので，(え)「思っていたほどうまくやれないこと」が正解。

［D］ rule violation「ルール違反」の状況なので，(う)「誰かを侮辱しているのを他人に聞かれること」が正解。

［E］ "in-group" people「『内集団』の人々」の例なので，(お)「家族や友人や級友や同僚」が正解。

［F］ "out-group" people「『外集団』の人々」の例なので，(か)「一時の知人や見知らぬ人」が正解。

［G］ the way each respondent dealt with the social scrape「それぞれの回答者の社会的窮地の処理法」の分類例なので，(あ)「謝罪，弁明，ユーモア，改善，回避」が正解。

［H］ the ensuing emotion「次いで起こる感情」の分類例なので，(い)「ぎこちない，決まり悪い，愚かである，恥ずかしい，やましい，不確かである，怖がっている，後悔している，ショックを受けている，イライラしている」が正解。

5 著者の経験した hotchkiss fiasco「ホッチキスでの失敗」における，constraints「制約」とその理由を２例述べることが求められている。１つ目は下線部に続く最終段第３文に述べられている。「謝罪ができなかった」という制約に対して，「女性がすぐにその場を去っていたから」という理由が述べられている。２つ目は最終段最終文に述べられている。「ユーモアで対処できなかった」という制約に対して，「私の言語能力を超えていたから」という理由が述べられている。

●語句・構文

（第１段） □ Though (the store was) modest in size と考える。 □ be jam-packed with ～「～でいっぱいである」 □ not only was I unfamiliar with the item itself, (but) I was also …と考える。not only のあとは倒置になっている。 □ be unfamiliar with ～「～をよく知らない」 □ be unaware of ～「～を知らない」 □ Next to the *shitajiki* were yo-yos における主語は yo-yos である。倒置になっていることに注意。

（第２段） □ fiddle with ～「～をいじくる」 □ look alarmed and uncomprehending「驚き，理解していないように見える」 □ stifle a giggle「笑いを抑える」 □ right out the door of the store の right は強調語。 □ At which point「そのときに」 □ I grabbed one の one は a stapler のことである。 □ make *one's* getaway「逃走する」

（第3段）□lead to ～「～につながる」□misapprehension「誤解」□it is indeed the minor disparities that are most easily overlooked は強調構文。□disparity「相違」

（第4段）□cope with ～「～に対処する」□vary depending on ～「～によって異なる」□predicament「窮地」□result in ～「結果として～になる」□classify *A* as *B*「*A* を *B* として分類する」□inept「不器用な，不適当な」□violation「違反」

（第5段）□based on whether ～「～かどうかに基づいて」□on top of ～「～に加えて（≒in addition to ～，besides ～）」top に the をつけると「～の上に」の意となるので注意。□scrape「窮地」□be slotted as ～「～としてはめ込まれる」□be sorted as ～「～として分類される」

（第6段）□recount「詳しく述べる」□as opposed to ～「～に対して」□in addition「加えて」□for *one's* part「～としては」□be apt to *do*「～する傾向がある」□as far as *A* go「*A* に関するかぎり」

（最終段）□which the researchers note is an extreme form of avoidance　この部分は関係詞の次に関係節とは別のＳＶが入り込んだ構造。which is an extreme form of avoidance という文の which と is の間に，the researchers note が挿入されていると考えるとよい。□ill at ease「不安で，落ち着かない」□vacate the premises「現場を去る」□beyond *one's* linguistic means「言語能力を超えて」

解答

1　私は非常にはっきりとアクセントをつけてもう一度言ってみた。その結果，「ホッチキス」は，文房具店できっと誰も求めないであろう，やや刺激的なもののように聞こえたのであった。

2　失敗した著者のために，見て見ぬふりをすること。(23字)

3　これは，その後数年間にわたって，文化的無知による一連の恥ずかしい出来事になるものの初期の一つのエピソードにすぎなかったが，こういうことは，あまりよく知らない土地に思い切って行く多くの人々によく起こることである。

4　[A]―(き)　[B]―(く)　[C]―(え)　[D]―(う)　[E]―(お)　[F]―(か)　[G]―(あ)　[H]―(い)

5　①女性がすぐに現場を去ったので謝罪できなかったこと。(25字)
②日本語力不足のためユーモアで対処できなかったこと。(25字)

第 5 章　超長文読解

第5章　超長文読解　傾向と対策

ⅰ．記述式総合　薬・文

記述式総合は**文学部**で例年出題されている。2010年度までと2014～2023年度は2000語前後の超長文の大問1題という出題だった。2011～2013年度は大問が2題になり，1題あたりの語数は減ったが，それでも1題で1000語を超えるものも出題された。記述の割合が非常に高く，英文和訳，内容説明，指示内容，筆者の考えについての説明といった**読解力を純粋に試す設問**が目立つ。特に，英文和訳の中には直訳では意味が通らないものも含まれており，**英文の内容を正確に把握する英語力，思考力，高度な国語力が求められている**といえよう。したがって，普段から実際に書く訓練を行っておくことが大切になる。英文の語彙レベルは高いものの，英語辞書2冊の使用が許可されているので，限られた試験時間の中で辞書を効率的に使用することができるよう，日頃から辞書を使った学習を心がけておくとよい。

薬学部では2011・2012・2016～2020年度に出題されている。英文のテーマは生物や医療に関するものが多く，語彙レベルも高い。自然科学系の英文に数多く触れ，知識を増やしておくとよい。2021～2023年度は1題で1000語以上の英文は出題されてはいないが，700～900語の読解総合は毎年出題されているので，ひきつづき超長文を読む訓練を続けておくとよいだろう。

ⅱ．マーク式総合　SFC

総合政策学部・環境情報学部では，2015年度までは超長文読解問題2題という形式で，設問は英文の空所補充と内容に関する問題（内容真偽や段落・英文全体の主題など）の2本立てであった。しかし，2016～2023年度は，超長文読解1題と長文読解（500語以上）2題の計3題の出題になった。大問数は増えているが，総語数はほぼ同じで，2500語程度である。テーマに関する予備知識がないと内容がわかりにくい英文も出題されるので，普段からいろいろな分野に関心をもち，広範な知識を身につけるように心がけたい。長さに慣れ，知識を拡充するためにも『The Japan Times ST』などの英字新聞に馴染んでおくとよいだろう。

i．記述式総合

50 2022年度 文学部〔1〕

難易度	目標制限時間	90 分	目標ライン	（全９問中） 6 問正解
標　準	かかった時間	分	自己採点結果	（全９問中） 問正解

＊ 英語辞書を２冊まで使用可。「英英辞典」「英和辞典」「和英辞典」「英仏辞典」，英和・和英兼用辞書など，英語辞書であれば，どのような辞書でも，どのような組み合わせでも自由。大小も問わない。

次の英文は Tim Wu による “The Tyranny of Convenience”（2018）に基づいている。これを読んで以下の設問に答えなさい。

(I) [(1)] に入るもっとも適切な語を下から選び，記号で答えなさい。

(A) aggregate　(B) integrity
(C) public　(D) turn

(II) 下線部(2)が意味するところを，25字以内の日本語で説明しなさい。

(III) 下線部(3)を，it の内容を明らかにしつつ，日本語に訳しなさい。

(IV) 下線部(4)が意味するところを，40字以内の日本語で説明しなさい。

(V) [(5)] に入るもっとも適切な語を下から選び，記号で答えなさい。

(ア) conformity　(イ) depravity
(ウ) ideology　(エ) technology

(VI) 下線部(6)を日本語に訳しなさい。

(VII) 下線部(7)を日本語に訳しなさい。

(VIII) 著者が下線部(8)のように勧めるのはなぜか。人間から convenience が奪うものについての著者の議論を振り返りつつ，その理由を 100 字以上 120 字以内の日本語で説明しなさい。

(IX) 次の日本語を英語に訳しなさい。
お互い交流することに時間をかけないでいると，人間の経験に欠かせないものを失う危険がある。

Convenience is the most underestimated and least understood force in the world today. As a driver of human decisions, it may not offer the illicit thrill of Freud's unconscious sexual desires or the mathematical elegance of the economist's incentives. Convenience is boring. But boring is not the same thing as trivial.

In the developed nations of the 21st century, convenience—that is, more efficient and easier ways of doing personal tasks—has emerged as perhaps the most powerful force shaping our individual lives and our economies. This is particularly true in America, where, despite all the paeans to freedom and individuality, one sometimes wonders whether convenience is in fact the supreme value.

As Evan Williams, a co-founder of Twitter, recently put it, "Convenience decides everything." Convenience seems to make our decisions for us, overturning what we like to imagine are our true preferences. (I prefer to brew my coffee, but Starbucks instant is so convenient I hardly ever do what I "prefer.") Easy is better, easiest is best.

Convenience has the ability to make other options unthinkable. Once you have used a washing machine, laundering clothes by hand seems irrational, even if it might be cheaper. After you have experienced streaming television, waiting to see a show at a prescribed hour seems silly, even a little undignified. To resist convenience—not to own a cellphone, not to use Google—has come to require a special kind of dedication that is often taken for eccentricity, if not fanaticism.

For all its influence as a shaper of individual decisions, the greater power of convenience may arise from decisions made in [(1)], where it is doing so much to structure the modern economy. Particularly in tech-related industries, the battle for convenience is the battle for industry dominance.

Americans say they prize competition, a proliferation of choices, the little guy. Yet our taste for convenience begets more convenience, through a combination of the economics of scale and the power of habit. The easier it is to use Amazon, the more powerful Amazon becomes—and thus the easier it becomes to use Amazon. (2)Convenience and monopoly seem to be natural bedfellows.

Given the growth of convenience—as an ideal, as a value, as a way of life—it is worth asking what our fixation with it is doing to us and to our country. I don't want to suggest that convenience is a force for evil. Making things easier isn't wicked. On the contrary, it often opens up possibilities that once seemed too onerous to contemplate, and it typically makes life less arduous, especially for those most vulnerable to life's drudgeries.

But we err in presuming convenience is always good, for it has a complex relationship with other ideals that we hold dear. Though understood and promoted as an instrument of liberation, convenience has a dark side. With its promise of smooth, effortless efficiency, it threatens to erase the sort of struggles and challenges that help give meaning to life. (3)Created to free us, it can become a constraint on what we are willing to do, and thus in a subtle way it can enslave us.

It would be perverse to embrace inconvenience as a general rule. But when we let convenience decide everything, we surrender too much.

Convenience as we now know it is a product of the late 19th and early 20th centuries, when labor-saving devices for the home were invented and marketed. Milestones include the invention of the first "convenience foods," such as canned pork and beans; the first electric clothes-washing machines; cleaning products like Old Dutch scouring powder; and other marvels including the electric vacuum cleaner, instant cake mix and the microwave oven.

Convenience was the household version of another late-19th-century idea, industrial efficiency, and its accompanying "scientific management." It represented the adaptation of the ethos of the factory to domestic life.

However mundane it seems now, convenience, the great liberator of humankind from labor, was a utopian ideal. By saving time and eliminating drudgery, it would create the possibility of leisure. And with leisure would come the possibility of devoting time to learning, hobbies or whatever else might really matter to us. Convenience would make available to the general population the kind of freedom for self-cultivation once available only to the aristocracy. In this way (4)convenience would also be the great leveler.

This idea—convenience as liberation—could be intoxicating. Its headiest depictions are in the science fiction and futurist imaginings of the mid-20th century. From serious magazines like "Popular Mechanics" and from goofy television programs like "The Jetsons," we learned that life in the future would be perfectly convenient. Food would be prepared with the push of a button. Moving sidewalks would do away with the annoyance of walking. Clothes would clean themselves or perhaps self-destruct after a day's wearing. The end of the struggle for existence could at last be contemplated.

The dream of convenience is premised on the nightmare of physical work. But is physical work always a nightmare? Do we really want to be emancipated from all of it? Perhaps our humanity is sometimes expressed in inconvenient actions and time-consuming pursuits. Perhaps this is why, with every advance of convenience, there have always been those who resist it. They resist out of stubbornness, yes (and because they have the luxury to do so), but also because they see a threat to their sense of who they are, to their feeling of control over things that matter to them.

By the late 1960s, the first convenience revolution had begun to sputter. The prospect of total convenience no longer seemed like society's greatest aspiration. Convenience meant [(5)]. The counterculture was about people's need to express themselves, to fulfill their individual potential, to live in harmony with nature rather than constantly seeking to overcome its nuisances. Playing the guitar was not convenient. Neither was growing one's own vegetables or fixing one's own motorcycle. But such things were seen to have value nevertheless—or rather, as a result. People were looking for individuality again.

Perhaps it was inevitable, then, that the second wave of convenience technologies—the period we are living in—would co-opt this ideal. It would "conveniencize" individuality.

You might date the beginning of this period to the advent of the Sony Walkman in 1979. With the Walkman, we can see a subtle but fundamental shift in the ideology of convenience. (6)If the first convenience revolution promised to make life and work easier for you, the second promised to make it easier to be you. The new technologies were catalysts of selfhood. They conferred efficiency on self-expression.

Consider the woman of the early 1980s, strolling down the street with her Walkman and earphones. She is enclosed in an acoustic environment of her choosing. She is enjoying, out in public, the kind of self-expression she once could experience only in her private den. A new technology is making it easier for her to show who she is, if only to herself. She struts around the world, the star of her own movie.

So alluring is this vision that it has come to dominate our existence. Most of the powerful and important technologies created over the past few decades deliver convenience in the service of personalization and individuality. Think of the VCR, the playlist, the Facebook page, the Instagram account. This kind of convenience is no longer about saving physical labor—many of us don't do much of that anyway. It is about minimizing the mental resources, the mental exertion, required to choose among the options that express ourselves. Convenience is one-click, one-stop shopping, the seamless experience of "plug and play." The ideal is personal preference with no effort.

We are willing to pay a premium for convenience, of course—more than we often realize we are willing to pay. During the late 1990s, for example, technologies of music distribution like Napster made it possible to get music online at no cost, and lots of people availed themselves of the option. But though it remains easy to get music free, no one really does it anymore. Why? Because the introduction of the iTunes store in 2003 made buying music even more convenient than illegally downloading it. Convenient beat out free.

As task after task becomes easier, the growing expectation of convenience exerts a pressure on everything else to be easy or get left behind. We are spoiled by immediacy and become annoyed by tasks that remain at the old level of effort and time. When you can skip the line and buy concert tickets on your phone, waiting in line to vote in an election is irritating. This is especially true for those who have never had to wait in lines (which may help explain the low rate at which young people vote).

The paradoxical truth I'm driving at is that today's technologies of individualization are technologies of mass individualization. Customization can be surprisingly homogenizing. Everyone, or nearly everyone in my generation, is on Facebook: It is the most convenient way to keep track of your friends and family, who in theory should represent what is unique about you and your life. Yet Facebook seems to make us all the same. (7)Its format and conventions strip us of all but the most superficial expressions of individuality, such as which particular photo of a beach or mountain range we select as our background image.

I do not want to deny that making things easier can serve us in important ways, giving us many choices (of restaurants, taxi services, open-source encyclopedias) where we used to have only a few or none. But being a person is only partly about having and exercising choices. It is also about how we face up to situations that are thrust upon us, about overcoming worthy challenges and finishing difficult tasks—the struggles that help make us who we are. What happens to human experience when so many obstacles and impediments and requirements and preparations have been removed?

Today's cult of convenience fails to acknowledge that difficulty is a constitutive feature of human experience. Convenience is all destination and no journey. But climbing a mountain is different from taking the tram to the top, even if you end up at the same place. We are becoming people who care mainly or only about outcomes. We are at risk of making most of our life experiences a series of trolley rides.

Convenience has to serve something greater than itself, lest it lead only to more convenience. In her 1963 classic book, "The Feminine Mystique," Betty Friedan looked at what household technologies had done for women and concluded that they had just created more demands. "Even with all the new labor-saving appliances," she wrote, "the modern American housewife probably spends more time on housework than her grandmother." When things become easier, we can seek to fill our time with more "easy" tasks. At some point, life's defining struggle becomes the tyranny of tiny chores and petty decisions.

An unwelcome consequence of living in a world where everything is "easy" is that the only skill that matters is the ability to multitask. At the extreme, we don't actually do anything; we only arrange what will be done, which is a flimsy basis for a life.

We need to consciously embrace the inconvenient—not always, but more of the time. Nowadays individuality has come to reside in making at least some inconvenient choices. You need not churn your own butter or hunt your own meat, but if you want to be someone, you cannot allow convenience to be the value that transcends all others. Struggle is not always a problem. Sometimes struggle is a solution. It can be the solution to the question of who you are.

Embracing inconvenience may sound odd, but we already do it without thinking of it as such. As if to mask the issue, we give other names to our inconvenient choices: We call them hobbies, avocations, callings, passions. These are the non-instrumental activities that help to define us. They reward us with character because they involve an encounter with meaningful resistance—with nature's laws, with the limits of our own bodies—as in carving wood, melding raw ingredients, fixing a broken appliance, writing code, timing waves or facing the point when the runner's legs and lungs begin to rebel against him.

Such activities take time, but they also give us time back. They expose us to the risk of frustration and failure, but they also can teach us something about the world and our place in it.

(8)So let's reflect on the tyranny of convenience, try more often to resist its stupefying power, and see what happens. We must never forget the joy of doing something slow and something difficult, the satisfaction of not doing what is easiest. The constellation of inconvenient choices may be all that stands between us and a life of total, efficient conformity.

出典追記：The Tyranny of Convenience, The New York Times on February 16, 2018 by Tim Wu

全訳

≪便利さがもたらす功罪≫

便利さは，今日の世界で，最も過小評価され，最も理解されていない影響力である。人間の意思決定の原動力として，フロイトの無意識的な性的欲求が持つ道徳にはずれた興奮や，経済学者的な動機が持つ数学的な優雅さといったものは提供してくれないかもしれない。便利さは退屈なことだ。しかし，退屈なことは取るに足りないということではない。

21世紀の先進国で，便利さ ―― すなわち，より効率的でより簡単に私的な仕事を行う方法 ―― は，我々個人の生活と我々の経済を形成するおそらく最も強い影響力として現れた。このことは，とりわけアメリカに当てはまり，自由と個性に対する賛歌にもかかわらず，人は実際には便利さが最高の価値なのだろうかと疑問に思うことがある。

ツイッターの共同創業者であるエヴァン=ウィリアムズが最近述べたように，「便利さがすべてを決定する」のだ。便利さが我々に代わって意思決定をし，我々が自分の本当の好みだと想像しているものを打ち負かしているように思える。（私はコーヒーを自分で淹れるほうが好きだが，スターバックスのインスタントコーヒーはとても便利なので，「より好きな」ことはめったにやらない。）簡単なことのほうが望ましく，最も簡単であることが最善なのだ。

便利さは他の選択肢を考慮に値しないものにしてしまう力を持っている。一度洗濯機を使ったならば，手で服を洗濯するのは，たとえ安上がりであろうとも，不合理に思われる。ストリーミングサービスのテレビを経験した後では，規定の時間に番組を見るために待つのは，ばかばかしく，少しみっともないようにさえ思われる。便利さに抵抗すること ―― 携帯電話を所有しないこと，グーグルを使わないこと ―― は，狂信的とは言わないまでも，風変わりだと思われることが多いような，ある種特別なこだわりを必要とするようになった。

個人の意思決定を方向付けるものとしてこれだけの影響力を持つにもかかわらず，便利さが持つより大きな力は集合体でなされる決定から生じる可能性があり，そこではそれが現代の経済を構築するうえで貢献している。特に，テクノロジー関連産業では，便利さを求める戦いは業界の支配を求める戦いである。

アメリカ人は，自分たちは競争と選択肢の拡大と弱者を大切にしていると言う。しかし，我々の便利さを好む傾向は，規模の経済と習慣の力の組み合わせによって，さらなる便利さを生じさせている。アマゾンを使うのが簡単であればあるほど，アマゾンはより力を持つようになる ―― こうして，アマゾンを使うことはより簡単になる。便利さと独占は生来の仲間のようだ。

理想として，価値として，生活様式としての便利さの増大を考慮すると，我々が便利さに執着することが我々と我々の国に何をしているかは問う価値がある。私は，便利さが悪の力だと言いたいのではない。物事を簡単にすることは悪ではない。それどころか，それは，かつてはあまりにも厄介で想定できないと思われていた可能性を開くことがしばしばあり，概して生活の耐えがたさを和らげてくれるもので，日々の単調な仕事に弱い人にとってはとりわけそうだ。

しかし，便利さが常によいものだと考えるのは間違いである。というのも，それは我々が大切にしている他の理想と複雑な関係があるからだ。解放の手段として理解され，促進されてはいるが，便利さには暗い側面がある。円滑で努力を必要としない効率のよさを約束して，人生に意味を与える手助けとなる努力や挑戦のようなものを消し去ってしまう恐れがある。(3)便利さは，我々を解放するために作り出されたが，我々がやってみてもよいという気でいるものを制限するものになりうるし，それゆえに巧妙なやり方で我々を隷属させる可能性がある。

不便を原則として受け入れるならば，それは邪道だろう。しかし，便利さにすべてを決めさせる場合には，我々はあまりにも多くのことを放棄することになる。

今日の我々が知っている便利さは，19 世紀後期と 20 世紀初期の所産であり，その時代には，労力を省いてくれる家庭向けの装置が発明されて市場に出された。画期的な出来事としては，ポークビーンズの缶詰といった初の「インスタント食品」の発明，初の電気洗濯機，オールドダッチのクレンザーのような洗剤，電気掃除機やインスタントケーキミックスや電子レンジなどを含むその他の驚くべきものなどがある。

便利さは，19 世紀後期のもう一つの思想である産業の効率化とそれに付随する「科学的管理」の家庭版だった。それは工場の精神を家庭生活に適応させることを意味した。

現在はどれほどありふれているように思われても，人類を労働から解放した偉大なものとして，便利さはユートピア的な理想だった。時間を節約し，単調な仕事を排除することで，それは余暇の可能性を生み出すことになる。そして余暇とともに，学びや趣味や我々にとって本当に重要かもしれない他のどんなことにでも時間を割ける可能性が生じることになる。便利さによって，かつては貴族階級だけが手にしていた自己修養のような自由を，一般大衆が手に入れられるようになる。このようにして，便利さは，万人を平等にするものにもなるのだった。

この考え方 —— 解放運動としての便利さ —— は，人を酔わせるものかもしれない。ひどく人を高揚させるような描写が，20 世紀半ばの SF や未来学者の空想の中にある。『ポピュラーメカニクス』のような真面目な雑誌から，そして，『ジェットソンズ』のような滑稽なテレビ番組から，我々は未来の生活は完璧に便利になると学んだ。食べ物はボタン一つで準備される。動く歩道があれば歩く面倒はなくなる。衣類は自然にきれいになるか，一日着たあとには自動的に消滅する。ついに生存のための苦労の終焉が考えられるようになったのだ。

便利さという夢は，肉体労働という悪夢を前提としている。しかし，肉体労働は常に悪夢なのか？　我々は本当に肉体労働のすべてから解放されることを欲しているのだろうか？　我々の人間性は，不便な行動や時間のかかる仕事の中で表現されることもあるようだ。おそらくこういうわけで，便利さが進むときには，それに抵抗する人たちが常に存在するのだろう。確かに，彼らが抵抗するのは頑固さゆえ

（しかも彼らはそれをする贅沢が許されているから）であるが，自分たちが何者なのかという自覚，自分たちにとって重要なものを管理するという感覚に対する脅威を感じているからでもある。

1960年代後期までに，最初の便利さ革命は止まりかけのエンジンのようにプスプスと音を立て始めた。完全な便利さへの期待は，もはや社会の最大の願望には思えなかった。便利さは服従を意味していた。反体制文化は，自分自身を表現すること，個人の潜在能力を発揮すること，自然の厄介さを打ち負かそうと絶えず努力するのではなく自然と調和して生きること，が人々には必要だ，というものだった。ギターを弾くことは便利ではなかった。自分の野菜を育てることも自分のオートバイを直すことも便利ではなかった。しかし，それにもかかわらず —— いやむしろ，結果的に —— そのようなことには価値があると見なされた。人々は再び，個性を求めていた。

おそらく，そうなると，利便性テクノロジーの第二の波 —— 我々が生きている時代 —— が，この理想を取り入れるのは避けられなかったのだろう。それは個性を「便利にする」ことになるのだった。

人はこの時代の始まりを1979年のソニー製ウォークマンが現れたときだと考えるかもしれない。便利さのイデオロギーにおける，わずかだが根本的な転換を，私たちはウォークマンに見ることができる。(6)もし，最初の便利さ（の）革命があなたのために生活と仕事を楽なものにすることを約束したのであれば，第二の便利さ（の）革命はあなた自身になるのを簡単にすることを約束したのだ。新しいテクノロジーは個性の触媒だった。それは自己表現に効率性を与えた。

ウォークマンとイヤホンをつけて通りをぶらぶらと歩く，1980年代初めの女性について考えよう。彼女は自分好みの音響環境に包まれている。彼女は，公の場にいながら，かつては自分の部屋でしか経験できなかった自己表現の一種を楽しんでいる。新しいテクノロジーのおかげで，自分一人に向けてではあっても，自分が何者かをより簡単に見せることができている。彼女は自分の映画の中の主役となり，世界中を気取って歩くのだ。

この空想はとても魅惑的なので，我々の存在を支配するようになった。ここ数十年間に作り出された最も強力かつ重要なテクノロジーのほとんどは，パーソナライゼーションと個性を実現するための便利さを提供している。ビデオカセットレコーダー，プレイリスト，フェイスブックのページ，インスタグラムのアカウントについて考えてみよう。この種の便利さは，もはや肉体労働を軽減することに関するものではない —— いずれにせよ，我々の多くはたいして肉体労働を行っていないが。それが関係するのは，自分を表現する選択肢の中から選ぶために必要とされる，心的資源，知的努力を最小限に抑えることだ。便利さとは，ワンクリック購入，ワンストップ・ショッピング（注：1カ所ですべての買い物をすること），「プラグ・アンド・プレイ」（注：コンピュータに周辺機器を接続するとすぐに使えるようにしてくれる機能）という途切れのない経験のことなのだ。理想は努力しなくても個人の好みを実現できることなのである。

もちろん我々は便利さのためなら進んで割増料金を支払う ── しばしば，支払う用意があると自身が認識しているよりも多い金額を。たとえば，1990 年代後期，ナップスターのような音楽配信のテクノロジーによって，オンライン上で音楽を無料で入手することが可能になり，多くの人々がこの選択肢を利用した。しかし，音楽を無料で手に入れることは簡単なままなのに，今はもう誰も実際にはそうしていない。なぜか？　2003 年に iTunes ストアが導入され，違法に音楽をダウンロードするよりも，購入するほうがはるかに便利になったからだ。便利さが無料を打ち負かしたのだ。

次から次へと仕事が簡単になるにつれ，便利さに対する期待はますます高まり，その他何にでも，簡単でなければ取り残されるように圧力がかけられる。我々は即時性に甘やかされて，古い水準の努力や時間が必要なままの仕事にいら立つようになる。列に並ばずに電話でコンサートのチケットが買える場合に，選挙で投票しようと列に並んで待つことはいらいらする。これは，とりわけ，それまで列に並んで待つ必要がなかった人たちに当てはまる（これは若者の投票率が低いことの説明に役立つかもしれない）。

私が言おうとしている逆説的な真実は，今日の個性化のテクノロジーは集団的個性化のテクノロジーだということだ。カスタマイズすることが驚くほどに均質化をもたらす可能性がある。全員か，私の世代のほぼ全員が，フェイスブックに登録している。それは友人や家族の状態を把握する一番便利な方法で，彼らは理屈では，あなたとあなたの人生の特徴を表すはずだ。しかし，フェイスブックは我々全員を同じにするようだ。(7)そのフォーマットと規約は，背景画像としてどの特定の海辺や山脈の写真を選ぶかというような，最も表面的な個性の表現以外のすべてを我々から奪う。

私は，物事を簡単にすることが重要な点で我々の役に立つ可能性があるということを否定したくはない。以前は選択肢が少ししか，あるいはまったくなかったところ（レストラン，タクシーサービス，オープンソースの百科事典）にたくさんの選択肢が与えられている。しかし，人間であることは，選択肢を持ち，それを行使することにほんの一部関連しているにすぎない。それは，押しつけられた状況にどう対処するのかということ，価値のある試練を乗り越えて難しい課題を終えること ── すなわち，我々が我々自身になるための助けとなる努力 ── にも関連しているのである。これほど多くの障害や妨げや要件や準備が取り除かれてしまったとき，人間の経験には何が起こるのか？

今日の便利さへの崇拝は，困難が人間の経験の構成要素的な特徴であるという事実を認めることができていない。便利さはすべてが目的地で，旅ではない。しかし，たとえ最終的には行き着く場所が同じであっても，山に登ることは，頂上まで登山電車で行くこととは違う。我々は，主に結果を，あるいは結果しか気にしない人間になりつつある。我々は，人生経験のほとんどを電車の乗り継ぎにしてしまう危険にさらされている。

便利さがさらなる便利さをもたらすだけにならないように，便利さはそれ自体よりもすばらしい何かの役に立たなければならない。ベティ=フリーダンは，1963 年に書いた名著『新しい女性の創造』で，家庭用のテクノロジーが女性のために何をしたかを考察し，それはさらなる要求を作り出したにすぎないと結論づけた。「労力を省く新しい電化製品があるにもかかわらず，現代のアメリカの主婦はおそらく，彼女たちの祖母たちよりも多くの時間を家事に費やしている」と彼女は書いた。物事がより簡単になると，我々はさらなる「簡単な」仕事で時間を埋めようとすることが可能になる。ある時点で，人生を定義づける努力は，小さな雑用とささいな決定による専横に変わる。

あらゆることが「簡単な」世界で生きることのありがたくない結果は，重要な技能がマルチタスク処理能力だけになってしまうということだ。極端な場合，我々は実際には何もしない。我々はなされることを手配するだけでよいのだが，それは脆弱な生活基盤だ。

我々は意識的に不便さを受け入れる必要がある —— 常にではなくても，もっと頻繁に。今日，個性は，少なくともいくつかの不便な選択をする中に存在するようになった。かき回して自分用のバターを作る必要もなければ，狩りで自分用の肉を手に入れる必要もないが，あなたが何者かになりたいのであれば，便利さを他のすべてのものに勝る価値にしてはいけない。努力はいつも問題だというわけではない。時には，努力は解決策になる。自分は何者なのかという問いに対する解答になりうるのだ。

不便さを受け入れるというのは妙に聞こえるかもしれないが，しかしそういうものとは考えずに，我々はもうそれをしている。問題を隠すかのように，我々は不便な選択肢に他の名前を与えている。我々はそれらを趣味，副業，天職，熱中と呼んでいる。これらは，我々を定義づける助けとなる非手段的な活動だ。それらは我々に個性を与える。なぜなら，それらは，たとえば，木を彫る，原料を混合する，壊れた電化製品を直す，コードを書く，波とタイミングを合わせる，走っていて足と肺が言うことを聞かなくなる時点に直面する，などで見られるような，意味のある抵抗 —— 自然の法則，我々自身の体の限界 —— に遭うことを伴うからだ。

そのような活動は時間を要するが，同時に我々に時間を返してもくれる。それらは我々を挫折と失敗の危険にさらすが，同時に世界と世界の中での我々の立場について教えてもくれる。

だから，便利さの専横について考えよう。感覚を鈍らせる便利さの力にもっと頻繁に抵抗を試みよう。そして何が起こるか見てみよう。我々は時間がかかることや難しいことをする喜びや，最も簡単なことをしない満足を決して忘れてはいけない。不便な選択肢の集まりは，我々と完全で効率のよい服従の生活との間にあるものすべてなのかもしれない。

解説

(I) 空所を含む文が，For all ～「～にもかかわらず」で始まっていることに着目すると，空所には individual decisions「個人の意思決定」と対照的な決定を表すような語が入るとわかる。(A) **aggregate「集合，集合体」**を入れれば，decisions made in aggregate「集合体でなされる決定」の意味となり，「個人の意思決定」と対比をなす。また，空所の語は，直後の関係副詞 where の先行詞になっており，(A)を入れれば，「集合体では，便利さの持つ力が現代の経済を構築するために貢献している」となって文意が通る。さらに，直後の文に Particularly in tech-related industries「特に，テクノロジー関連産業では」とあって，「テクノロジー関連産業」が空所に入る語の例に該当するという文脈にも合う。(B)の integrity は「高潔さ，無欠性」の意味，(C)は in public で「人前で，公然と」，(D)は in turn で「順番に，今度は」の意味となり，いずれも文脈に合わない。

(II) 下線部(2)は「便利さと独占は生来の仲間のようだ」の意味。bedfellow「仲間，寝床を共にする人」 第6段第2・3文（Yet our taste … to use Amazon.）を参考に，便利さと独占の関係を説明すればよい。第6段第2文（Yet our taste …）では，「規模の経済と習慣の力の組み合わせによって，便利さを好む傾向がさらなる便利さを生む」と述べている。beget「～を生じさせる」 economics of scale「規模の経済（＝生産規模が拡大するにつれて，製品1単位当たりの平均費用が低下すること）」 第6段第3文（The easier it …）では，アマゾンを例にあげて，便利さが巨大な独占企業を生み出し，その結果，さらに便利になる，という仕組みを説明していると考えられる。「独占」は，同段第1文（Americans say they …）中の「競争と選択肢の拡大と弱者を大切にしていること」とは相いれないものだという文脈も押さえておきたい。〔解答〕では，第2文のキーワード「規模の経済と習慣の力」を加えて，便利さがいかに独占を生み出すかを説明している。

(III) it は2つあるが，どちらも第8段第2文（Though understood and …）の主語 convenience「便利さ」を指している。Created to free us は，過去分詞で始まる分詞構文で，〈譲歩〉を表し，意味上の主語は it（＝convenience）である。a constraint on ～ は「～を制限するもの」の意味。what は関係代名詞で，on の目的語であり，関係代名詞節の we are willing to do ～「我々は～をするのをいとわない，我々は（必要があれば）～する気がある」の do の目的語にもなっている。subtle には「微妙な」や「巧妙な」の意味があるが，in a subtle way は，enslave「～を奴隷にする，～を隷属させる」を修飾しているので，「巧妙な方法で」と訳すほうが適切だろう。

(IV) leveler は「平等にするもの」の意味で，下線部は「便利さは，万人を平等にするものにもなるのだった」の意味。下線部直前のIn this way「このようにして」は，第12段第1～4文（However mundane it … to the aristocracy.）の内容を受けたものだが，40字以内という制限字数があるので，できるだけ簡潔にまとめる必要がある。最も重要な情報は，第12段第4文（Convenience would make …）の「貴族階級だけが行っていた自己修養を一般大衆も行えるようになる」という内容である。同文は，SVOCの構文の目的語が後置された構造になっている。the kind of freedom for self-cultivationを，形容詞句once available only to the aristocracyが後置修飾し，全体として長い目的語となっているので，文末に置かれている。general population「一般の集団，一般人」 self-cultivation「自己修養」 aristocracy「貴族階級」

(V) 第15段第1・2文（By the late … society's greatest aspiration.）では，第一の便利さ革命が勢いを失い始め，社会が完璧な便利さを望まなくなっていたと述べられている。sputterは「(ろうそくなどが) パチパチと音を立て（て消え）る，エンジンが（止まりかけて）プスンプスンと音を立てる」の意味。prospect「予想，期待」 aspiration「強い願望」 空所(5)の直後の文（The counterculture was …）では，「反体制文化は，自分自身を表現すること，個人の潜在能力を発揮すること…が人々には必要だ，というものだった」と述べている。counterculture は「(1960年代，70年代などの若者の）反体制文化」の意味。空所(5)には，反体制文化の掲げる主張と対立する内容の語を入れることになるから，**(ア) conformity「(社会通念・体制・慣習などへの）服従」が適切**。最終段最終文（The constellation of …）で，便利さを追求する生活をa life of total, efficient conformityと述べていることにも着目したい。(イ) depravity「堕落」，(ウ) ideology「イデオロギー，観念形態」，(エ) technology「テクノロジー」は，いずれも文脈に合わない。

(VI) 条件を表すif節と主節でもって，最初の便利さ革命と第二の便利さ革命の内容を対比させている点に留意しながら訳出していく。第二の便利さ革命については，下線部(6)直後の2つの文（The new technologies … on self-expression.）に簡潔に述べられており，第18段（Consider the woman …）と第19段（So alluring is …）でより具体的に述べられているので，その内容を反映させると，下線部の文末のto be youの部分は，「あなた自身になる〔でいる〕，あなたらしくなる〔いる〕」などの訳が考えられる。promise to *do*「～することを約束する」とmake O C「OをCにする」（主節のほうは，形式目的語itを用いたmake it C to *do*）の表現が，if節と主節のどちらにも用いられている。なお，if節中のpromisedは仮定法過去ではなく，直説法過去で過去の事実を場合分けするものである。

(VII) まず文構造を確認すると，主語はIts format and conventionsで，述語にstrip *A* of *B*「*A*から*B*をはぎ取る〔奪う〕」の表現が用いられている。such as「～のような」以下の部分は，the most superficial expressions of individualityを修飾している。主語のIts「それの」は，直前の文のFacebookを指すが，訳出しなくてもよい。format「形式，フォーマット」 convention「約束ごと，慣習，規約」 all but ～「～以外はすべて」 superficial「表面的な，うわべだけの」 whichは「どの～，どちらの～」の意味の疑問詞で，which… mountain rangeが動詞selectの目的語になる。particular「特にその，特定の」 mountain range「山脈」

(VIII) 下線部(8)は「だから，便利さの専横について考えよう。感覚を鈍らせる便利さの力にもっと頻繁に抵抗を試みよう」の意味。reflect on ～「～を熟考する」 tyranny「専横，圧政」 stupefying「知覚〔感覚〕をまひさせる」

著者の議論を振り返ると，第1～9段（Convenience is the … surrender too much.）で，「便利さに最高の価値を与えることは，人生に意味を与えるものである努力や挑戦を失わせ，我々を隷属させる」と問題を提起している。特に下線部(3)を含む文とその直前文（With its promise … can enslave us.）にそういった著者の考えがまとめられている。

第10～14段（Convenience as we … matter to them.）では最初の便利さ革命について，第15～22段（By the late … our background image.）では第二の便利さ革命について述べている。特に，第14段（The dream of …）からは「最初の便利さ革命によって，労働から解放され，努力が不要になると，自分たちが何者なのかという自覚，自分たちにとって重要なものを管理するという感覚に対する脅威を感じるようになった」という内容，第15段第4文～第16段最終文（The counterculture was … would “conveniencize” individuality.），第19段最終文（The ideal is …），第22段第1・2文（The paradoxical truth … be surprisingly homogenizing.）からは「自己表現と個性化を可能にするはずだった第二の便利さ革命がもたらしたのは，努力せずに自分を表現すること，集団的な個性化，均質化に過ぎない」といった内容が読み取れるだろう。

第23段以降最終段まで（I do not … total, efficient conformity.）が，それまでの議論を踏まえた結論部になる。第23～26段（I do not … for a life.）（特に第23段第3文～第24段第1文）では，「我々自身になるためには，押しつけられた状況や試練や困難を克服する努力が必要で，困難は人間の経験の本質的な要素である」こと，第27～最終段（We need to … total, efficient conformity.）（特に第27段と最終段第2文）では，「不便さを受け入れ，困難に対して努力することの喜びや満足を得ることは，自分が何者かという問いの解決策になる」ことが述べられている。

以上の議論を踏まえて，著者は便利さが人間から何を奪うと考えているかを明らかにすることになるが，すべてを網羅しようとすると制限字数を超えてしまうので，結論部である第23～最終段の主張を中心に解答をまとめればよいだろう。

(IX) 本文中の表現を利用してもよいし，それにこだわらずに英文を作ってもよい。「お互い交流する」は interact with each other〔with one another〕で表せる。「～に時間をかけない」は，第25段第3文（"Even with all …）の spend time や，第29段第1文（Such activities take …）の take time などの表現を参考にすることができる。「～する危険がある」は，第24段最終文の We are at risk of *doing* を用いてもよいし，we risk *doing*，there is a risk of *doing* で表すこともできる。「人間の経験に欠かせないもの」は something の後ろに形容詞句を置くか，関係代名詞 what の節を使って表せる。「～に欠かせない」は essential to ～ や indispensable to ～ などで表せる。

●語句・構文

(第1段) □underestimate「～を過小評価する」 □illicit「不法の，道徳的に認められない」 □incentive「動機，誘因」

(第2段) □paean「賛歌，熱烈な賞賛」

(第3段) □overturn「～をひっくり返す，～を覆す」

(第4段) □unthinkable「思いもよらない，考慮に値しない，考えられない」 □launder「～を洗濯する」 □irrational「不合理な，ばかげた」 □prescribed「規定された，所定の」 □undignified「威厳のない，みっともない」 □dedication「献身，専念」 □eccentricity「風変わり，奇行」 □*A*, if not *B*「*B*とは言わないまでも（少なくとも）*A*である」 □fanaticism「狂信，熱狂的言動」

(第5段) □for all ～「～にもかかわらず」 □arise from ～「～から生じる」 □do so much「貢献する」 □dominance「支配，優位」

(第6段) □prize「～を重んじる，～を大切にする」 □proliferation「拡大，増殖」

(第7段) □fixation with ～「～への執着」 □onerous「厄介な」 □contemplate「～を熟慮する，～を想定する」 □arduous「耐え難い，厳しい，骨の折れる」 □vulnerable「傷つきやすい，弱い」 □drudgery「骨の折れる単調な仕事」

(第8段) □err「間違いを犯す」 □hold *A* dear「*A*を大事にする」 □instrument「（通例単数形で）手段」 □efficiency「効率のよさ」 □threaten to *do*「～する恐れがある」

(第9段) □perverse「つむじ曲がりの，道理をわきまえない」 □embrace「（考え・主義など）を受け入れる」 □surrender「放棄する，引き渡す，（感情などに）身をゆだねる」

(第10段) □milestone「（道標となる）画期的な出来事」 □marvel「驚くべきもの」

（第11段） □ethos「（社会・集団・個人などの）精神，気質」

（第12段） □mundane「日常の，ありふれた」 □第3文（And with leisure …）の whatever は，might really matter の主語になる複合関係代名詞。第3文は，副詞句である with leisure が旧情報のため，これが文頭に出て後続部分が VS の倒置形になり，長い主語（the possibility of … matter to us）が文尾に回っている。

（第13段） □liberation「解放運動」 □intoxicating「人を酔わせる，夢中にさせる」 □heady「酔わせる，興奮させる，高揚させるような」 □goofy「ばかな」 □self-destruct「自爆する，自動消滅する」 □struggle for existence「生存のための苦労，生存競争」

（第14段） □be premised on ～「～を前提とする」 □nightmare「悪夢」 □emancipate「～を解放する」 □time-consuming「時間のかかる，時間を食う」 □stubbornness「頑固さ」

（第15段） □nuisance「迷惑な人〔もの／こと〕，厄介者」 □fix「～を修理する，～を修繕する」

（第16段） □co-opt「～を取り入れる」

（第17段） □date *A* to *B*「*A*（出来事）の年代を *B* と定める」 □advent「出現」 □catalyst「触媒，変化を促すもの」 □selfhood「自我，個性」 □confer「～を与える」

（第18段） □stroll「そぞろ歩く，散策する」 □enclose「～を囲む，～を包み込む」 □acoustic「聴覚の，音響の」 □of *one's doing*「自分で～した」 □den「私室，巣穴」 □strut「気取って歩く」

（第19段） □alluring「魅惑的な」 □exertion「努力，（肉体や精神の）激しい活動」 □seamless「縫い目のない，途切れのない」

（第20段） □premium「割増料金」 □avail *oneself* of ～「～を利用する」 □beat out「（競争相手）を打ち負かす」

（第21段） □exert *A* on *B* to *do*「～するようにと *B* に *A*（影響・圧力など）を及ぼす」 □immediacy「即時性」

（第22段） □paradoxical「逆説的な」 □drive at ～「～を意図する，～を言おうとする」 □homogenize「～を均質化させる」 □keep track of ～「～の消息を追う〔跡をたどる〕」

（第23段） □open-source「オープンソース（＝コンピュータプログラムのソースコードの複製・修正・再配布などが自由に認められていること）」 □face up to ～「（困難など）に立ち向かう〔対処する〕」 □thrust「～を無理に押しつける」 □impediment「障害，妨げ」

（第24段） □cult「礼賛，崇拝，熱狂」 □constitutive「本質的な，構成要素の」 □tram「ケーブルカー，市街電車，路面電車」 □trolley「路面電車，トロリーバス」

（第25段） □ lest「～しないように」 lestに続く節内では，仮定法現在か，should，may，might を用いる。□ classic「傑作の，著名な」 □ seek to *do*「～しようとする」 □ tyranny「圧政，専横」 □ petty「ささいな，たいして重要でない」

（第26段） □ unwelcome「歓迎されない」 □ flimsy「脆い，薄っぺらな」

（第27段） □ more of the time「（今よりも）もっと頻繁に，もっと多くの場合に」 □ reside in ～「～に（性質などが）存在する」 □ churn「かき回して（バター）を作る」 □ allow *A* to *do*「*A* に～させておく」 □ transcend「～に勝る〔超越する〕」

（第28段） □ as such「そういうものとして」 □ as if to *do*「あたかも～するかのように」 □ mask「～を隠す，～を仮面で覆う」 □ avocation「（趣味としての）副業」 □ calling「天職」 □ reward *A* with *B*「*A* に *B* で報いる」 □ as in ～「～にあるように」 □ meld「～を混ぜる」 □ rebel against ～「～に反抗する」

（第29段） □ take time「時間がかかる，時間を要する」 □ frustration「挫折，欲求不満」

（最終段） □ constellation「（類似の物・性質などの）集まり，集合体」 □ stand between *A* and *B*「*A* と *B* の間に存在する」

(I)―(A)
(II)便利さは，規模の経済と習慣の力によって独占を招く。(25 字)
(III)便利さは，我々を解放するために作り出されたが，我々がやってみてもよいという気でいるものを制限するものになりうるし，それゆえに巧妙なやり方で我々を隷属させる可能性がある。
(IV)人々を労働から解放する便利さは，特権だった自己修養の自由を一般大衆にもたらす。(40 字)
(V)―(ア)
(VI)もし，最初の便利さ（の）革命があなたのために生活と仕事を楽なものにすることを約束したのであれば，第二の便利さ（の）革命はあなた自身になるのを簡単にすることを約束したのだ。
(VII)そのフォーマットと規約は，背景画像としてどの特定の海辺や山脈の写真を選ぶかというような，最も表面的な個性の表現以外のすべてを我々から奪う。
(VIII)便利さに最高の価値を与えることで，人生に意味を与える努力や挑戦が奪われ，個性を持った人間としての存在が脅威にさらされる。人間には試練や困難を克服する経験が必要で，不便さを受け入れて努力する喜びや満足を得ることが自分を確立する助けになるから。(120 字)
(IX)〔解答例 1〕If we don't spend time interacting with each other, we are at risk of losing something essential to human experience.
〔解答例 2〕When we don't take (the) time to interact with one another, there is a risk of losing what is indispensable to the human experience.

解答

記述式総合

i.

51 2014年度 文学部〔1〕

難易度	目標制限時間	90 分	目標ライン	(全9問中) 6 問正解
標 準	かかった時間	分	自己採点結果	(全9問中) 問正解

＊ 英語辞書を2冊まで使用可。「英英辞典」「英和辞典」「和英辞典」「英仏辞典」，英和・和英兼用辞書等，英語辞書であれば，どのような辞書でも，どのような組み合わせでも自由。大小も問わない。

次の英文は Joseph Epstein による *Friendship : An Exposé* (Houghton Mifflin, 2006) からの抜粋に基づいている。これを読んで以下の設問に答えなさい。

Friend is one of those words on whose exact meaning not even dictionaries are very helpful. Friend : an attachment based on affection or esteem ; a favored companion, one joined to another in mutual benevolence and intimacy ; the antonym of an enemy. Having said that, one hasn't really said all that much.

Aristotle* sets out the kinds and categories of friendships as only he could do. Yet even Aristotle, great precisian though he was, could not come close to exhausting all cases on the endlessly subtle subject of friends and friendship.

Aristotle first refers to those friendships where the main element is pleasure, or simple delight in the company of another : "the friendships of young people seem to aim at pleasure," he writes, and it is true that, when young, one tends to bounce easily in and out of friendships, looking to friends for little more than shared delight. Aristotle next considers friendships based on utility, or usefulness of each friend to the other, which takes in commercial and professional and political friendships. But friendship based on utility, according to Aristotle, is often neither of great intensity nor of noble character, (1)<u>for "those who are friends for the sake of utility part when the advantage is at an end."</u>

But what emerges above all from Aristotle's always trenchant lucubrations is that friendship, true friendship, requires good character—in its ideal state, it calls for a selflessness that for Aristotle requires no less than nobility of character. One has to be good in oneself to qualify as a true friend, which also means one must love oneself. Which at first sounds like psychobabble reinforcing vanity, but isn't, since at the heart of genuine friendship is the golden rule, but the golden rule practiced at the highest power, for what would be the point of treating one's friend as one does oneself if one doesn't love oneself to begin with ?

To love oneself—not merely to be egotistical or to have a well-developed sense of *amour-propre*—one must, in Aristotelian terms, be genuinely worth loving. And to do that, one must have lived well : must be able to look back with reasonable happiness upon one's past, enjoy the activity of one's present, and go fearlessly on into the future.

Reading Aristotle naturally makes one reflect on the state of one's own friendships and one's own qualities and propensities as a friend. I was especially struck by the passage that holds "it would seem actually impossible to be a great friend to many poeple ... we must be content if we find even a few such excellent friends." This point in Aristotle captured my attention because it made me realize that I have long been highly promiscuous in my friendships.

My earliest memories are of living in a neighborhood with few children my age. I spent much time by myself. I can remember afternoons when I was seven or eight, tossing a pink rubber ball against the wall of our apartment, my mother having gone out on errands. I do not recall feeling especially lonely, though technically I suppose I was.

Only when our family moved, and I found myself in a neighborhood with lots of kids my age, did I discover in myself a skill for making friends. I soon learned that I was able to persuade other boys to think well of me. I did this through making plain to them that I was, in the crucial phrase of the day, "a good guy" : modest, reasonably (though not offensively) bright, someone who listened carefully, who knew his place in the status hierarchy, who was in no way pushy or selfishly on the make. I found I could cultivate boys a couple of years older than me—a vast patch of time when one is in one's adolescence—and turn them into, if not friends, at least guys in my corner. I had become something of a salesman, on the road full-time with no product in my sample case other than myself.

An older boy in my geometry class named Harry Shadian is a case in point. Although I was otherwise an indifferent high-school student, I somehow had a taste and knack for geometry. Harry, who was two years older than me and a superior athlete and an amiable guy, had no aptitude whatsoever for the subject. I let him know that I was willing to help him, by lending him my homework before class, by letting him look over my shoulder during exams, and whatever else I could do to get him over this hurdle. He was very appreciative and made it clear to all that I was his friend and withal a very good guy. As a friend of Harry's, my status in our large high school jumped a number of points.

I did this over and over again : sometimes for the feeling of social elevation it gave—I could get into any circle I wished—sometimes for the pleasure of exercising my essentially salesmanly gift for its own sake. I did it, moreover, (2)without making any snobbish distinctions. I just wanted everyone to consider me his friend. Without bothering to read the book, I was exercising, with aplomb, the lessons of Dale Carnegie's* then immensely successful *How to Win Friends and Influence People*, except that I had no interest in influencing anyone ; I simply collected friends the way other children did stamps or seashells.

As part of my prowess at making lots of friends, I had at my command a small gift for implying an intimacy that often wasn't really there. I have it still, and it sometimes gets me into difficulty, making people think I have a stronger feeling for them than in fact I do. This also, naturally enough, makes them feel that I am prepared to put myself out for them—do them favors, use such power as I have to further their causes or careers, listen at some length to their troubles—more than I truly am. I have learned to curb this too easy intimacy, but not always, (　(ア)　), sufficiently. Like other bad habits, it is not so easily shaken off.

Four or five years ago, at a gym where I used to work out, I met a serious and winning man—Charles was his name, then in his early eighties, though he seemed much younger—with whom I struck up a conversation. I told him a joke ; he told me one in exchange. We were both Jewish. He was of the generation of my parents. While working rowing machines next to each other, we began to strike up regular conversations about sports, politics, whatever was in the news. He one day told me that, on the very day of his retirement from work as a cardboard-box salesman, he returned home to find his wife sitting in a chair, dead of coronary arrest. She had been in every way the center of his life. On the same day, he said, he had left his job and lost his best friend.

He would often lapse into talking about the past, though always prefacing doing so with an apology. ("I hate to go back into the past, but ...") A strong aura of loneliness clung to him. He was a decent man and an honorable one : when he talked politics, I always had the sense that he did so in the most admirably nonpartisan way, having the good of the country in mind.

I liked Charles a lot, and I believe he liked me. The time had come to push the relationship a bit further, changing it from pleasant acquaintanceship to friendship. All that would have been required was for me to invite him to lunch. Somehow the ball was in my court ; that is, it was up to me, not him, to do so. And with some forethought—and now some regret, too—I decided not to do anything about it. Not long after, I stopped going to this gym and lost all touch with Charles. A few years afterward I heard that, at eighty-four, he had died.

Why had I deliberately closed my heart to him, or at least to the prospect of deepening the possibilities of friendship with him ? In part it was because I felt him a touch too needy ; his loneliness was palpable. Would an occasional lunch really be enough ? Would we soon regularize things and meet for lunch every few weeks and then, say, every Thursday ? In larger part, I felt my roster of friends and acquaintances—owing to my own undiminished talent for acquiring friends—was altogether too large as it stood. I was already seeing more people —for lunches, coffees, dinners with them and their wives and husbands—than I really liked. But to my mild fraudulence was added a deep social cowardice—an inability to break things off with people who were of only peripheral interest to me. I sometimes felt I was the perfect customer for (3)<u>a much-needed but never produced Hallmark* card</u> that would read "We've been friends for a very long time," followed on the inside by "What do you say we stop ?"

I write this with genuine trepidation, lest I become like that man whom Oscar Wilde* described as having "no enemies, but he is intensely disliked by his friends." I fear that many of the people who think themselves my friends will wonder if they are among those to whom I wish to send that card. Some few are, though most are not. The problem isn't really with them but with me. (4)<u>The best possible face could be put on this by saying that I am by nature a friendly person.</u> I suppose I am, and have never seen any reason to be otherwise. Yet everywhere making friends on the one hand, I often find myself, on the other hand, grudgingly resentful of the obligations, which begin to feel more like burdens, of friendship.

Is the answer to be found in carefully delimiting the number of one's friends ? Is there a perfect number of friends beyond which one is, in effect, asking not for trouble but for unnecessary complications in one's life? Aristotle does not specify a number. Plutarch* somewhere says that the correct number of friends is seven. But to be specific here is to ignore the differing calibrations of friend and friendship, the varying closeness and distance of particular friendships.

An acquaintance is someone with whom one makes no future plans for meeting; one's relationships with acquaintances have no continuity. Less responsibility—actually no responsibility—is entailed. The element of permanence isn't a factor. "Should auld acquaintance be forgot? [=Should old acquaintance be forgotten?]" Robert Burns* famously asked. My answer is, why the hell not? (5)<u>In fact, it frequently is; and it turns out to be not such a bad thing.</u> Behind most acquaintanceships is the decision, on the part of one or both parties, not to draw closer.

(イ) Friendship speaks to a hunger to renew the pleasure of meeting. It suggests that two people haven't exhausted the delight they take in each other. Something about this person attracts me, one says upon meeting someone who is a candidate for friendship; I want to see more of him or her. We share interests, humor, background, chemistry of one kind or another. We have, one senses, things to give to each other that will enlarge and enrich both our lives.

I have come this far without attempting a definition of my own of a friend. The best I can provide at this point is rather a baggy-pants one for friendship generally: friendship is affection, variously based on common interests, a common past, common values, and, alas, sometimes common enemies, in each case leading to delight and contentment in one another's company. As for what constitutes the basis for friendship, this, too, can be wildly various.

Perhaps the best way to define a friend, at least for now, is not through formulating a precise definition but through attempting to understand the obligations inherent in the relationship between people who wish to think of themselves as friends. (6)<u>Paradoxical as it may seem, without obligations—sometimes damn irritating ones—there may be no real basis for friendship.</u>

出典追記：Friendship: An Exposé by Joseph Epstein, Mariner Books

*Aristotle: A Greek philosopher (384-322BC)
*Dale Carnegie: An American author and lecturer (1888-1955)
*Hallmark: A famous greeting card brand
*Oscar Wilde: An Anglo-Irish poet and dramatist (1854-1900)
*Plutarch: A Greek historian (?46-120AD)
*Robert Burns: A Scottish poet (1759-96)

(I) 下線部(1)を日本語に訳しなさい。

(II) 下線部(2)の内容を文脈に即して一語の形容詞で言い表した場合に，最もふさわしいものを以下の中から選び，その記号で答えなさい。

(A) palpable　(B) particular　(C) partisan
(D) peripheral　(E) promiscuous

(III) 空所(ア)に入れるのに最も適切と思われる語句を，以下の選択肢から選び，その番号で答えなさい。

(1) I ask　(2) I fear　(3) I hope　(4) I pray　(5) I wonder

(IV) 下線部(3)のカードが実在するとしたら，どのような時に使用するものなのか，15字以内で説明しなさい。

(V) 下線部(4)を日本語に訳しなさい。

(VI) 下線部(5)を，それぞれの "it" の意味が分かるように，日本語に訳しなさい。

(VII) 以下の文は(イ)の段落の内容をまとめたものである。欠落している母音字（a，e，i，o，u）を補い，文を完成させなさい。

Th● p●ss●b●l●ty ●f ●nj●y●ng c●●ntl●ss f●t●r● c●nv●rs●t●●ns ●s wh●t d●t●rm●n●s ●●r ch●●c● ●f cl●s● fr●●nds.

(VIII) 下線部(6)とあるが，友情に必要な条件とは何か，筆者の体験に触れつつ，「逆説的」な点を明らかにしながら，120字から150字までの日本語で説明しなさい。

(IX) 次の日本語を英語に訳しなさい。

たくさんの友人を作ったとしても，もし彼らと会って歓びを感じないなら，いったい何の意味があるだろうか。

全訳

≪友情についての考察≫

友という言葉は，正確な意味に関しては辞書ですらあまり役に立たない言葉のひとつである。友とは，愛情や尊敬の念に基づいた愛着，気に入った仲間，相互の思いやりと親密さでつながっている人々，さらには，敵の反意語，とも言える。しかしそのように言ってみたところで，本当はそれほどたいしたことは言っていない。

アリストテレスは，彼にしかできない方法で，友情の種類と区分を説明している。しかし，形式を非常に重んじていたアリストテレスでさえ，友人と友情という限りなく複雑なテーマについて，全ての事例を論じ尽くすところまでは到底至らなかった。

アリストテレスが最初に言及しているのは，その主たる要素が快楽，言い換えれば，共にいることで得られる歓びそのものが主たる要素である友情についてだ。彼は「若者の友情は快楽を目的としているようだ」と述べているが，事実，若い時には，まるで友人に歓びの共有だけを期待しているのも同然で，すぐに友人関係を結び，またすぐに関係を解消してしまう傾向がある。次にアリストテレスが考察しているのは，有用性に基づく友情，言い換えれば，お互いにとって役に立つことで結ばれる友情で，これには商業的，職業的，政治的な友情が含まれる。しかし，有用性に基づく友情は，アリストテレスによれば，強い感情でも高潔な性質のものでもないことが多い。(1)というのは，「有用性を求めて友人になっている人々は，その利点がなくなると別れる」からだ。

しかし，アリストテレスの常に鋭い論調の著作から何よりも明らかになることは，友情，すなわち真の友情は，善良な性質を必要とするということで——理想的な状態では，アリストテレスがそれにはまさに高潔な性質が必要だと考える無私無欲さが求められるのだ。真の友人としての資格を得るためには，その人自身が善良でなくてはならず，それは人が自分自身を愛さなければならないことも意味する。最初は，これが虚栄心を強める心理学の御託みたいに思われるかもしれないが，しかし実際はそうではない。なぜなら，真の友情の核心には黄金律が，それも最も強力に実行される黄金律があるからだ。というのも，そもそも人が自分自身を愛さないのであれば，自分自身を扱うように友人を扱うことに何の意味があるというのだろうか。

自分自身を愛するためには——利己的になるためとか，自尊心を十分に発達させるためばかりでなく——アリストテレスの言葉で言うと，当の自分が本当に愛される価値がある人でなければならない。そしてそうであるためには，人はそれまでの人生をよく生きていなければならない。つまり，まずまず幸せに過去を振り返り，現在の活動を楽しみ，ひるむことなく未来へ進むことができなければならない。

アリストテレスを読むと，当然のことながら，自分自身の友人関係の状態や友人としての自分自身の資質や傾向性について考えさせられる。とりわけ印象深かったのは，「多くの人と親友になるのは現実的には不可能なようである…数名でもそのような素晴らしい友人を見つけられたならば，満足しなければならない」と記された一節であった。アリストテレスのこの指摘に私の関心は引きつけられた。なぜなら，自分は長い間，相手をほとんど選ばずに友達付き合いをしていたことに気づかされたからだ。

最も幼い時の記憶として覚えているのは，近所には自分と同い年くらいの子どもがほとんどいなかったことだ。私は多くの時間を一人で過ごしていた。7，8歳の頃，午後に母が用事で出かけてしまった後，アパートの壁に向かってピンク色のゴムボールを投げていたのを覚えている。特に孤独だったという思い出はないが，厳密に解釈すれば孤独だったと思われる。

一家で引っ越しをし，同じ年頃の子どもが近所にたくさんいるようになって初めて，私は自分の中に友人を作る才能を見出した。他の少年たちに自分のことをよく思わせることができるとすぐに気づいた。そうするために，当時の重要な表現で言えば，「いいやつ」だということを彼らに明らかにした。「いいやつ」とは，控えめで，まあまあ（気に障るほどでなく）賢く，人の話をよく聞き，上下関係の中で自分の位置を理解し，自分に都合がよくなるように強引なことをしたり勝手なことをしたりするところが全くない人間だ。私は自分よりいくつか年上の――思春期にあっては実に大きな年の差だ――少年たちと親交を結び，友達とまではいかなくても，少なくとも自分の味方につけることができることに気づいた。私は，自分自身を除いては何も製品が入っていない見本箱を持って一日中売り込みをする，ちょっとしたセールスマンになっていた。

幾何のクラスにいたハリー=シャディアンという年上の少年がよい例だ。私はその他の点ではあまりぱっとしない高校生だったが，なぜか幾何は好きで，よくできた。ハリーは私よりも2つ年上で，運動が得意な皆に好かれるやつだったが，その科目は全くだめだった。私は，授業の前に宿題を貸してやったり，試験中に肩越しに答案をのぞかせたり，彼がこのハードルを越えるためにしてやれることは何でもやることで，私が喜んで助けになるつもりであることを彼にわからせた。彼はとても感謝し，私が彼の友人で，その上とてもいいやつだということを皆にわかるようにしてくれた。私はハリーの友人として，大勢の生徒がいた高校での地位を何ポイントも上げた。

私はこれを何度も繰り返し行った。時には，そうすることで社会的な地位が上がる感覚を求めて――私は望めばどんな仲間にも加わることができた――時には，元来セールスマン的な自分の才能それ自体を発揮する歓びを求めて。その上，俗物的な差別をせずにそうしていた。私は誰からも友達だと思われたいだけだった。わざわざ本を読まなくても，自信をもって，当時大流行したデール=カーネギーの『人を動かす』の教訓を実践していたわけだが，人を動かすことに興味がないところだけが違っていた。他の子どもたちが切手や貝がらを集めるように，私は友達を集めていたに過ぎないのだ。

多くの友人を作る才能の一部として，たいていは実際にはありもしない親密さをにおわせるというちょっとした才能を使うことができた。私には今もその才能があり，実際よりも私が相手を深く思いやっていると感じさせてしまい，時には困ったことになる。当然のことだが，相手のためにわざわざ面倒なことを引き受けてやる心づもりがあると——願いを聞き入れてやるとか，活動や仕事がうまくいくように私の持っている力を使ってやるとか，悩みを長時間聞いてやるとか——実際以上に相手にそう思わせてしまうことにもなる。このあまりに節操のない親密ぶりを抑えることができるようになったが，しかし必ずしも，残念なことには，十分とは言えないようだ。他の悪い習慣と同じように，それはそう簡単に断ち切ることはできない。

4，5年前，その頃通っていたスポーツジムで，まじめで人を引きつける魅力のある男性に出会い——彼はチャールズという名前で，当時は80代初めだったが，ずっと若く見えた——彼と会話をするようになった。私が一つ冗談を言ったら，彼が一つ冗談を返してきた。私たちは二人ともユダヤ人だった。彼は私の親の世代だった。隣同士でボートこぎ機の運動をしながら，スポーツや政治，ニュースになっているものなら何でも話題にして，いつも会話をするようになった。ある日のこと彼は私に，段ボール箱のセールスマンを退職したまさにその日，家に帰ってみると，妻が椅子に座ったまま心拍停止で死んでいた，と話した。彼女はすべての点で，彼の人生の中心だった。同じ日に，仕事を辞め，一番の親友を失ってしまった，と彼は話した。

彼はついついよく昔の話をしていたが，それはいつも釈明の言葉で始まっていた。（「過去を振り返るのは嫌いなのだが…」）強い孤独感が彼にはつきまとっていた。彼は慎み深く，立派な人物だった。彼が政治を論じる時は，国の利益を考え，見事なまでに公平な物言いをしていると，私はいつも感じていた。

私はチャールズが大好きだったし，彼も私を好きだったと思う。愉快な知人の関係から友人関係へと，もう少し深い関係に発展させる時が来ていた。必要だったのは，私が彼を昼食に誘うことだけだった。どういうわけか，ボールは私の側にあった。つまり，そうするかどうかは，彼ではなく私次第だった。先々のことをいくらか考え——今となってはいくらか後悔の念もあるが——私は何もしないことに決めた。その後まもなく，私はこのジムに行くのをやめ，チャールズとは全く接触がなくなった。数年後，彼が84歳で亡くなったと聞いた。

なぜ私は彼に，いや少なくとも彼との友情関係の可能性を高めることに対して，故意に心を閉ざしたのだろうか。理由の一つは，彼が少しばかり愛情に飢えているように感じられたからだ。彼の孤独は見て取れた。たまに昼食を食べるくらいで本当に十分と言えるだろうか。まもなく定期的に色々なことをするようになって，数週間おきには会って昼食を食べるようになり，それから，例えば毎週木曜日に昼食を共にするのだろうか。主な理由は，友人や知り合いのリストに載っている人が——衰え知らずの，友人を得る才能のせいで——その時点であまりにも多すぎると感じたからだ。私はもうすでに，本当に会いたい人よりも多くの人たちと——彼らの配偶者もまじえて昼食，コーヒー，夕食を共にするために——会っていた。

しかし，私の穏やかな不正行為には，周囲の人々からの批判を恐れる人付き合いの上でのひどい臆病さが加わっていて，たいして興味をもっていない人との関係を断つことができなかった。「ずいぶん長い付き合いです」で始まり，内側には「もう終わりにしましょうか」と続いているような，極めて高いニーズがあるが決して作られることのないホールマークカードがあれば，私はその完璧な客となると感じる時があった。

私は，自分がオスカー=ワイルドが言うところの「敵はいないが，友人たちから激しく嫌われている」人間になりはしまいかと，本当に不安な気持ちでこれを書いている。自分のことを私の友人だと思っている人の多くが，自分も私があのカードを送りたがっている人間の一人なのではないかと考えはしないだろうか。何人かはそうだが，ほとんどの人はそうではない。問題なのは本当のところ彼らではなく，私なのだ。(4)できる限り平然とこれに対処するには，私は生まれつき友好的な人間なのですと言えばよいのかもしれない。私は自分がそういう人間だと思うし，そうでない理由はこれまでのところ見当たらない。それにもかかわらず，一方ではどこででも友達を作り，他方では，友人関係から生じる義務が，むしろ負担に感じられ始めていて，不承不承に腹を立てていることがよくある。

解決策は友人の数を注意深く一定数に収めることに見出せるのだろうか。それを超えると，実質的には，面倒なことどころではなく，余計なもめごとを人生に招いてしまうような，ちょうどぴったりの友人の数はあるのか。アリストテレスは数を具体的に述べていない。プルタルコスはどこかで適切な友人の数は７人だと述べている。しかし，ここで具体的に述べることは，友人や友情が示す様々な目盛り，つまり，個々の友人関係によって異なる親しさや隔たりを無視することになってしまう。

知人とは，今後会う予定を立てることがない人物のことで，知人との関係には継続性がない。課される責任は少ない――実のところ，責任はない。永続性は重要ではない。「古い知人は忘れ去られてしまうのか」というロバート=バーンズの有名な問いかけがある。私の答えは，一体どうしていけないのか，だ。(5)実際に，古い知人が忘れられるのはよくあることだし，そのように古い知人が忘れられることはそれほど悪いことではないとわかる。ほとんどの知人関係の背後には，どちらか一方あるいは両方の側に，これ以上近づくまいという決意がある。

友情は，もう一度会って歓びを感じたいという強い想いに訴える。それは二人の人間がお互いから感じる歓びをなくしていないことを示している。友人になれそうな人に出会うと，この人には私を引きつけるものがある，彼あるいは彼女にもっと会いたい，と言う。私たちには，興味，ユーモア，経歴，あるいは何かしらの相性がある。双方の生活の幅を広げ豊かにする，お互いに与え合えるものを持っていると感じる。

友人について自分なりの定義づけを試みることなく，ここまで来てしまった。現時点で私が提供できる最良の定義は，友情一般についてのどちらかと言えばバギーパンツのような幅のあるものだ。友情は，共通の関心，共通の過去，共通の価値観，そして残念なことには，時には共通の敵など，様々なものに基づいた愛情で，どの場合でも一緒にいると歓びと満足がもたらされる。友情を支えるものに関しては，これもまた，様々に異なる可能性がある。

もしかすると，少なくとも今のところは，友人を定義する最良の方法は明確な定義を作ることではなく，自分のことを友人と考えたがっている人々の関係に付きものの義務を理解しようとすることかもしれない。逆説的に思われるかもしれないが，義務——それは時にはひどく腹立たしいこともある——がなければ，現実には友情を支えるものは何もないのかもしれないのだ。

解説

(I) for は〈理由〉を表す接続詞。主節の主語は，関係代名詞の節 those who ～「～する人々」で，part「別れる」が動詞。for the sake of ～「～を目的として」utility「有用性」 at an end「使い切って」

(II) 下線部(2)は，「俗物的な差別をせずに」の意味。make distinctions「差別をする」 よって，**(E) promiscuous「無差別な」が正解**。なお，この単語は第6段最終文で使われている。下線部(2)と(E) promiscuous のどちらも，筆者がいかにして多くの友人を作ってきたかを述べた文脈で使われている。

その他の選択肢の意味と本文中で使用されている箇所は次の通り。

(A) palpable「明白な」(第15段第2文)

(B) particular「個々の」(第17段最終文)

(C) partisan「特定の党派に偏った」(第13段最終文に nonpartisan「党派心のない，公平な」がある)

(D) peripheral「周辺部の，あまり重要でない」(第15段第7文)

(III) 空所(ア)は，but 以下の主節となる主語と動詞の部分が，not always と sufficiently の間に挿入されたもの。語順を戻し，省略部分を補うと，but I fear I do not always sufficiently curb it となる。第11段の内容や，直後の文で他の悪い習慣同様簡単には断ち切れないとしていることから，実際に持っている以上の親密さを相手に伝えてしまうのを十分に抑制できていないことは，筆者にとって不本意なことだと判断できる。したがって，**(2) I fear (that) ～「(遺憾ながら) ～ではないかと思う」が正解**。curb「～を抑制する」

(1)「～であることを求める」　(3)「～であればよいと思う」

(4)「～であるように祈る」　(5)「～であることに驚く」

(IV) 下線部(3)は「極めて高いニーズがあるが決して作られることのないホールマーク

カード」の意味。その直後の関係代名詞節（that から文末まで）の内容や直前の文 an inability 以下の内容から，カードがどのような時に使用されるかを述べればよい。このカードは基本的には友人関係の清算に使うことがわかるが，筆者はあまり興味のない知人との関係を終わらせるためにそのカードを使うことを考えていることが読み取れるので，「表層的な友人関係を終わらせる」というようにしても可。much-needed「大いに必要とされる」 What do you say ～？「～はどうですか」

(V) put a good face on ～ は，「～に対して平静を装う，何食わぬ顔をする」の意味。この表現の目的語が主語になり，受動態の文になっているもの。by saying that …「…と言うことによって」の部分を先に訳してもよい。by nature「生まれつき」

(VI) 1つ目の it は old acquaintance を指す。なお，第 4 文で引用されているのは，日本で『蛍の光』として知られるスコットランド民謡の一節である。acquaintance には集合名詞的に「知人たち」の意とする古い用法があり，ここではその解釈がよいだろう。is の後ろに forgotten が省略されているので補って訳す。2つ目の it は and の前の内容を指す。In fact「実際に」 turn out to be ～「～であることがわかる」

(VII) 完成した文は「これから先に無数の会話を楽しむ可能性が，私たちが親しい友人を選ぶ決め手である」となる。The possibility が主語，関係代名詞 what の節が補語で，SVC の構造になる。

(VIII) 下線部(6)は「逆説的に思われるかもしれないが，義務――それは時にはひどく腹立たしいこともある――がなければ，現実には友情を支えるものは何もないのかもしれない」の意味。Paradoxical as it may seem は，譲歩を表す構文。解答を作成する手順としては，友情に必要な条件をまとめ，どこが逆説的なのかを明らかにし，それに関係する筆者の体験をまとめればよいだろう。必要な条件は，最終段から，友情に必ず付随する義務を負うことだとわかる。これが「逆説的」と言えるのは，第 19・20 段に述べられているように，友情は本来，お互いに歓びや満足を与えるものだからである。筆者の体験に関連するのは第 7 ～16 段だが，少年時代の体験にまで具体的に触れる必要はないので，第 12～16 段を中心にまとめればよい。最後に，義務がいかにして単なる知人同士の関係と友人関係を分かつのかという点に言及してもよいだろう。

(IX) **採点の目安** 全 10 点中 6 点以上を正解とみなす。

Check! 〔3 点〕**「たくさんの友人を作ったとしても」**

「たくさんの友人を作ること」は第 11 段第 1 文に making lots of friends があるので，〔解答例 1〕のように，これを主語に用いてもよい。または，「～としても」を even though を用いて〔解答例 2〕のように節で表してもよい。even if は「たくさんの友人を作らない場合は言うまでもなく作る場合でも」の意となるので，本問では使えない。

Check! 〔4点〕**「もし彼らと会って歓びを感じないなら」**

「もし～ないなら」は第4段最終文の if one doesn't ～ が利用できる。if 節の主語は you や we でもよい。unless を用いてもよい。「歓びを感じ（る）」は第19段第2文にある take delight in ～「～に歓びを感じる」で表せる。experience pleasure，または，feel happy を用いてもよい。「彼らと会って」は meeting them でもよいし，「～と一緒にいて」と同意なので，第20段第2文の表現 in *one's* company を使うこともできる。書き方にもよるが，when you meet them といった節での表現は避けた方がスッキリした解答になる。

Check! 〔3点〕**「いったい何の意味があるだろうか」**

第4段最終文の修辞疑問 what would be the point of *doing*？が利用できる。would be は is でもよい。「いったい」は強意表現の on earth や in the world で表せるが，どちらも疑問詞の直後に置く点に注意する。あるいは，強調構文（分裂文）を用いて，what is it (that) would be the point of *doing*？とも書ける。that は省略可能。あるいは，本文中の表現に拘泥しないで what purpose is it (that) doing so would serve？または what purpose is it (that) doing so serves？としてもよい。さらには，修辞疑問を使わないで，doing so would serve no purpose または it would make no sense to do so などとしてもよい。

●語句・構文……………………………………………………………………………

（第1段） □one joined to another の joined 以下は，過去分詞の形容詞用法で，join *A* to *B*「*A* を *B* に結びつける」がもとの形。 □benevolence「情け深さ」 □intimacy「親密さ」 □antonym「反意語」

（第2段） □set out ～「～を説明する」 □precisian「規則や形式を厳守する人，形式主義者」 □come close to ～「～に近づく」 □exhaust「～を論じ尽くす」 □subtle「把握しがたい」

（第3段） □in the company of ～「～と一緒に」 □aim at ～「～を得ようとする」 □bounce in and out of ～「あわただしく～に入ったり出たりする」 □look to *A* for *B*「*A* に *B* を期待する」 □little more than ～「～に過ぎない」 □take in ～「～を含む」 □intensity「（感情の）激しさ」

（第4段） □第1文は，関係代名詞節（what から lucubrations まで）が主語で，that 節が補語。 □trenchant「（言葉などが）鋭い」 □lucubration「著作」 □call for ～「～を必要とする」 □a selflessness の次の that は，主格の関係代名詞で，requires が関係代名詞節中の動詞。 □no less than ～「紛れもなく～」 □nobility「高潔さ」 □in *oneself*「それ自体で」 □qualify as ～「～としての資

格を得る」 □第3文は，前の文の内容を先行詞とする関係代名詞 which の節が独立したもの。Which が主語で sounds と isn't が動詞。at first は，but isn't の but と呼応している。isn't の後ろには psychobabble reinforcing vanity が省略されている。 □ psychobabble「心理学の術語」 □ reinforce「～を強化する」 □ since は理由を表す接続詞で，この節には倒置があり，主語は the golden rule「黄金律（"人からしてほしいと思うことのすべてを人々にせよ"という聖書の言葉)」である。2つ目の the golden rule の前の but は強意表現。 □ for は理由を表す接続詞。 □ as one does oneself の as は様態「～するように」の意味で，does は treats を意味する代動詞。 □ to begin with「そもそも」

（第5段） □ egotistical「利己的な」 □ *amour-propre*「自尊心」 □ look back upon ～「～を振り返る」

（第6段） □ reflect on ～「～について熟考する」 □ propensity「性癖，傾向」 □ be struck by ～「～に心を打たれる」

（第7段） □ go out on errands「使いに行く」

（第8段） □ think well of ～「～をよく思う」 □第3文の making の目的語は that 節。 □ make *A* plain「*A* を明らかにする」 □ crucial「決定的に重要な」 □ offensively「不快なほどに」 □ in no way「少しも～ない」 □ pushy「強引な」 □ on the make「自分の利益を求めて」 □ cultivate「(人）を教化する，(人）と（自分の利益を求めて）親交を深める」 □ patch「断片，期間」 □ adolescence「青春期，思春期」 □ in *one's* corner「～に味方して」 □ something of a ～「ちょっとした～」 □ on the road「(セールスマンが）出張中で」

（第9段） □ a case in point「適例」 □ otherwise「その他の点では」 □ indifferent「良くも悪くもない」 □ knack「こつ」 □ amiable「人に好かれる」 □ aptitude for ～「～の才能」 □ whatsoever は whatever の強意形で，no を伴った名詞の後でそれを強調して，「全く」の意味。 □ appreciative「感謝を表す」 □ withal「その上」

（第10段） □ elevation「昇進」 □ for its own sake「それ自体のために」 □ bother to *do*「わざわざ～する」 □ with aplomb「沈着に，自信をもって」

（第11段） □ prowess「優れた能力」 □ at *one's* command「自由に使える，(人）の思いのままに」 □ be prepared to *do*「～する覚悟ができている」 □ put *oneself* out「わざわざ面倒なことを引き受ける」 □ further「～を促進する」 □ at some length「長い間」 □ shake off ～「(悪い習慣など）を断ち切る」

（第12段） □ winning「人を引きつける，愛きょうのある」 □ strike up *A* with *B*「*B*（人）と *A*（会話など）を始める」 □ in exchange「お返しに」 □ coronary「心臓の」 □ arrest「停止」 □ in every way「あらゆる点で」

（第13段） □ lapse into ～「～に陥る」 □ preface *A* with *B*「*A* を *B* で始める」 □ cling to ～「～にぴったりくっつく」

（第14段） □ acquaintanceship「面識がある関係」 □ up to ～「～次第で」 □ forethought「事前の考慮」

（第15段） □ a touch ～「少し～」 □ needy「愛情を必要としている」 □ occasional「時折の」 □ roster「名簿に載っている人たち」 □ undiminished「衰えていない」 □ as it stands「現状で」 □ fraudulence「詐欺」 □ break ～ off「～（関係など）を絶ち切る」

（第16段） □ trepidation「不安」 □ intensely「激しく」 □ otherwise「他の」 □ on (the) one hand ～, on the other hand …「一方では～，他方では…」 □ grudgingly「いやいやながら」 □ resentful of ～「～に腹を立てている」 □最終文は，挿入語句他を省略すると，I find myself resentful of the obligations of friendship で表せる。SVOC の構造である。

（第17段） □ delimit「～の限界を定める」 □ ask for trouble「自ら面倒なことを招く」 □ complication「複雑化した問題」 □ここでの be specific は specify「～を具体的に述べる」とほぼ同義。 □ calibrations「（複数形で）目盛り」

（第18段） □ continuity「継続性」 □ entail「～を課す」

（第19段） □ hunger「渇望」 □ renew「～を繰り返す」 □ candidate「候補者」 □ see much of ～「～にたびたび会う」 □ chemistry「相性，共通点」 □ one kind or another「何かしらの（＝some kind (or other))」

（第20段） □ at this point「現時点で」 □ baggy-pants「バギーパンツ，ぶかぶかのズボン」 □ alas「残念なことに」 □ as for ～「～に関しては」 □ constitute「～を構成する」

（最終段） □ formulate「～を明確に述べる」 □ inherent in ～「～に備わっている」

(I)というのは，「有用性を求めて友人になっている人々は，その利点がなくなると別れる」からだ
(II)―(E)
(III)―(2)
(IV)友人関係を終わらせたい時（12字）
(V)できる限り平然とこれに対処するには，私は生まれつき友好的な人間なのですと言えばよいのかもしれない。
(VI)実際に，古い知人が忘れられるのはよくあることだし，そのように古い知人が忘れられることはそれほど悪いことではないとわかる。
(VII) The possibility of enjoying countless future conversations is what determines our choice of close friends.
(VIII)筆者は，ジムで出会った話の合う老人と単なる知人から友人関係になる段階になって，彼の孤独をケアする義務を重荷と感じて関係を断った。友情は相互に歓びをもたらすものだが，その一方で負担にもなり得る義務が生じてくる。その義務を引き受けてこそ，知人という非継続的関係が，友人という継続的関係へと転じるのだ。（148字）
(IX)〔解答例1〕What on earth would be the point of making a lot of friends, if one doesn't take any delight in meeting them?
〔解答例2〕Even though you make a lot of friends, what is it that would be the point of doing so unless you feel happy in their company?

解答

52

2012年度 薬学部〔1〕

難易度	目標制限時間	25 分	目標ライン	（全15問中） 9 問正解
標 準	かかった時間	分	自己採点結果	（全15問中） 問正解

Michael S. Gazzaniga, *Human : The Science Behind What Makes Your Brain Unique* より抜粋した下の英文を読み，問に答えなさい。なお，本文中の * のついた語は注として本文の後にまとめてあります。

While the observed social group size of chimpanzees is 55, the social group size that Dunbar calculated from the neocortex* size of humans is 150. How can that be, when we now live in huge cities, often with millions of people? However, think about it. Most of those people you never even have cause to interact with. Remember: our ancestors were hunter-gatherers, and people didn't start to settle in one place ((ア)) agriculture was developed about ten thousand years ago. Today the typical size of hunter-gatherer clans, related groups that gather together once a year for traditional ceremonies, is 150. This is also the size of traditional horticultural* societies and modern-day Christmas card lists in personal address books.

It turns out that 150 to 200 is the number of people who can be controlled without an organizational ((イ)). It is the basic number used in military units where personal loyalties and man-to-man contact keep order. Dunbar states that it is the upper limit of the size of modern business organizations that can be run informally. It is the maximum number of people an individual can keep track of, whom he can have a social relationship with and would be willing to help with a favor.

Gossiping has a bad reputation, but researchers who study gossip have not only found it to be universal, (a)they have found that it is beneficial, that it is the way we learn to live in society. Dunbar thinks gossip is the human equivalent of social grooming in other primates* and remember: the size of the grooming group correlates with relative brain size. Physical grooming takes up much of a primate's time. The primates that spend the most time grooming are chimps, who do it up to 20 percent of the time.【A：1. At some point during the evolution of the hominids*, as groups became larger, an individual would need to groom more and more other individuals in order to maintain relationships in the larger group. 2. Grooming time would cut into the time that was needed to forage for food. This is when, Dunbar argues, language began to develop. 3. If language began to substitute for grooming, one could "groom," that is to say, gossip, while doing other things, such as foraging, traveling, and eating. 4. This could be how talking with your mouth full began.】

However, language can be a double-edged sword. The advantages of language are that you can groom several people at once (more efficient) and you can get and give information over a wider network. However, the disadvantage is that you are vulnerable to cheaters. With physical grooming, an individual invests high-quality personal time. That cannot be faked. With language, a new dimension has been added : liars. One can tell stories displaced in time, so their veracity* is difficult to assess, and while grooming is done among a group, where it is visible and verifiable to all, gossiping can be done in private, and its veracity is not challenged. But language can also help you out with this problem. (b)You may be warned by a friend about a previously bad experience with a certain individual. As a social group gets larger and more dispersed, cheaters or free riders become harder to keep track of. Gossip may have evolved partly as a way to control the slackers.

Various studies have found that, on the average, humans spend 80 percent of their waking time in the company of others. We average six to twelve hours per day in conversation, mostly one-on-one with ((ウ)) individuals. What has been found out shouldn't come as any surprise to you. Nicholas Emler, a social psychologist at the London School of Economics, has studied the content of conversations and learned that 80 to 90 percent are about specific named and ((ウ)) individuals, which is to say, small talk. Other studies show that two-thirds of the content of conversations are self-disclosure.

Gossip serves many purposes in society : It fosters relationships between gossip partners, satisfies the need to belong and be accepted by a unique group, elicits information, builds reputations (both good and bad), maintains and reinforces social norms, and allows individuals to evaluate themselves through comparison with others. It may enhance status in a group, or it may just entertain. Gossip allows people to express their opinions, ask advice, and express approval and disapproval.

Jonathan Haidt, a psychologist at the University of Virginia who studies happiness, writes that "Gossip is a policeman and a teacher. Without it, there would be chaos and ignorance." It is not just women who gossip, although men like to call it "exchanging information" or "networking." The only time when men spend less time gossiping than women do is when women are present. Then more lofty subjects are discussed for about 15 to 20 percent of the time. The only difference between male and female gossip is that men spend two-thirds of the time talking about themselves ("and when I reeled that sucker in, I swear it weighed twenty-five pounds!"), whereas women spend only one-third of the time talking about themselves, and are more interested in others ("and the last time I saw her, I swear she had gained twenty-five pounds!").

Beyond the content of conversations, Dunbar also discovered that conversation groups are not infinitely large but are usually self-limiting to about four individuals. Think about the last party you went to. 【B：1. Chimps have to groom one-on-one, and their maximum social group size is 55. 2. He says it may be coincidence, but he suggests a correlation with chimp grooming. 3. If you take a conversation group of four persons, only one is talking and the other three are listening, or in chimp lingo, are being groomed. 4. People drift in and out of conversation groups, but once you go over four people, they do tend to break up into two conversations.】 If we can groom three at a time, as indicated by conversation group size, then if you multiply our three grooming partners by 55, you get ((エ))—close to our social group size that Dunbar calculated from the neocortex size of humans.

*注 neocortex；大脳新皮質 horticultural；農耕の primate；霊長類 hominid；ヒト veracity；真正性

問1 ((ア)), ((イ)), ((ウ)) に入る最も適切な語を下の選択肢から選び，その番号をそれぞれ [(1)], [(2)], [(3)] にマークしなさい。((ウ)) は本文中の二カ所にあります。

(ア) 1. after 2. by 3. notwithstanding 4. until 5. when

(イ) 1. cluster 2. disorder 3. hierarchy 4. man 5. qualification

(ウ) 1. excluded　2. hated　3. known　4. supplied

問2　文意が通るように【A】の中の文を並べなさい。最初の文の番号を［(4)］に，2番目にくる文の番号を［(5)］に，3番目にくる文の番号を［(6)］に，4番目にくる文の番号を［(7)］にマークしなさい。

問3　下線部(a)，(b)を日本語に訳しなさい。答は解答用紙に記しなさい。

問4　男性と女性の gossip の，本文中に紹介されている違いを30字以内の日本語で説明しなさい。答は解答用紙に記しなさい。

問5　文意が通るように【B】の中の文を並べなさい。最初の文の番号を［(8)］に，2番目にくる文の番号を［(9)］に，3番目にくる文の番号を［(10)］に，4番目にくる文の番号を［(11)］にマークしなさい。

問6　（ (エ) ）に入る数字を解答用紙に記しなさい。

全訳

≪うわさ話と毛繕いの関係≫

観察したチンパンジーの社会集団の大きさが55であるのに対し，人間の大脳新皮質の大きさからダンバーが計算した社会集団の大きさは150である。私たちは今，しばしば何百万もの人々と一緒に巨大な都市で生活しているのに，どうしてこのようなことがありえるのだろうか。しかし，よく考えてみよう。あなたはこういった人たちの大半と接触する理由さえ持っていない。思い出してみよう。私たちの祖先は狩猟採集民であって，人々はおよそ1万年前に農業が発達して初めて1つの場所に定住し始めた。今日，1年に1回伝統的な儀式のために寄り集まる狩猟採集民の氏族（クラン）の典型的な大きさは150である。これはまた，伝統的な農耕社会の大きさでもあり，現代における個人の住所録にあるクリスマスカードのリストの数でもある。

組織的なヒエラルキー（階級制度）なしで管理されうる人の数は，150から200だと判明している。これは，個人の忠誠や個人どうしの接触によって秩序が保たれている軍隊の部隊で用いられる基本的な数である。これは現代の会社組織が打ち解けて運営できる大きさの上限であるとダンバーは述べている。これは，一個人にとって把握可能で，社会的な関係を持つことができ，進んで手助けをする気になれる最大の数である。

うわさ話をすることの評判は悪いが，うわさ話を調査している研究者たちは，うわさ話が普遍的なものであるということを発見しただけではなく，(a)彼らはうわさ話を有益なものであり，私たちが社会において生きることを学ぶ方法だということを発見した。人間がうわさ話をすることは，他の霊長類が他の個体に対して行う毛繕いをすることと等しいものであるとダンバーは考えている。毛繕いをする集団の大きさと相対的な脳の大きさには相関性があるということを思い出してほしい。身体的な毛繕いは霊長類の時間の大半を占める。毛繕いに最も時間を費やすのはチンパンジーで，彼らは生活の 20％も毛繕いをするのだ。ヒトの進化におけるある時点で，集団が大きくなるにつれて，そのより大きな集団の中で関係を維持するために，人間はますます多くの他の人間の毛繕いをする必要があったのであろう。毛繕いの時間は食べ物を探すのに必要な時間に食い込むようになったのだろう。そしてこの時に言語が発達し始めたとダンバーは主張している。もし言語が毛繕いの代用になり始めたのなら，人間は例えば食料を探したり，移動したり，食べたりというような他のことをしながら「毛繕い」をする，つまりうわさ話をすることができる。口にものを入れたまま話すという行為はおそらくこうやって始まったのだろう。

しかしながら，言語は両刃の剣になりうる。言語の利点は，複数の人を一度に（より効率よく）毛繕いできるということであり，より広いネットワークで情報を得たり，与えたりできることである。しかしながら，その欠点は，詐欺師からの害を受けやすいということである。身体的な毛繕いに関しては，それぞれが高い質の個人的な時間を費やす。それは偽ることのできないものだ。言語に関しては，嘘つきという新たな面が付け加えられた。時が懸け離れた話をすることができるので，その真正性を確かめるのは難しいし，毛繕いが，全員の目に見えて，検証できる集団の中で行われるのに対し，うわさ話はこっそり行われうるものであり，その真正性に対し異議が唱えられることはないのだ。しかし，言語はまた，この問題からあなたを助け出すことがある。(b)ある人物との以前のひどい経験について，友人から注意するように警告されるかもしれない。社会集団がより大きく，分散すればするほど，詐欺師や労せず利益を得ようとする人は，追跡するのが困難になる。うわさ話は，一部には怠け者を規制する方法として発達したのかもしれない。

平均して人間は目が覚めている時間の 80％を他人との付き合いに費やすということが，さまざまな研究によってわかった。私たちは 1 日平均して 6 ～12 時間を，主に知人との 1 対 1 の会話に費やす。発見されたことは，何も驚くものではないはずだ。ロンドン・スクール・オブ・エコノミクスの社会心理学者であるニコラス＝エムラーは，会話の内容を研究し，その 80～90％が名前のついている特定の知人についての会話，つまり世間話であるということを学んだ。他の研究は，会話の内容の 3 分の 2 が打ち明け話であるということを示している。

うわさ話は社会において多くの目的を果たしている。うわさ話の相手との関係を助長し，独自の集団に所属し受け入れられたいという欲求を満たし，情報を引き出し，（良くも悪くも）評判を立て，社会規範を維持・強化し，他人との比較を通して自分自身を評価することを可能にしてくれる。それは集団内での地位を高めるものであったり，ただ楽しむだけのものかもしれない。うわさ話によって，人は自分の意見を表現したり，助言を求めたり，承認や否認を表明したりできるのだ。

幸福について研究しているバージニア大学の心理学者であるジョナサン=ハイトは「うわさ話は警察官であり，教師でもある。うわさ話がなければ，大混乱になり，何も知らない状態になってしまうだろう」と著述している。男性はうわさ話を「情報交換」や「ネットワーク作り」と呼びたがるのだが，うわさ話をするのは女性だけではない。男性が女性よりもうわさ話に費やす時間が少ないのは，女性が同席している時だけである。そして，より高尚な話題が，その時間内の約 15～20％の間で話されるのである。男性と女性のうわさ話の唯一の違いは，男性はその時間の3分の2を自分自身のことを話すのに費やす（「サッカーフィッシュをリールで引っ張ったんだけど，きっと25ポンドはあったよ！」）が，一方で女性は自分のことを話すのに3分の1の時間しか費やさず，他人に対してもっと多くの関心を抱いている（「この前彼女に会ったんだけど，彼女はきっと25ポンドも太ってたわよ！」）ことである。

会話の内容以外にも，ダンバーは会話集団はどこまでも大きくなるわけではなく，通常4人程度におのずと制限されるということを発見した。あなたが最後に訪れたパーティーについて考えてみよう。人々が会話集団の中に出たり入ったりするが，いったん4人を超えると，実際に2つの会話へと分かれる傾向がある。これは偶然の一致かもしれないと彼は言っているが，チンパンジーの毛繕いとの相関関係を彼は示唆している。もしあなたが4人の会話集団に入るなら，たった1人だけが話し，他の3人は話を聞いている，すなわちチンパンジーの言葉で言えば，毛繕いされているのである。チンパンジーは1対1で毛繕いをせねばならず，彼らの最大の社会集団の大きさは55である。会話集団の大きさによって示されるように，もし私たちが一度に3人の毛繕いをできるならば，そう，3人の毛繕いの相手を55で掛け合わせると，その数は165になり，この数字はダンバーが人間の大脳新皮質の大きさから計算した私たちの社会集団の大きさと近いものになるのだ。

解 説

問1 (ア) 狩猟採集民であった人類が1つの場所に定住し始めたのは，農業が発達した後であると考えられる。空所の前にある people didn't start に着目し，**4を入れて**，not ～ until …「…して初めて～する」という表現にすると，「人々は農業が発達して初めて定住し始めた」という意味になる。

(イ) 「組織的な（　　　）なしで管理されうる人の数は，150 から 200」という文脈なので，通常は大人数の管理に必要とされそうなものを選べばよい。**3の「階級制度」が正解**。1．「集団」 2．「混乱」 4．「人」 5．「資格」

(ウ) 1つ目の空所では，会話の大半はどのような人を相手として行われるかを考えればよい。2つ目の空所では，会話の 80～90％は，どのような人についての会話になるのかを考えればよい。また，2つ目の空所の後に which is to say, small talk

「それはいわゆる世間話である」と述べられていることから，世間話の話題となる人を考えればよい。**3の「知られた」が正解**。1.「除外された」 2.「憎まれた」 4.「供給された」

問2 ここでは，どのようにして毛繕いが言語へと進化したのかという過程が述べられている。1では「ヒトの集団が大きくなった結果，毛繕いする相手の数も増えた」ということが述べられており，その結果が2で述べられている「毛繕いの時間の減少」だと考えられるので，**1→2**というつながりがわかる。また2では「毛繕いの時間が減少したこの時に言語が発達し始めた」と述べられており，言語が毛繕いに代わり始めたことが読み取れる。3では言語が毛繕いの代用となり始めた場合のことが述べられているので，**2→3**というつながりがわかる。3では「人が毛繕いの代用となる言語を用いながら，他のことをするようになった」と述べられており，4のThisがこの内容を指していると考えると文意が通じるので，**3→4**というつながりがわかる。

問3 ⒜ they は前文の researchers who study gossip を指すが，問題文で特に指示されていないので，「彼ら」と訳してもよいであろう。that it is beneficial と that it is the way we learn to live in society は，いずれも have found の目的語となる名詞節である。it は，gossip のことを指すが，ここでは「それ」ではなく「うわさ話（をすること）」と訳した方がわかりやすい和訳になる。また，we learn to live in society は，the way を修飾する形容詞節である。beneficial「有益な」 learn to *do* は「(学習して）～するようになる」と訳してもよい。

⒝ warn *A* about *B* で「*A* に *B* のことについて警告する，注意する」の意。ここでは受動態で用いられている。previously「以前の」 certain「ある」 a friend と a certain individual は異なる人物のことを指しているので注意が必要。

問4 うわさ話をする男性と女性の違いについては，第7段最終文で述べられている。男性については men spend … about themselves の内容を，女性については women spend … in others の内容を制限字数内に収まるようにまとめればよい。

問5 整序する直前の文で，パーティーに訪れた時のことを思い出すように促されている。選択肢の中で，4がパーティーの具体的な状況だと考えられるので，4が先頭にくるとわかる。2のitが指すものは，チンパンジーの毛繕いと相関関係があると述べられているので，人間の行為を指していると考えられ，具体的にはパーティーでの会話の人数が4人を超えると2つに分かれることを指していると考えられる。よって，4→2というつながりがわかる。3は人間の会話をチンパンジーの毛繕いと照らし合わせてその相関関係を説明しているので，2→3というつながりがわかる。整序する直後の文で，人間の社会集団の最大数について述べられているので，チンパンジーの社会集団の最大数について述べられた1が最後にくれば，自然な展開になる。

問6　空所の前にあるif節の内容から，その数字を出す問題。multiply *A* by *B* で「*A* を *B* で掛け合わせる」の意。よって，3に55を掛けた数である165が正解。

●語句・構文

（第1段）□hunter-gatherer「狩猟採集民」
（第2段）□keep track of ～「～を見失わないようにする，把握する」
（第3段）□reputation「評判」 □equivalent「同等のもの」 □correlate with ～「～と相互的関係にある，相関性がある」 □take up ～「～（時間・場所など）をとる」 □up to ～「～まで」 □cut into ～「～（時間）に食い込む」
（第4段）□vulnerable to ～「～の害を被りやすい」 □assess「～を査定する」 □verifiable「実証可能な」 □help *A* out with ～「*A* の～（仕事など）を手助けする」 □disperse「～を分散させる，～（知識・うわさなど）を広める」
（第5段）□in the company of ～「～と一緒に」 □come as a surprise to ～「～にとって驚きとなる，～にとって意外である」 □self-disclosure「自己開示」
（第6段）□foster「育成する，助成する」 □the need to *do*「～したいという欲求」 □elicit「～を引き出す」 □social norm「社会規範」 □comparison with～「～との比較」 □enhance「～を高める」
（第7段）□lofty「非常に高い」
（最終段）□infinitely「無限に」 □break up into ～「～に分かれる」

記述式総合 i.

解答

問1　(1)―4　(2)―3　(3)―3
問2　(4)―1　(5)―2　(6)―3　(7)―4
問3　(a)彼らはうわさ話を有益なものであり，私たちが社会において生きることを学ぶ方法だということを発見した。
(b)ある人物との以前のひどい経験について，友人から注意するように警告されるかもしれない。
問4　男性は自分のことを中心に，女性は他人のことを中心に話す。(28字)
問5　(8)―4　(9)―2　(10)―3　(11)―1
問6　165

ii．マーク式総合

53

2023 年度 環境情報学部 〔3〕

難易度	目標制限時間	50 分	目標ライン	（全30問中） 18 問正解
標 準	かかった時間	分	自己採点結果	（全30問中） 問正解

次の文章に関して，空欄補充問題と読解問題の二つがあります。まず，［1］から［20］の空所を埋めるのに，文脈的に最も適切な語を1から3の中から選び，その番号を解答欄⑴から⒇にマークしなさい。次に，内容に関する［21］から［30］の設問には，1から4の選択肢が付されています。そのうち，文章の内容からみても最も適切なものを選び，その番号を解答欄(21)から(30)にマークしなさい。

1 There's an essential, intangible something in start-ups—an energy, a soul. Company founders sense its presence. So do early employees and customers. It inspires people to contribute their talent, money, and enthusiasm and fosters a sense of deep connection and mutual purpose. As long as this spirit persists, engagement is high and start-ups remain agile and innovative, [1] (1. spurring 2. diminishing 3. restraining) growth. But when it vanishes, ventures can falter, and everyone perceives the loss—something special is gone.

2 The first person I heard talk about "the soul of a start-up" was a *Fortune* 500 CEO, who was trying to revive one in his organization. Many large companies undertake such "search and rescue" initiatives, which reflect an unfortunate truth: As a business matures, it's hard to keep its original spirit alive. Founders and employees often [2] (1. upgrade 2. confuse 3. embrace) soul with culture and, in particular, the freewheeling ethos of all-nighters, flexible job descriptions, T-shirts, pizza, free soda, and a family-like feel. <u>They notice and wax nostalgic about it only when it wanes.</u> Investors sometimes run roughshod over a company's emotional core,

pushing a firm to "professionalize" and to pivot in response to market demands. And organizations trying to recover an "entrepreneurial mindset" tend to take a superficial approach, addressing behavioral norms but failing to [3] (1. zoom out 2. break even 3. home in) on what really matters.

3 Over the past decade, I've studied more than a dozen fast-growth ventures, conducting 200-plus interviews with their founders and executives, in an attempt to better understand this problem and how it can be overcome. I've learned that while many companies struggle to retain their original essence, creativity, and innovativeness, some have managed to do so quite effectively, thereby sustaining strong stakeholder relationships and ensuring that their ventures continue to [4] (1. ramble 2. backtrack 3. thrive). So often entrepreneurs, consultants, and scholars like myself emphasize the need to implement structure and systems as a business grows, missing the importance of preserving its spirit. We can and should focus on both. With effort and determination, leaders can nurture and protect what's right and true in their organizations.

4 Most founders, [5] (1. by contrast 2. as a result 3. on occasion), believed that their start-ups were about something more than their missions, business models, and talent, even if those founders couldn't articulate it precisely. For example, in his book *Onward*, Howard Schultz described the spirit of Starbucks this way: "Our stores and partners [employees] are at their best when they collaborate to provide an oasis, an [6] (1. upstaged 2. upstream 3. uplifting) feeling of comfort, connection, as well as a deep respect for the coffee and communities we serve." I interviewed another founder who identified "loyalty to customers and the company" as the "core essence" of what made his business great. A third spoke about this essence as "a shared purpose built around an [7] (1. obsolete 2. audacious 3. erratic) goal and a set of common values." Early employees told me that they identified intensely with their enterprises, feeling what Sebastian Junger, in his book *Tribe*, refers to as "loyalty and belonging and the eternal human quest for meaning."

5 My investigation pointed to three elements that combine to create a unique and inspiring context for work: business intent, customer connection, and employee experience. These are not simply cultural norms designed to shape behavior. Their effects run deeper, and they [8] (1. nullify 2. spark 3. derail) a different, more intense kind of commitment and performance. They shape the meaning of work, rendering work relational instead of merely transactional. Employees connect with a [9] (1. galvanizing 2. patronizing 3. demoralizing) idea, with the notion of service to end users, and with the distinctive, intrinsic rewards of life on the job. People form emotional ties to the company, and those ties energize the organization.

6 All the ventures I studied had their own animating purpose. Usually this "business intent" originated with the entrepreneur, who communicated it to employees to persuade them to trade stable jobs for long hours and low pay. Although many factors—including the desire for an eventual [10] (1. firewall 2. windfall 3. waterline)—drove the people I interviewed to join their companies, all had a loftier desire to "make history" in some way, to be part of something bigger. They wanted to build businesses that improved people's lives by changing the way products or services were created, distributed, or consumed. Many ventures define their mission or business scope, but the intent I [11] (1. uncovered 2. unloaded 3. unleashed) went further, taking on an almost existential significance—a reason for being.

7 Consider Study Sapuri, a Japanese enterprise started in 2011 within the multibillion-dollar information-service and staffing company Recruit Holdings. Seeking to turn around Recruit's declining education business, Fumihiro Yamaguchi, a relatively new employee at the time, [12] (1. refuted 2. hatched 3. averted) a plan to create a website that helped students by giving them free access to study guides to university exams. When he presented the idea to an internal group charged with [13] (1. arresting 2. launching 3. preventing) in-house ventures, he explained that the website would address educational inequity in Japan by providing more people access to learning materials—an intent that aligned well with

Recruit's long-standing mission of creating new value for society.

8 Since its launch, Study Sapuri has continued to evolve but always with [14] (1. deference 2. exposure 3. resistance) to its original intent. Among other moves, it has marketed its services as a college prep service and a tool for high school teachers to use with remedial students, and has expanded its content to include elementary- and junior-high-school material and academic coaching. In April 2015, through its parent company, it acquired Quipper, which offered similar services mainly in Southeast Asian markets. Quipper's founder, Masayuki Watanabe, remarked that he liked the deal because of Study Sapuri's intent: "We believed that learning is a right and not a privilege. We shared the same vision." Top talent felt the same way. "I was drawn to the idea of addressing these issues," one employee told me, "My motivation to join was to offer true value to customers; the users and their parents can actually see that their academic ability is improving." By early 2019, Study Sapuri had [15] (1. contracted 2. stagnated 3. emerged) as a central brand of Recruit's educational business, with 598,000 paid subscribers.

9 Often, it takes a crisis for people to notice that a company's soul is disappearing or gone. Recently, Facebook and Uber both publicly apologized to customers for losing their way. In 2018 hundreds of Google employees demanded that the tech giant [16] (1. execute 2. formulate 3. shelve) plans to develop a search engine that would facilitate the stifling of dissent in China. "Many of us accepted employment at Google with the company's values in mind," they noted in a letter to the company, "including … an understanding that Google was a company willing to place its values above its profits."

10 When damage to the soul is especially [17] (1. dismissible 2. temperate 3. grave), founders have sometimes returned to restore it. In 2008, Howard Schultz resumed the CEO role at Starbucks because, as he explained in his book, he "sensed something intrinsic to the Starbucks brand was missing." In the ensuing months, he undertook a number of measures to [18] (1. nurse 2. police 3. doctor) the company's spirit

back to life. Notably, he convened an off-site session at which leaders thought broadly about the brand and focused specifically on customer relationships. As he told his team, "The only filters to our thinking should be: Will it make our people proud? Will this make the customer experience better? Will this enhance Starbucks in the hearts and minds of our customers?" Weeks later, when presenting a transformation plan to investors, he [19] (1. invoked 2. neglected 3. renounced) a return to the company's original business intent, saying, "There are people in this audience … who believed in a young entrepreneur's dream that we could create a national brand around coffee, that we also could build the kind of company that had a social conscience. It's time to convince you and many other people … to believe in Starbucks again."

11 Safeguarding the organization's soul is a critical if little appreciated part of the founding cohort's job, on par with such key decision areas as governance and equity splits. Study Sapuri and Starbucks both blossomed as start-ups thanks to their founders' deliberate efforts to preserve the alchemy that made them great enterprises from the beginning. Over the long term, a strong soul will draw [20] (1. off 2. in 3. away) and fire up various stakeholders. Even as companies institute processes, discipline, and professionalization, they should strive to retain the spiritual trinity of business intent, customer connection, and employee experience. It's the secret to not only growth but also greatness.

—Based on Gulati, R. (2019). "The soul of a start-up," *Harvard Business Review*.

[21] Which of the following sentences best expresses the essential information in the underlined sentence in the 2nd paragraph?

1. Large companies find it more difficult to retain their soul when they become older and bigger.
2. Founders and employees tend to look towards outside investment to revive the company's soul.
3. Large companies introduce a range of initiatives as an answer to any decline in corporate soul.
4. Founders and employees start to reminisce about their organization's

出典追記：The Soul of a Start-Up, Harvard Business Review July-August 2019 by Ranjay Gulati soul when it starts to decline.

[22] Which of the following is *NOT* mentioned in the 3rd paragraph?

1. The author promotes a dual approach of systems implementation and soul preservation.
2. The author has done numerous case studies into the loss and retention of soul in companies.
3. The author believes that academics tend to overlook the conservation of a company's soul.
4. The author has been engaged in extensive research on the soul of declining start-ups.

[23] Why does the author mention the Sebastian Junger reference in the 4th paragraph?

1. to explain that early employees value mutual collaboration as the essence of business success
2. to provide support for the concept that early employees of successful companies feel a close connection to their organizations
3. to argue that loyalty with early employees is integral to basic tribal human desires
4. to contradict the idea that early employees of Starbucks place more value on connecting with customers in their local communities

[24] The unerlined word "loftier" in the 6th paragraph is closest in meaning to

1. dominant　　2. upraised　　3. pretentious　　4. visionary

[25] Which of the following statements is *NOT* true of the Japanese company Study Sapuri?

1. Its founding principle is essentially to offer education to all and not the few.
2. Its product range has remained fixed since their services launched.
3. It caters to students both domestically and internationally.
4. It offers services tailored to both secondary and tertiary education levels.

[26] The author mentions Facebook and Uber in order to

1. give examples of big companies that had admitted to making mistakes.
2. provide a link in the narrative from struggling to successful companies.
3. illustrate that a crisis within a company can lead to management errors.
4. show that these companies were not in danger of losing their soul and energy.

[27] Which of the following would best represent the views of Howard Schultz?

1. Undergoing a period of rapid expansion nationally helped Starbucks to regain the trust of both our employees and customers.
2. We had to make wholesale changes to the original spirit of Starbucks to guide the company back to a position of market strength.
3. Starbucks needed to make minor revisions to our governance systems in order to revitalize our organization's soul and profit margins.
4. Starbucks performs optimally when we have a close bond with and admiration for both our products and our customers.

[28] Which of the following statements would the author most likely support?

1. Employee experience is a key aspect that helps to associate effective relationship building with strong sales performance.
2. Close connections between Google employees ensure they understand the need to maximize profits while promoting corporate values.
3. Employees that form passionate connections with their companies help to strengthen and stimulate company performance.
4. Professionalization initiatives for employees can do more to shape and protect company soul than business intent.

[29] What does the author conclude about safeguarding the soul of organizations?

1. It serves as an essential function in setting and maintaining the operational rules and processes of successful companies.
2. It holds far more significance than other principal decision-making

areas to ensure a company's rapid growth.

3. It is a vital role of the early employees and is of equal importance to other fundamental business elements.
4. It was and still is the driving force behind the governing policies and overseas expansion of Study Sapuri and Starbucks.

[30] Which of the following summaries is the central idea being presented by the author?

1. The soul of start-ups must be preserved to ensure the prolonged success of the company.
2. Founders of start-ups must ensure their soul meets the needs of employees and investors.
3. The triangular nexus of intent, connection, and experience limits the protection of a start-up's soul.
4. If the original soul of a start-up is forgotten, this can weaken management structures.

全 訳

≪起業時の精神を維持することが企業成長の秘訣≫

1 スタートアップ企業には本質的で触れることのできないもの —— エネルギー，つまり精神がある。会社の創設者たちはその存在を感じる。初期の従業員や顧客もそうだ。それは，才能，お金，熱意を捧げるように人々を鼓舞し，深いつながりと共通する目的の感覚を育む。この精神が続く限り，仕事への没頭度は高く，スタートアップ企業は俊敏性と革新性を維持し，成長に拍車をかける。しかし，それがなくなると，ベンチャー企業は失敗する可能性があり，誰もがそれがなくなったことを認識する —— 何か特別なものがなくなったのだ。

2 「スタートアップ企業の精神」について話すのを私が最初に聞いた人は，『Fortune』誌の選ぶ500人のCEOの1人で，彼は自分の組織内でその精神を復活させようとしていた。多くの大企業がこのような「捜索と救助」の取り組みを行っているが，この取り組みは残念な真実を反映している。ビジネスが成熟するにつれて，元の精神を維持することは困難になる。創業者や従業員は，精神を文化と混同することが多い。特に，夜通しのイベント，柔軟な職務内容，Tシャツ，ピザ，無料のソーダ飲料，家族のような雰囲気といった自由な気風と混同するのだ。彼らは，それが衰退してようやく，それに気づき，感傷的になるのだ。投資家は時々，企業の感情的な核心を完全に無視し，企業を「専門化」させ，市場の要求に応じて方向転換するよう強要する。また，「起業家精神」を取り戻そうとする組織は，表面的な取り組みをする傾向があり，行動規範に注意を向けるものの，本当に重要なことに焦点を合わせそこなうのだ。

3 過去10年間にわたって，私はこの問題とそれをどのように克服できるかをよりよく理解しようと試みて，10を超える急成長ベンチャー企業を研究し，その創業者や幹部に200以上のインタビューを行ってきた。多くの企業が当初の本質，創造性，革新性を保持するのに苦労している一方で，一部の企業は極めて効果的にそれを保持し，それによって出資者との強力な関係を維持し，自らのベンチャー企業を確実に繁栄させ続けていることを知った。起業家，コンサルタント，そして私のような学者は，企業が成長するにつれて組織と体制を整える必要性をしばしば強調するが，その精神を維持することの重要性を見逃している。我々はその両方に焦点を当てることができるし，また，そうすべきである。リーダーは，努力と決意によって，自分の組織内で正しく真実であることを育み，守ることができる。

4 対照的に，ほとんどの創業者は，たとえ自分ではそれを正確に表現できなくても，彼らのスタートアップ企業はその使命，ビジネスモデル，および才能以上の何かに関わっていると信じていた。たとえば，ハワード=シュルツは著書『Onward』の中で，スターバックスの精神を次のように説明している。「我々の店舗とパートナー〔従業員〕は，我々が提供するコーヒーと奉仕する対象であるコミュニティに対する深い敬意は言うまでもなく，安らぎの場所，快適さのある高揚感，つながりを協力して提供するときに，最高の状態になる」 私は別の創業者にもインタビューしたが，彼は「顧客と会社への忠誠」が自分のビジネスを素晴らしいものにした

「核心」だと見なしていた。3人目の人は，この本質について「大胆な目標と一連の共通の価値観を中心に構築された共通の目的」と述べた。初期の従業員たちは私に次のように語った。自分の企業に強く一体感を感じたし，セバスチャン＝ユンガーがその著書『Tribe』で「忠誠心と帰属意識，そして意味に対する人間の永遠なる探求」と呼んでいるものを感じていた，と。

5　私の調査では，ビジネスの意図，顧客とのつながり，従業員の経験という3つの要素が組み合わさって，ユニークで刺激的な仕事の背景が生み出されることがわかった。これらの要素は，行動を形成することを目的とした文化的規範にとどまるものではない。それらの効果はもっと根深く，まったく異なる類のより熱心な関与と仕事ぶりを引き起こす。それらは仕事の意味を形成し，仕事を単なる取引ではなく対人関係にかかわるものにする。従業員は，活気に満ちたアイデア，エンドユーザーへのサービスという観念，および，仕事に関する独特で本質的な人生の価値と結びつく。人々は会社と感情的なつながりを形成し，そのつながりが組織に活力を与えるのだ。

6　私が研究したすべてのベンチャー企業は，その企業独自の，人を活気づけるような目的を持っていた。通常，この「ビジネス上の意図」は起業家に端を発しており，起業家はそれを従業員に伝えて，長時間低賃金と引き換えに安定した仕事をするよう説得した。私がインタビューした人々は，多くの要因 ── 最終的な利益を得たいという欲求を含め ── によって，その会社に入社するに至ったが，全員が何らかの形で「歴史的な偉業を成し遂げ」，より大きな何かの一部になりたいというより高い願望を持っていた。彼らは，製品やサービスを作り，広め，消費する方法を変えることで，人々の生活を改善するビジネスを構築したいと考えていた。多くのベンチャー企業は，その使命や事業範囲を定義しているが，私が明らかにした意図はさらに踏み込んでいて，ほぼ実存的な重要性 ── つまり存在理由を持つようになっている。

7　数十億ドル規模の情報サービスおよび人材派遣会社であるリクルートホールディングス内で2011年に開始された日本企業，スタディサプリについて考えてみよう。衰退していたリクルートの教育事業を立て直そうとして，当時比較的入社して日の浅い山口文洋氏は，生徒が大学受験の学習ガイドに無料でアクセスできるようにすることで，生徒を支援するウェブサイトを生み出す計画を立てた。社内ベンチャー事業の立ち上げを担当する社内グループにこのアイデアを提示したとき，彼は，より多くの人々に学習教材へのアクセスを提供することによって，そのウェブサイトは日本の教育の不平等に取り組むことになるだろうと説明した ── この意図は，社会に新たな価値を創造するというリクルートの長年の使命に合致するものだった。

8　開始以来，スタディサプリは進化を続けてきたが，常に当初の意図を尊重してきた。他の動きとして，スタディサプリは大学の入学準備サービスや高校の教師が補習生に使用するツールとしてサービスを売り込み，コンテンツを拡大し，小中学校の教材や大学での教育指導を含めるまでになった。2015年4月には親会社を通じて，主に東南アジア市場で同様のサービスを提供していたクイッパー社を買収した。クイッパーの創設者である渡辺雅之氏は，スタディサプリが持つ意図のために，この取引を気に入ったと述べた。「私たちは，学習は特権ではなく権利であると信じていました。私たちは同じビジョンを共有していたのです」 優秀な社員も同じように感じた。「私は，これらの問題に対処するという考えに引かれました」と，ある従業員は私に語った。「私が参加した動機は，顧客に真の価値を提供することでした。ユーザーとその保護者は，学力が向上しているのを実際に見ることができるのです」 2019 年初頭までに，スタディサプリは 598,000 人の有料加入者を抱えるリクルート教育事業の中心的なブランドとして台頭した。

9 多くの場合，企業の精神が消えつつあったり，消失してしまっていることに人々が気づくには，危機が必要である。最近，フェイスブックとウーバーはともに，目的を見失ったことに対して公に顧客に謝罪した。2018 年，何百人ものグーグルの従業員が，中国での反対意見の鎮圧を促進すると思われる検索エンジンの開発計画を棚上げするよう，このハイテクの巨大企業に要求した。「我々の多くは，グーグルが利益よりも価値観を優先するのに前向きな企業であるという理解も含めて，会社の価値観を念頭に置いてグーグルでの雇用を受け入れたのだ」と，彼らは会社へ宛てた手紙の中で指摘した。

10 企業精神へのダメージが特に深刻な場合，創業者はそれを回復するために復帰することがある。2008 年，ハワード=シュルツがスターバックスで CEO の役割を再開した理由は，彼がその著書で説明したように，「スターバックスブランドに固有の何かがなくなっていると感じた」からである。その後の数カ月で，彼は会社の精神を復活させるために多くの措置を講じた。とりわけ，彼は社外会議を開催し，そこでリーダーたちがブランドについて広く考え，特に顧客関係に焦点を当てた。彼はチームに次のように語っている。「我々の思考に対する唯一のフィルターは，次のようなものであるべきだ。我が社の従業員がプライドを持てるだろうか？ 顧客体験は向上するだろうか？ お客様の気持ちや心の中でスターバックスがよりよいものになるだろうか？」 数週間後，投資家たちに改革案を提示したとき，彼は会社の当初の事業目的への回帰を思い起こさせ，次のように述べた。「この聴衆の中には，コーヒーを中心とする全国的なブランドをつくり，社会的良識のある会社をつくることもできるかもしれないという若い起業家の夢を信じてくださった方々がいらっしゃいます。今こそ，みなさまや他の多くの方々を説得して，…もう一度スターバックスを信じてもらえるようお願いすべき時なのです」

11 組織の精神を守ることは，創業メンバーによる仕事のうちほとんど評価されていない部分だとしても，経営や株式分割などの重要な意思決定分野と同じく非常に重要なのだ。スタディサプリとスターバックスはどちらも，起業から大企業へと成長させた魔力を維持するために創業者がなした慎重な努力のおかげで，スタートアップ企業として開花した。長期的には，強い精神はさまざまな出資者を引き込み，刺激するだろう。企業は変化，規律，および専門化を確立するとともに，ビジネス

の目的，顧客とのつながり，および従業員の経験という精神的三位一体を持ち続けるよう努める必要がある。それが成長だけでなく，偉大さの秘訣でもあるのだ。

解説

[1] 1.「～に拍車をかける」 2.「～を減らす」 3.「～を抑える」

仕事への没頭度が高く，俊敏性と革新性を維持していれば，成長は続くはずである。したがって，**1が適切**。

[2] 1.「～をアップグレードする」 2.「～を混同する」 3.「～を抱く」

with が後続しているのがヒント。**2が適切**。confuse *A* with *B* で「*A* と *B* を混同する」の意。

[3] 1.「(カメラが) 画像を徐々に遠ざけて縮小する」 2.「収支が合う，損得なしになる」 3.「(問題・目標などに) 狙いを定める，注意を向ける」

空所は，直前で述べられている，起業家精神を取り戻そうとする組織は表面的な取り組みに陥りがちだ，という主節に続く，分詞構文内にある。この分詞構文は，〈結果用法〉。表面的な取り組みとは，本当に重要なことには触れないものである。したがって，**3が適切**。2も3も難度が高い語。

[4] 1.「ぶらぶらする，とりとめもなく話す」 2.「撤回する，同じ道を引き返す」 3.「繁栄する，成功する」

効果的に起業時の精神を保持し，出資者との強力な関係を維持していれば，そのベンチャー企業〔事業〕は繁栄し続けるはずである。**3が適切**。

[5] 1.「対照的に」 2.「結果として」 3.「時々」

第3段に注目。第3文 (So often entrepreneurs, …) では，しばしば起業家やコンサルタントや学者は，ビジネスの枠組みを重視するあまり精神性を維持することの価値を見逃しがちだ，という趣旨が述べられている。空所を含む第4段第1文は，多くの創業者は，自分たちのスタートアップ（＝新規事業，新会社）はビジネスの使命や枠組みなど以上の何かに関わっていると信じていた，という趣旨。これらは対になる内容なので，**1を選択**すれば，文脈にかなう。

[6] 1.「(be 動詞を伴った動詞の受身形で)～に注目を奪われた」 2.「(生産・開発の) 立ち上げ段階の，上流の」 3.「気持ちを高めさせる」

スターバックスが提供するものとして，「安らぎの場所」「つながり」などと並べて自然なのは，「快適さの高揚感」である。**3が適切**。1や2を提供するはずがない。

[7] 1.「時代遅れの」 2.「大胆な」 3.「気まぐれな，常軌を逸した，不規則な」

マーク式総合 ii.

企業の従業員共通の目的としてふさわしいものは，「大胆な目標」である。**2が適切**。1や3では，求心力のある目標たりえない。

[8] 1.「～を無効にする」 2.「～の火付け役となる」 3.「～を脱線させる，～を頓挫させる」

空所を含む文の前文（These are not…）に「これら（＝ビジネスの意図・顧客とのつながり・従業員の経験）は，単に行動を形成することを目的とした文化規範ではない」とある。さらに空所を含む文の前半部分からは，「ビジネスの意図・顧客とのつながり・従業員の経験」という3つの要素が，行動形成以上の効果を発揮することがわかる。空所を含む節は，and でその部分と接続されていることから，**2を選び**，「熱心な関与と仕事ぶりを引き起こす」という行動形成以上の効果を描写する内容にすればよい。

[9] 1.「活気づける，奮い立たせるような」 2.「恩着せがましい，人を見下したような」 3.「士気をくじく，やる気をなくさせるような」

空所を含む文の with ～, with ～, and with ～と述べられている箇所は，3つの要素（ビジネスの意図・顧客とのつながり・従業員の経験）が職場に生み出すポジティブな効果を述べている部分の一部なので，2や3のようなネガティブな表現はふさわしくない。**1が適切**。

[10] 1.「防火壁」 2.「思いがけなく手に入った大金，棚ぼた」 3.「水位線，海岸線」

人々を会社に入社するように仕向けた要因の一つはお金であろう。1や3は入社の要因とは無関係である。**2が適切**。

[11] 1.「～を明らかにした」 2.「～を取り外した」 3.「～を解き放った」

第6段第1文（All the ventures…）にあるように，筆者はベンチャー企業を研究してきたのであるから，筆者が企業の持つ意図をどうしたのか，と考えれば2や3はありえない。**1が適切**。

[12] 1.「～に反論した」 2.「～をふ化させた」 3.「～を回避した」

hatch「ふ化させる」は目的語に a plan をとって「（計画など）を立てる」の意でも使われる。**2が適切**。

[13] 1.「逮捕すること」 2.「立ち上げること」 3.「防ぐこと」

起業プランの持ち込み先であること，また，目的語が in-house ventures「社内ベンチャー事業」であることから**2が適切**。

[14] 1.「敬意」 2.「暴露」 3.「抵抗」

its original intent「当初の意図」とは，第7段最終文（When he presented…）にある an intent である。その詳しい内容は，その直前部分で「より多くの人々に学習教材へのアクセスを提供することによって，日本の教育の不平等に取り組む」と説明されている。空所を含む文の次の文（Among other moves, …）に「スタディサプリは大学入試の準備サービスや高校補習用サービス，さらには小中学校の教材や大学での教育指導を含めるようにした」といった趣旨の記述があり，スタディサプリが当初の意図を持ち続けていることがわかる。したがって，**1が適切**。

[15] 1.「契約した」 2.「停滞した」 3.「現れた，台頭した」

スタディサプリは598,000人もの有料加入者がいるのだから，リクルート教育事業の中心的なブランドになっているのである。したがって，**3が適切**。emerge as ～で「～として台頭する，～として注目されはじめる」の意。

[16] 1.「～を実行する」 2.「(計画など）を策定する〔練り上げる〕」 3.「～を棚上げする」

「中国での反対意見の鎮圧を促進すると思われる検索エンジンの開発計画」は「利益よりも価値観を優先する」というグーグルの企業精神に反するから，その開発計画を中止するよう何百人ものグーグルの従業員が要求したのである。したがって，**3が適切**。

[17] 1.「棄却〔解雇・解散〕可能な」 2.「温和な」 3.「深刻な，重大な」

創業者が企業精神を修復するために戻るのは，「企業精神へのダメージ」がどんな場合かを考えればよい。**3を選び**，「ダメージが深刻な場合」とすれば文脈にかなう。続く第10段第2文（In 2008, Howard …）に具体的な例が述べられている。「ブランドに固有の何かが失われた」とある。

[18] 1.「～を看護する」 2.「～を取り締まる」 3.「(医者でない人が)～を治療する」

the company's spirit back to life と組み合わせるのに適切なのは**1である**。nurse *A* back to life は nurse *A* back to health「綿密な医療と注意を払い，人を完全な健康状態に戻す」という表現を下敷きにして，health を life にしたものである。3は，nurse と違い，直接目的語の後に back to life といった補語を伴うことは通例できないため，不適。

[19] 1.「～を思い起こさせた」 2.「～を無視した」 3.「～を放棄した」

第10段の書き出し（When damage to …）の「創業者はそれ（＝企業精神）を回復するために復帰することがある」の実例として，スターバックスのハワード＝シュルツに言及しているのである。したがって，**1が適切**。

[20] 各選択肢を draw につなげた場合の意味は，1.「～を取り除く，(注意）をそらせる」，2.「～を誘引する〔引き込む〕」，3.「～を引き離す〔切り離す〕」。

起業時に抱いた創業者の強い魂を維持している企業の話をしている箇所であることを考えると，「さまざまな出資者を（　　　），刺激するだろう」の空所に入れるものとして，「刺激する」と親和性があるのは**2である**。1や3では正反対である。

[21] 「次の文のうち，第2段の下線を引いた文に含まれる重要な情報を最もよく表しているのはどれか？」

1.「大企業は，年月を重ねて大きくなるにつれて，その精神を維持することがより困難になる」

2.「創業者と従業員は，自社の精神を復活させるために外部からの投資に目を向ける傾向がある」

3.「大企業は，企業精神の低下に対する答えとして，さまざまな新しい取り組みを導入している」

4.「創業者と従業員は，その組織の精神が衰退し始めると，それについて回想し始める」

下線部 They notice and wax nostalgic about it only when it wanes. に含まれる2つのitは前文（Founders and employees …）のsoul「（創業時の起業家）精神」を指している。wax nostalgic「感傷的になる，郷愁に浸り始める」 このwaxは「（人が）だんだん～になる」という意味の動詞である。wane「衰える，徐々に弱まる」「（企業）精神が衰退してようやく，それに気づき，感傷的になる」の同義は**4である**。

[22] 「次のうち，第3段で言及されていないものはどれか？」

1.「筆者は，システムの実装と精神の保存の二重の取り組みを推進している」

2.「筆者は，企業における精神の喪失と保持についての数多くのケーススタディを行ってきた」

3.「筆者は，学者は企業の精神の保全を見落とす傾向があると考えている」

4.「筆者は衰退するスタートアップ企業の精神に関する広範な研究に携わってきた」

1は第3段第3・4文（So often entrepreneurs,…focus on both.）に述べられている。2は第3段第1文（Over the past …）に述べられている。3は第3段第3文（So often entrepreneurs, …）に述べられている。4には言及がない。したがって，**4が正解**。

[23] 「なぜ筆者は第4段でセバスチャン=ユンガーの言葉に触れているのか？」

1.「初期の従業員は，ビジネスの成功の本質として相互の協力を重視していることを説明するため」

2.「成功した企業の初期の従業員は，自分の組織との密接なつながりを感じているという概念を支援するため」

3.「初期の従業員に付随する忠誠心は，（共通性のある）集団に属する人間の基本的欲求に不可欠であると主張するため」

4.「スターバックスの初期の従業員は，地域社会の顧客とのつながりをより重視しているという考えに反論するため」

第4段最終文（Early employees told …）で，「初期の従業員たちは自分の企業に強く一体感を感じていた」と述べられ，それを補強するためにセバスチャン=ユンガーの「忠誠心と帰属意識，そして人間の永遠の意味の探求」に触れているのである。したがって，**2が適切**。

[24]「第6段の下線部“loftier”という言葉と意味が最も近いものは…」

1.「優勢な，支配的な」
2.「持ち上げられた」
3.「もったいぶった，うぬぼれた」
4.「先見の明のある，幻想の」

loftierはloftyの比較級。loftyは，物理的な高さを表す意味のほかに，「高遠な，気高い，理想主義的な」というように，ある考えや観念について形容する用法がある。ここでは，直後にdesire to “make history”「『歴史を作ろう』という望み」という表現が来ていることから，後者の用法。「先見の明のある，理想主義的な」等の意味をもつ**4のvisionaryが最も近い**。2のupraisedと迷ったかもしれないが，この語は，たとえば手や腕などを上方に上げる（*cf.* an upraised arm）というように，具体的なものを対象とする用例が主である。

[25]「次の記述のうち，日本企業のスタディサプリについて正しくないものはどれか？」

1.「その創設の理念は，基本的に少数ではなくすべての人に教育を提供することである」
2.「サービスを開始して以来，その商品の範囲は固定されたままである」
3.「国内外の学生に対応している」
4.「中等教育と高等教育の両方のレベルに合わせたサービスを提供する」

1は第7段最終文（When he presented …）に「より多くの人々に学習教材へのアクセスを提供することによって，日本の教育の不平等に取り組む」とあるのに合致する。2は第8段第2文（Among other moves, …）に反する。大学受験対策だけではなく大学入学の準備サービスや高校の補習用ツール，小中学校の教材や大学での教育指導へとサービス範囲を拡大している。よって，**2が正解**。3は第8段第3文（In April 2015, …）に「主に東南アジア市場で同様のサービスを提供していたクイッパー社を買収した」とあるのに合致する。4は第8段第2文に合致する。

[26]「筆者は，（　　　）の目的でフェイスブックとウーバーについて言及している」

1.「過ちを犯したことを認めた大企業の例を挙げるため」
2.「苦労している企業から成功している企業への物語の中に関連性を持たせるため」
3.「企業内の危機が管理過失につながる可能性があることを説明するため」
4.「これらの企業が，精神とエネルギーを失う危険にさらされていなかったことを示すため」

第9段第1文（Often, it takes …）に「企業の精神の消失に気づくには，危機が必要である」とあり，第9段第2文（Recently, Facebook and …）でフェイスブックとウーバーが本来の目的を見失っていたことに対して公に顧客に謝罪したことに言及している。したがって，**1が適切**。

[27]「次のうち，ハワード=シュルツの見解を最もよく表しているのはどれか？」
1.「全国的に急速な拡大期を迎えたことで，スターバックスは従業員と顧客の両方からの信頼を取り戻すことができた」
2.「スターバックスを市場で強い地位に戻すために，スターバックスの本来の精神に大規模な変更を加える必要があった」
3.「スターバックスは，組織の精神と利益率を活性化するために，経営体制に小さな修正を加える必要があった」
4.「スターバックスは，社の製品と顧客の両方と密接な関係を築き，その両者を称賛するときに最適なパフォーマンスを発揮する」

第10段第5文（As he told …）にハワード=シュルツが仲間に語った言葉「我々の思考に対する唯一のフィルターは，次のようなものであるべきだ。我が社の従業員がプライドを持てるだろうか？　顧客体験は向上するだろうか？　お客様の気持ちや心の中でスターバックスがよりよいものになるだろうか？」が引用されている。この発言に**合致するのは4である**。

[28]「次の記述のうち，筆者が最も支持する可能性が高いのはどれか？」
1.「従業員の経験は，効果的な関係構築と強力な販売実績とを関連づけるのに役立つ重要な側面だ」
2.「グーグルの従業員間の緊密なつながりは，企業価値を促進しながら利益を最大化する必要性を従業員が確実に理解するようにする」
3.「会社との情熱的なつながりを形成する従業員は，会社の業績を強化し，刺激するのに役立つ」
4.「従業員の専門化構想は，ビジネスの目的よりも，会社の精神を形作り，保護するために多くのことを行いうる」

第11段最後から2つめの文（Even as companies …）で筆者は，企業を成長させる秘訣として，「ビジネスの目的，顧客とのつながり，および従業員の経験」

の三位一体を持ち続けることを提言している。したがって，**3が適切**。

[29] 「組織の精神を守ることについて，筆者はどんな結論を下しているか？」

1.「それは，成功する企業の運用ルールと運用プロセスを設定し維持するうえで不可欠な機能として役立つ」

2.「それは，企業の急速な成長を確保するために，他の主要な意思決定領域よりもはるかに大きな重要性を持つ」

3.「それは初期の従業員の重要な役割であり，他の基本的なビジネス要素と同等に重要だ」

4.「スタディサプリとスターバックスの経営政策と海外展開の原動力であったし，今もそうである」

safeguarding the soul of organizations については，第11段第1文（Safeguarding the organization's …）で触れられている。「組織の精神を守ることは，創業メンバーたちの仕事のうちほとんど評価されてないものだとしても，経営や株式分割などの重要な意思決定分野と同じく非常に重要である」が当該文の趣旨。これと**合致するのは3**。第11段第1文をほぼパラフレーズしたものとなっている。4については，safeguarding the soul of organizations の重要さを論じる際の例示として触れられているものであり，筆者の結論そのものを表すものではないので不適。

[30] 「次の要約のうち，筆者によって提示された中心的な考えはどれか？」

1.「会社の永続的な成功を確実にするために，スタートアップ企業の精神は保存されなければならない」

2.「スタートアップ企業の創業者は，その精神が従業員と投資家のニーズを確実に満たすようにしなければならない」

3.「意図，つながり，経験の三角関係は，スタートアップ企業の精神の保護を制限する」

4.「スタートアップ企業の本来の精神が失われると，経営体制が弱体化する可能性がある」

筆者は，起業時の精神を持ち続けて成功した企業の例としてスタディサプリとスターバックスを取り上げ，第11段で起業時の精神の維持が企業の成長・偉大さの秘訣であると述べている。**1が適切**。

●語句・構文

(第1段) □intangible「不可解な，触れることのできない」 □So do early employees and customers. は“So＋助動詞＋主語.”の構文で「〜もまたそうだ」の意。□inspire「〜を鼓舞する，〜を動機づける」 □As long as〜「〜限りは」 □

agile「敏捷な，機敏な」 □innovative「革新的な，創造力に富む」 □falter「よろめく，低迷する」 □be gone「なくなる，消失する」

（第2段） □*Fortune*『フォーチュン』（雑誌名） □CEO「最高経営責任者」（＝Chief Executive Officer） □initiative「新たな取り組み〔戦略〕」 □in particular「特に，とりわけ」 □freewheeling「気ままな」 □ethos「気風，精神」 □all-nighter「（仕事・勉強などで）徹夜すること，夜通しのイベント」 □job description「職務記述書（＝役職，職務の内容や責任の範囲などを規定した文書）」 □investor「投資家〔者〕」 □run roughshod over ～「（気持ち）を完全に無視して進む〔踏みにじる〕」 □push *A* to *do*「*A* に～するように強要する」 □professionalize「専門化する」 □pivot「旋回する，方向転換する」 □in response to ～「～に応えて」 □entrepreneurial mindset「起業家精神」 □address「～に注意を向ける」 □behavioral norm「行動規範」 □fail to *do*「～しそこなう，～できない」

（第3段） □thereby「それによって」（＝by that） □stakeholder「出資者」 □implement「～を実装する，～を実行に移す」 □nurture「～を育てる，～を助長する」

（第4段） □articulate「～を明確に説明する，～をはっきり表現する」 □at *one's* best「全盛期で，一番いい時期で」 □collaborate「協力する，共同で行う」 □oasis「安らぎの場所」 □*A*, *B*, *C*, as well as *D*「*D* ばかりでなく *A*，*B*，*C* までも」 □identify *A* as *B*「*A* を *B* と確認する〔同定する〕」 □identify with ～「～と一体感を持つ，～に共感する」 □refer to *A* as *B*「*A* を *B* と呼ぶ」 □belonging「帰属意識」 □quest for ～「～を探求すること」

（第5段） □point to ～「～を指摘する」 □run deep「根深い」 □render「～にする」（＝make） □transactional「取引の」 □connect with ～「～と結びつく，～とつながる」 □intrinsic「固有の，本質的な」 □energize「～を活気づける」

（第6段） □animating「元気づけるような，鼓舞するような」 □originate with ～「～に端を発する，出どころは～である」 □drive *A* to *do*「*A* を駆り立てて～させる」 □make history「歴史的な偉業を成し遂げる」 □go further「さらに推し進める，もっと踏み込む」 □take on ～「～を持つようになる，～を獲得する」 □existential「存在の，存在に関する」 □reason for being「存在理由，生きる理由」

（第7段） □staffing company「人材派遣会社」 □seek to *do*「～しようと（努力）する」 □turn *A* around「*A* を方向転換する〔好転させる〕」 □charged with ～「～を担当している」 □in-house venture「社内起業，社内ベンチャー事業」 □inequity「不公平」 □learning materials「学習教材」 □aligned with ～「～に足並みをそろえる，～と連携している」

（第8段） □among other moves「その他の動きとして」 □market「～を市場に出す

〔売り込む〕」 □ remedial「補習の」 □ expand「～を拡張する」 □ academic coaching「大学での指導」 □ *A* and not *B*「*B* ではなくて *A*」（= not *B* but *A*） □ privilege「特権，特典」 □ academic ability「学力」 □ by early 2019「2019 年初頭までに」（by は〈期限〉を示す） □ paid「有料の，料金を支払い済みの」 □ subscriber「（予約）定期購読者，加入者」

（第 9 段） □ it takes *A* for *B* to *do*「*B* が～するには *A* が必要である」 □ be disappearing「（…が）消失しつつある」 □（be） gone「消失してしまった」 □ apologize to *A* for *B*「*B* のことで *A* に陳謝〔謝罪〕する」 □ facilitate「～を手助けする〔促進する〕」 □ stifling「息の根を止めること，鎮圧すること」 □ dissent「反対意見，異議」 □ place *A* above *B*「*B* より *A* を優先する」 □ values「価値観」

（第 10 段） □ restore「～を元の状態に戻す」 □ resume「～を再開する」 □ ensuing「次の」（＝following／next） □ notably「特に，とりわけ」 □ convene「～を招集する〔開催する〕」 □ off-site session「社外会議」 □ enhance「～を高める，～をよりよくする」 □ social conscience「社会的良心」 □ convince *A* to *do*「*A* が～するよう説得する」

（第 11 段） □ safeguard「～を守る〔保護する〕」 □ Safeguarding the … job については，Safeguarding the organization's soul is a critical part of the founding cohort's job という文の critical の後に，if little appreciated が挿入されていると考えるとよいだろう。if little appreciated は，(even) if (it is) little appreciated のように（　　）内を補うと意味がわかりやすい（it は Safeguarding the organization's soul を指す）。 □ on par with ～「～と同等で，～に比肩する」 □ equity split「株式分割」 □ blossom「開花する，盛んになる」 □ alchemy「魔術，魔力」 □ over the long term「長期的に見ると」 □ fire up「～に点火する，～を活性化させる」 □ even as ～「～と同時に，～とともに」 □ strive to *do*「～するよう努力する」 □ retain「～を持ち続ける」 □ trinity「三つ組，三位一体」 □ not only *A* but also *B*「*A* ばかりでなく *B* もまた」

解答

[1]－1	[2]－2	[3]－3	[4]－3	[5]－1	[6]－3
[7]－2	[8]－2	[9]－1	[10]－2	[11]－1	[12]－2
[13]－2	[14]－1	[15]－3	[16]－3	[17]－3	[18]－1
[19]－1	[20]－2	[21]－4	[22]－4	[23]－2	[24]－4
[25]－2	[26]－1	[27]－4	[28]－3	[29]－3	[30]－1

54

2020年度 総合政策学部 〔3〕

難易度	目標制限時間	50 分	目標ライン	(全30問中) 18 問正解
標 準	かかった時間	分	自己採点結果	(全30問中) 問正解

次の文章に関して，空欄補充問題と読解問題の二つがあります。まず，［1］から［20］の空所を埋めるのに，文脈的に最も適切な語を1から3の中から選び，その番号を解答欄(1)から(20)にマークしなさい。次に，内容に関する［21］から［30］の設問には，1から4の選択肢が付されています。そのうち，文章の内容からみて最も適切なものを選び，その番号を解答欄(21)から(30)にマークしなさい。

1 It's harder than you might think to make a dinosaur. In the movie *Jurassic Park* they do it by extracting a full set of dinosaur DNA from a mosquito preserved in amber, and then cloning it. But DNA degrades over time, and to date none has been found in a prehistoric mosquito or a dinosaur fossil. The more realistic [1] (1. prospect 2. parameter 3. problem) is to take a live dinosaur you have lying around already: a bird. Modern birds are considered a surviving line of theropod dinosaurs, closely related to the T. rex and velociraptor. Just look at their feet: "theropod" means "beast-footed". By tinkering with how a bird embryo develops, you can silence some of its modern adaptations and let the older genetic instructions take over. Enterprising researchers have already made a chicken with a snout instead of a beak.

2 This obviously adds to the general merriment of the world, and will eventually kickstart a roaring trade in exotic quasi-Jurassic pets. But there are a surprising number of other projects that aim to bring [2] (1. up 2. along 3. back) more recently vanished wild animals, from the woolly mammoth to the Pyrenean ibex. Advances in gene-editing technology promise to make "de-extinction" a potentially [3] (1. untenable 2. gullible 3. viable) enterprise, but what exactly is the point? To answer this question, the Swedish science journalist Torill

Kornfeldt has travelled to meet with researchers who are raising a number of deep questions and paradoxes about our relationship with nature.

3 The last mammoth died only 4,000 years ago, which means that fragments of mammoth DNA can be recovered, and scientists have [4] (1. pieced 2. shuffled 3. joined) together a complete picture of how the mammoth genome differs from that of the modern elephant. In Siberia, maverick mammoth-bone hunter Sergey Zimov wants to reintroduce mammoths to the landscape, while a US professor of genetics, George Church, is working on how to build them by splicing mammoth sequences into elephant DNA. But why? Church is motivated by the [5] (1. simple joy 2. sour grapes 3. hidden agenda) of doing something new and perhaps even improving on evolution. "We might be able to do even better than the mammoth did," he says. Zimov and his son, [6] (1. therefore 2. meanwhile 3. hereafter), point out that grazing megafauna such as mammoths, because of the way they knock over trees in heat-absorbing forests and root up the insulating top layer of snow on the ground, can actually keep overall temperatures down in their environment, and so counteract global warming.

4 This would only work, of course, at scale, if millions of mammoths were [7] (1. buried underneath 2. roaming across 3. gathered from) the European continent, along with gigantic herds of aurochs (the wild forebears of modern cattle) and other ghosts from the past. Such a world is, indeed, what some people want to see, and here ideas of de-extinction coincide with the wishes of the modern rewilding movement, which wants to transform developed-world ecosystems by reintroducing wild animals, including predators such as wolves.

5 Part of the motivation is simply aesthetic, and part [8] (1. detracts 2. derives 3. detaches) from a kind of species guilt. Scientists disagree over whether it was in fact humans, rather than early climate change, that killed off mammoths, giant sloths, and other megafauna, but reviving them, to some minds, would be a kind of symbolic expiation for all our other environmental depredations, returning us to a prelapsarian

innocence in our relationships with other animals. Stewart Brand, the countercultural godfather of hi-tech ecology, tells Kornfeldt: "I want the cod in the ocean to be the size cod used to be, for example. People go to the national parks in Africa and look at savannah full of animals, masses of animals and different species. Europe used to be like that, North America used to be like that, [9] (1. even 2. only 3. so) the Arctic had that wealth of fauna. That's my goal."

6 On views like this, a few human deaths by mammoth or wolf, let alone rampaging dinosaur, would be an acceptable [10] (1. line in the sand 2. price to pay 3. needle in a haystack) for a more exciting environment of what Brand calls "bioabundance". Sweden's wild boars, descended from a few that escaped from parks in the 1980s, now cause "thousands of traffic accidents every year". And indeed another researcher, who is working on bringing back the passenger pigeon—millions-strong flocks of which [11] (1. should 2. must 3. would) periodically devastate local flora in the US—sees its role precisely as an agent of creative destruction. "A forest needs a forest fire now and again," he says. Such visions are clearly based on an ecological nostalgia, a desire to return things to how they used to be and have them stay the same, and thus arise projects such as that to kill off "invasive mice" on islands off the coast of New Zealand, which is [12] (1. anything other than 2. something beyond 3. nothing but) a kind of ecological eugenics.

7 But other thinkers in the field have long noted that any ecosystem is itself a process, always [13] (1. in flux 2. in crisis 3. in vitro). As Kornfeldt asks: "Why should nature as it is now be of any greater value than the natural world of 10,000 years ago, or the species that will exist 10,000 years from now?" An excellent counterpoint to the kind of ecology that wants to [14] (1. fight 2. take 3. turn) back the planetary clock is the recent book *Darwin Comes to Town*, by the Dutch biologist Menno Schilthuizen, which evinces great joy and optimism in its survey of how accelerating evolution is driving animals of all kinds to find new ecological niches in our cities.

8 A more pragmatic criticism of de-extinction is that it diverts resources from the attempt to save species that have not [15] (1. yet 2. only 3. at all) become extinct. But the two are not necessarily competitive: in the case of the northern white rhino, of which there are only two in the world, they may be [16] (1. contradictory 2. contemporary 3. complementary). Kornfeldt visits the splendidly named Frozen Zoo in San Diego, which since the 1970s has accumulated a collection of cells from nearly 1,000 species frozen in liquid nitrogen. By cloning cells from a dozen rhinos, the zoo's director Oliver Ryder hopes to re-establish a sustainable population; or, as Kornfeldt nicely puts it: "Twelve test tubes could enable new baby rhinos to rumble about once more like miniature armored vehicles."

9 The Frozen Zoo also contains cells from species that have [17] (1. nearly 2. already 3. hardly) died out: for example, the Hawaiian poo-uli, a small grey bird with a black mask around its eyes. While scientists debated whether to try to catch the remaining birds, their numbers dwindled. Eventually a male was caught but no breeding partner could be found, and he died in captivity in 2004. His cells were sent to Ryder. "It was around Christmas," he tells Kornfeldt, "and I was sitting at the microscope examining the cells when it really [18] (1. hit 2. delighted 3. confused) me—a sharp, intense realization that this species was gone now."

10 There are no right or wrong answers in this area, but as Kornfeldt implies, the [19] (1. fossilization 2. rhetoric 3. consensus) of such debates still revolves around a few presumptive virtues that are rarely interrogated deeply. The aim of greater "biodiversity", for instance, often cited by the de-extinction researchers she interviews, is never, in truth, an absolute goal. We could save millions of people a year if we [20] (1. propagated 2. eradicated 3. vaccinated) the malaria-carrying mosquito—perhaps, as researchers are now trying to do, by replacing them with genetically sterile individuals—but that would be a decrease in biodiversity. The fungi threatening to kill off some of our best-loved tree species are themselves organisms, as much as the trees they

attack. Inevitably, those discussing such ideas are always choosing one species over another, and judging one ecosystem as somehow more authentic than another—not that nature itself cares much either way, being the most brutal engine of extinction on the planet.

—Based on Poole, S. (2018). "The re-origin of species by Torill Kornfeldt review —bringing extinct animals back to life," *The Guardian*.

[21] The movie *Jurassic Park* is mentioned at the beginning of the article to

1. showcase the ease with which scientists can bring back extinct species.
2. provide an example of how we can use DNA taken from ancient mosquitoes.
3. argue that even if the environment collapses entirely, nature will find a way.
4. illustrate that restoring extinct animals is easier in fiction than in reality.

[22] According to this article, which of the following is ***NOT*** one of the possible benefits of bringing back extinct animals?

1. It can affect the environment in ways that slow climate change.
2. It creates a sustainable, environmentally-friendly source of food.
3. It may generate new business opportunities for the pet industry.
4. It increases the variety and number of species in the environment.

[23] Given the description in the 4th paragraph, the "rewilding movement" seeks to achieve ecosystems

1. in which humans and wild animals can live together in urban environments.
2. that are as close to a wild state as possible, regardless of human safety.
3. reserved for wild animals and completely isolated from human inhabited areas.
4. that expose humans to more natural predators, especially in crowded cities.

[24] What can you infer about Stewart Brand from his statements in the

5th paragraph?

1. He thinks people can only see wild animals if they visit national parks.
2. He is lobbying governments to do more to protect natural preserves and forests.
3. He is researching how overfishing decreases the size of fish in the ocean.
4. He feels animals should be more numerous and diverse than they are now.

[25] Which of the following is the best example of the "ecological nostalgia" mentioned in the 6th paragaph?

1. Recreating extinct plants to restore a forest to its pre-modern state.
2. Using cloning to maintain the population of endangered animals.
3. Removing native insect species that harm traditional crops.
4. Studying how animals evolve to adapt to human environments.

[26] Which of the following best summarizes the phrase "a forest needs a forest fire now and again"?

1. You only hurt the ones you love.
2. You can't make an omelet without breaking a few eggs.
3. If you play with fire you will get burned.
4. If you can't stand the heat stay out of the kitchen.

[27] What is implied by the question Kornfeldt asks in the 7th paragaph?

1. One historical period of the Earth's environment is no more or less worth protecting than another.
2. Humans are only concerned with short-term benefits and not the effects their actions will have on the future environment.
3. Events that occurred 10,000 years ago will affect the types of animals that will exist in the future.
4. Researchers are limited to studying the history and current role of species and the environment on the planet.

[28] Which of the following are you most likely to find at the Frozen Zoo in San Diego?

1. Mosquitos preserved in amber
2. Artificially grown mammoth embryos
3. Breeding partners for the poo-uli
4. Cell samples of white rhinos

[29] Which of the following probably best describes the views held by the author?

1. Increasing biodiversity on Earth is by most standards the right course of action.
2. Views on biodiversity and extinction are often subjective and inconsistent.
3. It risks the global ecology to try to save animals from extinction.
4. Mammoths became extinct due to human-caused climate change.

[30] Which of the following most closely matches the author's assertion that nature is "the most brutal engine of extinction on the planet" in the last paragraph?

1. We should recognize that human-caused extinction is a natural phenomenon.
2. Greenhouse gasses from engines are a major cause of extinction in nature.
3. Extinction is a part of nature that is initiated by human interference.
4. Natural phenomenon unavoidably lead to irreversible changes in the ecosystem.

全訳

≪生物多様性と絶滅の議論の背景にあるもの≫

1　恐竜を作るということは思っているよりも難しい。映画『ジュラシック・パーク』においては，琥珀の中に保存されていた蚊から恐竜の完全に揃ったDNAを抽出し，それからそのクローンを作ることによって行っている。しかしDNAは時とともに劣化するし，現在まで有史以前の蚊や恐竜の化石の中から発見されていない。より現実的な可能性としては，すでに周りに存在している，生存している恐竜を取り上げることだろう。つまり，鳥である。現代の鳥たちは獣脚類の恐竜の生存している系統の1つとみなされており，T. レックスとヴェロキラプトルと密接な関係をもっているとされる。ただ彼らの脚を見てみればいい。「獣脚」とは「獣の脚をしている」という意味である。鳥の胚の発達の仕方を少し操作することにより，いくつか現代の適応の発現を抑制して，より古い遺伝的な指示に取って代わらせることができる。進取的な研究者たちはすでにくちばしの代わりに鼻をもつニワトリを創り出している。

2　このことは明らかに世界の全般的な楽しさを増すものであり，やがてはジュラ紀に類似した異国風のペットにおける盛況な取引を始動させるだろう。しかしながら，ケナガマンモスからピレネー山脈のヤギに至るまで，もっと最近になって姿を消した野生動物を復活させることを目的とした驚くべき数の他のプロジェクトがある。遺伝子編集技術における進歩は「絶滅種の復活」を潜在的に実現可能な企てにすることを約束する。しかし，その核心は何なのだろうか？　この質問に答えるため，スウェーデンの科学ジャーナリストであるトリル=コーンフェルトは自然と人間との関係について数々の深淵な疑問とパラドックスを提起している研究者たちに会う旅に出た。

3　最後のマンモスはほんの4,000年前に死んだが，そのことはマンモスのDNAの断片を回収し得るということを意味しており，科学者たちはマンモスのゲノムが現代のゾウのものとどのように異なっているのかという全貌を組み立ててきている。シベリアでは，マンモスの骨のハンターとして一匹狼であるセルゲイ=ジモフは景色の中にマンモスを再び登場させたいと思っている。一方，アメリカの遺伝子学の教授であるジョージ=チャーチはマンモスの配列をゾウのDNAにつなぎ合わせることにより，マンモスをどうやって組み立てるかということに取り組んでいる。しかしなぜなのだろう？　チャーチを動機づけているのは，自分が何か新しく，そしておそらくは進化に改良を加えてさえいるのだという単純な喜びである。「私たちはマンモスがしたことよりもさらに上手くできるかもしれません」と彼は述べている。ジモフと彼の息子は，一方，マンモスのような草食の大型動物相が，熱を吸収する森林において木々をなぎ倒し，地面にある断熱性の雪の最上層を根こそぎにするという方法により，彼らの環境において実際に全体の気温を低く抑えておくことができ，それによって地球温暖化を弱めることができると指摘している。

4　このことはもちろん，大きなスケールでしか機能しない。つまり，もしも何百万頭ものマンモスがオーロックス（現代の畜牛の先祖である野牛）の巨大な群れやその他の過去からの亡霊とともにヨーロッパ大陸を歩き回ることがあるのなら，である。実際，そのような世界はある種の人々が見たいものであり，そしてここにおいて絶滅した種の復活という考えが現代の再野生化運動への望みと一致する。それは，オオカミのような捕食者を含む野生動物を再導入することにより，発達した世界の生態系を変えることを望んでいるのだ。

5　その動機の一部は単に美的なものであり，一部は一種の，種としての罪悪感に由来するものである。マンモスや巨大なナマケモノ，そして他の大型動物相を絶滅させてしまったのは，初期の気候変動というよりもむしろ実際のところ人間であるのかどうかについて，科学者たちの意見は分かれている。しかし，ある者たちの考えでは，それらを復活させることは，私たちの他のすべての環境的な破壊行為に対するある種の象徴的な償いであり，人間と他の動物たちとの関係において，私たちを堕罪以前の罪のない状態に返すというものなのだろう。高度な技術を用いる生態学の反体制文化の教父であるスチュアート=ブランドは，コーンフェルトにこのように話している。「たとえば私は海で暮らすタラにかつての大きさになってほしい。人々はアフリカの国立公園に出かけ，本当に数多くの，そしてさまざまな種の動物でいっぱいの草原を見る。ヨーロッパは以前はそんなふうだったし，北アメリカもかつてはそのようだった。北極でさえそのような豊かな動物相を保有していた。それが私の目標だ」

6　このような観点では，暴れ回る恐竜はもちろん，マンモスやオオカミによって少しばかりの人間が死んだとしても，ブランドが呼ぶところの「バイオアバンダンス」という，よりわくわくするような環境のためには受け入れられる支払うべき代償なのだろう。スウェーデンの野生のイノシシは，1980年代に公園から逃げ出してきた数頭の子孫であるが，現在，「毎年何千件もの交通事故」の原因となっている。そして実際のところ，その何百万羽もの群れが定期的にアメリカの特定の地域の植物相を荒廃させるであろうリョコウバトの復活に取り組んでいる別の研究者は，その役割を明確に創造的な破壊をもたらす媒介者とみなしている。「森林には時々森林火災が必要なのです」と彼は言う。そのような幻想は明らかに生態学的な懐古の情に基づいている。それは物事を以前そうであったように戻し，そのまま同じ状態にしておきたいという欲求であり，そしてそれゆえにニュージーランドの海岸沖の島々にいる「侵略的なネズミ」を絶滅させるようなプロジェクトを発生させる。それは一種の生態学的な優生学に他ならない。

7　しかし，この分野において他の考えをもつ人々は，あらゆる生態系はそれ自体が一連の過程であり，常に変化しているということにずっと注目している。コーンフェルトがこのように問いかけている。「なぜ現在のような自然が1万年前の自然世界，もしくは今から1万年後に存在しているであろう種よりも大きな価値があるはずだと言えるのだろうか？」 惑星の時計を戻すことを望むような種類の生態学に対する優れた反論は，オランダの生物学者であるメノ=スヒルトハウゼンによる最近の著作『ダーウィンが街にやってくる』である。その本は，加速する進化がどのようにしてすべての種類の動物たちに現代の都市における新しい生態学的な適所（ニッチ）を見つけさせているかについての調査において，大きな喜びと楽観を示している。

8　絶滅した種の復活に対するより実際的な批判は，まだ絶滅していない種を救おうとする試みから資源が流用されてしまうというものである。しかしこの2つは必ずしも競い合うものではない。世界に2頭しかいないキタシロサイの場合は，それらは相補うものであるかもしれない。コーンフェルトはサンディエゴにある見事に名づけられた「冷凍動物園」を訪れている。そこでは1970年代から，1,000近い種からの細胞のコレクションが液体窒素の中で冷凍され，蓄積されている。1ダースほどのサイから採取した細胞のクローンを作ることにより，動物園の園長であるオリバー=ライダーは，持続可能な個体数を再構築することを望んでいる。つまり，コーンフェルトがうまく述べているように，「12本の試験管によって，ミニチュアの装甲車のように赤ちゃんサイがもう一度ガラガラと音を立てて走り回ることが可能になるかもしれない」のである。

9　冷凍動物園はすでに絶滅した種からの細胞もまた保存している。たとえば，目の周りが黒くなっている小さな灰色の鳥であるカオグロハワイミツスイである。生存している鳥の捕獲を試みるかどうか科学者たちが議論をしている間に，個体数は徐々に減少してしまった。最終的に1羽のオスが捕獲されたが，つがいとなるメスが見つけられず，そのオスは2004年に鳥かごの中で死んでしまった。このオスの細胞はライダーに送られた。「クリスマスの時期でした」と彼はコーンフェルトに述べている。「私が顕微鏡で細胞を調べているとき，この種はもう絶滅してしまったのだという鋭く激しい認識が私を襲ったのです」

10　この分野においては正しい答えも間違った答えもない。しかし，コーンフェルトがほのめかしているように，そのような議論に使われる言葉は，いくつかのめったに深く詮索されていない推定上の美徳の周辺をまだぐるぐると回っている。たとえば，彼女がインタビューした絶滅種復活の研究者たちによってしばしば引用されている，より素晴らしい「生物多様性」の狙いは，実のところ決して絶対的な目標ではない。研究者たちが現在そうしようと努力しているところであるが，おそらくは遺伝的に不妊の個体と置き換えることにより，マラリアを媒介する蚊を根絶することができるなら，1年あたり何百万人もの命を救うことができる。しかしそんなことをすれば生物多様性の縮小になるだろう。私たちが最も愛している樹木のいくつかの種を全滅させてしまいそうな菌類自身も，それが攻撃する樹木と同じく生命体である。必然的に，そのような考えを議論している者は常に別の種よりもある種のほうを選んでいる。そして別の生態系よりある生態系のほうが何となくより真正なものであると判断している。けれども，自然それ自体はどちらかがよいといっているわけではなく，地球上における最も残酷な絶滅の原動力となっているのである。

解説

[1]「より現実的な（　　）としては，すでに周りに存在している，生きている恐竜を取り上げることだろう」

「より現実的」と比較級が用いられているのは，第1段第2文中の by extracting a … then cloning it で述べられている『ジュラシック・パーク』での恐竜再生方法と比べているからである。したがって，空所には恐竜再生方法にあたる言葉が入るはずである。**1．prospect「見込み，可能性」が適切**である。parameter は「媒介変数」，problem は「問題」といった意味である。

[2]「もっと最近になって姿を消した野生動物を（　　）」

more recently vanished wild animals「もっと最近になって姿を消した野生動物」をどうするのかを考える。**3を入れて bring back で「連れ戻す」という意味になる**ため，絶滅種を復活させるという論旨に適合する。bring up は「育て上げる」，bring along は「連れていく」といった意味になる。

[3]「遺伝子編集技術における進歩は『絶滅種の復活』を潜在的に（　　）企てにすることを約束する」

遺伝子編集技術における進歩が「絶滅種の復活」という企てをどのようなものにするかを考えると，**3．viable「実現可能な」が適切**。untenable は「支持できない」，gullible は「騙されやすい」といった意味である。

[4]「科学者たちはマンモスのゲノムが現代のゾウのものとどのように異なっているのかという全貌を（　　）いる」

空所の前に fragments of mammoth DNA can be recovered「マンモスのDNA の断片は回収し得る」とあることから判断すると，piece together「つなぎ合わせる，（断片をつないで）全体像をつかむ」が文意に合うので，**1．pieced が適切**。shuffle は「混ぜる，引きずる」，join together は「一丸となる，結合する」といった意味である。

[5]「チャーチを動機づけているのは，自分が何か新しく，そしておそらくは進化に改良を加えてさえいるのだという（　　）である」

空所直後に doing something new「何か新しいことをしている」，improving on evolution「進化に改良を加える」とあり，これらは研究者にとっての **1．simple joy「単純な喜び」**である。sour grapes は「負け惜しみ」，hidden agenda は「隠された動機」といった意味である。

[6]「ジモフと彼の息子は，（　　），マンモスのような草食の大型動物相が熱を吸収する森林において…地球温暖化を弱めることができると指摘している」

この空所を含む第3段では，アメリカの教授ジョージ=チャーチが紹介された後，シベリアのジモフと彼の息子の地球温暖化抑制に役立つという考えが紹介されている。よって，2．meanwhile「一方で」が適切である。therefore は「それゆえに」，hereafter は「これから先は」といった意味を表す。

[7]「もしも何百万頭ものマンモスがオーロックスの巨大な群れやその他の過去からの亡霊とともにヨーロッパ大陸を（　　）ことがあるのなら」

millions of mammoths「何百万頭ものマンモス」がヨーロッパ大陸をどのようにするのかを考えると，2．roaming across「歩き回る」が適切。buried underneath は「地中に埋められている」，gathered from ～ は「～から集められる」となる。

[8]「その動機の一部は単に美的なものであり，一部は一種の，種としての罪悪感から（　　）ものである」

直前の Part of the motivation is simply aesthetic「動機の一部は美的なもの」を受け，他の動機として a kind of species guilt「一種の，種としての罪悪感」を述べている。derive from ～「～から派生する」とすると文意に合うので，2．derives が正解となる。detract from ～ は「～を損なう」，detach from ～ は「～から離れる」となる。

[9]「ヨーロッパは以前はそんなふうだったし，北アメリカもかつてはそのようだった。北極（　　）そのような豊かな動物相を保有していた」

「(動物相が豊富にはなさそうな) 北極でさえも」という文を作ると文脈が通る。よって，「～でさえも」という意味を表す1．even が正解となる。only では「北極だけが」となり，so を選ぶと「(前文を受けて) よって北極が」といった意味になる。

[10]「マンモスやオオカミによって少しばかりの人間が死んだとしても，ブランドが呼ぶところの『バイオアバンダンス』という，よりわくわくするような環境のためには受け入れられる（　　）なのだろう」

第6段第3文（And indeed …）では，リョコウバトが植物相を荒廃させることを「創造的な破壊」として正当化している。この考え方と一致する選択肢を考えると，「マンモスなどによる人間の死」を2．price to pay「支払うべき代償」とするのが最も適切である。line in the sand は「超えてはいけない一線，これ以上進んではならないという警告」，needle in a haystack は「(干し草の山の中の1本の針→) 望みのない探し物，無駄骨」といった意味を表す。

[11]「その（=リョコウバトの）何百万羽もの群れは定期的にアメリカの特定の地域の植物相を荒廃させる（　　）」

ここでは「もしもリョコウバトが復活すれば」という仮定が主部に潜在している。仮定法過去で「～するだろう」という意味を表す3．would が適切である。同段第

1文でも主部の潜在仮定法がwouldを導いて「少しばかりの人間が死んだとしても，…だろう」という表現が使われている。

[12] 「それは一種の生態学的な優生学に（　　　）」

which は that（=the project）to kill off “invasive mice” on islands off the coast of New Zealand「ニュージーランドの海岸沖の島々にいる『侵略的なネズミ』を絶滅させるようなプロジェクト」を指す。種・遺伝形質に優劣をつけて「劣」と判断したものを絶滅させようとするのはまさに優生学に基づく発想である。**3．nothing but「～に他ならない」が適切**である。anything other than ～は「～以外のもの，決して～ではない」，something beyond ～は「～を超える何か」といった意味を表すが，これらでは文章がつながらない。

[13] 「あらゆる生態系はそれ自体が一連の過程であり，常に（　　　）」

「生態系はそれ自体が一連の過程」とあることから「流動的」を表す**1．in flux が適切**である。in crisis は「危機的状態で」，in vitro は「試験管内で」といった意味を表す。

[14] 「惑星の時計を（　　　）を望むような種類の生態学に対する優れた反論」

fight back は「抵抗する」，take back は「取り戻す」，turn back は「元に戻す」といった意味である。ここでは「時計を戻す」という意味を作る**3．turn が適切**である。

[15] 「（　　　）絶滅していない種を救おうとする試み」

直後の第8段第2文（But the two are …）において「世界に2頭しかいない」という絶滅寸前ではあるがかろうじて絶滅していないキタシロサイが例に挙げられていることから判断すると，not yet「まだ～ない」とすると文意に合うので，**1．yet が適切**である。not only は「～だけでなく」，not at all は「全く～ない」という意味を表す。

[16] 「しかしこの2つは必ずしも競い合うものではない。世界に2頭しかいないキタシロサイの場合は，それらは（　　　）であるかもしれない」

contradictory は「矛盾する」，contemporary は「同時代の」，complementary は「補完的な」といった意味を表す。「必ずしも競い合うというものではない」ということは両立し得るということだから，**3．complementary が適切**である。

[17] 「冷凍動物園は（　　　）絶滅した種からの細胞もまた保存している」

第9段最終文（“It was around …）に，this species was gone now「この種はもう絶滅してしまったのだ」とある。この種とは，空所の直後で例として挙げられているカオグロハワイミツスイなので，「すでに絶滅した」という文を作る**2．already が適切**である。nearly は「もうすこしで，～寸前」，hardly は「ほとんど～ない」という意味を表す。

[18]「顕微鏡で細胞を調べているとき，この種はもう絶滅してしまったのだという鋭く激しい認識が私を（　　　）」

hit は「思い当たる」，delight は「喜ばせる」，confuse は「混乱させる」といった意味である。直後に a sharp, intense realization「鋭く激しい認識」とあることから，**1．hit が適切**である。

[19]「そのような議論の（　　　）は，いくつかのめったに深く詮索されていない推定上の美徳の周辺をまだぐるぐると回っている」

fossilization「化石化」では文がつながらない。また，「推定上の美徳の周辺をまだぐるぐると回っている」とあることから，consensus「合意」も不適である。よって，**2．rhetoric「巧言，（おおげさな）言葉」が適切**。言葉ばかりが空回りしているのである。

[20]「もしもマラリアを媒介する蚊を（　　　）ことができるなら，1年あたり何百万人もの命を救うことができる」

目的語となるのは「マラリアを媒介する蚊」なので，**2．eradicated（「根絶する」の過去形）が正解**となる。propagate は「繁殖させる」，vaccinate は「予防接種をする」といった意味を表す。

[21]「映画『ジュラシック・パーク』は記事の冒頭で（　　　）ために言及されている」

1．「科学者たちが絶滅した種を復活させることの簡単さを示す」
2．「古代の蚊から取り出した DNA をどのように使うことができるのかの例を提供する」
3．「たとえ環境が完全に崩壊したとしても，自然はどうにかするだろうということを論じる」
4．「絶滅した動物を元に戻すことは現実よりもフィクションにおいてのほうが簡単であることを示す」

第1段第1文（It's harder …）で「恐竜を作ることは思っているよりも難しい」とあり，同段第3文（But DNA degrades …）では「DNA は時とともに劣化するし，現在まで有史以前の蚊や恐竜のものは見つかっていない」とある。よって**4が正解**となる。

[22]「本文によれば，絶滅した動物を復活させることの考えられる利点の1つではないものは以下のうちのどれか」

1．「気候変動の速度を緩めるような方法で環境に影響を与え得る」
2．「持続可能で環境に優しい食物源を作り出す」
3．「ペット産業に新しいビジネスの機会を生み出す可能性がある」
4．「環境における種の多様性と数を増加させる」

1は第3段最終文（Zimov and his son, …）と一致。マンモスなどが木々を倒したりすることが地球温暖化を弱めるとある。**2は本文に記述がない**。3は第2段第1文（This obviously adds …）と一致。異国風のペットの取引を始動させるとある。4は第5段第3～5文（Stewart Brand, the … wealth of fauna.）と一致。「以前はヨーロッパなどの地域にも多くの動物，さまざまな種がいた」とある。

[23]「第4段の記述を考慮に入れると，『再野生化運動』では（　　　）生態系を実現しようとしている」

1.「都会の環境において人間と野生動物が共存できる」

2.「人間の安全に関係なく，できる限り野生の状態に近い」

3.「野生動物のために保存され，人間の居住地からは完全に隔離されている」

4.「とりわけ混みあった都市において，人間をもっと自然界の捕食者にさらす」

第4段最終文（Such a world …）関係代名詞 which 以下に rewilding movement「再野生化運動」の説明として「オオカミのような捕食者を含む野生動物を再導入することにより，発達した世界の生態系を変えたい」とある。第5段第3文（Stewart Brand, the …）以降には「ヨーロッパなどを以前のような状態にしたい」という旨の内容があり，また第6段第1文（On views like …）で「マンモスやオオカミによる人間の死は支払うべき代償」とある。これらから**2が正解**となる。

[24]「第5段においてスチュワート=ブランドが言ったことから，彼についてどのようなことを推察することができるか」

1.「彼は国立公園を訪れないかぎり，人々は野生動物を見ることはできないと考えている」

2.「彼は自然保護区や森林を守るためにもっと多くのことをするよう各国政府にロビー活動をしている」

3.「彼はどのように乱獲が海洋における魚の大きさを小さくさせたかを調査している」

4.「彼は動物が現在よりももっと多数で多様であるべきだと感じている」

第5段第4・5文（People go to … wealth of fauna.）に「国立公園に行けば多くの動物，さまざまな種を見ることができるが，以前はヨーロッパなどもそうであった」とあり，最終文（That's my goal.）に「それが私の目標だ」とある。よって**4が正解**となる。

[25]「第6段で言及されている『生態学的な懐古の情』の最もよい例は以下のうちのどれか」

1.「森林を現代以前の状態に回復させるために，絶滅した植物を再び作り出すこと」

2.「クローン技術を絶滅の危機にある動物の個体数を維持するために使うこと」
3.「伝統的な作物に害となるその地域に特有の昆虫の種を取り除くこと」
4.「どのように動物が人間の環境に適応するように進化したかを研究すること」

ecological nostalgia という表現は第6段第5文（Such visions are …）に登場するが，この直後に a desire to return things to how they used to be and have them stay the same と説明されている。「物事を以前そうであったように戻し，その状態を保つ」に**当てはまるのは1**である。

[26]「『森林には時折森林火災が必要である』という表現を最も上手くまとめているのは以下のうちどれか」
1.「自分の愛する者を傷つけることしかしない」
2.「いくつか卵を割ることなしにオムレツを作ることはできない」
3.「火遊びをすればやけどをする」
4.「熱に耐えられないなら台所から離れておきなさい」

問題となっている表現は第6段第4文（“A forest needs …）にあり，直前の creative destruction という言葉が表しているように「何かを作るために何かを破壊する」という内容だと考えられる。よって，「何らかの犠牲を払わずに目的を達することはできない」という意味を表す**2が正解**となる。

[27]「コーンフェルトが第7段で尋ねている質問によってほのめかされていることは何か」
1.「地球の環境の1つの歴史的な期間は別の期間よりも保護する価値があるものでもないし，価値がないものでもない」
2.「人類は短期間の利益にしか関心をもたず，自分たちの行動が将来の環境に与える影響については関心がない」
3.「1万年前に起こった出来事は将来存在するであろう動物のタイプに影響を与えるだろう」
4.「研究者たちは種の歴史と現在の役割，および，地球上の環境の研究に限定されている」

コーンフェルトの質問は第7段第2文（As Kornfeldt asks …）にあり，「1万年前の自然世界や1万年後に存在している種よりも現在の自然のほうがどうしてより大きな価値があるのか」といった内容である。また同段第1文（But other thinkers …）において「あらゆる生態系はそれ自体が過程であり，常に流動している」とある。よって，現在，過去，未来の生態系のどれかがより価値があるというわけではないという**1が正解**となる。

[28]「サンディエゴの冷凍動物園で最も見つけられそうなものは以下のうちどれか」
1.「琥珀の中に保存された蚊」

2．「人工的に育てられたマンモスの胚」
3．「カオグロハワイミツスイのつがい」
4．「シロサイの細胞の標本」

第8段第3文（Kornfeldt visits …）に「冷凍動物園は1970年代から1,000近い種の細胞を冷凍して保存している」とあり，同段第4文（By cloning cells …）に「1ダースほどのサイの細胞をクローン化することにより」とある。よって，**4が適切**である。

[29] 「筆者の抱いている考えを最もよく表していると思われるものは以下のうちどれか」

1．「地球上の生物の多様性を増加させることは，どこからどう見ても正しい行動である」
2．「生物の多様性や絶滅についての考え方はしばしば主観的で一貫性がない」
3．「動物を絶滅から救おうとすることは世界的な生態系を危険にさらすことである」
4．「マンモスは人間が引き起こした気候の変化により絶滅した」

筆者は第10段最終文（Inevitably, those discussing …）で「そのような考えを議論している者は常に別の種よりもある種のほうを選んでいる。そして別の生態系よりある生態系のほうが何となくより真正なものであると判断している」と述べている。これは「生物の多様性や絶滅についての考え方」が論じる人の主観によって恣意的に変化するため，一貫性がないことを問題視していると考えられる。よって，**2が適切**である。

[30] 「最終段における筆者の，自然は『地球上で最も残酷な絶滅の原動力』であるという主張と最も密接に合致するものは以下のうちどれか」

1．「私たちは人間が引き起こす絶滅は自然現象であるということを認識すべきだ」
2．「エンジンから排出される温室効果ガスは自然における絶滅の主要な原因である」
3．「絶滅は人間の干渉により始められた自然の一部である」
4．「自然現象は不可避的に生態系の不可逆的変化につながる」

2は本文中に関連する内容の記述がない。1や3は，第5段第2文（Scientists disagree over …）に「マンモスなどを絶滅させたのは実際には人間かどうかについて議論がある」といった内容はあるが，それが「自然現象」または「自然な状態の一部」であるという記述はない。「地球上で最も残酷な絶滅の原動力」という表現が含まれる最終段最終文（Inevitably, those discussing …）に「このような議論をする者は常にある種を別の種よりも優先して選ぶが，自然はいずれかを好んでいるというわけではない」とあることから，人間の選択などには関係なく，自然の変化によって生物の絶滅などが起こるという 4 が最も解答としてふさわしい。

●語句・構文

(第 1 段) □ extract「～を抽出する」 □ amber「琥珀」 □ degrade「劣化する」 □ to date「現在まで」 □ prehistoric「有史以前の」 □ fossil「化石」 □ live「生きている」 a live dinosaur you have lying around は you have a live dinosaur lying around「周りに生きている恐竜が存在している」の a live dinosaur を先行詞として関係代名詞（目的格のため省略されている）を用いて作られた名詞句である。 □ line「系統，種族」 □ velociraptor「ヴェロキラプトル（小型肉食恐竜）」 □ tinker with ～「～をいじくり回す」 □ embryo「胚」 □ develop「発達する」 □ silence「～を沈黙させる」 □ take over「引き継ぐ，乗っ取る」 □ snout「鼻」

(第 2 段) □ merriment「楽しいこと」 □ kickstart「～を始動させる」 □ roaring「活発な」 □ exotic「異国情緒ある」 □ ibex「アイベックス（野生のヤギ）」 □ gene-editing「遺伝子編集」 □ de-extinction「絶滅した種を復活させる」 □ meet with ～「～と（約束して）会う」 □ a number of ～には⑴ a (large) number of ～「多数の～」，⑵ a (small) number of ～「いくつかの～」の 2 つの意味があり，どちらの意味かは文脈判断であるが「数々の～」と訳しておくのが得策。

(第 3 段) □ fragment「断片」 □ genome「ゲノム」 □ maverick「無所属の，一匹狼の」 □ splice「～を組み継ぎする」 □ sequence「配列，並び」 □ grazing「草を食べている」 □ megafauna「大型動物相」 □ root up ～「～を引き抜く」 □ insulating「断熱性の，絶縁の」 □ counteract「～に対抗する，～を弱める」

(第 4 段) □ at scale「大規模で」 □ herd of ～「～の群れ」 □ aurochs「オーロックス（家畜牛の先祖にあたる野生のウシ）」 □ forebear「先祖」 □ coincide with ～「～と同時に起こる」 □ rewild「再野生化する」 □ reintroduce「再導入する」 □ including ～「～を含めて」 □ predator「捕食者」

(第 5 段) □ aesthetic「美的な」 □ it was in fact humans, … that killed off … は，humans を強調する強調構文。 □ sloth「ナマケモノ」 □ expiation「罪滅ぼし」 □ depredation「略奪，破壊行為」 □ prelapsarian「堕罪以前の（アダムとイブの堕落の前の）」 □ innocence「無罪，無垢」 □ countercultural「反体制文化の」 □ godfather「教父，創始者」 □ cod「タラ」 □ masses of ～「多数の～」 □ fauna「動物相」

(第 6 段) □ let alone ～「～はもちろん」 □ rampaging「暴れ狂う」 □ bioabundance「バイオアバンダンス（ある領域内にいるある種の個体数を表す量のこと）」 □ descended from ～「～の子孫である，～の系統を引いている」 □ work on ～「～に取り組む，～を研究する」 □ devastate「～を荒廃させる」 □ flora「植物相」 □ now and again「時々」 □ nostalgia「懐古の情」 これを説明する同格句がカンマ以下（a desire to … of ecological eugenics）にある。 □ eugenics「優生学」

(第7段) □ have long noted「昔から注目してきた」 □ of greater value「より大きな価値のある（=much more valuable）」 □ counterpoint「反論，対比」 □ evince「(感情など）を表す」 □ drive *A* to *do*「*A* を駆り立てて〜させる」 □ niche「適所，生態学的地位（ニッチ）」

(第8段) □ pragmatic「実用的な」 □ divert *A* from 〜「*A* を〜から転ずる」 □ competitive「競争する，競合する」 □ splendidly「素晴らしく」 □ accumulate「〜を蓄積する」 □ liquid nitrogen「液体窒素」 □ as *A* puts it「*A* も述べているように」 □ rumble「ガラガラと音を立てて走る」 □ miniature「小型模型」 □ armored「よろいを着た，装甲した」

(第9段) □ die out「絶滅する（=become extinct）」 □ dwindle「次第に減少する」 □ breeding partner「繁殖相手」 □ in captivity「とらわれて」 □ gone「死んだ，存在しなくなった（=destroyed / killed / not present）」

(第10段) □ imply「〜をほのめかす」 □ presumptive「推定上の，仮定の」 □ interrogate「〜を問い質す，尋問する」 □ cite「〜を引用する」 □ in truth「実のところ」 □ replace *A* with *B*「*A* を *B* で代用する」 □ sterile「不妊の」 □ biodiversity「生物多様性」 □ fungi「菌類（fungus の複数形）」 □ threaten to *do*「〜する恐れがある」 □ kill off「全滅させる」 □ authentic「真正な」 □ not that …「けれども…というわけではない」 □ care much「気を遣う，こだわる」 □ brutal「残酷な」

解答

[1]—1	[2]—3	[3]—3	[4]—1	[5]—1	[6]—2
[7]—2	[8]—2	[9]—1	[10]—2	[11]—3	[12]—3
[13]—1	[14]—3	[15]—1	[16]—3	[17]—2	[18]—1
[19]—2	[20]—2	[21]—4	[22]—2	[23]—2	[24]—4
[25]—1	[26]—2	[27]—1	[28]—4	[29]—2	[30]—4

55　2018年度 環境情報学部〔3〕

難易度	目標制限時間	50 分	目標ライン	（全30問中） 18 問正解
標　準	かかった時間	分	自己採点結果	（全30問中）　問正解

次の文章に関して，空欄補充問題と読解問題の二つがあります。まず，［1］から［20］の空所を埋めるのに，文脈的に最も適切な語を1から3の中から選び，その番号を解答欄(1)から(20)にマークしなさい。次に，内容に関する［21］から［30］の設問には，1から4の選択肢が付されています。そのうち，文章の内容からみて最も適切なものを選び，その番号を解答欄(21)から(30)にマークしなさい。

1　The rise and fall of popular positions in the field of philosophy is not governed solely by reason. Philosophers are generally reasonable people but, as with the rest of the human species, their thoughts are heavily influenced by their social settings. Indeed they are perhaps more influenced than thinkers in other fields, since popular or 'big' ideas in modern philosophy change more frequently than ideas in, say, chemistry or biology. Why?

2　The relative instability of philosophical positions is a result of how the discipline is practised. In philosophy, questions about methods and limitations are［1］(1. under the table　2. on the table　3. tabled) in a way that they tend not to be in the physical sciences, for example. Scientists generally acknowledge a 'gold standard' for validity—the scientific method—and, for the most part, the way in which investigations are conducted is more or less settled. Falsifiability［2］(1. rules　2. enriches　3. contradicts) the scientific disciplines: almost all scientists are in agreement that, if a hypothesis isn't testable, then it isn't scientific. There is no counterpoint of this in philosophy. Here, students and professors continue to ask: 'Which questions can we ask?' and 'How can we ask,［3］(1. much more　2. much less　3. more or less) answer, those questions?' There is no universally agreed-upon way in which to do philosophy.

3 Given that philosophy's foundational questions and methods are still far from settled—they never will be—it's natural that there is more [4] (1. invariability 2. tenacity 3. flux), more volatility, in philosophy than in the physical sciences. But this volatility is not like the paradigm shifts described by the US historian of science Thomas Kuhn. A better analogy, in fact, would be changes of fashion.

4 When thinking about fashion in philosophy, there are four basic categories under which texts, thinkers, and ideas can be grouped. By considering the interrelation of these groups, we can begin to glean how an idea becomes fashionable. The four categories are the fashionable, the foundational, the prohibited, and the unfashionable.

5 The thinkers and texts that fall into the foundational category are those that a student 'must know'. Their thought is [5] (1. bedrock 2. expendable 3. trifling). Plato, perhaps, is the best example of a foundational thinker. The English philosopher Alfred North Whitehead said in 1929 that 'the European philosophical tradition … consists of a series of footnotes to Plato'. Of course, when there is something that everyone 'must know', it is often the case that very few people know it very well. Rigorous readings [6] (1. benefit from 2. give way to 3. interfere with) widespread assumptions and generalisations.

6 Ideas that fall into the fashionable category are those that a student in a given period and place will be told 'should be known' for their content and their influence. Fashionable ideas are the ones that 'get people excited', the ones that are perceived to be 'breaking new [7] (1. surface 2. ground 3. earth)'. Fashionistas have Milan and Paris and Giorgio Armani, while philosophers have the Ivy League and Oxbridge and John Searle. There is a deep connection, too, between the foundational and the fashionable. Philosophers often become fashionable by asking interesting questions and proposing novel theories about 'the classics' and 'the local canon'. The US philosopher Saul Kripke, for example, studied the work of Ludwig Wittgenstein intensely, and part of his rise into fashion is a result of those readings and his challenge to Wittgenstein's philosophy. The thinkers who produce such

ideas often become fashionable [8] (1 . against their will 2 . to spite themselves 3 . in their own right) and tend to come from established centres of thought. In this way, philosophy is really [9] (1 . no different 2 . a far cry 3 . separated) from the fashion industry.

7 The third category is the prohibited. In the academy, prohibited ideas are like a virus, and they threaten the careers of any who come into prolonged contact with them. Because of this, prohibited ideas resemble the foundational in that hearsay is often accepted [10] (1 . on behalf 2 . because 3 . in lieu) of detailed, first-hand analysis. Ideas and thinkers in the prohibited class tend to be associated with reprehensible or 'unjustified' principles and premises. A philosopher of mind, for example, couldn't positively reference Carl Jung's idea of the collective unconscious without earning considerable disdain from his colleagues. Hardly anyone actually reads Jung, but people [11] (1 . moreover 2 . nonetheless 3 . reluctantly) believe that he's 'not to be taken seriously'.

8 The last category of fashion is unique to the humanities since there is no permanent unfashionable category in the physical sciences. In philosophy, though, most changes in fashion don't take hold across the entire academy. Unfashionable pockets can [12] (1 . depart from 2 . persist in 3 . argue against) sub-disciplines and small departments, while the rest of the field moves on to new fascinations and tastemakers. Unfashionable philosophers are those who are judged by the majority of their peers to be 'asking the wrong questions'. There is no expiration date on [13] (1 . reputation 2 . anecdotes 3 . truth), to be sure, but in the field of philosophy there seems to be a limitation on how long certain questions may be asked in certain ways. Many of the fashionable philosophers from two or three generations ago are today considered unfashionable.

9 The gap between the fashionable and the unfashionable, though, is [14] (1 . deeper 2 . smaller 3 . wider) than one might assume. Both fashionable and unfashionable philosophers tend to begin with rigorous readings of the foundational texts, but only those who find something 'new and exciting' or 'long lost' are welcomed into the fashionable camp. Philosophy is a [15] (1 .

capricious 2. laundable 3. cerebral) field, and if an idea ins't new, it tends not to be fashionable.

10 With this [16] (1. costume 2. glitch 3. taxonomy) of philosophy in mind, one might make predictions about the sorts of philosophers and theories that will continue to be fashionable: those that display mastery of 'the canon' and encourage us to read and see with new eyes, or to ask new sorts of questions, will continue to be the [17] (1. toast 2. bread 3. bacon) of the academic community. Fashionable positions will continue to expand and be applied to a variety of topics until, after some time, they begin to be seen as 'worn out'. Mass enthusiasm invariably [18] (1. builds 2. sustains 3. wanes) after so many conferences and books and imitations. Science changes, according to Kuhn, when a series of questions that cannot be answered satisfactorily within the dominant paradigm build up until a 'break' occurs and members of the profession embrace a new paradigm. Philosophy moves 'forward' when fashionable ideas become tiresome. Fashionable texts and ideas, then, must eventually become either foundational or unfashionable.

11 Fashion poses a danger to philosophy insofar as it encourages the myths of linear progress and novelty-as-validity. Philosophers are too willing to reward novelty, too attentive to reputations and legacies. Unfashionable philosophy, though, serves as something of [19] (1. an antidote 2. a poison 3. a placebo) reminding us that even the most earnest enquiry might not yield novel answers. For academic philosophers, this is a dangerous possibility. In the academy, one must 'publish or [20] (1. suffer 2. perish 3. punish)', and few 'prestigious' journals show interest in publishing pieces on well-surveyed positions. Rapid changes in philosophical fashion thus seem to say more about us and the pressures exerted by our institutions than the content of any particular idea.

—Based on Studemeyer, J. B. (2017).
"How fashion moves philosophy forward," *Aeon*.

[21] What is the most likely answer to the question "Why" in the 1st paragraph?

1. There are no established methodologies for how studies are conducted in the field of philosophy.
2. There are idiosyncratic standards in the ways studies are conducted in philosophy.
3. Investigations in philosophy are heavily regulated amongst prominent scholars.
4. Hard sciences ridicule modern philosophical practices because they are not systematic.

[22] What is meant by "gold standard" in the 2nd paragraph?

1. A monetary system based on gold.
2. An award for scientific achievement.
3. A generally accepted benchmark.
4. An assesment of falsifiability.

[23] According to the article, which of the following is ***NOT*** true?

1. Plato is a representative philosopher in the foundational category.
2. Many philosophies from long ago are now considered unfashionable.
3. Foundational teachings tend to inform both fashionable and unfashionable camps.
4. Novel thinking is just as important as falsifiability in philosophy.

[24] The author mentioned Giorgio Armani in the 6th paragraph because

1. he is regarded as foundational and fashionable by fashionistas.
2. he is as widely recognised in fashion as John Searle is in the field of philosophy.
3. he is influential in the field of philosophy as well as the fashion industry.
4. he is the most famous Italian fashion designer.

[25] In the 6th and 10th paragraphs, what is meant by the word "canon"?

1. A widely accepted principle of fashionable philosophy.
2. New ideas taken on by philosophers to replace tiresome topics.
3. Works recognized as authoritative in their respective fields.

4. Foundational philosophical concepts taken up by the unfashionable.

[26] In the 7th paragraph, the author argues that

1. scholars advocating prohibited ideas are not taken seriously in the field of philosophy.
2. it is possible that even a layperson who gets involved in this category can spread the virus.
3. Carl Jung's collective unconscious theory is so well known that there are many followers even in the prohibited category.
4. the prohibited category is similar to the foundational one in that they both reject knowledge besed on word of mouth.

[27] According to the article, which of the following is ***NOT*** evident in the field of science ?

1. Hypothesis testing while following general conjectures.
2. The existence of longstanding unfashionable camps within the field.
3. Guidelines that scholars in the field can follow.
4. A field that moves on when questions cannot be answered adequately.

[28] What is the main message the author wants to convey to the reader ?

1. Science and philosophy are in danger of mistaking novelty for validity.
2. Academic fields should consider the validity as well as the novelty of ideas.
3. In research, one must consider what is fashionable and unfashionable.
4. The need to be fashionable threatens genuine scholarship in philosophy.

[29] What does the title "How fashion moves philosophy forward" refer to ?

1. Scholars in philosophy move on to new subject matter when the current theme becomes antiquated.
2. Fashion appears attractive to philosophers as both fashion and philosophy take similar paths in research.
3. Unpredictability in the field of philosophy resembles that of the fashion industry.
4. Fashion fascinates philosophers so much that they are taking steps to cultivate a new approach similar to fashion.

[30] In the 10th paragraph, what does the author think most influences fashionable ideas ?

1. Digging up old ideas by renowned scholars and replicating findings.
2. Being sensitive to the wants of a general audience and building theories accordingly.
3. Studying a body of established academic works and positing new theories.
4. Continuing in the pursuit of theories even after a paradigm break occurs.

全 訳

≪哲学における流行≫

1　哲学の分野における人気のある立場の盛衰は，単に理性によって支配されているわけではない。哲学者は一般に理性的な人であるが，他の人間の場合と同様に，彼らの思考は社会環境によって大きく左右される。実際，現代哲学において人気のある，あるいは「評判のいい」思想は，例えば化学や生物学における思想よりも頻繁に変化するため，もしかしたら他の分野の思想家よりも影響を受けるのかもしれない。どうしてだろうか？

2　哲学的立場の相対的不安定さは，その学問が実践されている有様の結果である。哲学においては，方法や限界についての疑問点は，例えば，物理学においては検討されない傾向にある方法で，検討されるのである。科学者は一般的に妥当性のための「究極の判断基準」――科学的方法――を認めている。そして，ほとんどの場合，調査の実施方法は多かれ少なかれ決まっている。反証可能性が科学的学問分野を支配している。ほとんどの科学者は，仮説というものは検証可能でなければ，それは科学的ではないという合意に達している。哲学にはこれに対応するものがない。哲学では，学生と教授は，「我々はどの疑問を提起することができるのか？」，「どのようにそれらの疑問を発すること，さらには答えることができるのか？」と問い続けているのである。哲学をする際には，普遍的に合意済みの方法など存在しない。

3　哲学の基礎的な疑問や方法は未だに決定済みには程遠い――今後も決して決定済みにはなるまい――ことを考えると，哲学においては物理学よりも流動性が高く，不安定性が高いのは当然である。しかし，この不安定性は，米国の科学史家トーマス=クーンが述べたパラダイムシフトのようなものではない。実際，もっとよく類似したものは，流行の変化であろう。

4　哲学における流行について考える時，テキスト，思想家，思想をグループ化できる4つの基本的な範疇がある。これらのグループの相互関係を考えることで，ある思想が流行する経緯を探り出し始めることができる。4つの範疇とは，流行っているもの，基本的なもの，禁止されているもの，流行っていないもの，である。

5　基本的なものという範疇に入る思想家やテキストは，学生が「知っておく必要がある」ものである。彼らの思想は基盤なのだ。プラトンは，おそらく，基本的な思想家の最適例だ。英国の哲学者，アルフレッド=ノース=ホワイトヘッドは，1929年に「ヨーロッパの哲学的伝統は…プラトンへの一連の脚注で構成されている」と述べた。もちろん，誰もが「知っておく必要がある」ものがある時に，それを熟知している人は極めて少ないということはよくある。厳密な読みが，広範な思い込みと一般論に取って代わられるのだ。

6　流行っている範疇に入る思想は，特定の時代と場所にいる学生がその内容と影響について「知っておくべき」と言われるものであろう。流行っている思想は，「人々を興奮させる」ものであり，「新しい境地を開く」と認識されている思想である。ファッショニスタには，ミラノ，パリ，ジョルジオ=アルマーニがあり，哲学者にはアイビーリーグとオックスブリッジとジョン=サールがある。基本的なものと流行っているものの間にも深いつながりがある。興味深い質問をしたり，「古典」や「地域的規範」に関する斬新な理論を提案したりすることによって，哲学者は流行ることが少なくない。例えば，米国の哲学者，ソール=クリプキは，ルートヴィヒ=ウィトゲンシュタインの作品を徹底的に研究しており，彼が流行るようになった原因の一部は，その読みと，ウィトゲンシュタインの哲学に対する彼の挑戦の結果である。このような思想を生み出す思想家は，しばしば自分の力で流行るようになるし，思想の確立した中心部から出て来る傾向がある。このように，哲学は実際，ファッション業界となんら変わらないのである。

7　第 3 の範疇は禁止されているものである。学会では，禁止されている思想はウイルスのようなもので，長期にわたって接触する人のキャリアを脅かす。このため，禁止された思想は，詳細な直接分析の代わりに伝聞が受け入れられることが多いという点で基本的なものと似ている。禁止されている範疇の思想や思想家は，非難されるべき，あるいは「不当な」原理や前提に結びつく傾向がある。例えば，心の哲学者は，カール=ユングの集団的無意識という考えを，同僚からかなりの軽蔑を受けることなしに，積極的に参照することはできないだろう。実際にユングを読む人はほとんどいないが，それでも人々は，彼は「真剣には受け止められない」と思っている。

8　流行の最後の範疇は，人文科学にとって独特なものである，なぜなら，物理学には永遠に流行らないカテゴリーはないからだ。しかし，哲学においては，流行の変化の大半は学会全体には根付いていない。流行らない一派は下位の学問分野や小さな学問分野に固執することができるが，その分野の残りの者たちは新たな魅力と新たな流行を作る側へ移行する。流行らない哲学者というものは，同僚の大多数から「間違った疑問を提起している」と判断された人たちである。確かに，真理の有効期限といったものなどはないが，哲学の分野においては，ある種の疑問がある種のやり方で，どのくらいの期間にわたって尋ねられるかについての制限はあるようだ。2，3 世代前の流行りの哲学者の多くは，今日では流行っていないと考えられているのだ。

9　しかし，流行っているものと流行っていないものとの間の溝は，考えられるよりも小さい。流行っている哲学者と流行っていない哲学者の双方が，基本的なテキストを厳密に読み込むことから始める傾向にあるが，「新しく刺激的な」または「長い間忘れ去られた」何かを見出す人だけが流行りの陣営へと歓迎される。哲学は気まぐれな分野であり，思想が新しいものでなければ，流行らないのだ。

10　この哲学の分類を念頭に置いて，流行り続けるだろう類の哲学者や理論を予測することができるかもしれない。すなわち「聖典」を熟知し，新しい目で読み，見ることを奨励する，もしくは新しい種類の問いを発することを奨励する哲学者や理論は，引き続き学界の人気者であり続けることだろう。流行りの立場は拡大し続け，しばらくしてから「古臭くなる」とみなされるまで様々な話題に適用されるだろう。非常に多くの協議や本や模倣の結果，大衆の熱意はいつも衰えるものだ。クーンによれば，支配的なパラダイムの中では満足に答えられない一連の質問が積み上がり，ついには「突破」が起こり，その職業の成員が新しいパラダイムを受け入れるようになると，科学は変化するのだ。流行の思想が退屈なものになると，哲学は「前方へ」動くのである。そうなると，流行のテキストや思想は，最終的には基本的なものか流行らないものかのいずれかになるのだ。

11　流行は，線形的な進歩と斬新性を妥当性とみなす神話をそれが奨励する限り，哲学にとって危険をもたらす。哲学者はあまりにも斬新さに値することを望み，評判や遺産にあまりにも気を配っている。しかし，流行らない哲学は，最も熱心な探求でさえも斬新な答えを生み出さない可能性があることを思い起こさせる一種の解毒剤として役立つのだ。専門の哲学者にとって，これは危険な可能性である。学会では，哲学者は「論文を発表するか消え去るか」のいずれかをしなければならず，もう十分に吟味された見解に立った記事を掲載することに関心を示す「一流の」ジャーナルはほとんどない。したがって，哲学的流行の急速な変化は，なんらかの特定の思想の内容よりも，我々のこと，および，我々の機構が押し付けた圧力について，より多くを語りかけるようだ。

解説

［1］ 1．「不正な方法で」 2．「検討中で」 3．「棚上げされた」

語彙の知識を問う問題。**「検討中」の意味になるのは2のみ。**

［2］ 1．「支配する」 2．「強化する」 3．「矛盾する」

falsifiability「反証可能性」については if 以下で検証不可能な仮説は科学的ではないと説明されており，ある出来事が検証（反証）可能かどうかということが，それが科学的かどうかを決定すると読み取れる。この反証可能性に科学者が同意しているのだから，**解答は1がふさわしい。**

［3］ 1．「ましてや～だ」 2．「ましてや～ない」 3．「多かれ少なかれ」

much less は否定的語句の後に用いて**「ましてや～ない」**の意で使われる表現だが，**疑問文の場合も同様に扱われる。** Who knows it ? = Nobody knows it. の反語を考えてみると，疑問文と否定文は表裏一体の関係にあることがわかるだろう。

［4］ 1．「不変性」 2．「執拗さ」 3．「流動性」

空所の前の far from settled「決定済みには程遠い」や後続する volatility「不安定さ，変わりやすさ」から考えると，同様の意味を表す**3が適当とわかる。**

［5］ 1．「基本の，根本の」 2．「消耗品の，使い捨ての」 3．「取るに足りない，つまらない」

語の知識を問う出題である。foundational category「基本的範疇」に入る思想であるから**1が適当。**

[6] 1.「～から恩恵を受ける」 2.「～に取って代わられる」 3.「～に干渉する」

「誰もが『知っておく必要がある』ものがある時に，それを熟知している人は極めて少ない」のだから，**「綿密な読み」はされないことになる**。「綿密な読みは広範な思い込みと一般論に取って代わられる」となる。

[7] break new ground で**「新しい境地を開く」**という定型表現である。流行の思想がテーマで，前に get people excited とあることから，適切な意味であると確認できる。

[8] 1.「意に反して」 2.「自分を悩ませるために」 3.「自分自身の能力で，他に依存せずに」

クリプキはウィトゲンシュタインを熱心に研究し，その哲学に挑戦したのだから，「(クリプキのような) 思想家が流行る」に対する修飾語として**1や2では意味をなさない**。

[9] 1.「全く変わりはない」 2.「甚だしく異なる」 3.「分離した」

2と3は同じような意味なので，**消去法で1を選ぶ**。同段第3文（Fashionistas have Milan …）からわかるように，この段落ではファッションと哲学の類似性を述べている。新しい境地を開く思想が流行るという点で，哲学とファッションとは類似しているのである。

[10] それぞれを of につなげた意味は，1.「～のために，～の代理として」 2.「～の原因で，～のせいで」 3.「～の代わりに，～ではなくて(＝instead of～)」

空所の前後にある「伝聞」と「詳細な直接分析」は相反するものである。したがって，**3が適する**。

[11] 1.「さらに」 2.「それにもかかわらず」 3.「嫌々ながら」

前文（A philosopher of …）より，ユングの思想は現在では受け入れられないものになっているとわかる。この状況で「実際にユングを読む人はほとんどいない」のだから，人々は実際にはユングを読まずに，それは受け入れられないと言っていることになる。これは「読まないにもかかわらず」と言い換えられるので**2が適当**。

[12] 1.「～から離れる」 2.「～に固執する」 3.「～に反論する」

while で対比されているので，後半の動詞句 move on to～「～に移る，～に移行する」と対照的な意味を持つ動詞句が入る。よって**2が適当**。「留まる」と「離れる」の対比である。

[13] 1.「評判」 2.「逸話」 3.「真理」

文の後半の「哲学における問いとその問い方に関しては流行り廃りがある」が but でつながっていることから考える。有効期限がないもので，流行り廃りがないものとして**当てはまるのは3である**。評判も逸話も人の手によるものなので，人々の興味によって流行ったり廃れたりすると考えられる。

[14] 1.「より深い」 2.「より小さい」 3.「より広い」

後続部分に「流行っている哲学者と流行っていない哲学者の双方が，基本的なテキストの厳密な読み込みから始める傾向にある」と共通点が指摘されているので，2が適する。

[15] 1.「気まぐれな，不安定な」 2.「称賛に値する」 3.「脳の，知性を要求する」

後続部分に「思想が新しいものでなければ，それは流行らない」とあるので1が適する。単語の知識がないと対応できない問題である。

[16] 1.「衣装，服装」 2.「異常，故障」 3.「分類法，範疇」

語の知識を問う問題。第4段にある category を言い換えている3が適する。

[17] 1.「人気者」 2.「パン」 3.「ベーコン」

これも知識問題である。toast には「乾杯の対象となる物事，(特定の社会の) 人気者」という意味がある。(例) The singer was the toast of Broadway.「その歌手はブロードウェーの人気者だった」

[18] 1.「高まる」 2.「持ちこたえる」 3.「衰える」

直前に worn out「古臭くなる」とあり，人々が流行のものに飽きることを言っている。これにつなげるには，人々の熱狂は冷めるという内容にすればよい。よって，3が適する。

[19] 1.「解毒剤」 2.「毒」 3.「偽薬」

流行らない哲学にも効用があることを述べている。したがって，薬効を有する1が適する。

[20] 1.「苦しむ」 2.「死ぬ」 3.「罰する」

publish or perish で「論文を出すか消え去るか」という意味の熟語である。学会では論文を出すことが重要だが，一流のジャーナルはすでに吟味されつくしたテーマに興味を示さないので，新しいアイデアを出さねばならない厳しさを表している。

[21] 「第1段の『なぜ』という質問に対する最もありえそうな答えはどれか？」

1.「哲学の分野でどのように研究が行われるかについての確立された方法論はない」
2.「哲学において研究が行われる方法には，特有の基準がある」
3.「著名な学者の間では，哲学の研究が大きく規制されている」
4.「ハードサイエンスは現代の哲学的実践を，体系的でないという理由で馬鹿にしている」(ハードサイエンス＝化学，物理学，生物学，天文学など)

第2段第3文 (Scientists generally acknowledge …) ～最終文で，物理学などでは調査の方法論が確立されていて，反証可能性が科学的学問分野を支配しているのに対して，哲学ではそのように普遍的なものがない，ということが述べられている。この内容に則しており，さらに第2段最終文（There is no …）の言い換えになっている**1が適する**。

[22] 「第2段の“gold standard”とは何か？」

1.「金に基づく貨幣システム」
2.「科学的成果に対する賞」
3.「一般に認められたベンチマーク」
4.「反証可能性の評価」

本文の gold standard とは「金本位制」ではなく「定まった判断基準」程度の意である。したがって，**3が適する**。なお，benchmark とは「(他のものと比較する時の）基準（=standard)」の意である。

[23] 「本文によると，次のうち正しくないものはどれか？」

1.「プラトンは，基本的な範疇の代表的な哲学者だ」
2.「ずっと前の哲学の多くは今や流行っていないと考えられている」
3.「基礎的教えは，流行っている陣営と流行っていない陣営の両方に情報を与える傾向がある」
4.「斬新な思考は，哲学においては反証可能性と同じくらい重要である」

哲学には，反証可能性のような基準がないというのが本文の内容である。よって，反証可能性が重要さの比較対象になることはありえないため，**4が解答である**。1は第5段第3文（Plato, perhaps, is …）に，2は第8段最終文（Many of the …）に記述がある。3は第9段第2文（Both fashionable and …）より「流行っている哲学者も流行っていない哲学者も基本的なテキストを厳密に読む」のだから，「基礎的なテキストが両方の哲学者に情報を与える」ことになり，合致する。

[24] 「筆者は第6段でジョルジオ=アルマーニに言及した，なぜならば…からである」

1.「彼はファッショニスタによって基本的で流行っているとみなされている」
2.「彼は，ジョン=サールが哲学の分野でそうであるように，ファッション界で広く認められている」
3.「彼はファッション業界だけでなく，哲学の分野でも影響力がある」
4.「彼は最も有名なイタリアのファッションデザイナーである」

3は本文に記述されていないし，4は本文と関係がない。1については foundational「基本的」の部分が記述されていないし，また，第6段では流行のカテゴリーが取り上げられていることにそぐわない。最新ファッションといえばジョルジオ=アルマーニ，最新の哲学者といえばジョン=サール，とそれぞれの分野の著名人を挙げるために言及されたと考えられる。**2が正解**。

[25] 「第6段と第10段で，“canon”という言葉は何を意味するか？」

1.「流行りの哲学の広く受け入れられている原理」

2.「退屈な話題を置き換えるために哲学者が採用した新しい思想」

3.「それぞれの分野で権威があると認められた作品」

4.「流行らない者が取り上げた基本的な哲学的概念」

canon は「聖典，不朽の名作」の意味で使われている。この意味を表すのは3にある authoritative である。1と4はそれぞれ「流行りの哲学」「流行らない者」が不適切。

[26] 「第7段で，筆者は，…と論じている」

1.「禁止された思想を主張する学者は，哲学の分野では真剣に受け止められない」

2.「この範疇に参加している素人でさえウイルスを広げる可能性がある」

3.「カール=ユングの集団的無意識理論はよく知られているので，禁止されている範疇でも多くの信奉者がいる」

4.「禁止された範疇は，口頭に基づく知識を拒否するという点で，基本的な範疇に類似している」

禁止された範疇の思想や思想家は受け入れられないという例としてカール=ユングを挙げ，その思想である集団的無意識を信奉する哲学者は同僚から下に見られるとしている。したがって，1が適する。2のウイルスは喩えで用いられているにすぎない。

[27] 「本文によると，科学の分野で明らかではないのは次のどれか？」

1.「一般的な推測に従った仮説検証」

2.「この分野内に長年残っている流行らない陣営の存在」

3.「この分野の学者が従うことができる指針」

4.「疑問点が適切に答えられない時に移行する分野」

第8段第1文（The last category …）に「流行の最後の範疇は，人文科学にとって独特なものである，なぜなら，物理学には永遠に流行らないカテゴリーはないからだ」とあるように，2は哲学の分野に明らかなものである。

[28] 「筆者が読者に伝えたいと思っている主なメッセージは何か？」

1.「科学と哲学は，斬新さを妥当性と取り違える危険がある」

2.「学術分野は，思想の斬新さばかりでなく妥当性も考慮しなければならない」

3.「研究では，何が流行っていて何が流行っていないかを考慮する必要がある」

4.「流行らなくてはならないという必要性は，哲学における真の学識を脅かす」

最終段第1文（Fashion poses a …）で「流行は，哲学にとって危険をもたらす」と，筆者の主張が明確に述べられている。したがって，4が適する。1については，科学と哲学の2つに言及しており，筆者の伝えたいこととは言えない。筆者は哲学について書いている。2も同様で，筆者の伝えたいことは哲学についてであり，学術分野全般ではない。

[29]「『流行は哲学をどのように前進させるか』という標題は何を示しているか？」

1.「哲学者は，現在のテーマが時代遅れになると，新しい主題に移行する」

2.「ファッションと哲学の両方が研究において同様の道をとるので，ファッションは哲学者にとって魅力的であるように見える」

3.「哲学の分野での予測不可能性は，ファッション業界のそれに似ている」

4.「ファッションは哲学者を大いに魅了するので，ファッションに似た新たな研究手法を培うように，彼らは方策を講じている」

第10段最後から2文目（Philosophy moves 'forward' …）参照。流行りの思想が廃れた時，哲学は前進するとある。この英文では，第1～3段で，哲学にはハードサイエンスにおける反証可能性のような確固たる基準がないため，流行りの思想に左右され，この点はファッションによく似ていると指摘している。したがって，ここでの「前進する」は，例えば「科学が前進する」という際の「進歩」の意味ではなく，「新たな流行りの主題に移る」という意味になるので，**1が適する**。

[30]「第10段で，筆者は流行りの思想に最も影響を与えるのは何だと考えているか？」

1.「著名な学者が古い思想を掘り起こし，発見したものを再現すること」

2.「一般的な聴衆の望みに敏感であり，それに従って理論を構築すること」

3.「確立された学術研究の体系を学び，新たな理論を提唱すること」

4.「パラダイムの破綻が生じた後でさえも，理論を追求し続けること」

第10段第1文のコロン（：）以下（those that display …）に「『聖典』を熟知し，新たな問いを示すよう勧める哲学者や理論は，引き続き学界の人気者であり続けることだろう」と述べられている。この「人気者である」とは「流行る」ことなので，「分野の権威ある研究をよく学び，新たな問いを発することを推奨する哲学者や理論は流行る」となる。このような内容になっているのは，**3である**。

●語句・構文

（第1段）□ rise and fall「浮き沈み，盛衰」 □ as with ～「～の場合のように，～と同様に」 □ social setting「社会環境，社会背景」 □ say「例えば」

（第2段）□ instability「不安定さ」 □ in a way that ～「～なやり方で」 □ for the most part「大部分で」 □ more or less「多かれ少なかれ」 □ settled「解決済みで，決着がついている」 □ falsifiability「反証可能性」 □ discipline「学問分野」 □ in agreement that ～「～ということで意見が一致している」 □ testable「検証可能な」 □ counterpoint「対照，対比」 □ agreed-upon「同意さ

れた，承諾済みの」

（第3段） □ given that ～「～を考えれば」 □ far from ～「～からかけ離れて，決して～ない」 □ volatility「不安定さ，移ろいやすさ」 □ paradigm shift「パラダイムシフト，枠組みとなる考え方の変化」 □ Thomas Kuhn「トーマス=クーン」 主著『科学革命の構造』（1962年）で，科学は累積的に進化していくものではなく，科学者同士が共有する理論モデル（パラダイム）が転換することで断続的に転換していく（「パラダイムシフト」）と指摘した哲学者。

（第4段） □ interrelation「相互関係」 □ glean「～を収集する，探り出す」

（第5段） □ fall into ～「～に分類される，～に該当する」 □ rigorous「厳密な」 □ assumption「（証拠のない）仮定，前提」 □ generalisation「一般論，一般化」

（第6段） □ given「所与の，特定の」 □ fashionista「ファッショニスタ（最新ファッションに敏感な人）」 □ Giorgio Armani「ジョルジオ=アルマーニ」 イタリアのファッションデザイナーで，ファッションブランドのアルマーニを展開している。 □ Ivy League「アイビーリーグ」 アメリカ合衆国北東部にある，古い伝統を持つ名門大学8校（ブラウン大学，コロンビア大学，コーネル大学，ダートマス大学，ハーバード大学，プリンストン大学，ペンシルバニア大学，イェール大学）の総称。いずれも，校舎がつた（ivy）に覆われている。なお，ハーバード大学，プリンストン大学，イェール大学の3つは，ザ・ビッグ・スリーと呼ばれる。 □ Oxbridge「オックスブリッジ（オックスフォード大学とケンブリッジ大学の総称）」 □ John Searle「ジョン=サール」 米国の哲学者。主に言語哲学，心身問題を中心テーマとする。言語行為論を体系化した。 □ novel「斬新な，新奇な」 □ Ludwig Wittgenstein「ルートヴィヒ=ウィトゲンシュタイン」 オーストリア出身の哲学者。主著は『論理哲学論考』（1921年）で，分析哲学の礎を築いた。

（第7段） □ prolonged「長期の，長期にわたる」 □ in that ～「～という点で」 □ hearsay「うわさ，伝聞」 □ first-hand「じかに得た，直接の」 □ reprehensible「非難に値する」 □ premise「根拠，前提」 □ philosopher of mind「心の哲学をやっている哲学者」 □ Carl Jung「カール=ユング」 分析的心理学を創始したスイスの精神科医。フロイトと同様に無意識を考究したが，個人的無意識だけでなく集合的無意識が存在することを主張した。 □ disdain「蔑視，見下し」

（第8段） □ humanities「人文科学」 □ pocket「一派，小集団」 □ sub-discipline「下位の学問分野」 □ move on to ～「～に移行する，～に進む」 □ fascination「魅力」 □ tastemaker「流行を作り出すもの」 □ peer「仲間，同僚」 □ expiration date「有効期限，使用期限，満了日，満期日」 □ to be sure「確かに」

（第9段） □ long lost「ずっと忘れていた」 □ camp「陣営，同志たち」

（第10段） □ prediction「予想，予測」 □ mastery「熟達，精通」 □ academic community「学界」 □ worn out「使い古された」 □ invariably「常に，必ず」 □ dominant「支配的な，優勢な」 □ embrace「～を受け入れる」 □ tiresome「退屈な，うんざりする」

(第11段) □insofar as ～「～する限りにおいて」(=in so〔as〕far as ～) □linear「線形の，線状に伸びる」 □reputation「評判，評価」 □legacy「先祖や過去から伝えられたもの，遺産」 □serve as ～「～として役立つ，～として働く」 □reminding *A* that ～「*A* に～を思い起こさせる」 □enquiry「探求」(=inquiry) □yield「～を生み出す」 □prestigious「一流の，高名な」 □journal「専門分野の定期刊行物」 □exert「～を行使する，(影響など) を及ぼす」

解答

[1]—2 [2]—1 [3]—2 [4]—3 [5]—1 [6]—2
[7]—2 [8]—3 [9]—1 [10]—3 [11]—2 [12]—2
[13]—3 [14]—2 [15]—1 [16]—3 [17]—1 [18]—3
[19]—1 [20]—2 [21]—1 [22]—3 [23]—4 [24]—2
[25]—3 [26]—1 [27]—2 [28]—4 [29]—1 [30]—3

56

2015年度 総合政策学部〔2〕

難易度	目標制限時間	50 分	目標ライン	（全30問中） 18 問正解
やや難	かかった時間	分	自己採点結果	（全30問中） 問正解

次の文章に関して，空欄補充問題と読解問題の二つがあります。まず，［1］から［20］の空所を埋めるのに，文脈的に最も適切な語を1から3の中から選び，その番号を解答欄⑴から⒇にマークしなさい。次に，内容に関する［21］から［30］の設問には，1から4の選択肢が付されています。そのうち，文章の内容からみて最も適切なものを選び，その番号を解答欄㉑から㉚にマークしなさい。

1 It is a mistake to think that power consists of just ordering others to change. You can affect their behavior by shaping their preferences [1] (1. so 2. in ways 3. such) that produce what you want rather than relying on carrots and sticks to change their behavior when "push comes to shove." Sometimes you can get the outcomes you want without pushing or shoving. Ignoring this dimension by using too narrow a definition of power can lead to a poorly shaped foreign policy. In my opinion, there are three aspects of power.

2 The first aspect, or "face," of power was defined by Yale political scientist Robert Dahl in studies of New Haven in the 1950s, and it is widely used today [2] (1. even though 2. as long as 3. so that) it covers only part of power behavior. This face of power focuses on the ability to get others to act in ways that are [3] (1. in favor of 2. similar to 3. contrary to) their initial preferences and strategies. To measure or judge power, you have to know how strong another person's or nation's initial preferences were and how much they were changed by [4] (1. their 2. your 3. its) efforts. Coercion can be quite clear in a situation in which there appears to be some degree of choice. If a man holding a gun [5] (1. on 2. with 3. about) you says, "Your money or your life," you have some choice, but it is small and not consistent with your initial preferences.

3 In the 1960s, shortly after Dahl developed his widely accepted definition, political scientists Peter Bachrach and Morton Baratz pointed out that Dahl's definition [6] (1. emphasized 2. added 3. missed) what they called the "second face of power." Dahl ignored the dimension of framing and agenda-setting. If ideas and institutions can be used to frame the agenda for action in a way that makes others' preferences seem irrelevant or [7] (1. to the end 2. without limit 3. out of bounds), then it may never be necessary to push or shove them. In other words, it may be possible to shape others' preferences by [8] (1. betraying 2. affecting 3. answering) their expectations of what is legitimate or feasible. Agenda-framing focuses on the ability to keep issues off the table.

4 Powerful actors can make sure that the less powerful are never invited to the table, or if they get there, the rules of the game have already been set by those who arrived first. International financial policy had this characteristic, at least before the crisis of 2008 [9] (1. carried things over 2. took things in 3. opened things up) somewhat when the Group of 8 (G8) was supplemented by the Group of 20 (G20). Those who are subject to this second face of power may or may not be aware of it. If they accept the legitimacy of the institutions or the social discourse that framed the agenda, they may not feel unduly constrained by the second face of power. But if the agenda of action is [10] (1. contrary to 2. constrained by 3. immune to) threats of coercion or promises of payments, then it is just an instance of the first face of power. The target's acquiescence in the legitimacy of the agenda is what makes this face of power co-optive and partly constitutive of soft power—the ability to get what you want by the co-optive means of framing the agenda, persuading, and eliciting positive attraction.

5 Still later, in the 1970s, sociologist Steven Lukes pointed out that ideas and beliefs also help shape others' *initial* preferences. In Dahl's approach, I can exercise power over you by getting you to do what you would [11] (1. otherwise 2. publicly 3. involuntarily) not want to do; in other words, by changing your situation, I can make you change your preferred strategy. But I can also exercise power over you by determining your very wants. I can shape your basic or initial preferences, not merely change the

situation in a way that makes you change your strategy for achieving your preferences.

6 This dimension of power is missed by Dahl's definition. A teenage boy may carefully choose a fashionable shirt to wear to school to attract a girl, but the teenager may not be aware that the reason the shirt is so fashionable is that a national retailer recently launched a major advertising campaign. Both his preference and that of the other teenagers [12] (1. have been 2. should have been 3. had been being) formed by an unseen actor who has shaped the structure of preferences. If you can get others to want the same outcomes that you want, it will not be necessary to [13] (1. analyze 2. follow 3. override) their initial desires. Lukes called this the "third face of power."

7 There are critical questions of voluntarism in determining how freely people choose their preferences. Not all soft power looks so soft to outside critics. In some extreme cases, it is difficult to ascertain what constitutes voluntary formation of preferences. For instance, in the "Stockholm syndrome," victims of kidnapping who suffered traumatic stress begin to identify with their abductors. But in some situations, it is more difficult to be certain of others' interests. Are Afghan women [14] (1. depressed 2. impressed 3. oppressed) when they choose to wear a burka? What about women who choose to wear a veil in democratic France? Sometimes it is difficult to know the extent of voluntarism from mere outward appearances. To the extent that force creates a sense of awe that attracts others, it can be an indirect source of co-optive power, but if the force is directly coercive, then it is simply an instance of the first face of power.

8 Some theorists have called these the public, hidden, and invisible faces of power, [15] (1. reflecting 2. maximizing 3. increasing) the degrees of difficulty that the target has in discovering the source of power. The second and third faces embody aspects of structural power. A structure is simply an arrangement of all the parts of a whole. Humans [16] (1. make up for 2. are embedded in 3. keep out of) complex structures of culture, social relations, and power that affect and constrain them. A person's

field of action is "delimited by actors with whom he has no interaction or communication, by actions distant in time and space, by actions of which he is, in no explicit sense, the target." Some exercises of power reflect the intentional decisions of particular actors, whereas others are the product of unintended consequences and large social forces.

9 In global politics, some goals that states seek are more [17] (1. susceptible to 2. valuable to 3. comfortable with) the second and third than to the first face of power. Arnold Wolfers once distinguished between what he called "possession goals" — specific and often tangible objectives—and "milieu goals," which are often structural and intangible. For example, access to resources or a trade agreement is a possession goal, whereas promoting an open trade system, free markets, democracy, or human rights is a milieu goal. Focusing solely on [18] (1. command power 2. intangible power 3. social power), the first face of power, may mislead us about how to promote such goals.

10 The reason not to collapse all three faces of power into the first is that doing so diminishes attention to networks, which are an important type of structural power in the twenty-first century. Networks are becoming increasingly important in an information age, and positioning in social networks can be an important power resource. For example, in a hub-and-spokes network, power can derive from being the hub of communication. If you communicate with your other friends through me, that gives me power. If the points [19] (1. at the front 2. in the domain 3. on the rim) are not directly connected to each other, their dependence on communication through the hub can shape their agenda. Political theorist Hannah Arendt once said that "power springs up among men when they act together." Similarly, a state can [20] (1. devise 2. wield 3. lodge) global power by engaging and acting together with other states, not merely acting against them.

—Based on Nye, J. S. Jr. (2011). "The future of power." *Public Affairs*. © 2011. Reprinted by permission of Public Affairs, an imprint of Hachette Book Group, Inc.

[21] Which of the following best matches the meaning of "when push comes to shove" in the 1st paragraph?

マーク式総合 ii.

1. When all the easy solutions to a problem have not worked and something more radical must be done.
2. When different problems come and go and there is no ignoring them anymore.
3. When one meets a deadlock and nothing can be done no matter how hard one tries.
4. When one faces problems the difficulty of which differs according to how one perceives those problems.

[22] Which of the following is a prime example of Dahl's theory of power ?
1. The use of technological and economic assistance.
2. The use of global social networks.
3. The use of coercive military forces.
4. The use of strategic communication.

[23] What is "agenda-setting" as used in this article ?
1. An actor controls the agenda of actions in such a way as to clarify the issues.
2. Power is exercised by confining the scope of decision-making to relatively safe issues.
3. Power is exercised when one party participates in the making of a final decision that affects another party.
4. Policy makers control the agenda because they need to be seen doing something.

[24] Given the four definitions of the word "co-opt" below, which one best suits the usage of the adjective form "co-optive" in the 7th paragraph ?
1. To add (a person or persons) to a group by vote of those already members.
2. To appoint as an associate.
3. To persuade or lure (an opponent) to join one's own system, party, etc.
4. To make use of, for someone else's purposes.

[25] How can the second face of power avoid coercion and still exert power over others ?

1. If people are put in a traumatic situation, they tend to become numb and lose the ability to judge if they have power over their preferences.
2. The second face of power exerts its command power over people invisibly, and people are not even aware of the power exerted over them.
3. Promises of payment make people more tolerant and accepting of the proposed agenda of action without further ado.
4. If people are convinced that their preferences are irrelevant or the proposed agenda is legitimate, there is no need to resist the action.

[26] What is the point of introducing the teenage boy's story in the 6th paragraph ?
1. One's preferences are subject to invisible factors.
2. People often act on the basis of their voluntary will.
3. One's preference is a prime example of a person's free will.
4. The younger tend to act more freely than the older.

[27] The Stockholm syndrome is cited in the 7th paragraph to show that
1. a person tends to be favorably influenced by the others around him or her.
2. whether or not one's preferred action derives from one's free will is often hard to tell.
3. even a seemingly irrelevant issue like the "Stockholm syndrome" is part of the realm of power theory.
4. the interpretation of who the victim of kidnapping is depends on who has more power over the other.

[28] Which of the following describes the third face of power in this article ?
1. X exercises power over Y and limits Y's choices. Y may or may not be aware of X's power.
2. X helps to shape Y's basic or initial preferences. Y is unlikely to be aware of this or to realize the effect of X's power.
3. X uses threats or rewards to change Y's behavior against Y's initial preference. Y knows this and feels the effects of X's power.
4. X forms Y's basic beliefs and preferences by changing Y's situation. Y knows what X intends to do.

[29] Which of the following is ***NOT*** an example of a milieu goal ?

1. Distribution of financial aid.
2. Promotion of public diplomacy.
3. Protection of election legitimacy.
4. Establishment of international organizations.

[30] Which of the following is stated as the reason the author does not put the three faces of power together ?

1. The three faces of power are mutually inclusive : the third face of power includes the second face, which, in turn, includes the first face of power.
2. The three faces of power are qualitatively different : the first face is hard power, while the second and third ones are soft power.
3. The differences between the three faces of power are a matter of visibility : the first face of power is visible, while the remaining two are invisible.
4. Less than a 3-way distinction fails to capture the relevance of networks to power : communication networks are important in assessing the power of nations.

全訳

≪権力の3つの側面≫

1　権力は他者に変わるよう命じることだけで構成されていると思っていたとしたら間違いである。「いざという」ときに他者の行動を変えるためにアメとムチに頼るのではなく，自分の望むものを生み出す方法で他者の選好を形成して他者の行動に影響を及ぼすことも可能である。押したり突いたりせずに望む結果を得られることもある。狭すぎる権力の定義を用いて，このような次元を無視すると，外交政策は無様なものになるかもしれない。私の考えでは，権力には3つの側面がある。

2　権力の第1面（「顔」）は，イェール大学の政治学者ロバート=ダールによって，1950年代のニューヘブンで行われた一連の研究で定義され，権力行動の一部を扱っているに過ぎないにもかかわらず今日でも広く使われている。権力のこの面は，当初の選好や戦略に逆らうような行動を他者にさせる能力に焦点をあてる。権力の測定や判断には，相手の人物あるいは国家の当初の選好がどれだけの強さだったのか，そして，こちらの努力によってそれらがどれだけ変わったのかを知る必要がある。強制がきわめて明らかになりうるのは，一見するとある程度選択の余地があるように思える状況である。銃をこちらに向けている男が「金を出さないと殺すぞ」と言った場合は，選択の余地はあるにしてもわずかだし，当初の選好とは一致しない。

3　1960年代，ダールが広く容認されている彼の定義を生み出した直後に，政治学者ピーター=バクラックとモートン=バラッツが，ダールの定義にはいわゆる「権力の第2面」がないと指摘した。ダールはフレーミングと議題設定を無視していたからだ。もしも，他者の選好が無関係，つまり，範囲外だと思わせるように行動議題をフレーミングするのに思想や制度を使うことができれば，他者を押したり突いたりする必要はまったくないかもしれない。言い換えれば，何が正当で実行可能かに関する予想に影響を与えて，他者の選好を形成することが可能になるかもしれない。議題のフレーミングは，問題を議論の場に出さずにおく能力に焦点をあてる。

4　権力のある者は，それほど権力のない者が決して議論の場には招かれず，あるいはその場にたどり着いたとしても，そのときにはもう先着者によってゲームのルールは決定済みという状況を確実に作り出すことができる。国際金融政策には，こうした特徴があった。少なくとも2008年の危機によって，事態が多少は明らかになってG8がG20によって補完されるようになる以前はそうだった。この権力の第2面から被害を受ける側がそのことに気づいているかいないかはわからない。もしも議題をフレーミングした制度や社会的言説の正当性を受け入れるなら，権力の第2面によって過度に押さえつけられているようには思わないかもしれない。しかし，もし行動計画が力ずくの脅迫や支払いの約束によって押しつけられるなら，それは権力の第1面の一例に過ぎない。標的が議題は正当なものだと黙認することこそが，権力の第2面の味方を増やし，権力の第2面をソフトパワー——議題のフレーミングや説得そして明らかな魅力の顕在化といった相手を取り込むような手段によって望むものを入手する能力——の一部たらしめるのである。

5　さらに後になって，1970年代に社会学者スティーブン=ルークスは，思想信条もまた，他者の「当初」の選好を形成する一助になると指摘した。ダールの手法では，こちらからの働きかけがなければしたいとは思わないようなことを相手にさせることによって，相手に権力行使ができる。言い換えれば，相手の状況を変えることによって，相手の好む戦略を変えさせることができるのだ。しかし，相手の欲求そのものを決定することによって，相手に権力を行使することもできる。こちらは相手の基本的な，あるいは当初の選好を形成することができるのであって，状況を変えて相手がその選好を実現するための戦略を変えるように仕向けられるだけではないのである。

6　ダールの定義には権力のこの次元がない。10 代の少年は女の子を引きつけようとして通学用に流行のシャツを厳選しているのかもしれないが，その少年はそのシャツがそんなに流行しているのは，全国規模の小売店が最近大広告キャンペーンを始めたせいだと気づいていないかもしれない。その少年の選好も，他の少年の選好もともに，選好の枠組みを形成してきた目に見えない行為者によって作り出されたものなのだ。他者が自分と同じ結果を望むようにすることができるのなら，他者の最初の欲望を覆す必要はなくなるであろう。ルークスはこれを「権力の第 3 面」と名づけた。

7　人々が自分の選好を選ぶ際の自由度を定めるときに，自発性という重要な問題がある。すべてのソフトパワーが外部の批判者の目にそれほどソフトに映るわけではない。一部の極端な場合には，何をもって選好が自発的に形成されたと言えるのかをつきとめるのは，困難である。たとえば，「ストックホルム症候群」では，外傷的なストレスに苦しむ誘拐の犠牲者は誘拐犯と一体感をもつようになった。しかし，他者に利益があることを確信するのがより困難な状況もある。アフガニスタンの女性はブルカをかぶると決めるとき，抑圧されているのだろうか？　民主的なフランスでベールをかぶることにする女性はどうであろうか？　外から見ただけでは自発性がどれくらいなのかを知るのは困難なこともある。他者を引きつける畏怖の念を生み出す限り，威力は吸引力のある権力の間接的な源となり得るが，威力が直接に強制力をもつなら，それは権力の第 1 面の一例に過ぎない。

8　一部の理論家はこれらを権力を行使される側が権力の源を発見する際の難易度に応じて，それぞれ権力の判然面，隠然面，不可視面と呼んできた。第 2，第 3 の面は構造的権力の諸相を体現している。構造は全体を構成する各部分の配列に過ぎない。人間は，自分に影響を及ぼし抑制をかける文化や社会関係，権力の複雑な構造の中に埋め込まれている。個人の活動領域は「本人とは何の相互作用つまり何の交流もない行為者によって，時間的にも空間的にも遠い行動によって，はっきりとそれとはわからないやり方で本人を標的としている行動によって，範囲が限定されている」。権力の行使は，特定の行為者の意図的な決断を反映することもあれば，一方で意図しない結末と，大きな社会的諸力の産物であることもある。

9　国際政治では，国家の追求している目標には，権力の第 1 面よりも第 2，第 3 面の方に影響を受けやすいものがある。アーノルド=ウォルファーズはかつて，彼の言う具体的で目に見えることが多い目的である「所有目標」と，構造的でつかみどころのないことが多い「環境目標」とを区別した。たとえば，資源の入手や貿易協定は所有目標であるが，一方，開放的な貿易制度や自由市場，民主主義，人権の促進は環境目標である。強制力，すなわち，権力の第1面にだけ焦点をあてることは，そうした目標を推進する方法について誤解を招くかもしれない。

10　3つすべての権力面をまとめて第1面にしてしまわない理由は，そんなことをすれば，ネットワークへの配慮が縮減するからであるが，ネットワークというのは21世紀における一種の重要な構造的権力なのである。それは情報時代にあって，ますます重要度を増し，ソーシャルネットワークでの位置づけは重要な権力源になり得る。たとえば，ハブ=スポーク=ネットワークでは，コミュニケーションのハブであることが権力の源となるのである。あなたが私を介して他の友人とやりとりするのなら，私には権力が生じる。もし周縁部の点が互いに直結していないなら，ハブを介したコミュニケーションへの依存が各点の議題を形成するかもしれない。政治理論家ハンナ=アーレントはかつて「権力は人々が共生するところで発生する」と言った。同じように国家の国際的権力行使が可能になるのは，他国とただ対立するのではなく，関わり合いそして共生することによるのである。

解説

[1] 「自分の望みをかなえる（　　　）他者の選好を生み出すことによって彼らの行動に影響を与えることもできる」

produce が動詞であることに気づけば，that は主格の関係代名詞だとわかる。so や such は so that SV や such＋（a/an）＋名詞＋that SV の形でないといけないのでここでは不可。よって，**2を入れて in ways that produce ～「～を生み出す仕方で」とすればよい**ことがわかる。

[2] 「権力行動の一部だけしか扱われていない（　　　）」

1.「～にもかかわらず」

2.「～する限り」

3.「～するように」

「今日でも広く使われている」という状況と「一部だけしか扱われていない」という状況は普通に考えると両立しにくい関係にあるので，譲歩節を導く**1が正解**。

[3] 「当初の選好や戦略（　　　）やり方で他者を行動させる能力」

1.「～を支持する」

2.「～と類似した」

3.「～と逆の」

「権力」の第1面の例として，第2段最終文に銃で相手を脅して金を奪おうとする例が挙げられていることからわかるように「不本意な行為を強いる」という内容になるはずなので，**3が正解**。

[4] 「それらが（　　　）努力によってどれだけ変わったのか」

この文の主語が you であることから you＝権力を行使する側，they＝preferences「(相手の本来の) 希望，選好」であることを押さえる。よって，**2が正解**。

[5] 「もしも銃をこちらに向けている男が『金か命か』と言ったなら」

「銃を～に向ける」は hold a gun on ～ という。よって，**正解は1である**。

[6] 「政治学者ピーター=バクラックとモートン=バラッツがダールの定義には彼らの言う『権力の第2面』が（　　　）していると指摘した」

1.「～を強調する」

2.「加える」

3.「欠けている」

次文に「ダールはフレーミングと議題設定を無視していた」とある。「権力の第2面」=「フレーミングと議題設定」であるから，この次文で使われている ignore に最も近い**3が正解**である。

[7] 「もしも，思想や制度を他者の選好が無関係，つまり，（　　　）あるように思わせるように行動議題をフレーミングするのに使うことができるならば」

1.「終わりまで」

2.「限度なしに」

3.「範囲外で」

irrelevant「関連性がない」が or によって言い換えられているのだから，**3が正解**。

[8] 「何が正当で実行可能かに関する予想（　　　）ことによって，他者の選好を形成する」

1.「～を裏切る」

2.「～に影響を与える」

3.「～に解答する」

「選好を形成する」手段になる内容になるのは**2である**。

[9] 「少なくとも 2008 年の危機によって，多少（　　　）以前は」

1.「事を持ち越す」

2.「ものごとを呑み込む」

3.「事を明らかにする」

「少なくとも～以前は国際金融にはこのような特徴があった」ということは，2008 年の危機以後，状況が変わるようになったということである。具体的には，2008 年のリーマンショックによって G8 体制の問題点が明らかとなり，その問題を是正する意味で世界経済に関する意志決定に与するメンバーがG20へと拡大されたという含みである。**そのような文旨を作ることができるのは3**である。

[10] 「もし行動計画が力ずくの脅迫や支払いの約束（　　　）なら」
1.「～とは反対である」
2.「～によって押しつけられる」
3.「～に免疫がある」

後続の帰結節は「それは権力の第1面の一例に過ぎない」だから，ここには「権力の第1面」の特徴が述べられているようにすればよい。銃で脅して金を奪おうとする例からも**正解は2**だとわかる。

[11] 「私は相手が（　　　）したいとは思わないことをさせることによって，相手に権力行使をすることができる」
1.「さもなければ」
2.「公然と」
3.「不本意ながら」

仮定法のwouldが使われていることに注意すれば，ここには条件節の代用表現が入ると予想できる。**「私の働きかけがなければ」**となるように**1を入れる**。

[12] 「その少年の選好も，他の少年の選好もともに，目に見えない行為者によって作り出す（　　　）」

文法的に正しい形は1か2だがshould have beenは「～すべきだった（のにしなかった)」となって，実際には作り出されていないことになる。よって，**正解は1**だとわかる。

[13] 「もしも自分の望むものと同じ成果を他の人も望むようにすることができるのなら，彼らの最初の欲望（　　　）必要はなくなるであろう」
1.「～を分析する」
2.「～に従う」
3.「～を覆す」

権力の第3面についての説明なので，力ずくで相手の欲望を抑え込み行動を変化させる権力の第1面とは違うことを示す必要がある。「～する必要がなくなる」ということは，第1面では必要だった行為を考えて入れるとよい。**3が正解**。

[14] 「アフガニスタンの女性はブルカをかぶると決めるとき，（　　　）いるのだろうか？」
1.「落胆して，落ち込んで」
2.「印象を受けて」
3.「抑圧されて」

人間の行為の自発性について語る文脈にふさわしいのは3だと読み取れる。

[15]「それらは，権力を行使される対象者が権力の源を発見するのがどれだけ困難であるか（　　　）」

1.「～を反映している」
2.「～を最大化している」
3.「～を増やしている」

the degrees of difficulty that the target has in ～ は文字通りには「～するのに対象者が苦労する程度」であるが，直前の public, hidden, and invisible が権力の見つけにくさの度合に応じていることを読み取れれば，**正解は1**だとわかる。

[16]「人間は，自分に影響を及ぼし抑制をかける文化や社会関係，権力の複雑な構造（　　　）」

1.「～を埋め合わせる」
2.「～の中に埋め込まれている」
3.「～から離れている」

直後の文の文旨に，人の活動領域は周囲の諸要因によって定められている，とある。人は様々な関係性に取り巻かれているという文脈に適うものとして，**適切なのは2**だと判断できる。

[17]「国家の追求している目標には，権力の第1面よりも第2，第3面の方に（　　　）ものがある」

1.「影響を受けやすい」
2.「価値がある」
3.「安心する」

susceptible to ～ が「～の影響・作用を受けやすい，～に敏感である」という意味であることを知っていれば**正解は1**だとわかるが，目標に関する記述だから，通例叙述用法としては人を主語にする3は不可。2だと「目標が権力の側面にとって有益」ということになり内容としておかしい，というように消去法も有効である。

[18]「（　　　），すなわち，権力の第1面にだけ焦点をあてることは，そうした目標を推進する方法について誤解を招くかもしれない」

1.「強制力」
2.「はっきりしない力」
3.「社会的な力」

「権力の第1面」に言い換えられるものとしてふさわしいのは1である。

[19]「もし（　　　）点が相互に直結していないのなら，それらがハブ経由のコミュニケーションに依存することで，議題が生じ得る」

1.「前面の」
2.「領域内の」

3.「車輪上の，周縁部の」

直前の hub と spoke を踏まえており，hub が車輪の中心部，spoke が車輪と中心部を結んでいる軸であることから**正解は 3** である。

[20]「同様に，国家は他国に関与し，他国とともに活動することによって世界的な権力（　　　）ことができる」

1.「～を考案する」

2.「～を行使する」

3.「～を収蔵する」

文脈から **power という目的語を取るのにふさわしい動詞は 2** であるとわかる。

[21]「次のうち，どれが第１段の『いざというときに』の意味に最もよく見合っているか？」

1.「問題の簡単な解決法のすべてがうまくいかず，より根本的なことが実行されねばならないとき」

2.「様々な問題が現れては消え，それらを無視することがもはやできなくなっているとき」

3.「行き詰まりとなり，どれほど力を尽くしても何もできないとき」

4.「難易度が人の感じ方によって異なる問題に直面しているとき」

when push comes to shove は直訳すると「やんわりと押されていたのが強く突かれるようになると」であるが，「いざというときに，切羽詰まれば」という意味の口語表現。「他にどうしようもなくなって，それを実行するしかないとき」という意味になっている **1 を選べばよい**。

[22]「次のうち，どれがダールの権力理論の最適例であるか？」

1.「技術的，経済的な助力の使用」

2.「国際的なソーシャルネットワークの使用」

3.「強制的な軍事力の使用」

4.「戦略的な通信の使用」

ダールの権力理論（＝権力の第１面）については第２段に記述があり，その末尾に銃で脅して金を奪おうとする例がある。これは３の「強制的な軍事力」に近い。よって，**正解は 3** だとわかる。

[23]「この文章で使われているような『議題設定』とは何か？」

1.「関係者が行動議題を，問題を明確にするようにして管理する」

2.「権力は意志決定の範囲を比較的無難な問題に限定することによって行使される」

3.「権力は一当事者が別の当事者に影響する最終的な意志決定に参与するときに行使される」

4.「政策立案者が計画を管理する。なぜなら，彼らは何かをしているのを見られる必要があるからだ」

「議題設定」（権力の第2面）に関しては第3段に記述があり，具体的な内容は同段第3文で述べられている。対象の選好とは関係ないと思われるように議題の枠組み（＝フレーミング）を行い，相手に何かを強制することなくその相手の意志決定をコントロールする，という旨である。また，同段最終文では，議題のフレーミングは争点を議論の俎上に載せない能力に焦点を絞っている，という旨が述べられていることも加味すれば，「議題設定」とは，そもそも議論する内容を差し障りのないものに設定することに重点が置かれていると理解される。上記内容と**合致するのは2である**。

[24]「以下の『co-opt』という言葉の4つの定義のうちで，どれが最もよく第7段の形容詞形『co-optive』の用法に合致しているか？」

1.「会員の投票によって（人物を）集団に加える」

2.「会友に任命する」

3.「自分自身の組織，政党などに加えるために（対立者を）説得したり，誘惑したりする」

4.「誰か他の人の目的のため，利用する」

第7段の該当部分は最終文にある。この箇所をco-optiveについて端的にまとめると「他者を引き付ける限り，威力がco-optiveな権力の源となる」となる。「他者を引き付ける」ことが，「co-optiveな権力」の必要条件であることから，この語はattractに近い意味であると推測できる。この条件に合うのは1と3であるが，1は「投票によって」という点が余計であるから不可。**3が正解**。2については，co-optiveに「新会員として選ばれた」という意味があることを知っていると，正解と考えてしまうかもしれないが，文脈での意味を答える設問であるため不適切。

[25]「どうして権力の第2面は強制を回避し，なお他者に対して権力を行使することができるのか？」

1.「もしも人々がトラウマを背負う状況におかれれば，彼らは呆然となりがちで，自分たちの選好を思い通りにする力があるかどうか判断する力を失いがちである」

2.「権力の第2面は人々にその強制力を目に見えないように発揮し，人々は自分たちに行使された権力に気づきすらしない」

3.「支払いの約束によって，人々は提起された行動議題をとやかく言わずに許して受け入れやすくなる」

4.「もしも人々が自分の選好とは関連性がない，あるいは提起された議題が正当であると確信するなら，措置に反抗する必要はない」

まずは，権力の第2面に関する記述が第3・4段で展開されていることを押さえる。第3段では議題の枠組みを，対象の選好とは関係のなさそうな，差し障りないものに設定するという点に言及がある。第4段では第4文に，議題のフレーミングを行った制度や社会的言説の正当性を受け入れるなら，権力の第2面の影響を受ける対象が強制されていると感じることはない，という旨が述べられている。上記をまとめた内容になっている**4が正しい**。

[26] 「第6段で10代の少年の話を導入する目的は何か？」

1.「人の選好は目に見えない要因の影響を受けやすい」

2.「人々はしばしば自分の自発的意志に基づいて行動する」

3.「人の選好は自由意志の最たるものである」

4.「若者は高齢者よりもより自由に行動する傾向がある」

第6段で触れられた10代の少年の事例は，同段第3文に示される「その少年の選好も…目に見えない行為者によって作り出されたものであり，その人物が選好の枠組みを形成してきた」という事態の具体例である。**そのような内容になっている選択肢は1**である。

[27] 「ストックホルム症候群が第7段で引用されているのは，（　　　）ことを示すためである」

1.「人間は自分の周りにいる人によって，好影響を受ける傾向がある」

2.「人間の選好する行動が自由意志から生じたものかどうかは，しばしばわかりにくい」

3.「『ストックホルム症候群』のような一見無関係に見える問題でさえも，権力理論の範囲の一部である」

4.「誘拐の犠牲者が誰であるかの解釈は，相手より支配力があるのはどちらなのかということ次第である」

For instance とあることから，「ストックホルム症候群」は前文を説明するための例だとわかる。選択肢の中で，**前文と同じ内容を述べているのは，2**である。

[28] 「次のうち，どれが本文の権力の第3面を表しているか？」

1.「XはYに対して権力を行使して，Yの選好を制限している。YはXの権力に気づいているかもしれないし，いないかもしれない」

2.「XはYの基本的なあるいは当初の選好を形成するのに手を貸す。Yはこのことを知っていそうにないし，Xの権力の及ぼす影響がわかっていそうもない」

3.「XはYの行動を当初のYの選好に反して変えるために，アメとムチを使う。Yはこのことを知っており，Xの権力の及ぼす影響を感じている」

4.「XはYの基本的な信念と選好とを，Yの状況を変えることによって形成する。YはXが何をしようとしているのかを知っている」

権力の第3面については，第6段末尾の2文に「もしも自分の望むものと同じ成果を他の人も望むようにすることができるのなら，彼らの最初の欲望を覆す必要はなくなるであろう。ルークスはこれを『権力の第3面』と名づけた」と記されている。同段ではシャツの好みの例を挙げている。ここではX＝全国規模の小売店，Y＝10代の少年に置き換えて考えるとよい。YがXから権力を行使されていることに気づいていない内容のものは2のみである。

[29]「次のうち，どれが環境目標の例といえないか？」

1.「財政援助の分配」

2.「広報外交の促進」

3.「選挙の公正性の保護」

4.「国際組織の設立」

第9段第3文で「資源の入手や貿易協定は所有目標であるが，一方，開放的な貿易制度や自由な市場，民主主義，人権の促進は環境目標である」とされている。また同段第2文より個別的で有形の案件は「所有」，構造的で背景的な事態は「環境」であると理解できる。よって，2～4は個別的とはいえないが，1は「どんな人にいくら配るか」という個別的で有形の事案であるといえる。よって，**正解は1**となる。

[30]「次のうち，どれが権力の3つの側面を著者がまとめてしまわない理由であると述べられているか？」

1.「権力の3つの側面は相互に包括的であり，権力の第3面には第2面が含まれ，そして，今度はその側面に権力の第1面が含まれているのである」

2.「権力の3つの側面は質的に異なる。第1面はハードパワーであるが，第2，第3面はソフトパワーである」

3.「権力の3つの側面の間の違いは，可視性の問題である。権力の第1面は可視的であるが，残りの2面は不可視的である」

4.「3種に満たない区分では，ネットワークと権力の関連性をとらえきれない。通信ネットワークは国家のもつ権力を評価するのに重要である」

最終段冒頭に「3つすべての権力面をまとめて第1面にしない理由は，そんなことをすれば，ネットワークへの配慮が縮減するからであるが，ネットワークというのは21世紀における一種の重要な構造的権力なのである」と述べられている。**ネットワークとの関連を述べている4**が正解。

●語句・構文

(第1段)　□consist of ～「～からなる」　□preference「選好，好み」　□rely on ～「～に頼る，～に依存する」　□carrots and sticks「馬の鼻先にぶら下げたニンジン

と尻をたたくムチ➡アメとムチ」 □ outcome「結果」 □ shove「突き，一押し，ぐいと押すこと」 □ dimension「次元，大きさ，寸法」 □ definition「定義」 □ foreign policy「外交政策」 □ in my opinion「私の考えでは」 I think とほぼ同じ意味になる。

(第2段) □ New Haven「ニューヘブン市」 イェール大学の所在地。 □ cover「～を扱う，～に範囲が及ぶ」 □ focus on ～「～に焦点をあてる，～に集中する」 □ initial「当初の，はじめの」 □ strategy「戦略，戦術，策略」 □ to *do*, you have to *do*「～するためには，…しなければならない」〈目的〉と〈必要〉の相関表現。 □ how strong another person's or nation's initial preferences were「好みがどれだけ強いか」 間接疑問文で，know の目的語として働く。 □ coercion「強制」 coerce「強制する」の名詞形。 □ some degree of choice「一定程度の選択権，選択の自由，ある程度は選べること」 □ consistent with ～「～と一致する，～と両立する」

(第3段) □ shortly after ～「～する直後に」 □ pointed out that ～「～であると指摘する」 □ institution「社会制度，規則」 □ irrelevant「関連性のない，不適切な」 □ in other words「言い換えれば」 □ expectation「期待，待望，予期」 □ legitimate「合法的な，公正な，正当な」 □ feasible「実行できる，実現可能な」 □ off the table「台から外して，見えないところに」

(第4段) □ make sure that ～「必ず～するように手配する」 □ international financial policy「国際金融政策」 □ crisis「危機，恐慌」 □ supplement「～の補足となる，～を埋め合わせる，～を満たす」 □ be subject to ～「～にさらされている，～の害を受けやすい」 subject はここでは形容詞。 □ legitimacy「合法性，適法，正当性」 □ discourse「言説」 □ unduly「過度に，不当に」 □ constrain「～を強いる，～を拘禁する，～を制約する」 □ acquiescence in ～「～の黙認，黙従」 □ the ability to get what … は soft power に対する同格名詞。

(第5段) □ still later「さらに後になって」 still は比較級を強める働き。 □ sociologist「社会学者」 □ exercise power over ～「～に権力を行使する」 □ your very wants「相手の望みそのもの」 very は形容詞で〈強調〉の働き。

(第6段) □ aware 以下の構文は aware that ～ であり，that 以下は aware の目的語だと考えればよい。that 節の内部は the reason〔(that) the shirt is so fashionable〕is〔that SV〕という構造。reason に続く節は，reason を修飾する関係詞節である。reason の後に関係詞 that を補って考えるとわかりやすいだろう。is that SV となっていれば，that 節は補語として働く名詞節だと考えればよい。 □ launch「～に乗り出す，～を始める，～に着手する」 □ a major advertising campaign「一大広告キャンペーン」 □ unseen actor「目に見えない行為者」

(第7段) □ critical「重要な」 □ questions of voluntarism「自発性の問題」 □ critic「批評家，評論家」 □ ascertain「～を確認する」 □ Stockholm syndrome「ストックホルム症候群」 ストックホルムで起きた事件にちなみ，人質がある種の状況下で犯人に自ら協力し，それを正当化しようとする現象をいう。□ victim「犠牲者」□ kidnapping「誘拐」□ traumatic stress「(心的) 外傷によるストレス，緊張」□ identify with ～「～に同化する，～に共感する」□ abductor「誘拐犯人，略取者」□ burka「ブルカ」イスラム教徒の女性がかぶる頭巾。□ What about ～?「～はどうだろうか？」□ veil「ベール，覆い」□ outward appearances「外見，見かけ」□ to the extent that ～「～する限り」□ sense of awe「畏怖の念」□ coercive「強制的な，高圧的な」

(第8段) □ theorist「理論家」□ invisible「目に見えない，不可視の」□ have difficulty in *doing*「～するのに苦労する」本文では，関係詞節になっている。□ embody「～を体現する」□ structural「構造的な」□ delimit「～の範囲を定める，～の境界を画す」□ explicit「明示的な，明快な」□ some ～ others …「～するものもあれば，…するものもある」□ intentional decision「意図的な決断」□ whereas「～である一方，ところが，実は」□ unintended consequences「意図しない結末，成り行き」

(第9段) □ some goals that states seek「国家が求める一部の目標」ここでの states は「国家」の意味。□ distinguish between *A* and *B*「*A* と *B* を区別する」□ specific「特定の，一定の，明確な」special と違って「特別な」という意味ではないことに注意。□ tangible objective「触知できる，具体的で実体的な目標」□ milieu「環境」□ intangible「触知できない，具体的でない，ぼんやりした」□ trade agreement「貿易協定」□ human rights「人権」

(最終段) □ collapse *A* into *B*「*A* を押しつぶして *B* に変える」□ diminish「～を縮小させる，～を小さくする」□ positioning「位置を取ること，定めること」□ derive from ～「～に由来する，～から得られる」□ communicate with *A* through *B*「*B* を通して *A* と通信する」□ Hannah Arendt「ハンナ=アーレント（1906～75，ドイツ生まれのユダヤ人女性政治思想家)」

解答

[1]－2　[2]－1　[3]－3　[4]－2　[5]－1　[6]－3　[7]－3
[8]－2　[9]－3　[10]－2　[11]－1　[12]－1　[13]－3　[14]－3
[15]－1　[16]－2　[17]－1　[18]－1　[19]－3　[20]－2　[21]－1
[22]－3　[23]－2　[24]－3　[25]－4　[26]－1　[27]－2　[28]－2
[29]－1　[30]－4

MEMO